全国革命老区县发展史丛书·广东卷

中山市革命老区发展史

中山市革命老区发展史编委会　编

SPM 南方出版传媒·广东人民出版社

·广州·

图书在版编目（CIP）数据

中山市革命老区发展史 / 中山市革命老区发展史编委会编. —— 广州：广东人民出版社，2020.11

（全国革命老区县发展史丛书·广东卷）

ISBN 978-7-218-14551-8

Ⅰ.①中… Ⅱ.①中… Ⅲ.①中山—地方史 Ⅳ.①K296.53

中国版本图书馆CIP数据核字（2020）第204146号

ZHONGSHAN SHI GEMING LAOQU FAZHANSHI

中山市革命老区发展史

中山市革命老区发展史编委会 编

版权所有 翻印必究

出 版 人：肖风华

责任编辑：李锐锋 冼惠仪
装帧设计：张力平等
责任技编：吴彦斌 周星奎

出版发行：广东人民出版社
地 址：广州市海珠区新港西路204号2号楼（邮政编码：510300）
电 话：（020）85716809（总编室）
传 真：（020）85716872
网 址：http://www.gdpph.com
印 刷：广州市浩诚印刷有限公司
开 本：787mm×955mm 1/16
印 张：31 插 页：14 字 数：380千
版 次：2020年11月第1版
印 次：2020年11月第1次印刷
定 价：118.00元

如发现印装质量问题，影响阅读，请与出版社（020-85716849）联系调换。

售书热线：（020）85716826

微信扫描二维码 ◀◀◀
您立即获得本书主要内容/丛书介绍

广东省编纂《革命老区县发展史》丛书
指导小组

组　长：陈开枝（广东省老区建设促进会会长）

副组长：林华景（广东省老区建设促进会常务副会长）

　　　　宋宗约（广东省农业农村厅二级巡视员、广东省老区
　　　　　　　　建设促进会副会长）

　　　　刘文炎（广东省老区建设促进会副会长）

　　　　郑木胜（广东省老区建设促进会副会长）

　　　　姚泽源（广东省老区建设促进会副会长兼秘书长）

　　　　谭世勋（广东省老区建设促进会副会长）

　　　　廖纪坤（广东省农业农村厅总经济师）

办公室

主　任：姚泽源（兼）

副主任：韦　浩（广东省农业农村厅扶贫协作与老区建设处
　　　　　　　　处长）

　　　　柯绍华（广东省老区建设促进会副秘书长）

　　　　伍依丽（广东省老区建设促进会副秘书长）

《中山市革命老区发展史》编辑部

主　编：黄春华　何金寿

副主编：赖有生　李丽静　邱霖巧

编　委：游　建　陈　上　黄　标

　　　　谢子亮　陈伟波　范展颢　方嘉雯　陈吉春

　　　　闫莹莹

在举国欢庆新中国成立 70 周年前夕，中国老区建设促进会会长王健请我为《全国革命老区县发展史》丛书作序。作为一名在老区战斗过并得到老区人民生死相助的老兵，回首往事，心潮澎湃，感慨万千，深感义不容辞，欣然应允。

中国革命老区，是以毛泽东为代表的中国共产党人在领导人民推翻帝国主义、封建主义和官僚资本主义三座大山，争取民族独立和人民解放伟大斗争中建立的革命根据地。在这片红色的土地上，诞生了无数可歌可泣的革命英雄儿女，为后人树起了一座不朽的丰碑。她是新中国的摇篮，是党和军队的根。

在艰苦卓绝的战争年代，老区人民把自己的命运与中华民族的命运紧紧地联系在一起，与中国共产党和人民军队的命运紧紧地联系在一起，他们生死相依，患难与共。我曾亲历过战争年代，并得到过老区红哥红嫂的救助，切身感受到发生在身边的一个个撼天动地的革命故事，在那极其艰难的条件下，老区人民倾其所有、破家支前，不怕艰难困苦，不怕流血牺牲。"最后一碗米送去做军粮，最后一尺布送去做军装，最后一件老棉袄盖在担架上，最后一个亲骨肉送去上战场"，这是当时伟大的老区人民为建立新中国做出巨大牺牲的真实写照，它将永远镌刻在中国共产党、中国人民解放军、中华人民共和国的历史丰碑上。他们的光辉业绩永载史册，他们的革命精神必将影响一代又一代的革命新人，造就一代又一代的民族脊梁。

在社会主义革命和建设时期，革命老区和老区人民响应党的号召，面对落后的面貌、脆弱的经济、恶劣的生态环境，他们本色不变，精神不丢，自力更生，艰苦奋斗，干一行爱一行。始终坚持"革命理想高于天"，自觉做共产主义远大理想的坚定信仰者和忠实实践者，勇于向恶劣的自然环境和贫穷落后宣战，他们在各条战线上为国建功立业，用平凡的双手创造了一个又一个不平凡的奇迹，彰显了老区人的崇高精神和人格力量。

在改革开放的伟大进程中，老区人民解放思想，勇于创新，发愤图强，攻坚克难，老区的经济社会建设取得了辉煌成就。特别是在改变中国的面貌、中华民族的面貌、中国人民的面貌、中国共产党的面貌的伟大实践中发挥了至关重要的作用。老区人民既是改革开放的参与者，也是改革开放的推动者。

艰苦练意志，危难见精神。老区人民在近百年的革命战争、社会主义建设和改革开放的伟大实践中，孕育形成了伟大的老区精神：爱党信党、坚定不移的理想信念；舍生忘死、无私奉献的博大胸怀；不屈不挠、敢于胜利的英雄气概；自强不息、艰苦奋斗的顽强斗志；求真务实、开拓创新的科学态度；鱼水情深、生死相依的光荣传统。这是党和人民宝贵的精神财富、丰厚的政治资源，是凝心聚力、振奋民族精神的重要法宝，也是社会主义核心价值观的重要内容。

中国老区建设促进会怀着强烈的政治责任感和历史使命感，组织全国各地老促会人员克服困难，尽心竭力编纂《全国革命老区县发展史》丛书，记录老区的光辉历史和辉煌成就，传承红色基因，弘扬老区精神，是功在当代，利及千秋的一件大事。手捧这部丛书的部分书稿，读着书中的故事，备感亲切，深感这部丛书具有资政、育人、存史的社会功能，有着重要的时代和历史价值。它是不忘初心、牢记使命的源头活水，是赞颂共产党、讴歌老区人民的一部精品力作，是弘扬老区精神、传承红色记忆的丰厚载体，是一项继承优秀传统文化、弘扬革命文化、发展社会主义先进文化，坚定"四个自信"的宏大文化工程。它必将成为一种文化品牌，为各界人士了解老区宣传老区支持老区提供一部有价值的研究史料。希望读者朋友们能从中了解并牢记这些为党和民族的利益不断奉献的老区人民，从中得到教益，汲取人生奋斗的精神动力。

新时代赋予新使命，新起点开启新征程。让我们更加紧密地团结在以习近平同志为核心的党中央周围，坚持以习近平新时代中国特色社会主义思想为指导，增强"四个意识"，坚定"四个自信"，做到"两个维护"，弘扬老区精神，铭记苦难辉煌。为实现"两个一百年"奋斗目标，实现中华民族伟大复兴的中国梦作出新的更大的贡献！

谭泽田

2019年4月11日

2017 年 6 月，中国老区建设促进会组织全国各地老促会启动编纂《全国革命老区县发展史》丛书，按照"建立中国共产党、成立中华人民共和国、推进改革开放和中国特色社会主义事业"三大里程碑的历史脉络，系统书写革命老区百年历史，深入挖掘革命老区红色文化资源，这对于充实丰富中国革命史籍宝库、在新时代传承红色基因、弘扬革命精神、强固根本，对于激励人们在新的历史条件下夺取中国特色社会主义伟大胜利，实现中华民族伟大复兴的中国梦具有重要意义。

丛书编纂以习近平新时代中国特色社会主义思想为指导，以《中国共产党历史》《中国共产党的九十年》等重要文献为基本依据，以党的领导为核心，以老区人民为主体，以老区发展为主线，体现历史进程特征，突出时代发展特色，坚持辩证唯物主义和历史唯物主义相统一、历史真实性与内容可读性相统一的原则，书写革命老区从站起来、富起来到强起来的光辉革命史、不懈奋斗史、辉煌成就史，把老区人民的伟大贡献、伟大创造、伟大成就、伟大精神充分展示出来，形成一部具有厚重历史特征和鲜明时代特色的精品力作。这是一部培根铸魂、守正创新，既为历史立言，又为时代服务，字里行间流淌着红色血脉、催生着革命激情的传世之作。丛书的编纂出版将成为讴歌党讴歌人民讴歌时代、传播红色文化、为革命老区和老区人民树碑立传的重要载体。

　　丛书按照编年体与纪事本末体相结合、以编年体为主的编写体例确定框架结构；运用时经事纬、点面结合的方式记述史实；坚持人事结合、以事带人的原则处理人与事的关系；采取夹叙夹议、叙论结合以叙为主的方法展开内容。做到了史料与史论、历史与现实、政治与学术统一，文献性、学术性、知识性相兼容。

　　为编纂好《全国革命老区县发展史》丛书，打造红色文化品牌，中国老区建设促进会认真组织积极协调，提出政治立场鲜明、史料真实准确、思想论述深刻、历史维度厚重、时代特色突出、编写体例规范、篇目布局合理、审读把关严格、出版制作精良的编纂出版总要求，力求达到革命史籍精品的精神高度、思想深度、知识广度、语言力度，增强丛书的权威性和社会影响力。各省（区、市）、市（州、盟）、县（市、区、旗）老促会的同志，以强烈的使命感、责任感和紧迫感，勇于担当，积极作为，认真实施，组织由老促会成员、专家学者等参加的十余万人编纂队伍。编纂工作主体责任在县，省、市组织协调、有力指导、审读把关。各方面人员以高度负责的精神和科学严谨的态度，满腔热情地投入工作，为丛书编纂出版做出了重要贡献。丛书编纂工作还得到了党和国家有关部委、地方各级党委政府及有关部门的大力支持和积极参与，社会各界也给予了热情帮助。中共中央政治局原委员、中央军委原副主席、原国务委员兼国防部长迟浩田上将，对老区人民怀有深厚感情，对革命老区建设发展十分关注，欣然为《全国革命老区县发展史》丛书作总序。

　　丛书由总册和 1599 部分册（每个革命老区县编纂 1 部分册）组成，共 1600 册。鉴于丛书所记述的史实内容多、时间跨度长和编纂时间紧，不妥之处，敬请批评指正。

中国老区建设促进会

● 老区新貌 ●

五桂山龙石行政村。革命老区村张屋排、何屋排地域现归属龙石行政村（黄春华航拍于 2019 年 7 月）

五桂山桂南行政村。革命老区村企溪、田心、石井、控虾地域现属桂南行政村（黄春华航拍于 2018 年 6 月）

五桂山长命水行政村。革命老区村走马墩、邱屋、白兰桥、龙贡地域现属长命水行政村（黄春华航拍于 2019 年 7 月）

五桂山南桥行政村的革命老区村石莹桥、槟榔山、南坑等村（黄春华航拍于 2019 年 7 月）

在长江水库兴建时，牛头埔、西陵、松埔、桥头、石塘等一批革命老区村迁出。图为长江水库库区和在周边建成的凯茵新城（黄春华航拍于 2019 年 7 月）

南朗镇白企行政村一角。革命老区村长悠连、南面、筲箕环、园墩、新村、大塘、剑门牌、瓦屋、田心、树坑、石门路、元山、范屋、陂头角、观音座、灯笼坑、贝头里、贺屋、徐刘、合水口里、林屋、青龙角地域现属白企行政村（黄春华航拍于 2019 年 6 月）

南朗镇南朗行政村的合水口外村，远处为西村（黄春华航拍于 2018 年 3 月）

南朗镇左步行政村、冲口行政村。革命老区村左步、冲口地域现分属左步行政村、冲口行政村（黄春华航拍于 2019 年 6 月）

南朗镇泮沙行政村及附近的工业区。革命老区村泮沙、南庄、西亭、王屋地域现属泮沙行政村（黄春华航拍于 2018 年 8 月）

南朗镇榄边行政村、大车行政村。革命老区村西江里、莆山地域现属榄边行政村；革命老区村大车地域现属大车行政村（黄春华航拍于 2019 年 1 月）

南朗镇关塘行政村。革命老区村贝头外、关塘埔、新村仔、土草朗、井头山、东桠地域现属关塘行政村（黄春华航拍于 2019 年 8 月）

南朗镇崖口行政村。革命老区村中堡、东堡、西堡、杨家、陆家、坪山、向西、化美地域现属崖口行政村（黄春华航拍于 2017 年 7 月）

南朗镇翠亨行政村石门片区的革命老区村（黄春华航拍于 2018 年 8 月）

黄圃镇石军行政村（黄春华航拍于 2017 年 8 月）

南头镇民安社区（黄春华航拍于 2019 年 2 月）

三角镇结民行政村、沙栏行政村。革命老区村聚龙、连胜、齐明、保安、北宁社地域现属结民行政村；革命老区村西桠冲地域现属沙栏行政村（黄春华航拍于 2019 年 7 月）

三角镇三角行政村。革命老区村大达地、竹围地域现属三角行政村（黄春华航拍于 2019 年 7 月）

东升镇裕民社区。革命老区村联德、宝鸭塘、草围、仁和、裕安、智和、文田界、接龙、南角、北角地域现属裕民社区（黄春华航拍于 2019 年 1 月）

东升镇高沙社区。革命老区村六顷、顺安、顷二、东历、新联、启和、源和、源丰、和丰、葵围、悦生地域现属高沙社区（黄春华航拍于 2017 年 6 月）

东升镇高沙社区、同乐社区。革命老区村悦胜、悦昌、共乐、安乐、祐生、同德、德源、龙生、合福、泗隆、西龙、福龙地域现属同乐社区（黄春华航拍于 2017 年 6 月）

古镇镇古一行政村、古四行政村。革命老区村古一、古四地域现分属古一行政村、古四行政村（黄春华航拍于 2019 年 8 月）

古镇镇曹一行政村、曹二行政村、曹三行政村。革命老区村曹一、曹二、曹三地域现分属曹一行政村、曹二行政村、曹三行政村（黄春华航拍于 2019 年 8 月）

古镇镇海洲行政村。革命老区村沙源、教昌、民乐、市边、红庙、华光、北海、显龙、麒麟地域现属海洲行政村（黄春华航拍于 2019 年 8 月）

坦洲镇新前进行政村月环互通立交周边，有荔枝埔、新村、荷塘、埔顶、月环等革命老区村（黄春华航拍于 2019 年 8 月）

三乡镇革命老区村桥头、乌石、平南、平东（黄春华航拍于 2017 年 4 月）

三乡镇南龙社区。革命老区村南坑、龙井地域现属南龙社区（黄春华航拍于 2019 年 1 月）

三乡镇大布行政村。革命老区村平湖、沙岗、新村地域现属大布行政村（黄春华航拍于 2019 年 8 月）

三乡镇前陇社区。革命老区村前陇地域现属前陇社区（黄春华航拍于 2018 年 8 月）

三乡镇塘敢行政村。革命老区村里塘、外塘地域现属塘敢行政村（黄春华航拍于 2019 年 6 月）

三乡镇白石行政村。革命老区村白石、竹溪、金环地域现属白石行政村（黄春华航拍于 2019 年 8 月）

三乡镇西山社区。革命老区村外埔、里埔、西山地域现属西山社区（黄春华航拍于 2019 年 6 月）

神湾镇外沙行政村枕头角村
（黄春华航拍于 2019 年 8 月）

阜沙镇卫民行政村、牛角行政村、阜东行政村（黄春华航拍于 2019 年 7 月）

阜沙镇丰联行政村、大有行政村（黄春华航拍于 2019 年 7 月）

横栏镇新茂行政村、裕祥行政村。革命老区村新茂、裕祥地域现分属新茂行政村、裕祥行政村（黄春华航拍于 2019 年 7 月）

横栏镇贴边行政村。革命老区村贴边地域现属贴边行政村（黄春华航拍于 2019 年 7 月）

横栏镇新丰行政村。革命老区村永丰、穗丰地域现属新丰行政村（黄春华航拍于 2017 年 6 月）

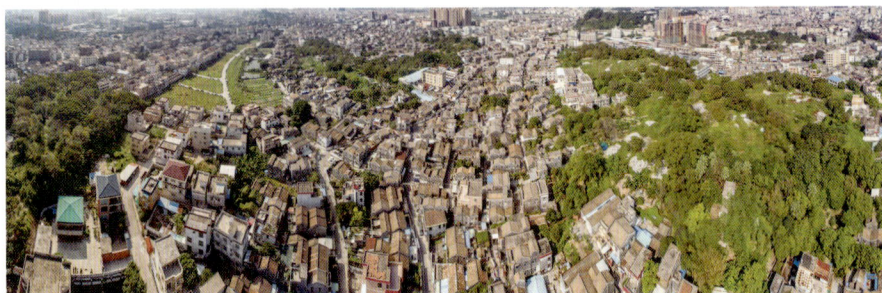

沙溪镇中兴行政村申明亭村（黄春华航拍于 2018 年 12 月）

大涌镇青岗社区。革命老区村青岗地域现属青岗社区（黄春华航拍于 2017 年 2 月）

板芙镇里溪行政村。革命老区村月角地域现属里溪行政村（黄春华航拍于 2019 年 7 月）

西区长洲社区、后山社区（黄春华航拍于 2017 年 6 月）

● 革命遗址及纪念设施 ●

石门乡农会旧址，位于中山市南朗镇翠亨石门村

中山抗日游击大队暨抗日民主政权中山县行政督导处机关旧址，位于中山市南朗镇白企村合里

南番中顺游击区指挥部旧址，位于中山市南朗镇翠亨石门村

南番中顺游击区指挥部及逸仙大队部旧址，位于中山市南朗镇白企村贝里

中山人民抗日义勇大队部旧址，位于中山市南朗镇石门杨贺村

杨殷故居，位于中山市南朗镇翠亨村

广东人民抗日游击队珠江纵队旧址——中区纵队成立地古氏宗祠，位于中山市五桂山街道南桥村槟榔山

白石防御战指挥碉楼旧址，位于中山市三乡镇白石村

中共长洲乡支部活动旧址，位于中山市西区长洲社区烟洲书院

解放小榄集结地旧址，位于中山市古镇镇古四村邓氏大宗祠

中山县第一、第二区武工队成立旧址，位于中山市大涌镇青岗村白蕉围碉楼

刘广生故居，位于中山市南区北溪社区树涌

中山革命烈士陵园，位于南朗镇翠亨村长沙埔

石门九堡殉难同胞公墓，位于南朗镇翠亨村岐关公路旁

长洲抗战烈士纪念碑，位于西区长洲社区狮山公园内

里溪革命纪念亭，位于板芙镇里溪村口

西桠惨案殉难同胞墓，位于南朗镇南朗村

石莹桥十六烈士纪念碑，位于五桂山街道石莹桥村

微信扫描二维码
您立即开展本书的
延伸阅读。

中山市是伟大的民主革命先驱孙中山的故乡，富有革命传统。在革命战争年代，中山诞生了诸多革命老区，包括抗日战争根据地、抗日游击区，解放战争游击根据地。

长期以来，中山市委、市政府高度重视老区建设工作，尤其是改革开放以来，为老区的发展制订了长远规划，并从工业用地、用电、建设项目、资金扶持等方面给予优惠政策，加强老区基础设施建设，扶持老区发展经济和文化事业。

革命老区发展，是全面建成小康社会的重要组成部分，中山市以习近平新时代中国特色社会主义思想为指导，深入贯彻落实党中央《关于加大脱贫攻坚力度支持革命老区开发建设的指导意见》，紧紧围绕老区振兴筹划好相关工作，切实讲好老区革命故事、老区致富发展故事，努力在弘扬老区精神、传承红色基因、革命文化、激励老区人民斗志、凝聚老区建设力量上作出新的贡献。

按评定初期的行政区划情况，中山市有革命老区村庄201个，其中抗战时期的老区村庄128个，解放战争时期的老区村庄73个。五桂山办事处、西区办事处、翠亨村镇（现已并入南朗镇）、三乡镇、南朗镇、阜沙镇、古镇镇、东升镇8个镇（街）为老区镇（街）。

在长期的革命战争中，中山革命老区人民在中国共产党的领导下，不怕敌人的血腥镇压，进行了艰苦卓绝的斗争，无私地用自己的财物、心血和鲜血养育了中国共产党在中山的组织及其领导的武装力量，提供了坚持革命斗争所需的大量人力、物力和财力，为壮大革命力量、夺取民主革命的最后胜利作出了巨大的贡献。许多根据地村庄遭到敌人的烧杀抢掠，成千上万的老区人民献出了宝贵的生命。老区人民的英雄壮举，在中山革命史上谱写了可歌可泣的壮丽篇章！

改革开放初期，广大老区人民充分发挥中山人"敢为天下先"的优良传统，利用侨乡优势，将各方面的扶持和自身力量充分融合。板芙"联产到劳"责任制、沙溪"三来一补"乡镇企业、三角"三高"农业等改革成果在老区遍地开花。许多老区村庄旧貌换新颜，焕发出全新的生命力。

进入中国特色社会主义新时代，革命老区镇（街）五桂山、南朗、三乡、古镇、东升等纷纷借力特色经济蓬勃发展，努力打造产业特色鲜明、人文气息浓厚、生态环境优美、兼具旅游与社区功能的特色小镇，成为全市促进经济转型升级的重要动力。全市老区村物质文明和精神文明建设发展水平不断提高，正大步迈进富裕小康的行列。这一变化和成绩充分体现了中山各级党委和政府对老区人民的关怀，也彰显了老区人民的奋斗成果。

本书记录了波澜壮阔的中山革命老区斗争史、发展史，也如实记录了各级党委、政府及有关部门扶持老区所付出的巨大努力，更记录了老区人民在党的领导下努力拼搏建设美丽家园的创业史。本书的出版既为全市进行爱国主义和革命传统教育提供了身边鲜活的教材，也为中国共产党成立100周年献礼，具有传承革命传统、启迪后俊创造新时代美好中山的深远历史意义与现实意义。

《中山市革命老区发展史》编纂委员会

2020年7月

1

第一章
区域和革命老区概况

第一节 区域概况

中山市位于广东中南部，珠江口西岸。东经113°9′—113°46′，北纬22°11′—22°47′。北距广州86千米；东与深圳市、香港特别行政区隔海相望，至香港仅52海里；南面珠江口磨刀门；东南与珠海市接壤，邻近澳门，市区至澳门仅65千米；西邻江门市区、新会市和珠海斗门区；北与佛山顺德、广州南沙两区相接。

中山市辖火炬高技术产业开发区、石岐区、西区、东区、南区、五桂山、阜沙、三角、民众、南朗、三乡、板芙、神湾、坦洲、古镇、小榄、东升、东凤、南头、港口、横栏、大涌、沙溪、黄圃24个镇（街）①；2011年纪念辛亥革命100周年，中山市委、市政府提出建设翠亨新区的设想，建设方案迅速获得广东省人民政府批准。2013年3月，中山翠亨新区正式挂牌成立，作为中山创新驱动发展的核心区、广东省转型升级的重大平台。

2018年底，中山市常住人口331万人，其中城镇常住人口292.44万人，占常住人口的比重（常住人口城镇化率）为88.35%。户籍人口176.92万人。②

中山市是全国著名侨乡之一，旅居世界各地的海外华侨和港

---

① 本书提及的1984年之后的"镇（区）"的"区"为街道级别。

② 中山市统计局：《2018年中山市国民经济和社会发展统计公报》，2019年3月15日发布。

澳台同胞80多万人。

中山市，从它的前身香山县建县之初起，至2019年已有867年历史。在这漫长的岁月里，它孕育了一批名人。

中山自古以来物华天宝，人杰地灵，近代更是得风气之先，人才辈出。这片热土孕育了中国近代民主革命先行者孙中山、中国近代资产阶级改良派思想家郑观应，以及民国时期空军创始人杨仙逸和中国第一位女飞行员朱慕飞等知名人士，香山县因而被誉为"中国航空之乡"。在中国共产党领导的新民主主义革命中，这片热土上涌现出华南地区最早宣传马克思主义的理论家杨匏安、中共第六届中央政治局常委兼中央军事部部长杨殷、中共四大代表阮章等。此外，中山还涌现出近代中国第一位企业家唐廷枢，中国近现代规模最大的先施、永安、大新、新新四大百货公司的创始人马应彪、郭乐、蔡兴、李敏周等，还有著名教育家、岭南大学创办者钟荣光，近现代中国音乐教育的开创者、在上海创办中国首家音乐学院的萧友梅，一代影后阮玲玉，中国著名电影演员和导演郑君里，被外国人称为"中国渔业之父"的陈同白等。在当代，中山有爱国爱乡的著名侨领吴桂显等，有郑守仪和郑健超等中国科学院和中国工程院院士共10多人，有连续两次获得世界乒乓球锦标赛男子单打冠军的江嘉良。近年，中山跑出了个亚洲飞人——苏炳添。苏炳添是中国男子田径队杰出的短跑运动员，屡次刷新黄种人在国际赛场上的田径纪录，创造亚洲历史。

1979年至2018年，中山坚持改革开放，促进经济社会全面发展，由农业小县逐渐发展成为富庶文明的现代化中等城市，创造出沧海桑田巨变的辉煌。20世纪80年代中期，中山被誉为广东"四小虎"之一，闻名于世。改革开放后，中山经济社会各项事业发展迅猛，在交通、邮电、教育、城市建设、居民住房等多个方面位于广东省乃至全国前列。

截至2018年底，全市实现地区生产总值3632亿元，人均生产总值11.1万元，地均生产总值每亩约12万元，均位于广东省前列。2017年10月，中国社会科学院（财经院）与联合国人居署共同发布的《全球城市竞争力报告2017—2018》显示，中山可持续竞争力排珠三角第四，经济竞争力排珠三角第五。中山经济结构更加趋好，先进制造业增加值占规模以上工业增加值比重提高至44.6%，重工业增加值占规模以上工业增加值比重提高至41.6%，现代服务业增加值占服务业增加值比重提高至61.3%。

除了名人故里，中山还有一张响当当的名片——一座获得全球人居领域最高奖项联合国"人居奖"的城市。能获得如此重要的一个国际荣誉，即便在全国的城市中也不多见。

1997年，中山市以"中山住区建设与管理可持续发展"为申报项目，通过建设部推荐参加了联合国人居中心的考评。经过评选，中山市荣获联合国"人居奖"。这是联合国人居中心对中山市人类住区可持续发展和管理工作的充分肯定。

中山，是一座社会和谐、经济兴旺、环境优美、民生幸福的现代化城市。除了联合国"人居奖"，中山还获得过无数荣誉，如国家历史文化名城、人民满意城市、中国和谐之城、全国文明城市、中国优秀旅游城市、全国畅通工程模范城市、全国科技进步先进市、全国品牌经济城市、全国质量兴市先进市、全国全民健身样板城市、教育强市、国家园林城市、国家环保模范城市、全国双拥模范城市、国家卫生城市、国家森林城市……①

---

① 本节大部分内容根据中山市地方志编纂委员会编：《中山市志》，广东人民出版社1997年版，第1—12页；中山市志编纂委员会编：《中山市志（1979—2005）》，广东人民出版社2012年版，第1—9页综合整理。

区域及名称沿革

中山古称香山，在汉代属番禺县地，晋以后为东官郡地。唐代为东莞县地。据《香山县志》明嘉靖本记载，北宋元丰五年（1082），香山寨始建立，隶属东莞县。至南宋绍兴二十二年（1152），南海、番禺、东莞、新会4县部分海岛归香山，称香山县，隶属广州（广南东路路治）。香山在岛北端建县城，设县署于仁山下（今石岐孙中山纪念堂公园内）。立县初，香山县设置10个乡。

据《香山县志》明嘉靖本、清康熙本，《明史》外国传记载，明洪武十四年（1381），改乡制为坊都，香山县共设置11个坊都。

澳门本属香山县。明嘉靖三十二年（1553），葡萄牙人借机在澳门半岛定居；鸦片战争后，葡萄牙人又趁机侵略澳门。1849年，葡萄牙人毁望厦村，赶走香山驻望厦村的县丞。以后又陆续侵占澳门本土附近的青洲、凼仔、路环等地。这样，本属香山县的澳门，便成了葡萄牙的侵占地。1987年4月，中葡两国在北京正式签署关于澳门问题的联合声明。1999年12月20日，中国政府对澳门恢复行使主权。

《香山县志》清道光本记载，道光七年（1827），全县11个都合并为9个都。据《香山县志续编》记载，光绪初年（约1880年）改都为镇，全县设置9个都镇：仁良都、黄旗都仍沿用旧称，得能都与四大都合并改为东镇，恭常都分为上恭镇和下恭镇，隆都改为隆镇，谷都改为谷镇，榄都改为榄镇，黄梁都改为黄梁镇。宣统二年（1910）改镇为区，全县设置9个区：仁良都改为第一区（今石岐、港口、南区、五桂山石鼓一带），隆镇改为第二区（今沙溪、大涌、横栏、西区、板芙西部一带），榄镇改为第三区（今小榄、古镇、东凤、东升一带），东镇改为第四区（今火炬开发区张家边、南朗、翠亨、长江一带），谷镇改为第五区（今三乡、神湾、石莹桥一带），上恭镇改为第六区（今珠海市唐家、下栅、淇澳一带），下恭镇改为第七区（今坦洲及珠海市香洲、前山、湾仔、横琴、万山一带），黄梁镇改为第八区（今珠海市斗门、乾务、白蕉、三灶一带），黄旗都改为第九区（今中山市黄圃、阜沙、南头、民众、三角及今属佛山市顺德区的小黄圃，广州市南沙区的潭洲、大岗、黄阁一带）。

中华民国建立后，1912年，广东省撤销广州府，香山县直属广东省长公署管辖。1925年4月15日，按国民党中央执行委员会决议，经广州中华民国陆海军大元帅府批准，香山县改名为中山县，以纪念孙中山。

1930年5月，中山县政府从第一区石岐移驻第六区唐家。同年7月，全县调整行政区划，区的名称改按地名命名：石岐定名为石岐镇；第一区改为仁良区、第二区改为西乡区、第三区改为西海区、第四区改为东乡区；第五区和第七区本部合并，改为南乡区；第六区改为中山港区；分出第七区和第八区的南部海岛，成立南海区；第八区本部改为黄梁区；第九区改为东海区。1931年9月，全县9个区又恢复按数字编列的名称。1934年10月，中山县政府由唐家迁回石岐。抗日战争胜利后，全县9个区普遍设立区署。

1949年10月30日，中山县解放。1950年3月，中山县隶属珠江专区；1952年11月，珠江专区撤销，中山县隶属粤中行政区；1956年1月，中山县隶属佛山专区。1949年后，中山县、东莞县、宝安县和新会县的管辖区域多次调整，先后分出成立珠海县和斗门县，又划出部分区域归属番禺县、顺德县和新会县。

中华人民共和国成立后，珠江三角洲进行过多次行政区划调整。1961年10月，从中山划出珠海县（1953年4月，珠海从中山分出为县，1959年3月又划归中山县）；1959年7月，将大岗、万顷沙、南沙、黄阁等划出归番禺县；1965年7月，划出斗门、乾务、白蕉等三个公社和平沙农场归斗门县；以及于1958年10月和1964年5月，先后将小黄圃、高黎两个乡（原属黄圃公社）划归顺德县，将特沙大队（原属横栏公社）划归新会县。经过几次调整，至1965年8月，中山的陆地面积由解放初期的2876.75平方千米，缩减为1683平方千米，减少了43%；先后划出人口30万，至1965年，总人口减少22%。

1951年至1978年，中山县行政区划经历多次调整变化。1951年至1953年，全县设3个区级镇、15个区，下辖201个乡、9个乡级镇。1957年撤区并乡，全县15个区改划为34个大乡，下辖216个行政村镇和3个区级镇。1958年，公社取代大乡，全县合并为7个大公社，下辖34个耕作区、3个管理区。1961年8月，设置1个县级镇、2个区级镇，下辖4个城镇公社；农村设置13个区，下辖62个小公社。1967年12月，全县设3个镇，下辖4个城镇公社；农村设置20个公社。1976年，"文化大革命"结束后，全县有3个区级镇、25个公社。1953年3月，中山曾设置石岐市（省辖市），归粤中行署领导。

1979年至1983年，中山为广东省佛山市辖县，设置3个区级镇和24个人民公社及五桂山建设指挥部，共辖415个生产大队、3470个生产队。当时行政区划为：石岐镇、小榄镇、黄圃镇、黄圃公社、阜沙公社、三角公社、民众公社、浪网公社、张家边公社、南朗公社、环城公社、板芙公社、三乡公社、新湾（神湾）公社、坦洲公社、古镇公社、小榄公社、南头公社、东凤公社、郊区公社、沙溪公社、大涌公社、横栏公社、坦背公社、港口公社、沙朗公社、渔业公社、五桂山建设指挥部。

1983年12月，经国务院批准，中山县改为县级市，原行政辖区不变。此时正值公社实行政社分设，中山建立区乡体制，将原来的"人民公社"改为"区公所"、"生产大队"改为"乡"。市区（石岐）分设莲峰区、中区、岐江区、烟墩区、西区5个街道，小榄镇、黄圃镇不变。1984年2月，中山将原来24个公社及五桂山建设指挥部改为25个镇（区），其中渔业公社改为横门区，五桂山建设指挥部改为五桂山区，其余名称不变。改制后，全市有32个镇（区）和长江管理区，共辖68个行政村，下设68个居民委员会（简称"居委会"）、319个乡、11个乡级镇。

1986年12月，中山撤区建乡镇，有条件的"区"改为"镇"。至1987年12月，市区（石岐）设置8个街道；市区外设24个镇及长江管理区；各镇（区）共辖495个行政村，下设97个居委会和398个村民委员会（简称"村委会"）。

1988年1月，经国务院批准，中山由县级市升格为地级市。行政区划为：中区、西区、岐江区、烟墩区、莲峰区、郊区、环城区、张家边区、黄圃镇、阜沙镇、南头镇、东凤镇、小榄镇、东升镇、古镇镇、民众镇、三角镇、浪网镇、港口镇、坦背镇、沙朗镇、沙溪镇、大涌镇、横栏镇、板芙镇、三乡镇、神湾镇、坦洲镇、南朗镇、翠亨村镇、五桂山镇、横门镇、长江管理区。
1988年12月，中山新设东区街道，管辖原郊区的柏山行政村（村委会）及环城区的新村、沙岗、槎桥、新安、库充、亨尾、三溪、小鳌溪、紫马岭、土瓜岭、起湾、齐东、老富头、白沙湾14

个行政村（村委会）和长江管理区的行政区划。

1990年9月，中山新设中山港街道，管辖原张家边街道所属的张家边、二洲、沙边3个行政村（村委会）的部分区域。

1991年3月，中山火炬高技术产业开发区经国务院批准成立。1993年1月，火炬高技术产业开发区与原中山港区、张家边区合并为中山港区，1995年1月改称中山火炬高技术产业开发区（简称"火炬开发区"），设管理委员会作为市政府派出机构。

1996年底，郊区街道办事处更名为北区街道办事处；中区、烟墩区、莲峰区、岐江区4个街道办事处合并为中区街道办事处。1997年底，环城区街道办事处更名为南区街道办事处。1998年，翠亨村镇和横门镇的行政建制撤销，其行政区划并入南朗镇管辖。1999年，沙朗镇的行政建制撤销，其行政区划并入西区街道管辖；坦背镇的行政建制撤销，其行政区划并入东升镇管辖。2000年，中山撤销中区、北区街道，设立石岐区街道管辖原属中区、北区街道的区域；撤销浪网镇的行政建制，将其行政区划并入民众镇管辖。至2000年底，全市设置19个镇、4个街道、1个开发区，辖94个社区和400个行政村，下设94个居委会和400个村委会。

2001年8月至2002年6月，中山市开展行政村（村委会）和社区（居委会）调整合并工作，村委会由原来400个合并调整为191个；56个村实行"村改居"后，连同原102个居委会，调整合并为104个社区居委会。2002年6月至2005年底，中山先后调整合并石岐区、小榄镇、三乡镇、西区、黄圃镇、东区的部分行政村（村委会、居委会）。2005年9月，中山撤销五桂山镇，设立五桂山街道。至2017年底，中山市设火炬开发区、石岐区、西区、东区、南区、五桂山6个街道办事处（或管委会），以及阜沙、三角、民众、南朗、三乡、板芙、神湾、坦洲、古镇、小榄、东升、东凤、南头、港口、横栏、大涌、沙溪、黄圃18个镇，区域内含有1个国家级开发区——火炬高技术产业开发区和1个经济协作区——翠亨新区，共辖127个社区（居民委员会）和150个行政村（村民委员会）。①

_____

① 本节内容根据中山市地方志编纂委员会编：《中山市志》，广东人民出版社1997年版，第136—192页和中山市志编纂委员会编：《中山市志（1979—2005）》，广东人民出版社2012年版，第70 78页，以及中山年鉴编纂委员会编：《中山年鉴2018》，广东经济出版社2018年版，第45页资料综合整理。

资源优势

中山是一个宜居宜业的城市，自然资源丰富，天然环境宜人。地处珠江三角洲中部偏南的西江、北江下游出海处，地形以平原为主，地势中部高，四周平坦，位于市境中南部海拔531米的五桂山主峰为全市最高峰。全市地形南北长66千米，东南约45千米。海岸线长26千米，海域面积176平方千米。中山处于亚热带向热带过渡的地带，属亚热带季风气候，气候温暖；日照充足，雨量充沛。

市境河流众多，流量大、汛期长、径流丰富，主要江河有省管河道西江干流、海洲水道、磨刀门水道、东海水道、横门水道、小榄水道、鸡鸦水道、桂洲水道、洪奇沥水道、黄圃水道等。

中山市平面形状南北狭长，约66千米；东西短窄，约45千米，轮廓酷似一个紧握而向上举的拳头。市境陆地总面积1800平方千米，其中平原占73.9%。

市境地势中高周低；地貌层状结构明显，类型丰富多样，但以平原为主；地貌形态明显受北东、北西走向的地质构造控制。根据地貌的形态、成因、物质、年龄等要素，可将地貌分为4大类、10亚类和29种微地貌。

低山：五桂山山脉，主峰海拔531米，是中山市最高的山峰，面积42.31平方千米，由燕山期花岗岩侵入体构成。由于受北东、北西走向地质构造影响明显，山体和山脊呈东北—西南走向，"V"形谷则多沿西北—东南方向发育。五桂山南陡北缓，北坡与箭竹山（371米）、白云顶（367米）等高丘陵相连，逐渐过渡；南坡则由于被断裂斜切而在300米左右的高度以急坡陡降到平原（海拔约10米），形成一列长约5千米的呈东北—西南走向的断层崖，因而显得高大险峻。山体主峰周围可以观察到明显的多级夷平面。

五桂山濒临珠江口西岸，山峦起伏，形势险要。五桂山区纵横三四十千米，面积100多平方千米，山峦起伏，坑谷深邃，地形险峻。1938年11月，中共中山县委第一次武装工作会议就提出准备以五桂山作为将来的游击根据地。1941年，中共南番中顺（南海、番禺、中山、顺德）中心县委派专人经过深入调查研究，认为五桂山具备游击战争的有利条件，于是在五桂山开辟了抗日根据地。在这片土地上，打响了一场又一场战斗。革命老区人民浴血奋战，保卫家园，在历史上留下了壮丽的一笔。

丘陵：主要分布在五桂山周围，由多种岩石组成，但以花岗岩的面积最大。市境内由低山与丘陵组成的主要山岭有五桂山山脉和竹篙岭山脉。其中，五桂山山脉是中山市的主要山脉，位于市境中南部，北面宽26千米，南面宽15千米，面积300多平方千米，包括9个山列，皆呈西南—东北走向。竹篙岭山脉位于市境南部，地跨神湾、坦洲、三乡三镇，最高峰为白水林顶（海拔473.3米），海拔300米以上的山岭还有铁炉山（海拔468.3米）、大望斗（海拔383.6米）、五指山（海拔378.2米）、丫髻山（海拔374米）、蕉窝山（海拔373.6米）、先生地顶（海拔336米）、竹篙山（海拔322米）。此外，在三乡镇还有属凤凰山山脉的大尖岭（海拔282米）、石人山（海拔253米）等山岭[①]。

台地：分布于沙溪、大涌、南朗、翠亨新区、三乡等地以及南区、东区、火炬开发区等地的丘陵边缘，以高度低、受切割程度小、顶部相对比较平齐而有别于丘陵。

平原：分为海积冲积平原（三角洲平原）、冲洪积平原和沙堤沙地等三个亚类。[②]

城市发展，交通先行。2010年来，伴随中山转型升级步伐的加速，城市发展的基石——交通基础设施建设也结出累累硕果。据统计，截至2014年底，全市公路通车里程2610千米，较2010年增长36.15%；公交、出租车出行分担率提升至25%，较2010年增长56.25%。截至2019年底，中山已经基本形成以高速公路、国道、省道以及快速主干线为骨架的公路网络，这有力促进了全市经济的快速发展。

一桥飞架珠江东西岸，伶仃洋上不"零丁"。

深中通道开工建设，港珠澳大桥开通，粤港澳大湾区建设上升为国家战略……新的机遇增强了中山的区位优势，新的城市群发展对交通脉络提出更高要求，珠江西岸区域性综合交通枢纽呼之欲出。

2010年以来，随着翠亨快线、古神公路、中山港大桥扩建工程等项目的兴建，中山交通网络越织越密，"承东启西"的关键节点角色也越来越明显。2017年以来，中山市政府投资项目以交通基础设施建设为主线，争取把中山打造成"珠江西岸区域性

---

① 海拔 300 米以上山岭海拔高程为 1956 年黄海高程。记载于 1977 年广东省测绘局调绘的 1∶10000 地图。

② 本节内容根据中山市地方志编纂委员会编：《中山市志》，广东人民出版社 1997 年版，第 87—112 页；中山市志编纂委员会编：《中山市志（1979—2005）》，广东人民出版社 2012 年版，第 177—186 页整理。

交通枢纽城市"。致力于成为承接珠江东、西两岸区域性交通枢纽，中山在对接广州、深圳、佛山、珠海等城市方面做出了一系列部署。6年投入1400亿元的大交通布局，寄予了中山人以交通大枢纽建设助力城市跑出创新加速度的决心与信心。

除了水上深中通道，中山不少交通建设项目传来新消息：拟延长至中山的广州地铁18号线动工；构建深中半小时生活圈的深中通道如火如荼地建设中；东部外环高速公路首期计划2024年建成；经过中山的深茂铁路、南沙港铁路已动工……

中山新一轮交通网络建设已经开始，中山北接广州和佛山，西邻江门和珠海，东隔珠江口伶仃洋与深圳和香港相望，占据了黄金地理位置。随着2018年10月23日港珠澳大桥的开通，粤港澳大湾区的建设促进了中山与其他各地区的经济交流，给中山未来城市发展带来新的大机遇，而完善的路网将助力中山实现新的跨越。①

中山是著名的侨乡，华侨资源优势突出。

在孙中山为推翻封建帝制，建立共和制而奋斗的历程中，众多中山人加入了这个伟大的事业，出现了许多为革命毁家纾难，乃至献出宝贵生命的可歌可泣的故事，使中山人在中国民主革命运动中耀眼夺目。

在抗日战争时期，中山华侨也作出了不可磨灭的贡献。20世纪30年代，日本帝国主义不断扩大对中国的侵略，"国家兴亡，匹夫有责"，素有爱国爱乡传统的中山华侨同胞、港澳乡亲挺身而出，纷纷加入抗日救亡行列，与祖国人民并肩战斗，有钱出钱，有力出力，为夺取抗战胜利付出了极大努力，立下了赫赫功绩。②

---

① 交通优势部分综合自《南方日报》《南方都市报》《中山日报》等媒体报道。

② 以上 3 段根据中共中山市委党史研究室编：《中国共产党中山地方史（第一卷）》，中共党史出版社 2010 年版，第 20—21 页、第 171—186 页。

进入改革开放时期，中山作为改革开放的前沿阵地，从典型的传统农业县华丽转型为工业和第三产业兴旺发达的现代化城市，华侨资源、毗邻港澳的人缘和区位优势在其中发挥了很大的作用。

改革开放初期，广大华人华侨、港澳台同胞支持家乡建设的热情高涨，他们借助地利优势，为中山带来了急需的资金、物资和优质的技术，以及先进的发展理念、经验和文化，在很大程度上帮助中山提振信心，走上改革开放的"快车道"。

回看中山的改革开放历史，随处可见他们的贡献：中山建成开业的中国第一家内地与港澳合作宾馆、第一家高尔夫球场、第一家中外合作综合游乐场，与"侨商""侨资"[①]密切相关。据中山市侨务部门统计，1979年至2005年，全市的侨捐总额为13.9亿元人民币，项目总数为2133项，涵盖教育、文化、体育、卫生、交通建设等各个方面，孙中山纪念堂、中山市人民医院、中山学院等接受华侨捐赠金额都在1000万元人民币以上；改革开放至今，侨商在中山累计建立企业2000多家，累计投资超过100亿美元，占中山利用外资的60%以上，完美（中国）日用品有限公司、好来化工（中山）有限公司等侨资企业长期位居纳税大户前列……可以说，侨资在中山改革开放事业中发挥了独特作用。[②]

---

　　① 这里为广义的"侨"，泛指海外、港澳台乡亲。
　　② 根据温国科：《激发侨资源新优势　助推中山实现新发展》，《中山日报》2018年7月9日封2版。

中山市革命老区概况

　　中山人民有着光荣的革命传统。早在大革命时期，中共中山县支部于1925年成立，次年中共中山县委成立。1927年，中山县成立工农革命委员会，开展了轰轰烈烈的农民运动，发动3000多名工农自卫军参加反击反革命叛变的卖蔗埔武装起义。1937年，中共中山县委重建。全面抗战爆发后，中山成立了中国共产党领导下的抗日游击大队，1944年成立了中山人民抗日义勇大队，建立了县、区、乡三级抗日民主政权。南番中顺游击区指挥部于1943年秋从禺南转移到五桂山地区后，这里成为中共领导珠江三角洲人民英勇抗日的指挥中心。1944年，中区纵队在五桂山成立并由此挺进粤中；1945年1月，广东人民抗日游击队珠江纵队也是在五桂山成立。抗战期间，珠江纵队（及其前身）在人民群众的支持下，多次粉碎日、伪兵力数倍于己的"扫荡"围攻，涌现出无数的英雄人物。解放战争时期，珠江纵队转移东江及北上后，留守力量以武装工作队的形式，依靠群众，继续在中山开展敌后斗争，通过武装斗争、宣传群众、反"三征"等，有力打击了国民党的反动统治，扩大革命力量，巩固革命政权。随着全国解放形势的发展，中国人民解放军粤赣湘边纵队中山独立团成立。中山老区人民为中国解放事业作出了重大贡献。在新民主主义革命战争时期，中山牺牲的革命烈士共506名。[①]

在长期的革命战争中，中山革命老区人民在中国共产党的领导下，不怕敌人的血腥镇压，进行艰苦卓绝的斗争，无私地为革命作出了巨大贡献。许多根据地村庄遭到敌人的烧杀抢掠，成千上万的老区人民献出了宝贵的生命。老区人民的英雄壮举，在广东革命史上谱写了可歌可泣的壮丽篇章。

按评定革命老区村庄时的行政区划，中山市有革命老区村庄201个。根据1997年的统计，这201个革命老区村庄人口167590人，占全市总人口的13%，其中抗战时期的老区村庄128个，人口65048人；解放战争时期的老区村庄73个，人口102542人。至2018年底，由于行政区划的变化和自然村的变化，全市老区村庄变为184个，分布于17个镇街的58个行政村或社区居民委员会中。[②]

---

① 烈士人数根据中山市地方志编纂委员会编：《中山市志》，广东人民出版社1997年版，第1502—1533页资料整理。

② 参见广东省民政厅编：《广东省革命老区村庄名册》，1997年9月编印，第727页及序。

附：中山市革命老区村庄名称及归属变化情况

（至2018年底）

序号	现所在镇街	现所在行政村（社区）	老区村庄（评定时的村名）	备注
1	五桂山	龙石	张屋排	背心并入张屋排、何屋排。1997年属石鼓管理区，2018年属龙石行政村
2			何屋排	
3		桂南	企溪	2018年村名为旗溪
4			田心	
5			石井	
6			控虾	原贡虾村
7		长命水	走马墩	2018年五桂山无此自然村名，该村于清道光元年（1821）改名石榴坑村
8			邱屋	
9			白兰桥	
10			龙贡	
11		南桥	和平	原黄茅坪村
12			槟榔山	
13			南坑尾	原李家山村并入
14			石莹桥	
15			白石坳	
16			南坑	
17			石窝口	
18			南蛇塘	1983年巫屋、南蛇塘合并为巫南村
19			巫屋	
20			新村	黄屋、钟屋合并成新村，原又名新屋村，2018年村名为南桥新村
21	东区	长江三溪（社区）	大寮	
22			中心	
23			牛头埔	
24			福获	
25			长江	
26			西陂	
27			松埔	
28			横栏	
29			桥头	2018年东区无各自然村，各村在1959年长江水库兴建时迁至长江村，2018年属长江三溪社区
30			石塘	
31			九曲林	
32			福获口	
33			狐狸斜	

序号	现所在镇街	现所在行政村（社区）	老区村庄（评定时的村名）	备注
34	南朗镇	白企	长悠连	2018年村名为长攸连。1997年属合里管理区，2018年属白企村
35			南面	1997年属合里管理区，2018年属白企村
36			筲箕环	1997年属合里管理区，2018年属白企村
37			园墩	2018年名为元墩。1997年属合里管理区，2018年属白企村
38			新村	原横迳村、横迳新村，2018年名为合里新村。1997年属合里管理区，2018年属白企村
39			大塘	1997年属合里管理区，2018年属白企村
40			剑门牌	2018年名为剑门。1997年属合里管理区，2018年属白企村
41			瓦屋	1997年属合里管理区，2018年属白企村
42			田心	原饼铺村并入。1997年属合里管理区，2018年属白企村
43			树坑	1997年属合里管理区，2018年属白企村
44			石门路	
45			元山	
46			范屋	
47			陂头角	2018年名为陂角头
48			观音座	原鲤鱼塘地村并入
49			灯笼坑	1997年属贝里管理区，2018年属白企村
50			贝头里	2018年无此自然村，1997年属贝里管理区，2018年属白企村
51			贺屋	1997年属贝里管理区，2018年属白企村
52			徐刘	原三山虎村，1997年属贝里管理区，2018年属白企村
53			合水口里	2018年南朗镇无此自然村，1997年属合里管理区，2018年属白企村
54			林屋	2018年南朗镇无此自然村，1997年属合里管理区，2018年属白企村
55			青龙角	又名青龙嘴，2018年名为余屋。1997年属合里管理区，2018年属白企村
56		南朗	合水口外	2018年名为合外村，1997年属合外管理区，2018年属南朗村
57			西村	
58		左步	左步	

序号	现所在镇街	现所在行政村（社区）	老区村庄（评定时的村名）	备注
59		泮沙	泮沙	
60			南庄	
61			西亨	
62			王屋	
63		冲口	冲口	
64		榄边	西江里	
65			埔山	2018年名为莆山
66		大车	大车	
67		关塘	贝头外	2018年名为贝外。1997年属贝外管理区，2018年属关塘村
68			关塘埔	2018年名为关塘
69			新村仔	2018年名为关塘新村
70			土草朗	
71			井头山	2018年名为井溪
72			东桠	1997年属东桠管理区，2018年属关塘村
73		崖口	中堡	
74			东堡	
75			西堡	
76			杨家	
77			陆家	
78			坪山	2018年名为平山
79			向西	
80			化美	
81		翠亨	大象埔	1997年属石门管理区，2018年属翠亨村
82			鹅嵋	2018年名为峨嵋。1997年属石门管理区，2018年属翠亨村
83			木子埔	原刘屋排村并入。1997年属石门管理区，2018年属翠亨村
84			张落坑	1997年属石门管理区，2018年属翠亨村
85			剑首	1997年属石门管理区，2018年属翠亨村
86			白石岗	1997年属石门管理区，2018年属翠亨村
87			田心	原张华其村并入。1997年属石门管理区，2018年属翠亨村
88			金竹山	1997年属石门管理区，2018年属翠亨村
89			杨贺	原杨屋、贺屋村。1997年属石门管理区，2018年属翠亨村
90			书房坳	1997年属石门管理区，2018年属翠亨村

序号	现所在镇街	现所在行政村（社区）	老区村庄（评定时的村名）	备注
91			练屋	原三穴村并入。1997年属石门管理区，2018年属翠亨村
92			兰溪	1997年属石门管理区，2018年属翠亨村
93			龙田	1997年属石门管理区，2018年属翠亨村
94			攸福隆	1997年属石门管理区，2018年属翠亨村
95			石门坑	2018年名为后门坑。1997年属石门管理区，2018年属翠亨村
96			攸福隆新村	原龙舟地村，又名新村。1997年属石门管理区，2018年属翠亨村
97			翠亨	
98			竹头园	
99			下沙	1997年属下沙管理区，2018年属翠亨村
100	黄圃镇	石军	石军	1997年的石军管理区，包含七宅村、上沙村、怡隆村（自然村） 注：以行政村名义评定革命老区村
101		滘心（社区）	滘心	1997年的滘心管理区，包括二坊村、石坎村、太平村、细缯村、益耕村（自然村） 注：以行政村名义评定革命老区村
102		将军（社区）	将军	1997年的将军管理区，包括合胜村、河尾村、六百六村（自然村） 注：以行政村名义评定革命老区村
103	南头镇	民安（社区）	低沙	2018年南头镇无此村名，1997年属低沙管理区，包括朱槽村、北河村、黄鱼涌村、聚财村、聚隆村、深滘村（自然村），2018年属民安社区 注：以行政村名义评定革命老区村
104		穗西（社区）	孖沙	2018年南头镇无此村名，1997年属孖沙管理区，2018年属穗西社区。孖沙于1961年划归中山糖厂，成为孖沙农场 注：以行政村名义评定革命老区村
105		结民	聚龙	2018年无此自然村名，1997年属乌沙管理区，2018年属结民村
106			连胜	
107			齐明	
108			保安	
109	三角镇		北宁社	
110		沙栏	西梽冲	2018年无此自然村，1997年属合作管理区，2018年属沙栏村
111		三角	大达地	2018年无此自然村，1997年属南安管理区，2018年属三角村
112			竹围	2018年无此自然村，1997年属居安管理区，2018年属三角村

序号	现所在镇街	现所在行政村（社区）	老区村庄（评定时的村名）	备注
113		裕民（社区）	联德	
114			宝鸭塘	
115			草围	
116			仁和	
117			裕安	
118			智和	2018年名为志和
119			文田界	
120			接龙	
121			南角	
122			北角	
123	东升镇	高沙（社区）	六顷	
124			顺安	
125			顷二	
126			东历	2018年名为东沥
127			新联	2018年无此自然村
128			启和	
129			源和	
130			源丰	
131			和丰	
132			葵围	
133			悦生	
134		同乐（社区）	悦胜	2018年无此自然村
135			悦昌	
136			共乐	
137			安乐	2018年无此自然村
138			祐生	
139			同德	
140			德源	
141			龙生	
142			合福	
143			泗隆	
144			西龙	2018年无此自然村
145			福龙	
146	古镇镇	古一	古一	
147		古四	古四	
148		曹一	曹一	
149		曹二	曹二	

序号	现所在镇街	现所在行政村（社区）	老区村庄（评定时的村名）	备注
150		曹三	曹三	
151			沙源	
152			教昌	
153			民乐	
154			市边	
155		海洲	红庙	2002年各村合并归属海洲村
156			华光	
157			北海	
158			显龙	
159			麒麟	
160			宝山	2018年名为宝鸭山
161			石塘	
162			荔枝埔	
163	坦洲镇	新前进	新村	
164			荷塘	
165			埔顶	
166			月环	
167		桥头	桥头	
168		乌石	乌石	
169		平南	平南	从平岚村分出，初名平岚南村，1986年改名平南村
170		平岚东	平东	1997年属平东管理区，2018年属平岚东村
171		南龙	南坑	
172		（社区）	龙井	
173			平湖	
174		大布	沙岗	
175			新村	2018年名为大布新村
176	三乡镇	前陇（社区）	前陇	
177		塘敢	里塘	2018年名为里塘敢村
178			外塘	2018年名为外塘敢村
179			白石	
180		白石	竹溪	
181			金环	
182			外埔	
183		西山（社区）	里埔	
184			西山	
185	神湾镇	外沙	枕头角	

序号	现所在镇街	现所在行政村（社区）	老区村庄（评定时的村名）	备注
186	阜沙镇	卫民	卫民	1997年的卫民管理区，包括西河村、东河村、七姓祠村、地字河村（自然村） 注：以行政村名义评定革命老区村
187		牛角	牛角	1997年的牛角管理区，包括低地村、（牛角）正河村、新村、河仔村、横朗颈村（自然村） 注：以行政村名义评定革命老区村
188			南强	从牛角村分出，1997年属南强管理区，2018年属牛角村
189		阜东	阜东	1997年的阜东管理区，包括张字号村、寒字号村、掘尾河村（自然村） 注：以行政村名义评定革命老区村
190		丰联	丰联	1997年的丰联管理区，包括丰年村、永恒村、永丰村、东闸村、中围村（自然村） 注：以行政村名义评定革命老区村
191		大有	大有	1997年的大有管理区，包括群英村、群雄村、朝西社、下鸦尾、（大有）正河村（自然村） 注：以行政村名义评定革命老区村
192	横栏镇	新茂	新茂	
193		贴边	贴边	
194		裕祥	裕祥	
195		新丰	永丰	1997年属永丰管理区，2018年属新丰村
196			穗丰	1997年属穗丰管理区，2018年属新丰村
197	沙溪镇	中兴	申明亭	1997年属申明亭管理区，2018年属中兴村
198	大涌镇	青岗（社区）	青岗	
199	板芙镇	里溪	月角	
200	西区	长洲（社区）	长洲	2018年的长洲社区，包括西村、北村、中心村（自然村） 注：以行政村名义评定革命老区村
201		后山（社区）	后山	1993年，后山管理区包括东村、下闸村、后山村、新堤街、狮滘口新村、上闸村；2018年的后山社区，包括东村、后山村、上闸村、狮滘口新村 注：以行政村名义评定革命老区村
合计	17个	58个	201个	由于行政区划和自然村的变化，当年评定的201个老区村至2018年底变为184个，分布于17个镇街，58个行政村（社区）

第二章
大革命运动和中共中山组织的建立 ①

---

① 本章根据中共中山市委党史研究室：《中国共产党中山地方史（第一卷）》，中共党史出版社 2010 年版，第 1—122 页编写。

第一节 中共中山组织的创建和革命统一战线的形成

一、中共中山县支部的建立

虽然孙中山领导的辛亥革命结束了在中国延续2000多年的封建帝制，但革命果实很快被袁世凯攫取。中国仍是半殖民地半封建社会，仍处于贫穷、落后和战祸频仍的状态。土地肥沃、素有"鱼米之乡"之称的香山，亦面临着经济崩溃的危险。拥有100多万亩耕地的香山，其土地所有权，地主占60%，官僚、劣绅占30%；而占全县人口90%以上的农民，只占10%。①以种田为生的香山农民，由于没有土地，只得向地主租田耕种，出卖劳动力以求生存。控制土地所有权的地主、劣绅或以高额的地租将地直接或间接（通过二路地主）出租给农民的方式，从中剥削；或自己经营耕种，以极低的工钱雇请劳动力，直接榨取农民血汗。广大农民除了缴纳高额的地租外，还要负担政府、官僚、土豪、劣绅的各种苛捐杂税。每逢收割季节，护沙队、土匪乘机勒索，合伙到沙田搭棚寮，以"护沙"为名，向农民横征暴敛。

在政治上，农民受尽压迫，地位极其低微。由于县、区、乡、村的各级政权完全操纵在官僚、地主、土豪劣绅手中，而占

---

① 1925年4月，香山县改称中山县。

人口绝大多数的工农群众根本没有参政议政、管理乡村的权利。剥削阶级为了维护本阶级利益，与地方恶势力互相勾结，互相包庇，致使打家劫舍、谋财害命、奸淫掳掠的事件时有发生。因此，20世纪二三十年代，不少在海外谋生的华侨都将辛苦赚取的血汗钱寄回家乡建碉楼以防匪贼。

有压迫就有反抗。具有革命斗争历史传统的香山儿女从孙中山领导的革命实践中悟出要翻身解放，就必须组织起来，与封建统治势力进行不懈斗争，直至彻底推翻旧政权的道理。在这样的历史条件下，中山人民革命的要求越来越迫切。而由于当时农村经济的个体性和分散性，尽管农民阶级在经济压迫下产生了革命的要求，但要成为现实，必须在中国共产党的领导下组织起来，才能进行有效的斗争。

中共广东组织自建立之日起，即投身中国民主革命的伟大事业。共产党员在广东各地传播马克思主义，组织工农运动，创办革命学校，在艰险曲折的征途中不断发展自身力量。1923年，中共党员、社会主义青年团广东区委候补执行委员周其鉴来到香山，奔走于一、四、八、九区进行革命宣传，指导开展青年运动，成为在香山地区开展革命活动最早的中共党员之一。

1924年8月，中共广东区委派中共党员梁九以及由杨殷介绍入党的广州农民运动讲习所第一期学员梁桂华、梁功炽，以国民党中央农民部特派员的身份到香山组织农民运动。中共广东区委又派建党时期的老党员梁复燃（梁复然）来加强对香山农民运动的领导，开展工作。稍后，参加农民运动讲习所第二期学习的香山岐山李屋边（今南朗）人李华炤，在学习期间加入中国共产党，毕业后以国民党中央农民部特派员的身份回到家乡组织农民运动。他带回组织关系并着手党建工作。年底，中共党员、车衣工人冯光受组织委派，到香山组织发动工人运动。共产党员韦健、陈周鉴[①]等亦以国民党中央农民部特派员身份陆续被派回香山工作。在中山，这些党员一边领导组织中山农民运动，一边积极发展中共党员。至1925年底，中共中山县支部委员会成立，隶属中共广东区委，支部书记李华炤，党员有冼雄标、卢达云、梁仕坤（梁坤）、梁瑞生（九胜）、梁岐玉、梁发、梁伟民、梁九（有善）、陈军凯、严庆瑶、吴兆元等10多人。

中共中山县支部建立后，成为领导中山农民运动、工人运动、妇女运动、青年运动的核心力量。随着中共中山组织的建立，中山的工农革命运动有了坚强的领导和明确的奋斗目标，全县的革命力量不断发展壮大，进而推动中山地区革命统一战线的发展。国民革命运动在中山地区迅速掀起高潮。

二、革命统一战线在中山建立

1923年初，孙中山由沪返粤，成立大元帅大本营，重建广东革命基地。此时，广东革命形势逐渐好转，中共广东组织和社会主义青年团组织经过整顿和恢复，同孙中山的关系也改善了。孙中山采纳了陈独秀、马林提出的改组国民党计划，并委陈独秀、谭平山为大本营宣传委员。[②]被中共广东区委派往参加国民党改组工作的香山籍中共党员有杨匏安、杨殷、杨章甫等。中共中央局考虑到广东各项革命活动逐步得到恢复和发展，在广东有利于筹备召开中国共产党第三次全国代表大会（以下简称"中共三大"），乃决定从上海迁至广州。同年6月12日至20日，大会在广州东山恤孤院后街31号举行。大会通过《关于国民运动及国

---

① 陈周鉴，中共党员，大革命失败后转移到香港做工时失去组织关系。
② 中国社会科学院近代史研究所中华民国史研究室等编：《孙中山全集》第七卷，中华书局1985年版，第304页。

民党问题的议决案》等决议案，决定采取共产党员以个人身份加入国民党的形式与国民党合作。大会指出，共产党人加入国民党的目的："第一，改组国民党为左翼的政党；第二，在中国共产党不能公开活动的地方扩大国民党；第三，把优秀的国民党员吸收到我们党里来。"参加这次大会工作的香山籍中共党员有杨匏安、杨殷（负责保卫工作）、杨章甫等。

1923年10月25日，孙中山在广州召开国民党特别改组会议，以国民党广州市党部为改组试点。中共中央指定谭平山、杨匏安为中共在国民党中的党团书记。同年12月，国民党广州市党部的各区区党部、区分部基本建立起来，杨殷、杨匏安分别被选为第四区、第十区党部执行委员兼秘书。

1924年1月20日，孙中山主持召开的中国国民党第一次全国代表大会（以下简称"国民党一大"）在广东高等师范学校礼堂开幕。大会通过了由共产党员参与起草的以反帝反封建为主要内容的《中国国民党第一次全国代表大会宣言》（以下简称《国民党一大宣言》），对"三民主义"作了新的解释，确立了"联俄、联共、扶助农工"三大政策。共产党员李大钊、谭平山、于树德等被选为国民党中央执行委员，林祖涵、毛泽东、瞿秋白、韩麟符、于方舟、张国焘、沈定一被选为候补中央执行委员。这次大会实现了对国民党的改组，正式建立了国共合作，开拓了国民革命的新局面。在国共合作形势的推动下，香山的革命群众利用各种合法地位纷纷建立革命群众组织，开展革命活动。

由于杨匏安在国民党广州市的改组工作中表现出色，赢得孙中山及其领导的中国国民党的赞誉和信赖。国民党一大后，杨匏安任国民党组织部秘书兼负责国民党广东省党部的筹备工作，先后安排了一批中共党员和进步青年到香山从事国民党改组工作。

香山为中国国民党领袖孙中山的家乡，党务较其他地区发达。1924年5月，中共党员刘尔崧前来指导国民党香山党部改组工作。①曾在广东"宣讲员养成所"学习的大涌南文村进步青年萧一平，因参加中国国民党一大的筹备工作表现较出色，在大会结束后，被吸收在国民党中央党部组织部工作。杨匏安派他随刘尔崧前往香山，协助组织国民党香山县党部筹备处，通过召开国民党党员大会，深入宣传"三民主义"和《国民党一大宣言》的三大政策，在进步工农和学生青年中发展党员，改善国民党的组织结构。梁健荣、冼雄标等一批进步青年被送到广州农民运动讲习所学习，成为中山农民运动的骨干。

1926年上半年，国民党广东省党部组织部部长杨匏安派何仿泉（中共党员）、龚翰辉到石岐改组国民党，成立中山县国民党改组委员会，中共中山县支部书记李华炤、中共党员黄健也成为国民党中山县党员改组委员会成员。改组委员还有中共党员卢达云、黎炎孟、韦健等，中山县总工会的冯光及新学生社的刘广生、孙康等也参加了改组工作。他们在各乡发动积极分子和农民参加国民党。1926年，中山县国民党第十三区分部在县立中学建立，加入该分部的学生大多数是中共党员和青年团员。

中国国民党中山县党部经过改组后，成为工人、农民和民族资产阶级革命统一战线的组织形式。通过改组，国民党中山县党部内部左派力量骤增。正如黎炎孟在《关于中山县农民问题的报告》中所说："从前民校②的势力全在（被）劣绅和右派把持，我们绝无活动的地步，自去月者党部下令重新改组后，我们支部决定，农民和工民运动委员也经省党部停止其职权，我们现在组织了数个特种委员会，如农民工人和青年。宣传组委员会里

---

① 参见《广州民国日报》1924年6月4日第7版。
② 指国民党。

（面），我们同志在里（面）都占有很多位置，现在正从下级去活动，预备将来正式选举时，我们可占优胜的地位；党员成分，党员共有约3000人，工人约占40%，农民约占30%，商人约占10%，学界约占5%，自由职业（劣绅等在内）约占15%。"①

---

① 复印件存中共中山市委党史研究室。

第
二
节 农民运动蓬勃发展

一、香山农民运动兴起

国民党一大后，在国共合作的推动下，农民运动在大元帅府辖区内成为合法的革命运动。孙中山大元帅大本营先后两次发布关于农民运动的"宣言"，表示要维护农民利益，扶助农民运动，引导农民加入国民革命运动。

1924年7月3日，农民运动讲习所（以下简称"农讲所"）第一期在广州开班。3名香山籍青年参加这期农讲所学习。一位是粤汉铁路工人、中共党员梁功炽，由杨殷介绍参加该期学习；另外两位是萧一平和郑千里。他们在农讲所学习农民运动的理论和方法。8月21日，农讲所第一期毕业典礼及第二期新生开学典礼在大元帅府礼堂举行。孙中山到会训词，鼓励学生"到各乡去联络农民"，指出"我们解决农民的痛苦，归结是要耕者有其田"。①参加者有萧一平、梁功炽、郑千里、李华炤、梁岐玉、冼雄标、吴兆元、梁坤、梁瑞生、关仲、朱子雄、陈官祥、杜泽荣、黎汉庭、王杰儒、郑议、马卓腾17名香山籍学生。

广州农讲所从1924年7月3日至1926年9月，共举办6期。在中共组织的关怀下，中山（香山）先后选派32人参加前5期的

① 《孙中山全集》第十卷，中华书局1986年版，第554、558页。

学习。

1924年7月，国民党中央执行委员会农民会决定"组织香山农民协会筹备委员会，指定谭平山、彭湃及农民运动讲习所学生3人为委员，筹备该协会各种计划……"①孙中山对此尤为关注，亲自过问，并拟将香山农会作为全国模范农会，委派广东省省长廖仲恺、谭平山到香山作具体指导。8月22日，香山农民协会筹委会发表《告农民书》，号召全县耕种农民同胞"速起团结，组织农民协会"②。

1924年8月中旬，廖仲恺到香山九区大黄圃宣传革命，发动农民，组织农会。8月14日，他与国民党中央组织部部长谭平山等到九区大黄圃出席香山九区民团成立大会，视察农民运动情况。

九区民团成立大会会场位于黄圃镇郊小山岗，参加大会的有5000多人，大都带有长枪短枪。廖仲恺以高昂响亮的声音发表讲话。其深入浅出的话语充分体现了关心农民、体贴农民的思想，让当地被称作"疍家佬"且一向备受歧视的农民深受感动。全场报以热烈的掌声。廖仲恺亲自到香山发动农民运动，使广大香山农民备受鼓舞。随后，农民运动在香山逐步兴起。

廖仲恺离开香山后，萧一平、梁九以国民党中央农民部特派员身份留在九区做农民运动工作。经过充分研究，两人决定先从麻子乡着手打开局面。随后，共产党员梁桂华、梁功炽也被派回香山组织农民运动，4人做了大量的筹备工作。1924年9月，麻子乡农民协会成立大会在梁季安祠堂召开。麻子乡农民协会不仅是香山县成立的第一个农民协会，也是珠江三角洲地区首个成立的农民协会。

---

① 参见《广州民国日报》1924 年 7 月 31 日。
② 参见《广州民国日报》1924 年 8 月 22 日。

麻子乡农民协会成立后，即提出"平均土地，耕者有其田"和"二五"减租的口号，免除了一些苛捐杂税。针对主持香山军政部的郑雨初向该乡勒收每亩白银一毫的"自卫总局费"，麻子乡农会发动农民进行抗缴。由于农民团结力量大，斗争取得了胜利。为维持地方治安，巩固农会组织，防止地主和土豪劣绅的破坏，该乡组织起农民自卫军。

麻子乡农民协会在维护本乡农民利益和敢于向土豪劣绅开展斗争方面，为以后在全县范围内发动更多的农民组织农民协会树立了榜样。至1924年9月底，四区濠涌乡和九区的陂头沙乡、二股乡、浪网沙乡、小黄圃乡农民协会以及香山第九区农民协会筹备处相继成立。[①]在中共党员和农民特派员的组织发动下，同年冬，四区的左步、岐山，九区的大黄圃、孖沙，六区的翠亨、上栅，一区的树涌、深湾、长洲、长命水等区乡农民协会陆续建立。

二、中山县农民协会成立与农民运动深入发展

为推动农民运动，中山先后选派32名青年到广州农民运动讲习所学习。这些青年毕业后，有的以国民党中央农民部特派员的身份，分配到广东省内各地或派回中山县里工作；有的回到家乡，成为领导农民运动的骨干。

中山的农民运动在共产党的领导下逐步走向深入。据1926年中共广东区委《关于农民运动的报告》[②]统计，中山县当时有7个区农民协会，131个乡农民协会，参加农民协会的农民达17037人。[③]

中共中山组织在中山农村活动力量的壮大和各级农民协会的

---

① 参见《广州民国日报》1924年10月6日。
② 该报告为一本书，封面写明印刷日期为1926年10月。根据报告内容判断，写作时间为1926年5月第二次全省农民代表大会后至6月之间。
③ 中央档案馆、广东省档案馆编：《广东革命历史文件汇集》甲6，第266页。

建立，为建立中山县农民协会奠定基础。1925年4月，中山县第一次农民代表大会在石岐仁厚里召开，各级农民协会代表近100人参加大会。大会庄严宣告中山县农民协会成立，通过了农民协会章程和行动纲领，号召全县农民与工人结成联盟，团结起来，打倒帝国主义、打倒军阀、打倒土豪劣绅，推翻帝国主义和封建主义的压迫和统治。

大会还宣布取消苛捐杂税，凡属农民协会会员，除交会费外，其他一切杂费如沙捐、亩捐或更谷等一律免交；决定酌量减租和反对高利贷，确保佃权；提出"自筹自卫"的方针，农民协会有权接管祠堂的公款和地主的武装、举办农村的文化教育和其他公共福利事业，成立农民自卫军，捍卫农民协会会员的利益和镇压土豪劣绅的破坏活动。

大会选出卢达云担任县农民协会执行委员会委员长，陈军凯为副委员长，李华炤、冼雄标、林岳坤（以上均为中共党员）为执委委员，冼雄标为秘书，何卓荣为书记。这是由共产党员直接参加组织领导的农民运动常设机构。从此，中山农民运动从组织上直接受到共产党领导，农民协会成为农民运动的有力支柱。

在中共中山组织和各中共党员的努力下，中山农民运动发展迅速，自1924年8月起至1926年1月，共成立区农民协会7个，乡农民协会126个，会员共18000余人。到1926年11月，增至152个乡农民协会，其中一区18个，二区7个，三区5个，四区的得能都区32个，四区的四大都区25个，五区7个，六区4个，七区5个，八区7个，九区42个。[①]各乡均组织农民自卫军。中山县农民协会领导全县农民开展轰轰烈烈的农民运动。

首先，抗苛捐杂税斗争。中山县农民协会成立后，主张

---

① 参见黎炎孟：《关于中山县农民问题的报告》，中共中山市委党史研究室档案。

"耕者有其田，平均地权，节制私人资本"，提出"实行二五减租""废除苛捐杂税"，农民纷纷响应。全县各地农民在农民协会的领导下，向官僚、地主、土豪、劣绅进行抗苛捐杂税的斗争，各地普遍开展"二五"减租。凡农会会员，可免交红、黑标和抗交苛捐杂税，使农民的收入有所增加，生活水平也得到提高，大大减轻农民的负担。农民的生活有所改善，社会治安秩序也有所好转。

其次，与土豪劣绅作斗争。乡农民协会成立后，提出减税和废除苛捐杂税等，深受农民拥戴。然而，农民协会的声望愈高，土豪劣绅就愈恨，视农民协会如眼中钉，欲拔之而后快。在恶势力的威胁下，农民协会带领农民进行了不屈不挠的斗争，取得一场又一场胜利。斗争的胜利使农民协会的威信得到提高，农民更加拥护农民协会。

再次，开展互助自救。农民协会组织建立后，充分发挥团结互助作用，互相排忧解难。由于自身权益得到保护，农民十分拥护农民协会。1926年春夏间，不少乡村派人到中山县农民协会要求在当地组织农民协会。

最后，增设农村教育。1925年，中山县农民协会在涌口一乡办起一所农民学校，在县城办起一所农工夜校，解决了农民子弟入学难的问题。

一系列斗争有效促进了农民运动的发展，使农民更进一步认识到要反对压迫剥削，取得解放，非团结不可；农民的革命性日渐提高，开始明白团结的力量；有组织的农民渐次热心会务，没有组织的农民亦感到农民协会是为农民谋利益的。各乡纷纷要求组织农民协会。

三、农民自卫军诞生

1924年5月25日至6月1日，社会主义青年团粤区代表大会在广州召开。大会通过《广东农民运动决议案》，以正式文件提出"农民协会，在国民政府统治下，宜从速组织自卫团"。①6月9日，广东革命政府发表《农民运动宣言》，号召建立农民协会，同时组织农民自卫军。据此，农民自卫军成为国民革命运动中合法的群众组织。

中山县农民协会成立后，各区、乡农民自卫军也相继成立。短短几个月，全县先后成立12支农军，共3300余人，其中一区64人，二区95人，三区440人，四区得能都区373人，四区四大都区359人，五区120人，六区162人，七区90人，八区538人，九区一分区377人，九区二分区435人，九区三分区383人，②并配有一定数量的武器。农民自卫武装队伍直接受农民协会指挥，在配合农民协会开展抗缴苛捐杂税、减租、接管祠堂公款的斗争中发挥了积极作用。

通过农民运动，广大农民的政治地位提高了，逐步解除了地主恶霸的重重压迫。地主恶霸、土豪劣绅不敢兴风作浪，鱼肉农民。如要抓人或有诉讼，一定要通过农民协会派员参加。

四、支援省港大罢工

1925年"五卅惨案"发生后，中华全国总工会和中共广东区委决定发动香港工人和广州洋务工人举行反帝大罢工，声援上海人民的反帝爱国行动。广东区委指派邓中夏、黄平、杨殷、杨匏安、苏兆征（后四位均为中山人）五人组成"党团"，作为罢工

---

① 中央档案馆、广东省档案馆编：《广东革命历史文件汇集》甲1，第448页。
② 参见黎炎孟：《关于中山县农民问题的报告》，中共中山市委党史研究室档案。

的指挥机关。五人遂深入香港各工团中，发动近10万名罢工工人到广州参加罢工斗争。①省港大罢工得到全国人民的声援和广东省革命政府、全省农民的支持。在省港大罢工的影响下，中山的工人、农民、学生纷纷起来支持这次行动。

地处珠江口西岸的中山，对外贸易向来发达，位于境内东面的珠江八大门之一的横门是通往香港的主航道，位于西面的磨刀门水道支流前山河是通往澳门的航道，分别设有洋关和白石门关。省港大罢工期间，罢工委员会宣布禁止英帝国主义的船只进入广东各港口。省港罢工委员会把中山列入省港罢工工人纠察队防线的第四区，并派出两支纠察队分别进驻石岐下闸、前山两地，封锁通往香港、澳门的横门、前山、唐家湾的水陆交通出口要道。查缉偷运洋货进入内地和奸商走私集团运货物出口的船只，以达到封锁香港和打击英帝国主义对中国侵略的目的。担任驻前山的省港罢工工人纠察队小队长的刘吉棠是中山小榄人。罢工伊始，他带领小队驻扎前山坚持斗争，直至1926年10月罢工结束才撤出。

省港大罢工运动的革命精神教育和鼓舞了中山人民，各行各业的工人纷纷组织起来配合这次罢工行动。在中共中山组织和省港罢工工人纠察队的发动下，石岐、前山、唐家等地都组织了工农纠察队积极配合行动，组织宣传队，采用话剧、演讲、散发传单等方式，上街头、下工厂、到农村，大力宣传省港大罢工的意义，宣传反帝、反封建，唤醒工农大众投身反对帝国主义、反对封建主义的斗争。

省港罢工工人纠察队也得到农军的支持。罢工期间，为封锁港澳运输通道，不许外运物资接济港英当局，中山的农民与驻

---

① 中央档案馆、广东省档案馆编：《广东革命历史文件汇集》甲6，第26页。

守在石岐、前山和唐家的省港罢工工人纠察队互相联系、互相支持。

中共中山县支部还以中山县农民协会的名义，在石岐学宫召开大会，向农民群众宣传，号召农民支援省港大罢工。中山农民"很热烈地一致起来实行封锁政策，截留外来的英货不许入口，检查内地奸商、劣绅互相勾结偷运出口的土货，不准接济香港"①。与澳门仅一水之隔、一向以蔬菜为主要产品出口到港澳的前山、湾仔一带的菜农，也暂停了蔬菜的出口。

为声援省港大罢工，新学生社中山分社主要骨干刘广生、黄健等，在全县中学、男子师范学校、女子师范学校等发起组织学生救亡团，发动大批青年学生上街游行示威。数百名学生参加宣传队、戏剧队，深入各区、乡演街头剧，宣传抵制洋货，募捐款项，进行爱国救亡运动。

省港大罢工对中山工人产生了极大的影响，广大工人看到了本阶级的强大力量，感悟到只要联合起来就能对付帝国主义、资本家的侵略压迫和剥削。在省港大罢工的推动下，经过共产党在工人阶级队伍中的组织活动，石岐、小榄、沙溪等圩镇纷纷成立基层工会。

五、共产党及青年团组织发展壮大

青年团组织发展

中共一大后，鉴于发展党员的需要，党内提出必须重视社会主义青年团的建设，以便从青年团员中吸收先进分子入党。1922年2月26日，青年团的机关刊物《青年周刊》创刊，在华南地区传播马克思主义的先驱、香山籍共产党员杨匏安撰写创刊宣言，

---

① 中央档案馆、广东省档案馆编：《广东革命历史文件汇集》甲6，第272页。

开宗明义宣称："社会革命四个大字，就是我们先行的旗帜，我们最膺服马克斯主义！"①3月14日，广东社会主义青年团成立。为迅速打开广东青年团工作的新局面，1923年5月13日，广东社会主义青年团进行改组，整顿组织，健全机构。随后，团广东区委派候补执行委员周其鉴到香山发展组织。

周其鉴到香山后，联系黄鸣一等一批进步青年，送往广东省宣讲员养成所学习。学习期间，黄鸣一、肖汉宗、张骥甫、阮若梅等5名香山籍青年加入青年团。1923年6月初，青年团香山小组建立，隶属团广东区委，组长为黄鸣一。5名团员均是宣讲所的毕业生，回香山后创办了刊物《香山公报》，还发展了一名团员，建立了团支部。后来，由于部分团员往外地工作，剩下三数人，组织渐趋涣散，于1924年初停止活动。

1925年1月，中国社会主义青年团改名为中国共产主义青年团。1925年初，刘广生、黄健等进步青年学生与团广州地委新学生社取得联系，并在团广东区委学委书记沈宝同等的帮助下，成立新学生社中山分社，开展了轰轰烈烈的青年学生运动。1926年2月，为培养基层从事宣传工作的青年骨干，国民党中央青年部在广州举办青年训育员养成所。中共中山县支部在新学生社中选派刘广生、黄健、黎奋生、高宗濂、孙康、李慕濂、刘梓材、杨北维、阮杰才等两批共12名进步学生参加学习。被派去学习的学生，受到进步思想的影响，在广州学习期间先后加入青年团组织（其中刘广生、黄健、孙康、高宗濂、刘梓材、李慕濂、杨北维等后来转为中共党员）。刘广生等结业后回到中山继续领导学生运动。同年4月，在团广东区委派来的建团工作组的帮助下，中山青年团支部重新建立。黄健担任青年团中山支部书记，刘广生

① 杨匏安：《杨匏安文集》，广东人民出版社1986年版，第144页。

任组织委员，高宗濂任宣传委员。

青年团中山支部恢复建立后，即成为中共组织在中山领导青年学生运动的得力助手。团组织迅速向全县扩展，从县立中学支部发展到乡村师范学校支部、女子师范学校支部、竞修学校支部。到1926年底，全县共青团员已发展到40多人。

与此同时，团组织积极开展学生运动，宣传革命道理，通过这些活动，更广泛地团结和教育广大青年和群众，使之团结一致，拥护革命。

中共中山县委建立

自1925年底中共中山县支部建立后，中山群众革命运动在中共组织统一领导下不断深入发展，共产党员在群众革命组织活动中成为核心力量。中共党员通过各革命群众组织进行工作。他们全心全意为劳苦大众献身的精神，得到革命群众的理解、信任和爱戴。中共党员从农民运动特派员发展到工人、农民、青年知识分子，至1926年8月，共发展党员27名，其中学生6名、农民13名、工人4名、妇女1名。

1926年底，中共中山县委在全县群众革命运动的高潮中成立，仍隶属中共广东区委。县委书记由李华炤担任，委员有黎炎孟、刘广生、黄健。中共中山县委成立后，进一步加强组织建设，积极发展党员，至1927年，共有党员百余名。

中共中山县委的成立，是大革命时期的一个重大事件，它成为领导全县革命人民继续进行反帝、反封建的核心。共产党员在群众革命运动的组织中已成为主要的组织者和领导者。中山的群众革命运动，从1924年中共组织派党员以国民党中央农民部特派员的身份领导农民革命运动，至1926年底中共中山县委成立，虽然经历与国民党右派在政治、经济上的一系列斗争，取得一定的革命成果，但处在第一次国共合作的历史时期，这种斗争方式是通过利用公开合法的群众组织来进行的。因此，中共中山县委成立后，开始注意建立自己的武装，在农工自卫军中训练队伍，开展武装斗争。

第三节

卖蔗埔起义与大革命失败

一、反对国民党右派势力的斗争

国民党一大后，以国共合作为基础的革命战线正式建立，国民运动发展迅速。但由于广东革命政府仍面临帝国主义和封建军阀的威胁，政权很不稳固。加上革命统一战线内部也存在各种不同政见和利益，在国民党内，代表地主官僚利益的右派向来反对工农革命，不赞成国共合作。因此，虽然从1925年2月至1926年，广东革命政府先后发动东征和北伐，并取得胜利，但随着国民革命运动的深入发展，表面赞成革命，但思想深处反共的蒋介石的权力越来越膨胀，给革命留下最大的隐患。

当时，国民党在中山的势力相当强大，共产党与国民党右派的斗争也尤为激烈。在农村，农会与土豪劣绅、民团、土匪的斗争，同防军的纠纷及同贪官污吏的斗争也越来越激烈。

叶剑英组建独立营与平定香洲兵变

孙中山在革命历程中认识到，"如果没有好革命军，中国革命，永远还是要失败"[①]，遂考虑创办军校，培养军官，建设革命军队。1924年6月16日，黄埔陆军军官学校（黄埔军校）举行开学典礼。孙中山任军校总理，廖仲恺任党代表，蒋介石任校

---

① 《孙中山全集》第十卷，中华书局1986年版，第298页。

长，周恩来任政治部主任，叶剑英任教授部副主任。

1924年6月，建国粤军第二师成立，张民达任师长，叶剑英任参谋长。为配合黄埔军校培训工农革命军骨干，发展革命军队的基层力量，大元帅府决定在第二师成立一个独立营。叶剑英负责组建工作，地址选在香山县香洲狮山。狮山临近伶仃洋，有十几平方千米的开阔地带，是一个天然的练兵场，且和第二师缉私营驻地前山相邻。同年9月，独立营在香洲狮山正式成立。叶剑英兼任营长，下辖8个连。不久，独立营与第二师驻前山的缉私营合并，扩编为新编团（团部先驻前山，后迁往香洲），叶剑英兼任团长，廖鸣鸥、练惕生任副团长，邓良生任营长。新编团参照黄埔军校的大纲进行军事训练和政治教育。叶剑英亲自带兵操练及授课。新编团还到附近乡村宣传群众，到乡间访贫问苦，并派出参谋陈雨荣等组织官兵协助当地开展农民运动。

1925年1月，叶剑英因随师东征暂离新编团。驻石岐粤军团长古鼎华、香洲土霸张学龄、前山土豪陈伯梅以及新编团司号长莫应等见有机可乘，密谋将新编团消灭于训练期间。同年4月6日，师长张民达在东征前线舟覆罹难。26日下午，莫应接到古鼎华的密令，假借议事，把驻前山的参谋陈雨荣等骗到香洲。当晚趁独立营官兵熟睡后伪奏号音，狂呼"杀赤官"，向闻兵变而勇扑出营房的军官开枪，杀害革命军骨干27人。

事发翌晨，"剑英乘江固、广贞两舰，由省至，抚集余众，收敛死亡。肇乱者十余人逃澳门，为同志郑君杰生捕获引渡，正法于香洲。时经五日事，悉平叛卒，所经秋毫无犯，乃迎葬死难同志于狮山之阳"[①]，并成立崇义社狮山保管委员会。1925年

---

① 广东叶剑英研究会、中共广东省委党史研究室编：《叶剑英在广东》，中央文献出版社1996年版，第2页。

10月3日，新编团和香洲群众600多人为牺牲烈士举行公祭，叶剑英亲撰《赉志亭》碑铭，题词"浩气贯苍穹，英魂有恨填香海；伤心悲世道，吊客何堪问佛山"，并填写《满江红·香洲烈士》词一首："镇海狮山，突兀处、英雄埋骨。曾记得，谈兵虎帐，三春眉月。夜半枪声连角起，繁英飘尽风流歇。到而今堕泪忍成碑，肝肠裂。革命史，人湮没；革命党，当流血。看横枪满地，铲除军阀。革命功成阶级灭，牺牲堂上悲白发。更方期孤育老能养，酬忠烈。"

之后，叶剑英率领新编团参加东征和北伐战争，后扩编为新编第二师。

平定林、袁之乱

1925年6月，省港大罢工爆发。同时，广东革命政府平定了"刘杨之乱"。罢工委员会自派出工人纠察队在中山封锁了前往港澳的水陆交通之后，激起英帝国主义港英当局和中山的走私集团、奸商、土豪的仇恨。这时，中山二区虽然成立了10个乡农民协会，但乡绅以民团西乡竞进长生社[1]为护符，摧残农民协会，甚至借成立农民协会名义，让土匪从中掌权，"强迫乡人入会，入会费视其身家之肥瘠而高下之，自六毫起以至数百元不等"[2]。中山县农民协会将此情况向中山县县长黄居素报告，要求作出处理。黄居素为此具案向省里呈报。9月中旬，广东省国民党中央农民部派秘书罗绮园到中山处理该案。罗绮园、黄居素带上地方警察到二区，宣布解散这些乡农民协会，把乡长和农民

---

[1]　竞进长生社，中山二区的地方恶势力组织，为首者谿角刘成、濠涌方镜如，以各乡游民地痞为骨干，称为"二十友"，占据各乡民团局，打着自卫民团旗号，维护的是土豪劣绅的利益。

[2]　参见罗绮园：《中山县事变之经过及现在》，原载《中山农民报》第一期，中共中山市委党史研究室档案存抄件。

协会委员长关起来逐个审问，还放火烧了塔园乡的祠堂，扣押了豸角豪绅刘枚园的儿子、国民党二区党部执委刘旭明，派县兵围剿"二十友"[1]土匪。这样一来，触犯了二区土豪劣绅的利益，使矛盾更加激化。

盘踞在中山的二区安堂人、香顺沙田自卫总局局长林警魂[2]和西江第一路总指挥袁带在澳门设立机关多处，"并派人密返中山各区运动土匪"，纠集所属5000余民团兵，会合竞进长生社"二十友"土匪，于1925年10月25日凌晨，分南、北、西三路：南路由秀美园渡河抵老安山，西路沿西河强渡隆都码头，北路自小榄沙口围攻县城石岐。这些土匪一进入石岐，即抢掠店铺，将石岐凤鸣路、孙文路一带的洋货、苏杭店铺等洗劫一空；勒令省港罢工工人纠察队出境，恢复石岐至澳门的交通，并枪杀了一名工会会长，将其陈尸街道；捣毁中山县总工会、县农民协会、理发工会等组织，还扬言要抓县长黄居素。守卫石岐的县兵和工农自卫武装即奋起抵抗，张溪、员峰及四区窈窕等邻近各乡农民自卫军闻讯赴援，与敌军激战3个多小时，因寡不敌众，遂退出石岐。林警魂、袁带所率领的二区、三区、九区土匪盘踞石岐十余天，肆意枪杀近郊农民，二区石门农民协会会员甘彩等惨遭屠杀。时值晚造收割，土匪趁机勒收禾票（禾田保护费），张溪、员峰、白沙湾一带的群众都遭到抢劫，张溪有数名村民被土匪抓走。土匪还洗劫了九区孖沙、吴婆沙、乌沙等乡，掳走农民协会会员多名以勒索。

黄居素在石岐群众的帮助下逃出县城后，即往省城求救。

---

① 见本书第45页"竞进长生社"注释。

② 林警魂（1883年生，卒年未详），香山大涌安堂村人，同盟会会员。曾参加镇南关起义、黄花岗起义、香山起义。1924年8月任香山县长，同年12月去职。抗日战争胜利后任中国革命同盟会纪念常务委员、广州市中山同乡会理事长。

1925年11月5日，革命军东路讨贼军第三军军长兼广东民团总局局长李福林亲率11个营，由海军顾问陈策①担任前敌总指挥，国民党中央农民部派出秘书罗绮园、特派员梁复燃（梁复然）、李华炤、卢达云及中山县总工会3名职员等协同，黄居素亦随军同行。抵中山小榄后，兵分两路，一路经张溪、员峰直趋石岐，一路由中山县农军负责人李华炤率领，四区各乡农民自卫军亦协助革命军镇压叛军。林、袁叛军见省援军到，不敢抵抗，立即率部撤出石岐。11月10日，县城平安克复。因农民协会会址被捣毁，罗绮园偕同梁复燃（梁复然）、李华炤等选定城隍庙为临时办事处，并即以中山县农民协会名义发出第一号通告，以便召集农民协会会员。各乡农民获悉，纷纷前来慰问。负责向导的四区农民自卫军武装游市一周。11月12日，中山县农民协会、县总工会、商民协会及各团体联合举行万人祝捷大会。会后，各乡农民自卫军还整队游行。

平定林、袁之乱，中山局势转危为安，革命基础得到巩固和发展。

二、濠涌之役和土豪劣绅残杀农民协会干部

濠涌之役

1925年4月，毕业于广州农民运动讲习所第三期的中共党员严庆瑶返回村里领导农民革命运动，组织成立了濠涌乡农民协会和农民自卫军。这在一定程度上限制了土豪劣绅对农民的压迫和剥削，他们对此恨之入骨，曾三次组织匪军攻击濠涌农民自卫

---

① 陈策（1893—1949），字筹硕，广东琼山人。同盟会会员。曾任广东长洲要塞司令、海军局顾问、"广东省清党委员会"委员兼情报处长、广州特别市党部委员兼组织部长、西南政务委员会委员、海军第四舰队司令、第一舰队总司令、虎门要塞司令、广州特别市市长兼广州特别市党部主任委员、国民政府顾问等职。

军，破坏农民协会，暗杀干部，恐吓农民协会会员等。严庆瑶带领濠涌乡农民自卫军对土匪进行了坚决反击。

省港大罢工开始后，罢工委员会派来中山的工人纠察队，与中山的工农纠察队坚持执行封锁港口、查缉私货的任务，不仅在配合打击英帝国主义上起了积极作用，而且对在中山一带活动的走私偷运货物出口的不法奸商、走私集团也予以打击。

1926年8月14日晚，驻濠涌一带的工人纠察队在茶园乡九渡桥附近发现土匪苏十九与四区榄边圩奸商合伙经营的走私货船，欲前往检查，被押运私货进港的土豪黄有等3人持枪威胁，检查遭到阻挠。纠察队即回队请示，后集合了十几名武装纠察队员前往截缉。但队伍赶到时，土匪已把私货运往榄边圩，藏在苏十九等开设的信孚公司店内。8月15日晨，纠察队赶至榄边巡缉，将2名土匪和数十担私货查获押解到南朗工人纠察队队部。驻在南朗附近的冲口、灰炉涌的匪首苏十九、吴义和与当地民团勾结，纠集百多名匪徒武装包围纠察队。中山县农民协会闻讯，即派出数十名农民自卫军前往支援。农民自卫军由早上战至下午3时，击败了土匪。农民自卫军陈度、陆水2人在战斗中牺牲。8月17日，土匪再次发起进攻，在工人纠察队和农民自卫军的英勇还击下，匪帮被迫败退至崖口。

为惩罚走私匪帮，支持工人纠察队查缉私货的正义行动，中山县农民协会向县政府提出请驻在中山的国民军五十九团一同清剿匪徒。接受了土匪和走私集团贿赂的县政府表面答应，一面派出国民军前往剿匪，一面通知匪徒逃避。而国民军五十九团军队开到冲口后，听信当地土豪劣绅、奸商捏造的农民自卫军和工人纠察队洗劫商店、破坏圩场贸易、压迫民团等的无理控告，纠集了土匪民团四五百人，冲进濠涌、麻子乡，捣毁农会，搜索群众财物，当场屠杀了农民七八人。驻在濠涌的农军只有60多人，虽然奋力还击，终因敌众我寡而退守各地，濠涌乡农民协会会长严庆瑶在战斗中壮烈牺牲。

这次惨案，暴露了国民党中山当局及所谓"防军"，与土豪劣绅、民团同流合污，互相勾结，镇压人民群众的丑恶面目。

土豪劣绅残杀农民协会干部

随着国民革命运动的日益高涨，农民的革命性日渐增强，不过却"引起劣绅土豪之忌，视农会为眼中钉，一时不拔不安之"①，其反击也越来越激烈。

广州农民运动讲习所第二期学员吴兆元结业回到张家边乡后，积极投身农民运动，团结乡里的农民反对土豪劣绅的无理抽剥，实行减租减息。1925年春，在农民群众的支持下，有40多名农民群众参加的张家边乡农民协会成立，吴兆元被选为会长。为维护农民的利益，吴兆元秉公办事，敢于与土豪劣绅斗争，触及他们的利益。该乡土豪林镜孔、吴施等贿使翁钦、陈玉、吴炳坤、吴全等，每日潜伏于窈窕乡庙仔边，伺机杀害吴兆元。1926年12月，吴兆元在石岐开完会返乡，行至窈窕乡庙仔边，遭4名凶手乱枪扫射，身中9枪，当即身亡。而凶手恐其不死，又在其头部连刺两剑。

土豪劣绅之狠毒残忍，引起全县农民的愤恨。中山县农民协会负责人李华烆、黎炎孟立即带领农民自卫军赶赴现场调查，追缉凶手，并请革命政府严办。《中国农民报》亦发表文章，对土豪劣绅杀害吴兆元的暴行进行抨击。

时隔不久，四区长命水农民协会会员廖木林被该乡民团团长唆使民团乱枪击毙。土豪劣绅如此猖狂，各乡农民协会会员颇为愤激，即集队前往该乡，将凶犯廖旭明拿获，转解县署惩办。后

---

① 参见黎炎孟：《中山农民运动状况》，复印件藏于中共中山市委党史研究室。

来廖旭明却被受贿赂的县长卢家驹释放。

1925年11月至12月，各级农民协会的骨干不断被残杀，计有：第九区溶步乡农民协会执行委员郭连有被该乡民团长兼土匪何挺所杀；三区白鲤乡农民协会会员吴善标被土豪大盗梁东所杀；三区绩麻沙乡农民协会执行委员长颜喜就被民团长梁社、麦关所杀。

一连四宗农民协会干部被杀事件，在劣绅土豪向农民协会进攻的铁的事实面前，广大农民认清了土豪劣绅的真面目，"感觉到自己本身利益，而非团结不足以求谋和抵抗敌人的侵略政策，于是有组织的农民渐次热心会务……未有组织的农民认识到了为农民谋利的农民协会"。①

1926年上半年，蒋介石制造了"中山舰事件"，进一步从组织上排斥、打击共产党人。国共关系发生逆转。在中山，国民党的分化也日益明显。国民党中山县党部大权又掌握在右派萧干老、谭镜涛、林天椒等人手里。随着国共关系日益紧张，他们造谣挑拨、分裂工人组织，使中山县工会联合会和中山全县总工会两个工人领导机构对立起来；全县学生联合会亦出现了不团结的现象。为利于斗争，根据中共广东区委有关精神，1926年底，中共中山县委发起成立中山县农工学协会，对农工学各单位加强领导，让其团结起来，集中革命力量对付共同的敌人，统一与国民党右派作斗争。

三、"四一二"反革命政变后的中山

1927年4月12日，蒋介石公开背叛革命，在上海发动反革命政变，大举捕杀共产党人和革命群众。就在蒋介石发动反革命政

---

① 参见黎炎孟：《中山农民运动状况》，复印件藏于中共中山市委党史研究室。

变的同一天，李济深、古应芬带着"清党"密令，从上海回到广东，作出"清党"部署。4月15日，广东国民党反动派发动反革命叛变，出动大批军警，解除黄埔军校、省港罢工工人纠察队武装，包围、查封各革命团体和组织，捕杀共产党人和革命群众。一场轰轰烈烈的大革命运动遭到失败。

国民党反动派在广东发动的"四一五"反革命政变，标志着以国共合作为基础的革命统一战线在广东已经破裂，广东的国民革命趋于失败。中国共产党在广东所领导的革命斗争进入了土地革命战争时期。

就在"四一五"反革命政变发生前两晚，即4月13日晚，中共广东区委召开紧急会议，研究应变对策，决定区委各主要负责人立即停止公开活动。与此同时，广东省农工学联合会也召开会议，布置统一向国民党右派开展斗争。中山县农工学协会派黄健前往参加，并到广东区委请示工作。黄健找到广东区委组织部部长穆青时，见其正在烧毁文件。穆青叫黄健立即离开，转到西湖路的小旅店等候组织派人接头。很快，穆青找到黄健，要他立即离开广州，并叮嘱其只能乘坐小船回中山，不能坐渡轮，又指示黄健返中山后要立即召开中共中山县委会议，传达广东区委指示精神，指定冯光、李华炤、黎炎孟、韦健、陈周鉴等参加。黄健不敢逗留，即按穆青的吩咐雇了一艘小船返回中山。也是在"四一二"反革命政变的第二天，广东省农民协会来电急召黎炎孟到广州。黎炎孟到达时，因风声紧，未能见到广东省农民协会的领导。当他返回石岐住所时，其妻陆侠云发现巷口有两个陌生人在来回走动。黎炎孟遂决定让妻子立即转移，回翠亨暂住，他仍留在石岐坚持领导反击国民党当局的斗争。

"四一五"反革命政变后，广东革命形势急转直下。广州的国民党反动派进行大规模的"清党"，派遣大批军队包围查封广东的进步组织和革命团体，逮捕、屠杀共产党员和工人运动的积极分子。在中山，国民党反动派和地主、土豪、劣绅、民团互相勾结，捣毁农民协会，屠杀农民协会干部，恐吓进步组织。如六区东岸乡土豪劣绅勾结国民党警察分署署长黄赖诗，派出民团和警察用武力威胁农民选举劣绅为农民协会执委委员；九区大南沙农民协会执委因申诉国民党反动派军队到处强奸妇女、抢劫民财的罪行而被当场杀害；四区麻子、濠涌乡一带又出现国民党军队勾结民团，捣毁农民协会，杀害农民协会会员的事件。反革命势力步步逼近，中山革命形势急转直下，处于"黑云压城城欲摧"的紧张局势下。

进入1927年初，中山的工人、农民革命运动开始遭受严重困难。同年3月底，国民党广东省党部委任高克夷、孙恩沛、郑鸣郏为国民党中山县改组委员。"四一五"反革命政变后，国民党中山县党部成立清党委员会，委以上3人为中国国民党中山县党部清党委员，并委被国民党中山县党部控制的黄君泽、杨钧真等为中山县学生联合会改组委员会委员，即发动"清党"运动。国民党广东省党部又派出何一戎、吴世桢、梁栋等为中山县农民协会改组委员会委员。

刘广生、刘灼文等曾在1926年底与树涌乡的10多名农民协会会员，将民愤极大的土豪刘斗垣处死在村后山坡的大树下，并公布其罪状。这次行动后，此10多人均遭通缉，长期流亡外乡。

国民党中山县当局实行"清党"后，加紧监视和侦察群众组织的活动。此时，中共中山县委果断采取措施，指示党员和各农民运动特派员分赴各乡，充实各区农民协会的力量，加强对农军的训练工作，以反对国民党的"清乡"行动。共青团中山县委则根据中共中山县委的指示，加紧动员青年团员返回自己的家乡，发展力量，建立团支部。团员李社、马庚庵、李镇南、容国屏、周树屏等先后在各自的家乡恒美、张家边、白石、北澳、白蕉、马溪次第建立团支部，为武装斗争作培养和发展革命力量的准备。

四、卖蔗埔起义的经过及各乡农民协会的支持

蒋介石集团对共产党人和革命群众进行大屠杀的行径，引起全国人民的极大愤慨。1927年4月20日，中共中央发表宣言，指出"蒋介石业已变为国民革命公开的敌人"，号召革命人民为"推翻新军阀蒋介石""打倒军事专政"而斗争。①

"四一五"反革命政变发生后，在广东反革命势力步步逼近革命组织的紧急形势下，目睹了广州"四一五"政变前夕形势的黄健从广州返回中山后，即向中共中山县委传达了广东区委的指示精神及报告了广州的情况。根据中共广东区委的指示，中山县委作出举行武装起义以反击国民党右派的反革命血腥镇压的决定。1927年4月19日晚，中山县委以召开农工学协会执行委员会扩大会议为名，在石岐大街11号小洋楼内研究筹划武装行动。参加会议的有李华炤、黎炎孟、刘广生、韦健、冯光等。会议决定4天后即4月23日在卖蔗埔集结，举行全县性的武装起义。行动的计划是动员全体农民自卫军投入战斗，做好国民党军驻中山三十九团的策反工作，号召他们内部起义，联合农民自卫军，进攻石岐，消灭国民党中山县大队，夺取中山县政府的权，北上联合顺德县农民自卫军，支援广州起义。

经过一番准备，一场由共产党所组织领导的武装起义在卖蔗埔爆发了。

---

① 中共中央党史研究室：《中国共产党历史（第一卷）》上册，中共党史出版社2011年版，第206页。

卖蔗埔位于中山四区牛起湾、齐东、濠头先锋宫交界的山丘地带，离县城只有3千米。山丘的左侧有一座葵棚大厂房，是四区得能都区农民协会所在地。县工农革命行动委员会选择此地作为起义总指挥部，决定全县3000名农民自卫军于1927年4月23日晨在此集中，举行誓师后，再向中山县城石岐进发，与石岐工人武装会合，夺取政权。

4月23日凌晨，由熊晓初、廖桂生带领的四区农民自卫军，由柳通带领的五、六区农民自卫军，由农民运动特派员梁九胜带领的三、九区的农军以及七、八区的农民自卫军分别由水路、陆路向牛起湾进发，准备于卖蔗埔会合后，由李华炽、黎炎孟分别带领各路农民自卫军进攻石岐。

然而，由于国民党三十九团和国民党县政府事前知悉这次起义计划而及早防范，起义惨遭挫败。事因负责驻中山的国民军十三师三十九团①内应工作的王器民，派中尉政治指导员、周景臻的干儿子李其章②为代表，与三十九团参谋长周景臻谈判。李其章把起义计划和盘托出，当周景臻听到仅四、五区的武装农民自卫军就可以动员1000多人进攻石岐时，颇为震惊，但他佯装赞同此行动计划，还向该团中校政治指导员王器民表示同情革命，愿率全团官兵参加起义，与农民并肩战斗，以迷惑王器民等；暗中却进行军事部署，联合县宪兵及土匪武装星夜出动，伏击农民自卫军。因此，4月23日凌晨，在各路农民自卫军未到达集中目的地时，事前驻守在卖蔗埔右侧山岗的四区农民自卫队队长熊晓初、指导员周秀文所带领的100名农民自卫军成员，便被国民军

---

① 时国民党十三师师部在江门北街，该师十三团驻中山石岐长堤江南酒店。团长由副师长陈章甫兼任。因陈章甫多住江门，团内事务交参谋长周景臻代为处理。

② 李其章，海南人，中共党员，于卖蔗埔起义时被拘押后，即向国民党自首，登报声明退出中国共产党。

三十九团军和县宪兵大队包围了。战斗就此打响。

此时，天刚蒙蒙亮，李华炤带领的农民自卫军部分主力刚到达，廖桂生率领的张家边农民自卫军中队也到了。他们立即投入战斗，在外围奋起还击。激烈的战斗持续了两个小时，在陆续赶到的部分农民自卫军的增援和掩护下，李华炤、熊晓初等带队突出重围，边阻击边向张家边、白企、贝头里一带撤退。其余各路农军得知情况后退回原地，转入分散隐蔽活动。县宪兵攻入卖蔗埔后，放火烧了四区农民协会的厂棚。

在战斗中，农民自卫军伤亡数十人，四区农民自卫军中队长廖桂生在突围中英勇牺牲，不少不幸被抓获的农民自卫军成员当场被枪杀。熊晓初也当场被捕，幸而被随县宪兵大队到战场的郭应彪认出。郭应彪向大队长求情，称熊晓初是他县立男子师范学校的旧同学，熊晓初才被送进监狱，幸免一死。

4月22日深夜，在石岐城内，由冯光率领的工人自卫军已枕戈待旦：工人武装集结队指挥员为王予一、李斌。海员工人组成江防突击队，守备海口、码头控制船只，阻击外来援军；茶楼工人组成手榴弹队，绸缎和车衣工人组成手枪队，联合袭击敌人的指挥部以作内应。县总工会工作人员李素与苏子良还将准备好的红蓝色布撕成条状，足足撕了两箩，发给负责攻打石岐的近千名农民自卫军以作识别。可一直等到天亮，仍未闻枪声，于是黄健带着李素到江南酒店三十九团团部一探究竟。黄健一进入三十九团团部即被抓了起来。在门外等候的李素见势不妙，马上折回，通知各人迅速撤离。留守中山县农民协会的韦健于当天晚上到三十九团团部找王器民时，也与王器民一同被周景臻拘留。该团全部政工人员同时被扣留。李其章被扣押后随即变节。周景臻将韦健、王器民及三十九团连指导员黄霜（中共党员）、彭培亮，团主力指导员李梦花等12人星夜押往江门十三师部。王器民、韦健遭杀害，其余人员陆续被释放。黄健、熊晓初被转解至南海公署国民党中央政治会议广东分会拘禁，到广州起义时始得逃脱。四区农民协会委员长廖富辰于起义后被杀害。于卖蔗埔起义被捕的中山县农民协会何一戎夫妇、苏兆良（苏兆征之弟）、刘广生等人，经中共组织努力营救后被释放。

反对蒋介石集团叛变革命的中山卖蔗埔起义，是中共中山组织在领导工农革命运动中用武装斗争夺取政权的尝试，是中山人民在中国共产党的领导下，拿起枪杆子，敢于武装反抗反动势力的开端，表现出共产党人和革命工农群众不惧敌人的血腥屠杀，奋起抗争的大无畏精神。它为中共中山组织探索武装夺取政权的道路提供了宝贵的经验和教训。卖蔗埔起义虽然失败了，但它的意义是重大的，影响是深远的。

革命低潮时期中山九区人民的艰苦斗争

一、中共中山县委遭破坏

1927年4月24日，卖蔗埔起义失败的第二天，国民党中山当局即派县宪兵到四区、小榄等地"围剿"农民协会。随后，国民党广东省党部派"清党"委员郑鸣郑到中山抓"清党"工作。国民党中山当局与地方的各种反动势力互相勾结，动用军队，四处搜捕、围攻各地农民自卫军，解散农民协会。中山处处风声鹤唳，在一片白色恐怖下，中共组织在中山不能公开活动，农民协会、工会、青年团、妇协（中山县妇女解放协会）、新学生社等群众团体也被迫解散或停止活动。不少革命群众深居简出，学生积极分子被迫离校或停学。中山的革命活动由高潮转入低潮。

面对国民党中山当局加紧"清党""通缉"共产党人及革命群众，气焰非常嚣张的严峻形势，根据上级指示，为避敌锋芒，保存革命力量，部分党员转移到外地进行隐蔽活动。黎炎孟、刘广生、林岳昆等暂避澳门，黎奋生、柳通等在茅湾隐蔽，孙康、马庚庵等转移八区，李华炤、梁伟民等转移到九区一带坚持活动。

在白色恐怖笼罩下，中山的共产党员和革命群众转入艰险隐蔽的斗争，坚持革命，坚持信念，为人民谋幸福而不惜牺牲自己的一切。

1927年秋，中共广东省委派巡视员刘伯刚到中山指导工作。一天夜里，中共中山县委在得能都召开会议，传达"八七会议"精神，并对各区工作进行分工：李华炤负责三、九区，刘广生负责一、四区，黎炎孟负责六、八区，梁伟民负责五、七区。会后，各自分头贯彻"八七会议"和中共广东省委指示精神。李华炤、梁伟民到九区后，立即召集该区的农民协会干部在低沙中共党员梁健荣家里召开会议，研究如何继续团结农民进行秘密革命活动。会议决定由中山县委书记李华炤、巡视员梁伟民负责面上工作，低沙由梁健荣、梁仕坤负责，黄圃、新地由陈华，扁滘由周安、周雄，乌沙由郭祥带、黄老威，鲟沙由梁广，大有由冯连枝、李牛，三角由梁岐玉负责具体工作。从此，九区农运工作又有序进行。黎炎孟、刘广生等也向各区推进。

然而，反动当局加快了"清党"步伐。中山县当局继1927年5月间向县农民协会开刀，宣布解散县农民协会后，同年11月，又以中山县政府、县民团、县兵总队联名称"农民协会是共产党机关，要解散、拘人"，将上百名农会积极分子关押狱中。李学均、柯寿祺、林逢溪、张榕轩等26名农民协会会员惨遭枪杀。

1928年1月4日，李华炤由三角乡到番禺新造乡约黎炎孟同往澳门，向广东省驻港澳的中共组织汇报和请示工作。在澳门某旅店住宿时，他们被国民党密探拘捕，押解回石岐审讯。国民党县当局虽施尽了酷刑厉法，威逼利诱，但始终屈服不了革命志士，最后竟处他们死刑。同月12日，李华炤、黎炎孟在被押赴刑场途中，慷慨激昂，放声歌唱《国际歌》，高呼"打倒反动统治""打倒土豪劣绅""中国工农万岁""共产党万岁"等雄壮口号，表现了共产党员大无畏的革命英雄气概。

与此同时，由国民党广东省党部派到中山任中山县农运特派改组委员的何一戎（中共党员）到四区白沙湾组织农会会员准备起义，国民党右派、中山民团总局局长以其损害民团利益为由，将其拘捕杀害。1928年初，怀有身孕的中山县妇协负责人共产党员李慕濂携丈夫、儿子、婆婆及小叔乘坐石岐至广州的同兴渡接受新任务时，被土匪发现，轮渡被炸沉，船上旅客全部罹难。这段时间被杀害的还有工会负责人冯光、鲁易坚、苏兆良等。冯光牺牲后，转移到广州隐蔽的共产党员黄杜衡、肖建仁、李植良，团员陈知行等都失去了组织关系。中共党员孙康和团员黄弥谦、马庚庵、张振瑜等先后转移到南洋。

李华炤、黎炎孟、刘广生的牺牲，是中共中山组织在土地革命战争时期中的一个重大损失。由于中山组织的主要领导人被捕并遭杀害，全县中共组织受到严重破坏。1928年初，除九区的中共组织和群众团体有活动外，其余地区的各种组织基本停止活动。

二、革命低潮时期中山九区人民的艰苦斗争

中共中山组织的活动停止后，在九区的中共党员仍坚持活动，自主发动农民进行斗争。1932年底，坚持斗争的九区中共党员利用国民党当局实施乡政建设之机，经过深入调查研究，决定趁机发动广大群众选举中共党员为乡长。结果，中共党员陈军凯、梁富茂、罗若愚、吴天文分别被选为抱沙乡、大有乡、石军乡、对甫乡乡长，并兼任该乡警卫后备队中队长。在九区选举区长时，中共组织为打入国民党区政府掌握政权，以合法身份为掩护进行革命活动，曾派郭祥带（后脱党）等在九区各乡村串联发动群众，与国民党暗中竞争。时任区长刘民佳竟利用金钱，大量收买选票，声明每投他一票者付给白银二元。虽然刘民佳获得正区长的职位，但中共党员罗若愚、陈华、何明庵被选为副区长。他们通过合法身份顽强坚持斗争，保护群众利益。

　　1933年，九区隐蔽下来的共产党员梁仕坤、罗若愚、梁健荣、梁伯雄、陈军凯、冯连枝、郭祥带等在孖沙组织宏兴会，乌沙、低沙成立分会，大有乡成立"炮会"。各乡党支部或党员一边利用当地的风俗习惯，成立传统的灰色组织作掩护，公开组织和领导群众进行斗争；一边整顿党组织，坚持过组织生活和组织学习，坚定革命信念。

　　1933年夏，下九区（今民众、三角）势力最强大的土匪梁梳为扩大地盘，纠集140多名武装匪徒，从三角白鲤口分两路向阜圩进犯。九区的中共党员发动群众进行抗击。陈军凯率领抱沙乡警卫后备中队在阜圩，负责打击从白鲤口渡河的众匪；冯连枝、梁富茂、郭炳有率大有乡警卫后备中队，负责切断匪众渡河后的退路（即占领白鲤口）；罗若愚、吴甲申、黄本安率石军乡警卫后备中队，在马安、四沙、大坝头一带埋伏，截击土匪武装，战斗持续一个多小时。梁梳见势不妙，溃退回下九区，从此不敢到九区作恶。

　　1935年，罗若愚前往广州第一集团军总司令陈济棠处，控告石军沙恶霸勒收隔年护沙费。当局遂出布告不准收隔年护沙费。从此，地方恶霸不敢再勒收隔年护沙费。1936年，罗若愚通过"光华会"发动群众开展抗交禾标（每亩沙造田收保护费10斤谷）的斗争，放火烧毁石军沙的标棚和马安沙的标棚，使收禾标的人员不敢在此地驻扎，保护了本乡群众的利益。

3

第三章
开辟根据地，铸起抗日钢铁长城 ①

① 本章根据中共中山市委党史研究室：《中国共产党中山地方史（第一卷）》，中共党史出版社 2010 年版，第 123—349 页编写。

1931年9月18日，日本帝国主义向中国东北三省发起侵略战争，东北三省逐步沦陷在日军的铁蹄之下。1935年，日军又进一步向华北地区发动新的进攻。为挽救民族危亡，1935年8月1日，中国共产党发表《为抗日救国告全体同胞书》，提出"全国人民团结起来，停止内战，一致抗日"的主张。红军到达陕北后，又在11月间发表2次宣言，进一步说明党的主张，号召全国人民奋起抗日。中共中央的号召立即得到全党和全国人民的热烈拥护，掀起了全国抗日救国的新高潮。

中共中山组织为迎接抗日救亡运动高潮的到来，深入发动群众，利用各种形式开展广泛的宣传活动。在乡村、城镇以中小学为宣传活动基地，组织中小学师生参加学习和宣传抗日救亡运动。

中共中山组织通过一系列宣传活动，唤醒人民群众和各阶层人士的抗日救亡觉悟，中共中央关于"停止内战，一致抗日"的主张得到大多数民众的拥护。全面抗战爆发前夕，不少乡村成立抗日支前的群众组织。如八区组织的民众抗敌御侮后援会就有2000多名年轻人参加。这为后来中共组织领导全县人民投入抗日救国的民族革命斗争，从思想上和组织上作了充分的准备。

中共中山组织恢复与重建

一、中国青年同盟中山支部建立与发展

积极寻找党组织

中共中山组织自1932年起被严重破坏后，除边远的八、九区有个别党员在活动外，在全县范围内基本停止活动。其时，除少数党员在本县隐蔽继续活动外，多数党员被迫转移到南美、南洋群岛和我国港澳等地。他们当中的一部分人，在外地继续从事革命活动，但也有不少人由于各种原因，与党组织脱离关系。

大革命失败后，孙康于1928年底从香港到东南亚的槟榔屿隐蔽，住在亲戚谢云川家的药材店里。此后，他一路辗转到新加坡、香港，后回到家乡沙边隐居。其间，他当过报纸杂志主笔，也当过教师、校长。多年来，他无论身处何地、身居何职，都没有停止革命活动，也没有停止寻找中共地下组织。孙康任沙边小学校校长时，一边办学，一边寻找党组织，还做好重建中共中山组织的准备工作，为中山党组织的重建打下基础。

中国青年同盟中山支部建立与发展

1935年，曾谷应初中同学邹华衍之邀，回广州进行新文学研究，并在邹华衍的介绍下，参加了从上海来的党员王均予在广州组织的中国青年同盟（以下简称"中青"）广州分盟。曾谷与孙康在新文学协会和世界语协会方面有所交往。1936年初，曾谷

经组织同意，约孙康到广州一德路石室教堂与广州"中青"的领导成员林振华见面，吸收孙康加入该组织。孙康在广州"中青"的指导下，回家乡沙边发展已失散组织关系的党员和进步青年陈嘶马、孙晖如（李国霖）、马庚庵、张鹏光、孙继普、梁泳等10多人加入"中青"。同年5月，在沙边成立中国青年同盟中山支部（同年底转为中国青年同盟中山特支），孙康任支部书记。进而，又吸收三乡大布小学孙一之和中山县立乡村师范学校学生谭桂明、总理故乡纪念中学（下称"纪念中学"）的陈纬等加入该组织。随后，广州"中青"的主要负责人麦蒲费负责到中山指导；温焯华和林振华也作为联络员到中山，通过种种活动宣传党的抗日救亡纲领。1936年春，孙康还组织了沙边的教师参加抗日十人团。这种十人团也是中国青年同盟的一种组织形式。

1936年秋，孙康转到石岐县立第二小学任教后，活动范围比以前更广了。通过校际活动，他团结发展了一批进步青年教师学生，并向教师、群众宣传中国共产党的抗日救国纲领，为联合各阶级人士共同抗日起了积极作用，也为中共中山组织的恢复打下了基础。

中共中山县支部恢复与重建

中共广东地方组织自1934年9月香港工委（省级领导机关）被港英当局破坏后，基本停止活动。但在中山，虽自1932年中共中山县委被破坏后基本停止活动，但仍有少数基层党组织坚持活动，也有少数与党组织失去联系的党员各自以不同的方式继续坚持斗争。随着抗日救亡活动形势节节高涨，中山的共产党员的活动日益活跃。1936年夏，广东军阀陈济棠倒台，蒋介石嫡系势力进入广东，国民党在广东统治阶级的内部矛盾有所加剧，出现余汉谋、吴铁城、曾养甫三派矛盾斗争局面。抗日群众救亡运动的日益高涨和国民党统治阶级内部互相倾轧，为广东各地中共组织的恢复发展提供了极为有利的条件。中山的中共组织也是在这一时期，通过中共南方临时工作委员会（简称"南临委"）和广州市委恢复的。

1936年9月，孙康到香港找吴有恒联系，后获"南临委"通知恢复了组织关系。不久中共广州市委[①]也通知他恢复组织关系。之后，他遵照上级党组织的指示，把"中青"中的16名积极分子吸收入党。1936年10月，中共中山县支部在沙边小学成立，书记孙康，组织委员孙晖如（李国霖），宣传委员陈嘶马，文教委员孙一之。中共中山组织恢复后，在一、四、五区和纪念中学等的"中青"组织内吸收一批骨干为中共党员，并通过这些党员发展组织。随后，上级党组织派麦蒲费、林振华、温焯华先后到中山，帮助开展党建工作。

1936年，中共党员李志到中山县任中山教育局局长兼民教馆馆长。时任中山县县长的杨子毅[②]较崇尚梁漱溟提出的"乡村自治"，遂征得县政府同意，在石岐学宫举办为期两个月的"乡村建设人员养成所"暑期学习班。党组织安排关山、陈嘶马等党员参加该班学习，从中发现进步青年。参加学习的黄乐天、叶向荣、杨维余等一批进步青年后来都加入了中国共产党。

1936年底，中共组织在中山不断发展，先后在四区沙边、五区鸦岗小学建立党支部，在石岐、纪念中学成立党小组。

二、各地中共组织相继恢复

1936年夏，陈杰在香港与中共组织恢复联系后，回到八区介绍邝任生重新加入中国共产党，由陈杰单线联系。恢复组织关系

---

① 1936年12月，经"南临委"同意，中共广州市委成立，书记王均予。

② 杨子毅，名干周，字弼朝，中山牛起湾人，同盟会会员。曾任中山模范县县长，主持县政工作3年。

的邝任生仍以教书职业为掩护，利用文化教育的阵地，宣传抗日救亡，发展党员。同年冬，邝任生介绍邝叔明、邝振大加入中国共产党，在小濠涌成立八区的第一个党支部，隶属中共南方临时工作委员会，邝任生任支部书记。从此，八区青年及民众的抗日救国运动有了党的领导。

1933年因从事革命活动被殖民政府驱逐出境而失去组织关系的党员关山，因离国已久，不了解家乡情况，便转到澳门，住在十月初五街的名利客栈，后与在中山七区三灶岛的徐恩和四区沙边的孙康取得联系。由徐恩介绍到三灶小岛圣堂小学任教并坚持开展工作。三灶岛四面环水，是中山较为边远的海岛，关山在三灶以教书作为掩护，积极发动南水学校青年教师陈特等开展抗日救亡宣传。1935年辛亥革命纪念日，在关山的组织发动下，七区的教师集会纪念，写对联，贴标语，号召民众"起来督促政府，停止内战，一致对外"。1936年，经孙康介绍，关山恢复了组织关系，年底到开平重建中共开平组织。

三、中共中山县委建立

中共中山支部恢复建立后，即着手抓好党的建设，积极发展党员。随着党员数量的增多，不久，在沙边建立中共中山县特别支部。书记孙康，组织委员陈嘶马，宣传委员孙一之。在五区，通过孙一之在大布发展了郑少康、郑世雄等一批党员，成立中共大布乡支部。

鸦岗小学校长陈负天，是一个热爱祖国、富有正义感、倾向进步的民主人士。他热心教育，一向持"生活即教育，社会即学校"和"教学做合一"的办学主张。他赞赏沈钧儒、邹韬奋等救国会"七君子"的抗日救国行动，赞成给学生上时事课，赞成师生参加校外的救国活动，因此学校办得很有生气，也有点名气。孙康向其推荐陈嘶马到鸦岗小学任教，目的是在此地发展党的组织。陈嘶马在该校引导老师们阅读《生活》《永生》《中国农村》等进步刊物和《青年自学丛书》等一些通俗的马克思主义理论书籍，举行时事座谈，演出抗日救亡戏剧，演唱抗日救亡歌曲，还把活动范围扩展到三乡、桥头、光后、平岚、桂山等地的学校。鸦岗小学教师叶向荣和谭家法、梁淑尧（又名梁茶）3人被吸收加入"中青"，不久即转为中共党员。中共鸦岗乡支部建立，陈嘶马任书记。1937年初，陈嘶马奉调去开辟新区，鸦岗乡党支部书记改由叶向荣担任。陈嘶马到一区后，发展陈竟成等入党，建立中共渡头小学支部。

1936年11月，纪念中学学生陈纬入党后，被派回纪念中学建立中山县的学生救亡组织。在陈纬的领导下，黄木芬、廖伯祥等人到中山县城石岐各中、小学校串联发动，成立全县学生开展抗日救亡运动的领导机构——中山县学生自治总会。陈纬、黄木芬等发动6000多人，举行声势浩大的抗日救亡示威大游行，发表宣言，散发宣传提纲，在社会上引起巨大反响。中山县学生自治总会还出版革命刊物《中山学生》，宣传中共组织的抗日主张。上述一系列活动，对推动全县抗日救亡运动的开展起了积极作用。在抗日救亡斗争中，黄木芬的政治觉悟迅速提高，于1937年1月加入中国共产党。随后，他发展了一些学生入党，组建了中共总理故乡纪念中学支部。

在四区，谭桂明等发展了一批党员，逐步把一、四、五区的中共组织恢复起来，并于1937年初成立中共中山县工作委员会。这时党员已发展有20多人。在这期间，中共广州市委先后派麦蒲费、林振华、温焯华等前来中山检查和指导工作，他们对中共中山组织的恢复和发展也起了重要作用。中共中山组织恢复建立后，即积极开展抗日救亡宣传。1936年秋，孙康在石岐组织起中山县话剧协社进行抗日救亡宣传。随着抗日救亡运动在全国兴起，党组织要求各党员利用"合法"的灰色组织建立自己活动的阵地。各党员在市镇通衢、各乡村及学校里分头出版墙报，喊出全民要求抗日救亡的心声。

至1937年初，中山的中共党员发展至近30人，于是，在石岐成立中共中山县工作委员会（以下简称为"中山县工委"）。中山县工委书记孙康，组织委员孙晖如（李国霖），宣传委员孙一之。

中共中山县工委所辖的基层组织包括中共中山县四区沙边小学支部、中共中山县五区鸦岗小学支部、中共中山县四区濠头小学支部、中共中山县总理故乡纪念中学支部、中共中山县石岐小学教师支部、中共中山县一区渡头小学支部。

此外，中山县工委还接收了因暴露转移到澳门的马来西亚共产党员陈少陵的组织关系。于1937年底或1938年初将其组织关系转交澳门中共组织。陈少陵入党后，介绍原在广西入党并参加左江起义而受国民党通缉转逃到澳门的谢英重新入党。随后，谢英介绍进步青年黄哲君入党。

土地革命时期是中国共产党人在艰苦卓绝的斗争中锻炼成长并走向成熟的重要时期。这一时期，中共中山组织带领中山人民走过的革命历程和全国各地基本一致。在探索中国革命道路过程中，中山人民和中共组织虽经受了无数艰难险阻，付出了惨重代价，但仍不屈不挠地坚持革命，战斗不息，以鲜血和生命探索继续前进的道路。

1937年8月，经中共广州外县工作委员会批准，中共中山县委员会在石岐成立，成为全面抗战初期广东地区中共组织中最早重建的县委，书记孙康，副书记孙晖如（李国霖）。

全面抗战初期，中山县委遵照中共中央和广东省委关于要在广州及其他被占区附近进行游击战争的指示，把发动与组织广大群众进行游击战争作为中心任务，在敌强我弱的条件下，正确执行党的抗日民族统一战线政策，团结各阶层的爱国人士，利用各种形式建立民众自卫武装，使中山的抗日武装从无到有，逐步发展壮大。

1938年11月中旬，中山县委在石岐太原第召开全面抗战时期第一次武装工作会议，全体县委委员和部分区委负责人参加。会议分析了中山的形势，提出今后武装斗争的任务，研究批准九区区委提出派人进入当地团队建立武装的计划。

次年4月9日至12日，中山县委在四区江尾头召开全县第二次武装工作会议。中山县委班子成员、部分区委负责人，中共南顺工委书记林锵云和澳门工委书记林锋等列席会议。会上听取东南特委宣传部部长杨康华传达党中央和省委对独立自主开展游击战争的指示；总结自第一次武装工作会议以来的成绩和经验教训；分析了全县的抗日形势；确定建立由县委直接领导的骨干武装、派共产党员进入国民党和地方团队掌握的抗日武装，以及由党控制掌握的乡村自卫队武装三种武装，还确定建立以中山县委直接领导的武装为骨干，开展独立自主的抗日游击战争。这次会议为中山开展抗日武装斗争奠定了坚实的基础。

全面抗战初期抗日民族统一战线工作和抗日救亡运动

　　1937年7月7日，日本侵华军队在北平卢沟桥借口军事演习时士兵"失踪"，向中国驻军发起进攻。中国守军奋起抵抗，中国抗日战争全面爆发。7月8日，中共中央发出通电，号召："全中国同胞、政府，与军队，团结起来，筑成民族统一战线的坚固长城，抵抗日寇的侵掠！国共两党亲密合作抵抗日寇的新进攻！驱逐日寇出中国！"在全国上下一致要求抗战的压力下，国民党中央以发表中共中央递交的《中共中央为公布国共合作宣言》和蒋介石发表谈话的形式，宣告国共两党第二次合作成立，"在中国革命史上开辟了一个新纪元"，"将对于打倒日本帝国主义发生决定的作用"，"将使中国走向一个光明的伟大的前途"。[①]

　　七七事变发生后的第二天，中共南临委于7月8日以"华南情报号外"的形式通报有关情况。8月初，中共南临委布置广州等地要集中力量，发动所有组织参加"广东民众御侮救亡会"，组织周围的活动分子，加紧民众武装与军事宣传，利用党员的各种社会关系，与军官、士兵建立密切的联系，推动其工作，组织各种抗日救亡团体。[②]

---

　　① 《国共合作成立后的迫切任务》（1937年9月29日），收录于《毛泽东选集（第二卷）》，人民出版社1991年版，第364—365页。

　　② 参见《中共南方工作委员会给中央的报告》，1937年9月1日。

一、"中山县抗先"与"中山县妇协"成立

广东青年抗日先锋队中山县队成立

1938年1月1日，在中共广东组织的推动下，广州学生抗敌救亡会、救亡呼声社、青年群体社、平津同学会、留东同学抗敌后援会、中山大学抗日先锋队、中大附中青年抗日先锋队和青年抗日先锋团8个团体，联合发起组织广东青年抗日先锋队（以下简称"抗先"），发表《广东青年抗日先锋队组织大纲草案》和《广东青年抗日先锋队发起宣言》。广东省抗先的领导梁嘉、陈能兴等先后来中山联系成立抗先组织。

1938年11月中旬，广东省抗先总队部常务委员陈能兴到中山联系筹备成立广东青年抗日先锋队中山县队事宜。为有利于进一步发动广大青年投入抗日斗争，中共中山县委接受了陈能兴提出的以抗先中中别动队（中山县立中学抗日别动队）为主体，联合其他抗日群众团体，成立中山县抗先的建议，遂在各政训队代表的联席会议上，以中山县抗先筹委会的名义发出"坚决抗日，保卫大中山"的号召，提出各政训队联合起来建立统一的青年抗日组织的具体要求：动员一、四、五、六区的各抗战团体集会纪念"一二·九"北平学生运动三周年；由抗先中中别动队向各群众团体提议建立统一的抗日组织——广东青年抗日先锋队中山县队部；为维护抗日大局，争取国民党县当局开明士绅和上层人士参加抗日，决定推选张惠长为中山县抗先总队队长。中山要抗战，已经成为不可抗拒的趋势。国民党中山县政府同意中山县抗先的成立，县长张惠长也同意担任中山县抗先总队队长，并同意从县库每月拨出法币100元作为中山县抗先经费。一个规模庞大的爱国青年抗日组织在中山酝酿成熟了。

1938年12月9日，胸前佩戴着抗先队徽章的2000多名来自全

县各区、乡的青年齐集西桠县立七小大操场，参加"一二·九"三周年纪念暨广东青年抗日先锋队中山县队部成立大会。广东省抗先派陈能兴前来参加大会。抗先中山县队部还征得《中山民国日报》的同意，腾出半个版面给县队部出版《先锋队》刊。

中共中山县委派副书记、组织部部长梁奇达具体领导县抗先工作。县抗先总队部初时设在石岐县立第一中学内，后迁至孙文东路七星初地东岳庙。为加强党对抗先县队部工作的领导，在该队部内成立党团组织，由中共中山县委委员叶向荣任党团支部书记，其公开身份是特派员。与此同时，中山县抗先独立大队在石岐成立，大队长黄鞅（中共党员）。中山县属各区也纷纷成立抗先区队部，公推国民党区长或上层人物担任区队长，由中共组织派骨干担任副队长。有群众基础的乡村也成立了基层抗先，全县队员发展到3000多人，是全县规模最大的群众性抗日团体，也是广东省抗先人数最多的县队。

广东省抗先采用全省统一的队歌、队旗和队徽。佩戴抗先队徽的抗先队员遍布城乡，"公仔队"的美称在群众中流传开来。抗先队歌是人民音乐家冼星海为家乡广东的抗先队所作。

1939年初，中山县委先后派出工作队到各区开展工作，一边向群众尤其是青年宣传抗日救亡，动员群众参加抗日；一边组织游击武装训练班和战地救护学习班，培养游击骨干力量。

一场轰轰烈烈的群众抗日救亡运动在中山迅速掀起。

中山县战时妇女协会成立

继中山县抗先成立后，1939年1月，中山县战时妇女协会（以下简称"中山县妇协"）在石岐成立，由县长张惠长的妻子薛锦迴任会长，共产党员刘紫云、梁秀芳担任副会长。执委刘紫云、程志坚、梁秀芳、方群英、郑迪伟、高苣屏、黎冠珍、邝健玲、谢丽群均为中共党员。中山县妇协工作由中共中山县委妇女委员梁绮卿直接领导。这是抗战时期中山妇女组织中规模最大的抗日群众团体，会员以抗先队里的女队员为骨干，吸收各阶层先进妇女参加，在一、四、五、八、九区都成立妇协区分会，会员有1000多人。

中山县妇协率领广大妇女有声有色地开展抗日宣传活动，通过话剧、街头剧、歌咏队、演讲等形式，把抗日救亡道理传递给民众，团结更多妇女加入抗日斗争的行列中。为适应抗战需要，1939年春，中共中山县委以抗先、妇协等合法群众组织的名义在县中、女中分别举办青年、妇女干部培训班，每期30人，培训了大批青年和妇女骨干。与此同时，中山县各区委也先后举办游击训练班和抗日救护训练班，请当地医生讲授战地救护知识，培养了一批救护人员。每当日军飞机在中山县各区狂轰滥炸时，妇协组织的救护队员便冒着生命危险，奔赴战场，救死扶伤。妇协会员们舍己献身的精神深受群众赞扬。为阻碍日军进犯中山，妇协会员还和抗先队员、民兵一起，积极参加各区挖掘队破坏岐关公路，将60多千米长的岐关公路分段挖开，又到洪湾涌口投大石，封锁海面，以阻止日军长驱直入。五区乌石村有50多名妇女参加大刀队集训，还聘请当地驻军讲授军事知识、进行军事训练。女队员们早起练操，晚上同男队员一起学文化、学政治或背着大刀到附近村庄宣传抗日救国、妇女求解放的道理。有一次，妇女大刀队为激发驻军的抗日热情，发起向当地抗日驻军献刀的活动。驻军营长率队参加受刀。当大刀队的女队员向营长献上大刀，唱起"大刀向鬼子们的头上砍去"的时候，参加受刀的军队肃立，宣誓坚决抗日。此外，各区、乡、村的妇女分会还组织妇女募捐、献金、劳军等抗日救亡活动。

二、叠石阻击战与两次"横门保卫战"

1939年7月至9月，日军以海陆空三军的优势兵力进犯中山叠石、全禄、横门。中共中山县委领导和发动"中山县抗先"、"中山县妇协"、"别动队"、青年民兵等群众组织开赴前线，开展运输、劳军、担架、救护、送茶送饭等支前工作，与驻守在横门的国民党中山县守备大队官兵共御外敌。

叠石阻击战

1939年7月，日本侵略军把战火烧到中山内陆。7月9日上午9时，日军500余人分乘登陆艇3艘、橡皮艇数十艘，在飞机、炮火的掩护下，进犯中山县境叠石、全禄。中山守军奋力抵抗，二区各乡民众自卫队伍集中候命，一部分即开赴前线。日军登陆全禄、叠石两村，焚毁民房210余间，复向特沙、锣鼓山、三沙等处偷袭，焚毁茅屋50余间。别动队于特沙、锣鼓山抗击来犯之敌，守军谭振基、梁胜保、高保权阵亡。敌机来轰炸二区时，中共二区支部即发动二区青年抗日工作队的队员分别动员民众抵抗日军入侵，各村救护队、工作团纷纷出动，奔赴战区。不少商民和群众纷纷把鲜鱼、鲜肉、鲜菜等副食品捐献出来劳军。申明亭抗日工作团副团长杨少希带领救护队员，奔赴现场进行抢救挖掘伤亡群众之际，敌机再投放二弹，救护队队员杨丽容中弹殉职。翌日，二区举行追悼会，群众团体千余人参加。叠石村人在村口立碑勒铭，以志纪念。

1939年10月16日清晨5时许，日军再次从新会睦州山嘴发兵，侵犯中山县境叠石乡。驻守在叠石乡的守备第四中队英勇迎敌。日军进攻受阻，又出动飞机轰炸。双方一直相持至下午3时30分，日军转而全面进攻全禄。全禄自卫团奋起杀敌，因敌众我寡，驻守全禄的自卫团成员大部分牺牲。5艘敌船载着日军近千人在飞机的掩护下强行在全禄登陆。在全禄战斗牺牲的自卫团成员中，有曾任孙中山卫士的年近半百的勇士阮焕伦。他被日军机枪打断了一只手仍坚持作战，直至身中数弹，壮烈牺牲。抗战胜利后，中山县政府为纪念众将士，将他们的遗骨迁往石岐南门迎阳山，建起抗日战争烈士纪念碑，供人们永久凭吊。

两次横门保卫战

1939年7月24日上午8时，日军出动铁拖4艘、舰艇6艘，载兵200余名，在飞机、火炮的掩护下，向横门沿岸登陆。横门位于珠江口西南面，包括横门岛、横门口、横门水道，距石岐25千米，是珠江出海口八大门之一，也是中山县水上交通的咽喉。此时，中山县正处于抗日救亡运动的高潮中，中山县县长兼第六游击区司令、守备总队总队长张惠长多次到前线指挥，副总队长石抱奇等在前线督战，国民党中山县守备总队3个大队9个中队的官兵奋力抵抗。

由中共中山县委书记孙康任队指导员的第三大队第九中队，在副中队长、中共党员缪雨天的带领下，在前线与守军并肩杀敌。在抗日民族统一战线的旗帜下，中共中山县委主动与国民党中山县当局合作，共商保家卫国大计。中共中山县委以抗先的名义，以县、区两级党组织的领导成员为骨干，成立横门前线抗日支前指挥部，总指挥孙康，组织部部长叶向荣，宣传部部长阮洪川，总务部部长欧初，在各区紧急动员1000多名抗先、妇协会员，组成宣传队、救护队、担架队、运输队、慰劳队等开展紧张的支前工作。张家边、大环至珊洲坑、李屋边一带的群众也纷纷加入战地后勤服务。

7月24日，日军一部曾占领横门岛上的七坎、马鞍山、矮山；另一部登上横门沿岸部分地域。中山抗日军民英勇战斗，至下午将敌人击退。次日，数百名敌军在飞机、大炮的掩护下，向驻军横门的中山守备队防线发起7次进攻，仍不得逞。26日，敌军铁拖、舰艇增至20余艘，仍以飞机、大炮掩护，分兵向猪乸咀、芙蓉山、玻璃围三路进犯。驻芙蓉山守备队伤亡惨重；第七中队被冲散，弃守猪乸咀防线；罗得标中队被困。敌军占领仰天螺，包围瑞生围。27日，中山县县长张惠长亲赴前线指挥守军反攻仰天螺、瑞生围。集结队、别动队积极配合。全县军民共同努力，持续战斗8天，击退日军。

7月31日下午4时，敌军突然出动多架飞机，向处于第二道防线的二洲、大王头、大环、小隐等处轰炸，以猛烈的炮火掩护其在沿岸的步兵撤退。是役，日军伤亡近100人，一艘运输舰于玻璃围附近水面触雷沉没。

横门保卫战首战告捷。8月，中山县政府在县立第七小学举行祝捷大会。

1939年9月7日至20日，敌军再犯横门，炮轰芙蓉山、玻璃围，摧毁沿江工事，复以飞机掩护敌兵登陆，先后占据白米山、大尖峰、东利涌、灰炉涌、大王头、横山、下旗山、玻璃围、珊洲等地。中山抗日军民齐心协力，共御外侮。驻守横门的中山守军英勇奋战，抗先队员和妇协会员结队赶赴前线服务。横门一带的妇女主动帮助士兵做饭。横门前线抗敌守军兵力虽有所加强，但考虑到敌我力量悬殊，苦战数日，予敌较大杀伤后，便退出横门前线。13日，敌兵千余人在飞机、大炮的掩护下进犯三仙娘山。守军与之激战至下午3时，毙伤敌兵200余人，为横门作战以来最大的战果。14日，敌军以1500余人再犯三仙娘阵地，并轰炸沙边、张家边、窈窕、大环、西椏、江尾头等乡。中山守军苦战至下午2时，死伤小队长以下70人，仍坚持战斗，并击落敌机一架。15日起，守军分向珊洲、下旗山等敌军据点反攻，毙伤敌兵10余人，缴获无线电台一台。20日，敌军出动1500人，以飞机

10余架助战，进犯小隐、大环，继分三路犯江尾头。该线守军守备第九中队士兵在共产党员缪雨天的率领下奋勇抗战，击退敌兵4次冲锋，先后夺回大环、小隐、黎村、二洲等据点。日军失利后，不敢恋战，于下午5时30分后，留下一部在大王头设营固守，大部分兵力撤回海上。此次苦战14日，全县军民合力抗击来犯之敌，获得横门保卫战的第二次胜利。

两次横门保卫战获胜，打破了"日军不可战胜"的"神话"，大大鼓舞了人民抗日的斗志和信心。从此，中山抗日武装斗争的序幕拉开了。

三、长洲战时服务团和中山一区游击训练班

1937年，长洲知识青年黄锦棠（黄颉）经中共中山县委书记孙康介绍，加入中国共产党。全国抗日战争爆发后不久，其弟黄煜棠也加入中国共产党。兄弟二人以开展农村体育活动的形式发动群众，开展党的工作，还回乡发动群众组织战时服务团，从中发展一批青年加入党组织，并成立中共长洲支部。抗战时期，中共长洲支部在组织发动群众抗日活动中起到了核心作用。

长洲战时服务团以有100多名青年参加的体育会为基础，发动300多名家乡青年参加战时服务团，设团部于长洲隐士祠。长洲战时服务团十分活跃，主要做三方面工作。一是开展抗日宣传，发动民众参加抗日，及时把抗战前线的消息通报给村民，并教村民唱抗日歌曲。二是发动村中青年参加战时服务团。中山县抗日先锋队成立后，长洲战时服务团随之改为抗先组织，当时，长洲各村参加抗先的青年男女村民有300多人。三是组织村民支援前线，慰劳守土杀敌的将士。服务团常在村中及县城石岐，甚至沙涌、深湾等地演出抗日进步话剧和演唱抗日歌曲，还组织团员写慰问信和宣传材料，由中山国民党县党部代寄往抗日前线的

战士手中。长洲战时服务团及后来的长洲抗先队在长洲青年保卫乡邦中产生了重要影响。

1939年初，中共中山一区委在长洲黄氏大宗祠举办游击干部训练班，中共中山县委委员叶向荣、黄峰分别任班主任和教导员，中共党员黄石生担任军事教官。学习班的学习资料主要用黄峰从延安抗日军政大学带回的文件、书籍和笔记。参加训练班的有六七十人，主要来自长洲、张溪、员峰、岐头、厚兴、县城一带的村庄，其中有黄锦棠、黄煜棠、黄江平、黄鞅、黄衍枢、黄社雄、黄鉴明、黄佩英、黄佩兰、黄慕怡、梁沛林、马锐彬等一批中共党员，不少学员成为中山抗日武装斗争的骨干。而黄江平、黄鞅等领导的长洲乡警队，成为中共中山县委所领导的抗日武装队伍之一。

敌后游击战争

一、独立自主的敌后游击武装创建

1940年3月1日，日军大规模进犯中山县境，先后使用兵力10000多人，由师团长后滕率领，分向二、三、四、五、六、九区登陆。国民党中山县党部、县政府、军队等不战而逃，将机关先移设斗门，后转鹤山沙坪。原驻二、三、九区及四区一部团队，退集鹤山沙坪。由于国民党中山当局的不抵抗，日本侵略军长驱直入。3日，大、小黄圃失守。5日，唐家、香洲、翠微失守。6日，日军从海面向唐家、关闸、香洲、大涌、叠石、金钟等地登陆，三乡、崖口、金钟失守。仅从唐家登陆的一路日军，途经岐关东路崖口地段时，曾遭共产党员所掌握的崖口乡乡警队袭扰。此队日军一时摸不清虚实，不敢贸然前进，暂且退回翠亨村附近。7日，日军攻陷石岐，中山县境沦陷。[①]日军占领石岐后，占据学宫为大本营，并放纵军士3天，四出奸淫掳掠，为所欲为。3月15日，日军攻占小榄，占据下基直街民房和中心大庙前之榄溪酒家作为大本营。

中山沦陷后至日本投降前，县境内一直驻有日本侵略军。日军入侵中山后，即在石岐、港口、沙溪、小榄、横门、唐家、翠

①　1939年10月7日，日军曾从叠石、金钟、大王头三处登陆，攻陷石岐，至10月10日才退去，是为中山第一次沦陷。

亨、翠微等地和沿海岛屿驻兵万余人，所到之处，烧杀掳掠，还时常强奸妇女，驻地多设有慰安所。

日军占领中山后，利用一批汉奸建立伪政权和扩充伪军。中山县伪政府和伪军在伪县长欧大庆指挥下，强行在中山沦陷区征抽联防附加费，还进行稻田招商承办，搜刮民脂民膏，一部分供给日军，一部分据为己有。日伪军势力在中山逐步发展扩大。

国民党中山县党、政、军当局在日军进犯时不战而退，逃到鹤山建立临时县政府，因而失去民心。国民党中山县长吴飞于1940年5月辞职。顽固派林卓夫继任，无法维持政务，于同年12月因财力不继辞职。国民党中山县党政当局已无力领导中山敌后抗战。

领导中山人民抗日的历史重任落到中国共产党人身上。中国共产党领导的中山敌后人民抗日武装，自中山沦陷后，中共一、二区委，四区委，六区委领导的乡警武装有数十人，八区陈中坚抗日游击队有20余人，九区委驻九区梁伯雄大队内掌握了二三十人的队伍，力量仍十分弱小，活动相当困难。且中共中山县委书记陈翔南到九区后，了解到梁伯雄大队存在一些问题。主要是梁伯雄本人放松对自己的要求，作为区委委员既不参加区委会议，也不参加支部生活，对党组织若即若离，生活腐化。特委和县委经过研究，决定派徐云前往九区对其进行教育挽救外，在县内迅速建立一支公开挂"挺三"[①]招牌，实质上是在党绝对领导下的独立自主的敌后游击主力武装，并逐步掌握地方武装。

1940年5月，中共中山县委书记兼九区委书记陈翔南找梁伯雄商定，由县委直接领导的游击小队挂名在其队内，由其负责6

---

① "挺三"，即国民党第四战区挺进第三纵队，1940年10月改编为国民党第七战区挺进第三纵队。

人的粮饷。5月下旬，中共中山县委副书记梁奇达向中共党员欧初布置了到大南沙负责组建中山抗日游击小队的任务。接到任务后，欧初即着手队伍的筹建工作。中山县委陆续从一、四、五、六区，抽调郑刚拔、罗章有、谭帝照（谭三九）、冯洪昌（冯昌）、李新知、缪雨天、邓准、陈超、郑毅、陈庆池等13人到九区大南沙，成立中山抗日游击小队；小队长郑刚拔，党代表欧初。部队对外挂国民党地方部队挺进第三纵队第一支队梁伯雄大队新建小队番号。中共中山本部县委①为充实加强这支党直接领导的武装，6月，由四区委书记谭桂明带领崖口乡乡警队10多人，一区委委员黄江平带领长洲乡乡警队10多人到九区与转移到牛角沙的县委新建抗日游击小队合并。又从各区抽调来一批战士，队伍发展到四五十人，扩编为中队，并成立党支部。中队长为杨日韶，党代表为谭桂明，政训员为欧初。这支队伍在生活极其艰苦、经常缺衣断粮的情况下，仍坚持组织学习政治和军事技术，开展群众工作，锄除奸伪。不久，上级组织派卫国尧到这支队伍负责军事工作。共产党领导下的中山抗日游击队逐步站稳脚跟，形成武装部队的雏形。

1940年9月，中共广东省委将中共中央派来的延安"抗大"三分校大队政治委员谢立全（陈明光）、大队长谢斌（刘斌）分配到珠江三角洲地区负责军事工作。同月，中共南番中顺中心县委在碧江召开会议，决定加强对南（海）、番（禺）、中（山）、顺（德）敌后各抗日武装的领导，深入开展敌后抗日游击战争，以顺德抗日游击队为基础，从中山、番禺抽调一批党员、青年组成独立一中队，编入广游二支队，由中共南番中顺中

---

① 1940年6月，中共中山县委撤销，先后成立中共中山本部县委、中共中山三九区委，分别隶属中共南番中顺中心县委。

心县委直接领导，中队长林锵云、政训员黄柳言。不久，又建立了广游二支队第一中队，中队长肖强、指导员欧初。

与此同时，中共中山县委派杨子江、邓展明、黄石生、黄社雄、梁其颖等一批共产党员利用统战关系组建地方武装。1940年底，国民党中山县当局开始注意敌后工作。部分区政府及有影响的人士、地方武装实力派纷纷组建武装，"挺三"大量收编游散武装、地方头子等以扩大其力量。中共中山本部县委和八、九区委抓住这一机遇，派干部和党员参加其武装，或设法领取番号，逐步掌握或建立、发展人民抗日武装。一区长洲乡中共党员黄社雄通过亲友关系，向"民利公司"①第二支队陈球大队领取一个中队番号，称"黄社雄中队"，自任中队长，公开在一区长洲一带活动。中山本部县委又派一、二区委代理书记杨子江返回二区组建武装，建立据点。在一没有钱、二没有枪的情况下，杨子江回到家乡申明亭村，找到二区联防办事处主任郑健驷，通过毛遂自荐找了个职位，取得郑健驷的信任，逐步掌握这支武装，并掌握申明亭更夫队，后在这支队伍里安插了吴子仁、卢德耀、肖杰华（梁德）、郑吉等中共党员。杨子江还把大河哨所的围馆扩建成一个营地，使之成为公认的杨子江部队的基地。1941年，国民党中山县政府向敌后任命和派遣了各区区长。其中一区区长周克明、二区区长周守愚均为二区龙头环村人。周守愚的儿子周增源

---

① "民利公司"是沦陷初期中山三区、九区的地方势力潘惠、梁自带等自发组织起来的一个堂口，成立时因沙田区的人大都不识字，就让当教师的梁伯雄帮忙起名，梁说"要为民谋利，就叫'民利公司'吧"，故名。这些武装是封建式的地主武装，盘踞在中山沙田及民田区一带，走私，开烟赌馆，勒收田赋，无所不为，被称为"大天二"。后为求地位更稳固，潘、梁等各自又在国民党第七战区暂编挺进第三纵队领取番号。这支队伍军纪散漫，每个部队都设有赌档，对抗日的态度也非常复杂，有的抗日较为积极；有的略为消极，但又不至于投敌；极个别的则投靠日本人，挂上伪军的招牌。因此，其中大多数可称为抗战时期的"消极保守力量"或"中间力量"。

和周克明的义子黄石生均是中共党员。受组织委派，黄石生帮助周克明、周增源和张矛帮助周守愚筹建区署。黄石生、周增源分别担任一区和二区国民兵团的常备中队长。以上4支武装队伍以公开合法的身份在二区及城郊西北部一带活动，逐步形成民田地区与沙田地区相呼应、建制部队与民兵武装力量相结合，以及发展武装队伍与开展青年群众运动相结合的形式，成为共产党所掌握的中山抗日武装的重要一翼，为党在县城近郊的工作扎下深厚的根基。

四区合水口里乡爱国华侨刘智明（刘震球）在四、六区委书记邓展明的帮助支持下，建立一支有20多人、有枪的民兵集结队。为使"刘震球集结队"有公开合法的社会地位，1941年秋，在杨日韶的帮助下，刘震球向国民党四区区长陈思危领取中山县民团第四特务大队第三中队的番号，刘震球任中队长，邓展明任中队指导员。这支队伍成立后，在积极支持配合中山抗日游击队在五桂山区的活动方面发挥了重要作用。

与黄乐天同乡的中医李泽霖在九区阜圩行医。"挺三"第三支队支队长梁自带的总部就在其中药铺斜对面，因而他同"民利公司"的头目很熟络。1941年7月，欧初、黄乐天动员李泽霖到梁自带处领一个番号，建立一支武装，条件为如果梁自带给一个番号，就同其合股耕种在鸡头角的七顷土地。李泽霖接受了欧初的建议，找梁自带洽谈。梁自带见有利可图，便将"挺三"第三支队独立四中队的番号给了李泽霖。考虑到李泽霖要行医，不方便用原名建立武装，欧初又提议其用化名"李志海"建立中队，由李挂名中队长，游击队派人去当副中队长。该中队成为中山抗日游击大队的主力之一。

中共八区委也在积极发展抗日武装。陈中坚的叔父陈世典是月坑村的大地主，为人思想开明，倾向抗日。1939年底，陈中坚利用叔父陈世典在月坑马墩有100多亩土地的关系，在马墩组建了一支脱产的护沙队。这支队伍名义上为陈世典的护沙队，实质上是中共八区委领导的一支抗日游击武装。中共八区委又利用同"挺三"第七支队副支队长陈培光的关系，将马墩护沙队（乾务沙面自卫队）编入"挺三"，人数扩充至七八十人，番号是"挺三"第七支队第二大队，大队长陈中坚，党代表兼副大队长郑少康（1943年4月郑少康调往番禺后，由唐健任政委），大队副官黄乐天、梁其靖。1941年4月，中共南番中顺中心县委决定，队伍改名为中山八区抗日游击大队。同年7月，曾谷在东澳乡草朗村组建东澳乡人民抗日义勇游击队独立小队，小队长练金，政训员梁超，副小队长周扩源。此外，中共乾务支部书记梁其靖按区委指示，以绵泽堂干事身份出任绵泽堂护沙中队中队长。区委把赵明小队调驻乾务沙面，编为绵泽堂护沙中队第三小队。

中山人民抗日武装的建立和发展，为日后开展中山敌后游击战奠定了基础。

二、"白皮红心"政权建立

1940年8月3日，中共中央要求在国民党统治区域内，各级党委必须认真扶助和培养一部分党员，尤其是知识分子党员，尽可能取得国民党下层各级行政机构公务员（从保甲长、区长到县科员以至个别县长）的地位，这对于党和革命工作，具有重要的作用和意义。[1]中共中山地方组织根据中共中央的指示精神，结合实际，派员打进国民党地方政权内部工作，以"合法"身份掌握敌情，掩护革命活动。

张溪村邻近中山县城石岐，是城郊水路交通要隘。全面抗

---

[1] 黄修荣：《国共关系70年纪实》，重庆出版社1994年版，第591页。

日战争爆发初期，中共中山县委就派党员黄峰回张溪秘密发展党的力量，建立党组织。黄峰回乡后，首先发展以捞虾、蚬为生的贫苦农民杜广加入中国共产党，继而发展梁沛洪、马锐彬、梁达初加入中国共产党。1938年冬，中共张溪支部建立。该支部在以后抗日战争时期活动从未间断，充分发挥战斗堡垒作用。1939年初，中共中山县委搬到张溪乡河北大街梁沛洪家作机关办公地点。1943年11月，张溪选举乡长，黄峰当选。中共珠江特委书记梁嘉①指示黄峰要当好"白皮红心"乡长。黄峰上任后，安插一批中共党员担任乡中职务，黄旭主管武装，梁哲主管交通情报，梁湘到张溪学校当教师，杜广打入张溪乡乡警队掌握武装。

沙栏梁显（显）是大革命时期的老党员，中山县抗先队派驻沙栏工作的郑涯舟（中共党员）依靠他，在沙栏设立蒙馆以掩护开展工作，使之成为党组织一个可靠的活动点。陈翔南兼任三九区委书记时，有较长一段时间驻九区，常在沙栏梁显家落脚。为安全起见，陈翔南还办起了咸鱼公司作为掩护。

大革命失败后与组织失去联系的罗若愚，于抗战时期恢复组织关系后，在石军建立党的活动点和秘密交通站，使石军村乡政权为中共地方组织所掌握。1940年夏，中共南番中顺中心县委妇女部部长谭本基（谭婉明），到中山九区一带开展妇女工作，发展地方党组织，领导发动当地教师开办夜校，向民众宣传抗日。罗若愚以石军乡乡长的公开身份掩护谭本基住在自己家。1941年春，中共地方组织和中山抗日游击大队积极支持和发动九区农民开展反"霸耕"、反"伪票"斗争，取得胜利，使农民减轻负担，调动了农民的斗争积极性，使农民更加拥护游击队。同年

---

① 1943年12月，中共南番中顺临时工作委员会撤销，成立中共珠江特别委员会，设址石岐。珠江特委书记梁嘉，委员陈翔南、谢创。

秋，中共南番中顺中心县委作出"发展中山"的决定，派欧初带第一中队驻扎在石军沙。为配合部队开展工作，中共南番中顺中心县委调金秀霞、邝健玲到石军沙一带发动妇女开展活动。

1942年至1945年，还先后调陈秀球、杨淑卿、张兰、刘国均、黄佩坤、梁烟、林平等一批女中共党员分别担负起牛角围、乌沙、石军沙、吉昌、将军庙、孖沙、低沙、三角、民众、大有围、大南沙、沙栏等地的妇女工作。这批女党员在谭本基的领导下工作，很快打开工作局面。群众大力支持部队的建设和游击斗争。中共九区委也在此建立工作站，协助部队筹粮等。1941年冬，第一中队从石军出发，先后远道奔袭出击神涌、崖口等伪军，石军党支部动员村民出动农艇运载部队前往打仗。

海洲进步青年袁世根在罗定县任文教馆馆长时，与当地名医苏德琛（中共党员）交上了朋友。苏德琛从袁世根口中得知其家乡曾派人来要他回去当乡长，即将此事向中共西江特委候补委员李超汇报。李超认为袁世根虽然是非党员的群众，但思想进步，较为可靠，可乘此机会鼓励其返回敌占区任抗日乡长，在沦陷区开展敌后抗战工作，以便掌握"挺三"的动向。苏德琛遂动员袁世根回乡。袁世根当上海洲乡长后，按照李超、苏德琛的布置，在海洲站稳脚跟，掌握了乡政府的权力。中共地方组织逐步安插一些共产党员和进步青年在海洲小学当教师，并在学生毕业后以补习班的形式培养进步青年，还通过其派员掌握海洲自卫队，使海洲成为党组织在中山、顺德、新会边界的一个可靠的立足点，对沟通粤中和珠江三角洲的地下交通线起到重要作用。许多共产党员曾在袁世根的掩护下进行活动。1944年初，李超和陈能兴（曾任中共粤北省委青年工作部部长，因粤北省委机关被破坏，回乡隐蔽）通过新会荷塘中共党员容忍之，与袁世根认识。同年5月，在海洲建立党领导的外围组织"抗日民主同盟"，袁世根和海洲自卫队正副队长袁毅文、容辛等参加了该组织。袁世根还征得"挺三"副司令屈仁则同意，办了一份宣传抗战的油印刊物《持正报》，编印地点就设在袁世根家里。中区纵队主力挺进粤中时，袁世根尽心尽力布置好接应部队的工作，协助部队顺利过境。

湖洲乡（位于今板芙镇）的乡长萧日新倾向抗日，热心支持游击队。抗日游击队从二区到五桂山，必在湖洲歇脚。有这位"白皮红心"乡长的掩护，游击队员们均安然无恙。

这批"白皮红心"政权建立在敌人的心脏里，为掩护中共组织和党领导的抗日部队做了大量工作，提供了不少重要的敌伪活动动向信息，更保护了一方群众。它们在抗战期间所起的作用是十分重要的。

第四节 五桂山抗日根据地开辟

一、开辟五桂山抗日根据地

1941年12月，太平洋战争爆发后，中山的抗日战场上敌、我、友三方力量对比，出现了有利于抗日游击战争的变化。

日军的力量由于主力部队调离而相对减弱。太平洋战争爆发后，因原驻石岐、三乡、唐家、翠亨的日军10000多人，绝大部分已调往太平洋战场，主要依靠伪军第三十师和县内的伪联防队维持占领局面。伪三十师名义上有三个团，实际上并不足额，分别驻在石岐、港口和横门三个点，师部设在石岐。伪联防队人数虽多，但都是乌合之众，没有多大的战斗力。

1942年，国民党抗日军队经过多次扩编队伍，力量有所增强。"挺三"的兵力约比一年前扩充三分之一。而共产党领导下的抗战军民，由于抗日旗帜鲜明，力量显著增强，全县300多名党员、干部经过整顿和教育，不少成为抗日武装的骨干。此时，由共产党领导的中山抗日武装已经发展到2个大队、4个中队（其中2个是主力中队）和一批乡警队。

由中共地方组织领导的挂国民党招牌，实为共产党掌握的抗日武装队伍，也有了较大的发展。共产党领导的中山抗日武装已从全面抗战初期只有一个小队和一些乡村的乡警队，发展到有挂"挺三"番号的九区梁伯雄大队内的郭定华、冯连枝2个中队，二区杨子江中队，挂中山县一区和二区国民兵团常备中队的黄石生中队、周增源中队，挂"挺三"吴金支队陈球大队属下一个中队番号的一区黄社雄中队，挂中山县国民兵团第四特务大队第三中队番号的四区刘震球民兵集结中队和李志海中队。全县各地的一批由共产党领导的乡警队、更夫队、自卫队的力量也有了进一步发展，人数由几十人发展到两三百人。

1940年冬，中共南番中顺中心县委委员谢立全到中山地区检查部队工作。他在了解中山的斗争形势时，从梁奇达、谭桂明、杨日韶等处了解到中共中山县委在全面抗战初期便有经营五桂山区的设想。谢立全回到中心县委驻地西海（位于今佛山市顺德区）后，在中心县委会议上提出在中山五桂山开展游击战的设想。但中心县委的某些负责人持有不同意见，认为五桂山小，而敌人统治势力强，控制着岐关东、西公路，像钳子一样卡着五桂山的脖子，不能打游击，不同意到五桂山去。中心县委领导认为，要解决干部中的思想认识问题，不能凭主观想象，必须深入进行调查研究，才能找出解决问题的根本办法。

1941年7月，中共南番中顺中心县委再派谢立全、梁奇达到五桂山区对建立五桂山抗日根据地的可行性进行实地调查。谢立全到中山后，了解到五桂山濒临珠江口西岸，山峦起伏，形势险要，山脉相连。山区居有4万多人口，分布于600多个大小村庄，以客家人居多，群众基础好，共产党的组织力量较强。而且经过一年多的建立抗日武装经验和杀敌锄奸活动的锻炼以及反"扫荡"的考验，中山的人民抗日武装不断成长壮大，战斗力也日渐增强。经过一个多月的深入调查研究，谢立全确认五桂山区具备进行游击战争的有利条件。

1941年9月上旬，中共南番中顺中心县委召开会议，听取谢立全的汇报，认为五桂山区确实具备建立抗日根据地的条件。于是，中心县委制定"经营番禺""发展中山"的方针，派谢立全、梁奇达到中山加强中山敌后抗日武装斗争的领导。同时，加强中山抗日武装力量，调广游二支队第一中队到中山九区。11月，由该中队副中队长王鎏、政训员欧初带领60多人挺进石军沙，对外挂梁伯雄大队第七中队的牌子，对内称第二主力中队。原驻九区的抗日游击队改称为第一主力中队。在中心县委的领导下，两个中队互相配合，并肩作战。

1941年10月下旬，为在开辟五桂山抗日根据地前扫清五桂山外围的敌伪据点，解决部队的武器和给养问题，谢立全指挥第一、第二主力中队袭击崖口伪护沙中队。是战，取得全歼崖口伪护沙中队的胜利，缴获武器一批，并迫使崖口乡伪政权保证按时、按量缴纳抗日军粮。

1941年底，谢立全在中山九区牛角召开武装干部会议，传达中共南番中顺中心县委关于在中山五桂山区建立抗日根据地，把原来在河涌水网地带活动的中山武装力量，逐步转移到五桂山区的指示，就开展独立自主的游击战争和开辟五桂山抗日根据地问题，统一全体干部认识。

1942年1月，罗章有、黄智（黄衍枢）奉命带领一支18人的先遣队进入五桂山区合水口、石门一带，摸清民情、社情、敌情、地形，为建立根据地打前站。先遣队进入五桂山后，在中共地方组织的积极支持和密切配合下，在群众中展开防匪保家、抗日救国宣传工作，还帮助群众开展生产劳动、治疗疾病，镇压与人民为敌的匪霸。部队深受群众的拥护，很快扎下根基。2月，欧初带领第二主力中队六七十人进驻五桂山，与罗章有的先遣队会合。3月，卫国尧带领第一主力中队十多人也转移到五桂山。

第一、第二主力中队与先遣队会合后，驻五桂山的抗日武装部队共120多人，分别驻在合水口、白企、贝头里、长江、石门等乡村。

为配合武装部队建立根据地，中共地方组织先后增派一批共产党员到五桂山区合水口、灯笼坑、白企一带乡村，以教师为职业，发展党员，建立党组织，开展群众性的援军活动。当时部队的给养主要有三个来源：一是依靠中共地方组织和当地群众支持；二是在五桂山区周围各区、乡开展统战工作，征收抗日经费，拓展经济来源；三是靠杀敌锄奸缴获敌人钱物，补充给养。游击大队初到五桂山时，由于工作局面尚未打开，部队给养发生严重困难。为支援游击队，保证部队生活所需，中山本部县委和各区党组织千方百计筹集粮饷，辗转送入五桂山区。翠亨、石门、合水口一带的群众，纷纷将家里的稻谷、番薯、南瓜、芋头等送到游击队营地。原第一主力中队中队长杨日韶的母亲谭杏，知道儿子所在的部队进入五桂山区后，从家乡翠亨送来250多千克粮食支援子弟兵。后来，她知道游击队生活有困难，又连续4次共送来粮食1000多千克，还将自己的金银首饰等贵重物品变卖

中山人民抗日武装序列

中共南番中顺中心县委
1942年6月至1943年1月

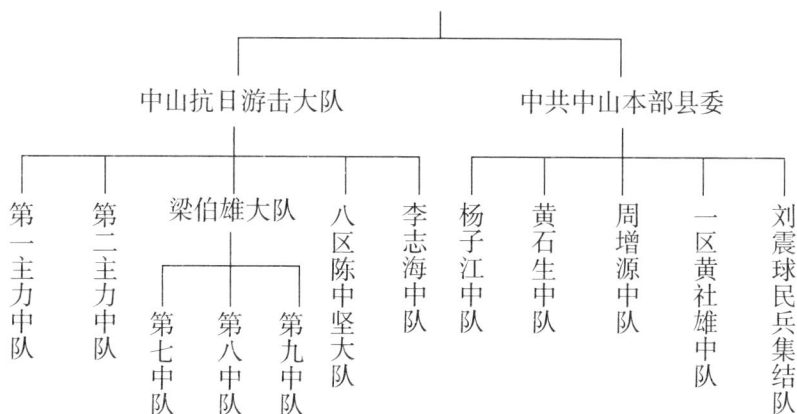

```
                    中共南番中顺中心县委
        ┌───────────────┴───────────────┐
   中山抗日游击大队                   中共中山本部县委
 ┌──┬──┬───┬──┬──┐        ┌──┬──┬──┬──┬──┐
 第  第  梁  八  李        杨  黄  周  一  刘
 一  二  伯  区  志        子  石  增  区  震
 主  主  雄  陈  海        江  生  源  黄  球
 力  力  大  中  中        中  中  中  社  民
 中  中  队  坚  队        队  队  队  雄  兵
 队  队      大                    中  集
         ┌──┼──┐  队                 队  结
         第  第  第                       队
         七  八  九
         中  中  中
         队  队  队
```

折现，筹钱给游击队购买粮食。

中共五区委派郑金文（健明）回乌石联络了陈萍、郑莹、郑兰卿、郑佩华、郑琼，6名妇女租了7亩田种水稻，所收成的粮食除交租外，全部交给部队。

在地方党组织和人民群众的支持下，中山人民抗日武装不断壮大，五桂山抗日根据地迅速发展。

二、中山抗日游击大队在五桂山成立

1942年5月，中共南番中顺中心县委为进一步加强对中山武装力量的领导，将五桂山的两个主力中队整编，内部宣布成立中山抗日游击大队，隶属中心县委领导。大队长卫国尧（后欧初）、政委谭桂明，副大队长肖强（后罗章有）、政训室主任欧初（后李进阶、杨子江），大队下辖3个中队，共120人。谢立全代表中心县委驻五桂山区，直接领导游击大队。梁奇达奉命以广游二支队（广州市区游击第二支队）指挥部政治特派员的身份，协助谢立全做中山部队的政治工作。

中山抗日游击大队成立后，不断加强政治教育和军事训练。通过教育和训练，战士们在政治、军事素质方面都有所提高，积极要求参加战斗、杀敌锄奸。

夜袭下栅伪联防中队李芬部，是中山抗日游击大队成立后的首次战斗。下栅位于五桂山东部的岐关公路北段，是一个比较大的圩镇。圩东祠堂驻着伪联防中队六七十人，配有两挺机枪。他们在下栅一带横行霸道，欺压群众，并限制、阻挠抗日游击队开展征收抗日经费等活动。抗日游击大队为建立和巩固五桂山抗日根据地，扩大游击区，开展抗日工作，决定拔掉这个伪军据点。由于这次战斗是部队从九区转移到五桂山区以后在平原作战的第一仗，因此部队领导要求一定要打好。为保证战斗的胜利，部队进行了充分的战前准备工作：通过地下组织的情报人员摸清敌情，制订具体、周密的作战计划；在贺屋村选了一座与下栅伪军驻地相仿的祠堂，由谢立全亲自组织两次夜战演习，使参战人员熟悉自己的战斗位置和任务。1942年4月下旬的一晚，谢立全、欧初率领70余名游击队员从石门出发，22时左右，顺利运动到下栅伪军驻地附近，即按预定的战斗计划：民族队机枪班登上下栅西南高地担任警戒，以阻击可能从前山方向来增援的日军；谢立全、欧初带领主攻部队向伪军驻地靠拢。当队伍接近祠堂时，只见祠堂的大门敞开，两个伪哨兵正在打瞌睡，里面静悄悄的。手枪组迅速上前撂倒敌人哨兵并占据祠堂内通道，主攻部队随即冲入祠堂。熟睡的伪军在机枪声和"缴枪不杀"的喊声中惊醒，稀里糊涂当了俘虏。伪军中队长李芬因当晚未在祠堂住宿而侥幸漏网。此战活捉包括伪中队副队长在内的几十名俘虏，缴获机枪2挺、步枪30余支，还没收伪乡长梁鼎先的一批财产。

夜袭下栅伪军的胜利，既拔掉敌伪据点为民除害，又解决部队的部分枪械和给养问题。首战告捷，给予五桂山抗日军民极大鼓舞。这证明中山本部县委的意见和中共南番中顺中心县委在五桂山建立抗日根据地的决定是可行的、正确的。

三、敌后游击战争在斗争中发展

中山抗日游击大队进驻五桂山后，中山敌后抗日游击战争得到迅速发展。党组织在开辟五桂山抗日根据地，并在不断出击日伪军的斗争中扩大抗日游击区，为日后深入开展以五桂山为中心的珠江敌后抗日游击战争打下坚实基础。

为加强中山工作，中共南番中顺中心县委委员谢立全、谢斌和政治特派员梁奇达以及机关工作人员先后到达五桂山，领导中山抗日斗争工作。从此，中山的抗日游击战争如火如荼地开展起来。

夜袭阜圩

1942年3月16日，日军从佛山、番禺、江门等地调集2000多人及伪军第三十师2000人，联合向中山第三、第九区的黄圃、阜圩、古镇、曹步、鸡笼等地进行"梳篦式"的"清乡扫荡"，企图占领中山九区这个大粮仓，实现以战养战；同时，威胁国民党"挺三"部队妥协投降，以达到消灭第三、第九区的抗日武装力量，扶植伪军在这里扩充势力的目的。国民党"挺三"暂编第一支队、第三支队、第四支队等采取不战不降的态度，率队撤到鹤山观望。九区的抗战形势一度出现低潮。在番禺市桥的伪军大汉奸李辅群立即向中山扩张，派何国光率伪军一个营进驻阜圩。此时，日伪军势力气焰嚣张，局势严峻。为扭转这一局势，谢立全与中山抗日游击大队领导商量决定，派卫国尧前往鹤山沙坪动员"挺三"回来坚持抗战，同时，趁伪军在阜圩立足未稳，集中兵力袭击阜圩，以打击伪军的嚣张气焰。

1942年5月下旬，谢立全亲自前往侦察驻阜圩的伪军据点和周围的环境后，率中山抗日游击大队主力70多人，二区部队30多人到达阜圩，与九区的杨日韶武装会合，分三路突袭何国光部。战斗部署虽然很周密，但在河汉密布的水网地带作战，兵力运动困难，队伍在水中运动时被伪军发觉，伪军进行了顽强的抵抗。战斗中，第一主力中队队长杨日韶身负重伤仍坚持用机枪射击伪军，带领部队击退伪军的多次反扑，后因流血过多，不幸牺牲。第二主力中队副中队长王鎏为掩护战友撤退也不幸牺牲。从下半夜开始激战到黎明，主攻部队才攻进敌人驻地中心，歼灭伪军一个连和一个伪警察中队，缴获长短枪50多支，收复了阜圩。

活捉"飞天鸭"

1943年春，部队在积极建设五桂山抗日根据地的同时，计划向三乡一带的平原地区扩展。三乡位于五桂山之西，是中山南部重镇，是五桂山通往石岐、前山、澳门、斗门的咽喉，岐关公路经过此处，经济比较发达。三乡驻有伪联防大队属下的警察、联防、密侦等4个中队，约300人，大队长郑东镇（诨号"飞天鸭"）是三乡的土皇帝，依仗日军的势力，在三乡一带横行霸道，欺压百姓，为所欲为。群众恨之入骨。拔掉这个咽喉地带的敌据点，具有重要的战略意义。

谢立全亲自化装侦察，摸清"飞天鸭"的兵力部署、驻地和武器配备以及地形地貌等情况。5月下旬的一天，谢立全、欧初率领游击大队摸黑进入三乡，除留一部阻击，防备从前山来增援的日军外，其余队伍分三路进攻：一路包围伪警察中队；一路包围伪联防中队和密侦队；另一路直捣"飞天鸭"的巢穴。战斗在深夜打响，经过半小时的激烈战斗，毙俘伪军100多名，"飞天鸭"郑东镇在往地道潜逃时被活捉。这次战斗共缴获机枪1挺、长短枪100多支及大批粮食、物资。

拔掉郑东镇这颗"钉子"的行动，震慑了附近一带的敌伪军，打击了敌人的嚣张气焰。中山抗日游击大队从此控制了五桂山西侧一带的平原地区，扩大了游击区和部队的给养来源。

抗击日军、伪军"六路围攻"和"七路围攻"

1943年6月，日军和伪军第四十三师彭济华部出动4个团的兵力，从石门、合水口、长江、灯笼坑、马溪、石莹桥对五桂山抗日根据地发动"六路围攻"。中山抗日游击大队根据敌情，把部队和民兵分散隐蔽，占据有利地形，运用伏击战、麻雀战等机动灵活的游击战术，打击来犯之敌，毙伤日伪军数十人。敌人一无所获，原定10天的围攻计划，仅3天便被游击队击退。敌人不甘失败，11月初，联合伪军第三十师、第四十三师各一部卷土重来，分7路（石门、南朗、长江、长命水、石鼓挞、三乡、塘敢）再次进犯五桂山区。游击大队采用分散隐蔽、与敌"捉迷藏"，不时从侧面放冷枪，骚扰敌人的战术，使其处处扑空，疲于奔命。敌人仅两天后就撤走了，其围攻五桂山区的计划再次彻底失败。

崖口伏击战

1943年10月的一天下午，南番中顺游击区指挥部及中山抗日游击大队的领导集中在五桂山合水口开会时，获悉伪军第四十三师一个营护送千余名青年学生从石岐去翠亨参加军官训练团。此训练团是汪精卫的妻子陈璧君向日本人献媚，让其干儿子伪军第四十三师师长彭济华在总理故乡纪念中学举办的军官训练班，以培植自己的势力。可游击队在合水口的兵力不到60人，南番中顺游击区指挥部当机立断，决定速战速决，给敌人一个迎头痛击。谢立全、谭桂明、欧初、肖强等人立即带领中山抗日游击大队20多人和刘震球民兵集结队队员30多人，迅速赶到崖口村外公路旁设伏。傍晚，伏击队伍刚到达不久，敌人松散的队伍就到了。走在前边的是敌人的尖兵排，当他们全部进入伏击圈时，指挥员打响信号枪，伏击队战士以猛烈的火力对其迎头痛击，打得他们晕头转向，乱作一团。游击队趁势转移撤出阵地。是役共毙伤伪军20人，缴获步枪10支、歪把机枪1挺、掷弹筒1具，以及弹药一批。中山抗日游击大队副大队长肖强在战斗中英勇牺牲。接着，驻扎在石门的罗章有部队连续三个晚上派一个战斗组到纪念中学附近，朝哨兵打几枪就走，训练团的学生都十分害怕，不少当了逃兵。训练团也办不下去了。

崖口伏击战行动果断，速战速决，以少胜多，破坏了敌人的军事训练计划，在群众中产生很大影响。

中山抗日游击大队依靠中共中山地方组织和当地群众的支持，以五桂山为依托，不断向周围的平原地区出击，杀敌锄奸，扩大游击区；向五桂山周围各区乡征收抗日经费，拓展经济来源，解决部队给养；积极开展统一战线工作，团结友军共同抗日。中共中山地方组织发动民众破坏了岐（石岐）关（关闸）公路上的北台、大环、上栅、东岸等四道桥梁，阻延了伪军独立第二旅对中山县部分地区的"清乡扫荡"计划。接着，伪第三十师驻翠亨的排长李南率全排反正，中山抗日游击大队力量得到进一步扩充。12月，在反击日伪军对五桂山抗日根据地的"扫荡"中，歼灭伪警察一个中队。

此外，中山八区抗日游击大队在不断打击日伪军的斗争中得到发展。至1942年春，中山八区抗日游击大队已发展到120多人，并建立多个据点。

中山抗日游击大队成立后，边杀敌锄奸，边壮大队伍，边建设根据地。在成立后的1年零8个月中，先后经历11次较大的战斗，共歼灭敌伪军7个半中队，缴获轻机枪7挺、掷弹筒5支、长短枪400多支，以及弹药、粮食各一批。这支队伍在斗争中不断发展壮大，到1943年底，人数从最初的两个中队120人，发展为7个中队400多人，为后来成立的中山人民抗日义勇大队打下坚实基础。

四、珠江敌后武装斗争中心转移中山

实行部队与地方党组织分开的原则

1943年1月，中共广东省临时委员会（以下简称"广东省临委"）、东江军政委员会在香港新界沙头角区乌蛟腾村召开联席会议。会议强调要坚决执行"长期打算，埋头苦干，积蓄力量，等待时机"的基本方针。会后，广东省临委、东江军政委员会根据周恩来关于"领导游击区及秘密党的组织和人均须区分开"[1]

---

[1] 参见周恩来：《南方组织问题》，1942年6月，复制件存广东省武装斗争史编写办公室。

的指示和乌蛟腾会议精神，决定在珠江敌后实行部队与地方党组织分开的原则。同年2月，在珠江敌后成立南番中顺游击区指挥部（以下简称"指挥部"）。中山抗日游击大队隶属指挥部。

1943年3月，中共广东省临委决定对地方党领导机构作重新调整，撤销中共南番中顺中心县委，成立中共南番中顺临时工作委员会（以下简称"临工委"）。同月，罗范群在石岐太平路良友书店召集谢创和陈翔南开会，宣布临工委成立，书记罗范群，委员谢创、陈翔南。谢创分管中山县本部和八区，陈翔南分管中山县九区和南番顺边区党组织。同年10月间，罗范群不再兼任临工委书记，由中共广东中区特委书记梁嘉接任。临工委根据广东省临委关于组织形式与领导方式实行新的、完全采用单线形式，县设特派员，个别联系，禁止任何横的关系，与部队关系严格分开的指示，与南番中顺地区部队的党组织关系严格分开，不发生横的关系。指挥部领导活动于南海、番禺、中山、顺德的武装组织，在指挥部内成立党的总支委员会，梁奇达负责中山地区部队党的工作。临工委领导的各县地方党组织改为特派员制，采取单线联系，不发生横的关系。中共中山本部县委特派员司徒毅生，三九区特派员罗光连。中山八区仍保留区委，书记唐健（后曾谷），至同年9月改设特派员制，特派员肖志刚。

在中山县本部，靠近五桂山区各乡的党员转归中山抗日游击大队领导，平原地区的党员以及四、六区的党员由方仁牧负责联系，五区的党员由肖伟华负责联系，五区上游的党员由郑康明负责联系。一、二区的党员由郑鼎诺、黄峰负责联系。

南番中顺临工委和游击区指挥部移师中山

1943年9月间，临工委和指挥部遵照广东省临委、东江军政委员会联席会议精神和根据珠江三角洲的形势，决定集中力量开辟以五桂山区为中心的抗日根据地，发展珠江三角洲敌后抗日游击战争。珠江敌后抗日斗争的中心逐步转移到中山，以五桂山为依托的中山敌后抗日游击战争深入发展。

1943年秋，指挥部和临工委的领导机关，从禺南转移到中山五桂山。9月底至10月，指挥部领导人林锵云、罗范群、谢斌、刘田夫、刘向东及领导机关先后从禺南转移到五桂山区，加强对以中山县为重点的珠江敌后游击战争和政权建设的领导。

为适应深入开展敌后游击战争的需要，指挥部将驻中山境内的各支抗日游击队先后进行整编，各大队的领导关系和领导人亦作相应调整。1943年3月，统一整编由中共地方组织掌握的隐蔽武装。活动在中山二区的杨子江、黄石生、周增源三个中队合编为二区中队（对外仍用原来三个中队各自的番号），编入中山抗日游击大队，中队长黄石生，指导员杨子江；5月，八区抗日游击大队从中山抗日游击大队分出，由指挥部直接领导。八区游击大队整编为一个中队四个小队，大队长陈中坚，政委唐健，副政委兼政治处主任李进阶，政治处副主任黄志。7月，将隐藏在挺进第三纵队第一支队第三大队（又称梁伯雄大队）内、为共产党所掌握的第七中队扩编为九区大队，大队长郭定华，政治委员蔡雄，副政治委员兼教导员郑文。九区大队下辖3个中队，共170人。指挥部还决定该大队坚持隐蔽发展，负责保障番禺、中山、顺德地区与粤中的交通线，牵制国民党顽固派破坏抗日的活动。

临工委和指挥部到五桂山后，各项工作都有序地开展。一是抓好部队的政治思想工作和战斗中的政治鼓动工作。二是在合水口、长江乡破镬村（今福获村）、大寮等地举办各种训练班，培养骨干力量。包括举办军政干部训练班，大大提高干部的军政素质和指挥能力，增强部队的战斗力；举办妇女干部培训班。1943年5月至1944年初，共培训100多名妇女干部。妇女干部培训班的学员们深入群众，与当地群众建立密切关系，对推动妇运工作起了较好的促进作用。三是抓好后勤,保障供给。采取一系列措施后,部队经济收入增加,来源也较稳定,加上战争的缴获,部队的给养有了改善,战斗力明显增强,为持续战斗、打击敌人提供了物质保障。

中共珠江特委在石岐成立

1943年12月,中共南番中顺临工委撤销,成立中共珠江特别委员会(以下简称"珠江特委"),隶属广东省临委,书记梁嘉,委员陈翔南、谢创。珠江特委领导中共中山本部县委,中山县三九区、八区委,番禺县、顺德县特派员和南海县联系人,新会县委。为方便与各地方组织的联系,珠江特委分三片进行领导:梁嘉负责联系中山本部和八区;谢创负责江门片;陈翔南负责番禺、南海、三水和中山九区。

珠江特委的主要任务是配合抗日武装部队工作,采取各种方式支持部队,包括人力、物力以及情报工作。珠江特委机关设于石岐卖鸭街22号黄峰姨妈家。珠江特委在石岐的交通站共5个,在沙溪的工作站有2个。梁嘉以卖故衣作掩护,活动于石岐、沙溪一带,梁嘉妻子许桂生则在石岐太平路摆故衣摊掩护工作。

中山各级党组织围绕抗日斗争这个中心任务,开展宣传、发动工作,组织群众,积蓄力量,采取各种形式支持部队;还大量输送党员进入山区,以适应五桂山武装的大发展。如二区输送杨超、杨健等10多人到五桂山抗日游击队。

由于斗争环境复杂,珠江特委继续贯彻"隐蔽斗争"的方针,要求共产党员以灰色的身份隐蔽,要有社会职业。各党员严守党的组织纪律,小心行事。由于坚持长期隐蔽的斗争方式,中共地方组织没有出过大问题。

五、人民抗日武装的壮大与义勇大队成立

人民抗日武装不断扩大

1943年，世界反法西斯战争的形势发生了根本性变化。欧洲战场上苏联军队节节胜利，意大利政府宣布向同盟国无条件投降，德、意、日法西斯同盟开始瓦解，为中国人民争取抗战的胜利提供了有利条件。1943年底，全国各地的抗日斗争虽然还处于与日本侵略军相持的阶段，但已开始进入新的发展时期。在中国共产党的领导下，人民抗日武装力量不断壮大，各抗日根据地和解放区迅速扩大和发展。中山的抗日斗争也同全国战场一样，五桂山抗日根据地建立以后，中山游击队在战斗中不断发展壮大，很快从最初的2个中队90多人发展到7个中队320多人。

1943年12月，为适应斗争形势的发展，指挥部从中山抗日游击大队中抽调110人，在五桂山成立指挥部的直属部队——逸仙大队，大队长黄鞅，政委谭桂明，副大队长彭福胜，辖民族、民权、民生3个中队。与此同时，筹备建立一支公开的人民抗日武装——中山人民抗日义勇大队（以下简称"义勇大队"）。

1943年12月31日，为庆祝义勇大队的成立，指挥部精心布置了一场袭击南朗伪军据点的战斗。为挫敌锐气，1943年12月31日深夜，谢立全率逸仙大队、中山抗日游击大队的部分主力，以及刘震球民兵集结队共120多人到安定乡分三路向敌营房袭击。时值元旦，伪军狂欢刚过，个个酒醉兴阑，突然一声枪响，游击队击毙敌哨兵，揭开三面强攻的序幕。经过4个小时的激烈战斗，前后发动3次强攻，终于攻占了敌人的营房。是役共毙伤伪营长以下官兵20多人，俘虏伪连长以下官兵15名，缴获机枪3挺、掷弹筒4具、步枪60余支、短枪2支、子弹5000多发、掷弹筒弹90多发，以及其他物资一批。1944年1月1日凌晨4时30分，战士们带

着缴获的战利品凯旋，为中山人民抗日义勇大队的成立献上一份厚礼。

中山人民抗日义勇大队成立

在五桂山抗日根据地日益巩固，全县抗日民众运动日趋高涨的形势下，为进一步加强对中山人民抗日斗争的领导，南番中顺游击区指挥部决定建立一支独立自主的、在人民群众中有威望的、有公开番号的、内部由中国共产党领导的地方部队——中山人民抗日义勇大队，隶属南番中顺游击区指挥部，下辖12个中队，350多人。大队长欧初（后罗章有），政委谭桂明（后欧初），副大队长罗章有（郑兴继任，后叛变），政训室主任杨子江。

中山人民抗日义勇大队战斗序列

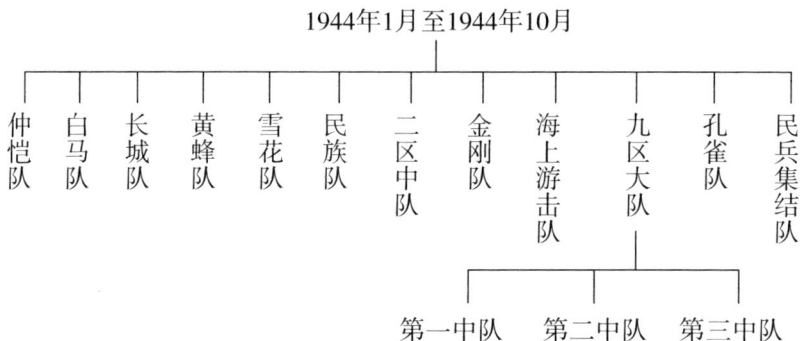

1944年1月至1944年10月

仲恺队　白马队　长城队　黄蜂队　雪花队　民族队　二区中队　金刚队　海上游击队　九区大队　孔雀队　民兵集结队

九区大队：第一中队　第二中队　第三中队

1944年1月1日，中山人民抗日义勇大队公开宣布成立，同时发表《成立宣言》。《成立宣言》开宗明义地阐明建队宗旨："坚决打击敌伪，积极准备反攻，争取抗日胜利，实现中山先生的遗教，建立独立自由幸福的新中国、新中山！"《成立宣言》指出："我们是中华民族的一分子，我们是中山的人民。在这时局紧急关头，不能不起来担负坚持抗战、保卫乡邦，解除同胞痛苦的责任。这是我队成立的第一个理由。""我们从3年来斗争的痛苦经验中，已熟悉反动分子、投降分子违反人民利益的真面目，我们中山人民要救自己、要救国家，就只有靠各地抗战团队的团结与自己的努力。只有依靠从人民中生长起来，为人民生、为人民死的军队，这就是我队成立的第二个理由。"[1]

1944年1月11日，《正义报》发表《欧初访问记》。义勇大队大队长欧初在答记者问中，回顾了中山人民抗日武装的战斗历程及军民团结抗战所取得的胜利，揭露了日军、伪军、顽军勾结破坏抗战、制造摩擦的种种事实，重申："我们将以更大的努力和一切抗战的友军一起去粉碎敌伪的'清乡''扫荡'阴谋，解除敌伪对中山人民的压迫。我们要用更大的努力去维护民众的治安，改善民众生活，争取民众的民主自由。我们要更坚强地组织起来，并帮助民众武装起来，以加强打击敌伪，解除中山人民的痛苦。"

他指出："本队3年来坚持中山敌后艰苦抗战，成为抗战团结爱民的模范，政府不加奖励，竟反而将我们的番号取消了，没有饷、弹给我们，并且少数人中伤我们，破坏我们，仇恨我们。"欧初最后表示："如果还要增强打击敌伪军、解放中山人民的力量，我们认为政府应用公正的态度，承认我们的名义并实际上给予粮、弹的补助，我们也愿意随时接受政府的抗战命令，配合友军打击敌伪。"[2]

欧初与《正义报》记者的谈话，表明了中国共产党领导的中山人民抗日武装在中山敌后抗战的主张、方针和政策，对深入开展敌后游击战，发展党的抗日民族统一战线，发动群众，壮大人

---

[1] 中共广东省委党史研究委员会办公室、中共佛山市委党史办公室、佛山市档案馆编：《珠江纵队史料》，内部刊物，1985年版，第178—180页。

[2] 中共广东省委党史研究委员会办公室、中共佛山市委党史办公室、佛山市档案馆编：《珠江纵队史料》，内部刊物，1985年版，第182—185页。

民武装起到重要作用。

义勇大队成立后，在指挥部的领导下，始终不渝地高举抗日救国旗帜，团结广大爱国人士，坚决执行抗日民族统一战线政策，配合抗日友军，奋勇杀敌，锄奸除霸。成立初期，义勇大队以五桂山区根据地为活动中心，后来又延伸到平原和河涌水网地带，拔除一个又一个日伪军据点，粉碎日伪军多次围攻。从1944年1月至10月，义勇大队从300多人发展到1000多人。先后进行大小战斗11次，毙伤敌伪军320多人，俘340多人，缴获轻机枪12挺、各种长短枪300多支，以及弹药一批，狠狠打击了日伪军的嚣张气焰，大长广大人民抗日必胜的志气。

六、敌后游击战的广泛开展

逸仙大队、义勇大队成立后，五桂山区抗日根据地逐步形成一条建军路线：以逸仙大队为南番中顺游击区指挥部直接指挥的部队；以义勇大队为中山县地方部队，包括二区、九区等隐蔽队伍和各区、乡、村建立的民兵和自卫队武装，积极开展更广泛的人民抗日游击战争。

1943年底，大汉奸李辅群委其亲信卢汉荣任中山县第五、第八区护沙总队长，派4个中队驻扎于翠微三间祠堂，妄图控制中山南部平原，征收护沙费和军粮，配合日军围攻五桂山抗日根据地。1944年1月18日，谢立全、谢斌率领逸仙大队和义勇大队5个中队夜袭驻翠微的伪护沙总队卢汉荣部，仅7分钟便结束战斗，全歼守敌。

1944年春节前，日军千余人（其中骑兵100多名），伪军第四十三师、第三十师和5个护沙总队，合共8000多人，拟分兵10路（合水口、白企、灯笼坑、鳌溪、长命水、石鼓挞、永丰、崖口、白石、马溪）围攻五桂山区，用一个月的时间对抗日根据地进行大规模的"万人大扫荡"。南番中顺游击区指挥部预先获得有关情报，作出"全面牵制、击敌要害、歼其一路、动摇敌阵"的作战方针，采用阻击战、伏击战、麻雀战等战法，阻击和牵制日伪军。进入五桂山的各路日伪军，四处挨打，行动困难，疲惫不堪。加上五桂山区群众于战前已配合部队进行坚壁清野，日伪军进山后得不到粮食，无法补充供给。原计划一个月的"十路围攻"，仅5天就被人民抗日武装打破。

海上游击队的组建和发展，是中共领导的中山抗日游击武装继山地游击战、水网游击战、平原游击战之后又一种新的游击战形式。1943年3月，中山抗日游击大队海上游击小队（又称"海鹰队"）正式建立，担负起武装护卫渔民出海生产，打击日军、伪军、顽军，保障五桂山抗日根据地海上交通等任务。

淇澳岛是五桂山抗日根据地的海上屏障和通往宝安县的必经之路。岛上的恶霸勾结日军，横行霸道，抢劫过往船只。1944年2月，南番中顺游击区指挥部派出义勇大队白马中队，与海上游击队密切配合行动，派出一个小分队潜入岛上做内应，其余化装成渔民随船出发，里应外合，迅速取得战斗的胜利，解放了岛上400多户渔民。从此，珠江口一带东至蛇口、沙井、黄田，南至香洲、澳门，西至番禺等海上的交通航线为海鹰队所控制。

1944年2月中旬和6月，南番中顺游击区指挥部两次袭击横门伪江防基地。6月，挂"挺三"招牌，实属义勇大队领导的九区大队派出两个中队共100多人出击驻三角乡独岗山上的一股伪军。李辅群部的伪军不敢久留，全部撤回番禺市桥。九区大队乘胜追击，于10天后的一个晚上，由大队政委蔡雄带队，全歼伪广东省财政厅驻九区沙栏的一个伪护沙中队。

7月29日晚，义勇大队袭击伪军驻石岐南门祠堂的一个连，毙伤伪连长、副官等以下官兵数十人；接着又袭击驻石岐华佗庙的日军。日军惊惶不安，只好加紧在迎阳山顶构筑工事进行防御。

最漂亮的战斗是粉碎日军的"四路围攻"。1944年7月1日，南番中顺游击区指挥部在五桂山外围之芋头山伏击日军第九旅团通信班的军车，日军10人被击毙。日军从江门、广州等地调来日军1000多人和军马100多匹、山炮6门，发起报复性的"四路围攻"。指挥部决定集中主力，利用有利地形，伏击日军之一路，辅以多处伏击、袭扰其余三路，有效牵制和杀伤敌人。7月4日凌晨，日军一路进入游击队的伏击圈，遭到义勇大队埋伏，敌前卫排包括少佐指挥官在内全部死伤在竹林里。敌人又花了两个小时重新布置，组织进攻。但游击队占据有利地形，沉着应战，击退敌人的3次进攻，杀伤大量敌人。在另一个阻击点龙舟地后山，游击队居高临下战斗了3个多小时，一连打死敌方20多人，游击队员无一伤亡。最后，敌人冲到阵地前，游击战士勇敢地与之展开肉搏。结果日军死伤数十人，游击队方面班排干部牺牲8人，重伤几人，22个人仅剩下六七个人。天色开始转暗，敌人因连续两天的长线运动，十分疲劳，不敢恋战，不得不抬着七八十具尸体撤退。日军来势汹汹的"四路围攻"再次破灭。

是役，游击队以不到200人的兵力应付1000多人的日军，取得辉煌胜利，成为中山人民抗日游击队打击日本侵略者以少胜多的著名战例。这一仗毙伤日军少佐以下官兵七八十人。日军既达不到消灭游击队主力的目的，又元气大伤。

五桂山抗日根据地建设

一、开展整风学习思想政治宣传工作

开展整风学习

1941年5月，毛泽东作《改造我们的学习》的报告。随后，中共中央作出《关于增强党性的决定》，从1942年，全党开展整风运动，整顿学风、党风和文风，并开展审干（审查干部）工作。南方局根据中共中央的决定，对各地整风运动和审干工作做了部署。1943年10月，中共中央向全国各解放区发布关于加强对敌斗争、精兵简政、统一领导、拥政爱民、发展生产、整顿三风、审查干部、时事教育、民主专政"三三制"①、减租减息等十项政策指示。同年12月初，中共南番中顺临时工作委员会（以下简称"临工委"）和游击区指挥部联合在五桂山召开会议，传达中共中央的十项政策指示和广东省临委、东江军政委员会关于加强党的建设，加强根据地建设，分期分批开展党的干部整风学习运动等决定，部署进行整风运动等工作。

1943年12月中旬，南番中顺游击区指挥部和临工委在五桂山举办中山地区各部队中队级以上党员干部和地方党区委以上党员干部整风学习班，参加干部共100多人。学习内容包括中共中央

---

① "三三制"是抗日战争时期在根据地建立的抗日民主政权在人员组成上采取的制度，即共产党员、非党左派进步分子、中间分子各占三分之一。

关于增强党性和调查研究的两项决定，毛泽东关于《整顿党的作风》《反对党八股》《改造我们的学习》《反对自由主义》等报告，刘少奇的《论共产党员的修养》，陈云的《怎样做一个共产党员》等10多个文献。由于上级重视，这次学习运动开始时进行得非常认真，在学习文件阶段取得较大收获。但因战斗频繁，学习一度中断。

同年12月下旬，广东省临委和东江军政委员会派在东江地区领导过整风运动的黄康前来中山指导，继续进行整风学习。整风学习班从1944年1月4日恢复，至1月23日止，共20天。整风以自学为主，辅导为辅，按照理论联系实际和"惩前毖后，治病救人"的方针，开展批评与自我批评，整顿三风，总结经验教训，提高思想水平，增强党性。中山本部县委也在崖口村举办了为期一周的整风学习。

加强部队思想政治工作

从中山人民抗日武装部队建队之初，中共南番中顺中心县委及中共中山县委就先后派欧初、谭桂明、梁奇达、杨子江等负责部队的政治思想工作，在连队建立党支部，充分发挥党支部的战斗堡垒作用和共产党员的先锋模范作用。通过经常性的政治思想教育和对队伍的整训，利用战前动员、战后休整或战斗间隙对指战员进行形势任务教育、爱国主义教育、革命英雄主义教育、"抗战、团结、爱民"的宗旨教育和"三大纪律，八项注意"教育等，使指战员懂得为谁当兵、为谁打仗，树立起为中华民族解放事业英勇献身的意识，对争取抗战胜利充满信心。

中共各级党委、党支部十分注意在艰苦的环境和战斗中发现积极分子，通过培养和训练发展党员。1944年，义勇大队共发展党员200名。共产党员冲锋在前，撤退在后，哪里有困难、有危险，就奔向哪里，成为部队艰苦奋斗、遵守纪律和英勇杀敌的的模范。在敌后抗日游击战争中，部队经常处于极度艰难困苦的条件下，缺乏给养，经常要吃杂粮，甚至以蕉头野菜充饥；穿的是补丁加补丁的破衣服，寒冬腊月不仅没有鞋穿，也没有棉袄、棉被，只好以甘蔗叶、稻秆御寒。由于生活艰苦，营养不良，许多指战员都患上夜盲症和疟疾，身上还长虱子。根据实际情况，部队积极想办法通过到国统区做生意，带领战士开办小农场等解决给养困难。同时经常进行艰苦奋斗教育，讲红军长征、爬雪山、过草地的优良传统，使指战员们的思想觉悟不断提高，革命人生观更加明确，在艰难困苦中毫不动摇，充满革命乐观主义精神。战士们风趣地说："我们吃的是'革命饭'，生的是'英雄虱'。"

1944年7月，日军"四路围攻"五桂山区时，义勇大队一个小分队战斗了一整天后，转移到群众的荔枝园里隐蔽休息。当时正值收获季节，树上挂满了丰硕的荔枝，掉在地上的也不少。尽管战士们一整天没吃过东西，又饥又渴，但都严格遵守群众纪律，宁愿忍饥受渴，也没有摘过或捡过群众的一颗荔枝来吃。

加强报刊出版与宣传工作

宣传和发动群众是共产党和党所领导的军队政治工作的重要内容。中共中山组织和党领导的抗日武装都十分重视报刊的出版和宣传工作。

1942年秋，中共中山本部县委出版的油印报《民气》，是中山党组织在沦陷区出版的第一份报纸。报纸在揭露敌人，打击敌人，宣传群众，鼓舞士气方面起了很大作用。中山抗日游击大队成立后，编辑出版有《前锋报》（1945年1月改名为《抗战报》），还编辑出版了《士兵之友》。抗日民主政权中山县行政督导处编辑出版了《新中山》报。此外，还有中共南番中顺中心县委和南番中顺游击区指挥部的机关报《正义报》。

这些报刊在宣传中共的抗战路线和方针政策，传播世界反法西斯战争和中国抗战及本地区部队战斗胜利的消息，鼓舞党员和指战员的斗志，团结教育广大群众，指导军民抗战及做好各项工作等方面都起了重要作用。

二、交通情报工作

中山人民抗日义勇大队成立后，加强了交通情报工作。全面抗战初期，中共中山组织在各区建立了一批地下交通站点，每站均有常驻人员三四人。1943年夏，中山抗日游击大队在五桂山建立交通总站，代号"白鸽队"，总站站长容海云，副总站长容耀华，其任务是沟通地方党组织及抗日游击队上下级之间的关系，传送信件、报纸、刊物和枪支、弹药、衣物，护送来往干部，为武装人员带路，负责来往人员的食宿、安全等。1944年10月，"白鸽队"改编为中区纵队交通总站，容海云任总站站长；分站站长有杨芙、杨淑卿、杨日松、冯惠娟、潘仲、唐惠芳、周雪贞、李子芬等。分站分布在五桂山区通往平原地区的主要出口处和若干乡村据点：五桂山区有长江、石门、合水口、灯笼坑、树坑、福获、筲箕环等村庄，这些村庄均为五桂山区通往平原的主要出口；平原分站有一区濠头（石岐附近），二区龙头环、申明亭，四区崖口、白庙，五区大布、雍陌，九区牛角围、二军，还有新会县荷塘乡。各交通线从驻五桂山指挥部交通总站向四处延伸。外线以合水口里乡为中心，东往中山四区崖口站过伶仃洋去东江，与东江纵队联系；南往中山五区大布站经雍陌去澳门，与地方党组织联系；西南出中山三乡经岐关公路去斗门与中山八区抗日游击大队联系；西北往中山九区牛角围站去顺德西海，与广游二支队联系；还有经牛角、小榄到新会荷塘站，与粤中新高鹤地区的部队联系。内线是五桂山区内的部队活动区域。

全队前后共60多人，绝大部分是女战士、中共党员。交通站的任务非常繁重而且危险。各交通分站（点）和经过的交通线，绝大部分设在日伪军或国民党统治地区，沿途关卡林立，须随时应付敌人的盘查。女交通员凭着过人的革命胆量，机智勇敢，有时雨夜逆流划小艇，有时酷热挑芒越草丛，通过日伪军封锁区，一次次完成交通联络任务。1945年8月9日，交通员周雪贞执行送重要信件到东江的任务，到达宝安黄田时，遇上日伪军"扫荡"，来不及躲避。她急中生智，把信件嚼烂吞下肚去。敌人捉住她后，搜不出信件，便对她严刑拷打进行逼供，她宁可肉破骨折，始终不开口，敌人竟把她的衣服脱光。周雪贞昂首挺立，面不改色。当敌人的屠刀向她刺来的一刹那，她高呼"中国共产党万岁"。年仅19岁的女共产党员周雪贞英勇就义。贫农出身的交通员卢八女在护送陈胜和梁棉从顺德乌沙去沙滘回来途中遇敌被捕，敌人对她严刑拷打，要她供出游击队的情况。她面不改色，从容地挺胸高呼"我是共产党员""中国共产党万岁"，日军竟在她身上捆上大石，将她扔进海里。

女交通员用鲜血和生命谱写出青春的赞歌。"白鸽队"自成立至1945年秋珠江纵队（以下简称"珠纵"）第一支队战略转移东江为止，与各部队和东江、粤中、广州等地的上级机关、地方党的联系畅通无阻，在保证指挥部、纵队司令部与各部队的联系，文件的传送，领导干部的安全过往，保证部队完成战斗和各项任务等方面都发挥出色。

中山沦陷后，中共中山县委在四区的南庄、东桠等村设有情报站。南番中顺游击区指挥部移师中山后，建立健全了交通情报机构。1943年春，指挥部建立交通情报总站，站长林锋（中区纵队成立后任交通情报侦察参谋），陈炳、李诚、陈寿如等为助手。南朗战斗、翠微战斗、第一次和第二次横门战斗、前山战斗、南屏战斗等，都由林锋亲自侦察。情报站（组）几乎散布在中山县的每个区内，有不少既是交通站（组），又是情报站（组）同交通站（组）结合。义勇大队成立后，设中山分站（代号"烟墩山"），站长黄旭。黄旭、简洁、李成、孙绩等于1944年调往烟墩山情报站。情报的来源主要靠中共地方组织、爱国人士和乡政人员。搜集情报的方式多种多样，有以教师、小贩、工人等社会职业为掩护，在社会上收集敌情、社情；有派员打入伪军、伪政府内部了解敌情。如指挥部派员打入伪军第四十三师参谋部、伪江防指挥部，还有打入日伪军印刷厂的，掌握敌伪军的军事行动和作战计划部署，取得战斗的主动权。情报工作人员一般是单线联系，不发生横的联系。有些情报人员被指定与某处或某人直接联系，便于部队领导及时掌握日伪军的情况和动向。许多情报工作者凭着爱国家、爱人民的满腔热忱和坚定信念，不畏艰难险阻，战斗在隐蔽战线上。这些无名英雄为了祖国，为了中华民族，为了劳苦大众默默奉献。

1944年秋，南番中顺游击区指挥部派员设法取回中共澳门地方组织提供的一部电台。10月上旬，东江纵队司令部派干部伦永谦、吴文辉、余绿波、李子芬到五桂山区协助中区纵队[①]建立电台，台长为伦永谦。同月20日，电台随队挺进粤中，与东江纵队电台保持联络。

三、区乡抗日民主政权和中山县行政督导处建立

1944年初，全国抗日形势发生了深刻变化，抗日战争取得节节胜利，大大鼓舞了广大军民的抗日信心，提高了人们当家做主的责任感，各地纷纷要求建立以抗日民族统一战线为基础的

---

① 中区纵队，见本章第六节。

民主政权，以巩固胜利成果，进一步加强抗日力量。1944年1月31日，中共中央书记处发出《中央关于东江游击区建立抗日民主政权问题给林平的指示》，指出："东江游击区的抗日民主政权的基本精神应该是新民主主义的，三三制的……要因地制宜，根据你们当地具体情况采取某些便于游击发展和军队转移的政权形式。"此时，中山乃至珠江地区的抗日力量不断发展和扩大，需要有巩固的根据地做依靠，也需要有自己的政权去做地方工作，以组织和团结依靠群众，抗日保家，同时解决部队的给养、医疗和兵员的补充问题。随着抗日游击战争不断取得胜利，珠江地区抗日根据地和游击区逐步扩大，为建立抗日民主政权创造了有利条件。

1944年春，南番中顺游击区指挥部根据中共中央的指示精神，结合珠江地区敌后抗日游击战争的实际，作出《关于政权工作的决定》。决定指出："没有革命政权的支持，要想坚持长期残酷的武装斗争是不可能的。"此时，五桂山区抗日根据地的抗日力量也在不断发展壮大，五桂山区抗日根据地、游击区的142个村庄中的5万人民群众，经过几年武装斗争的锻炼，对游击队的"三大纪律，八项注意"的优良传统和作风深感敬佩。不少客家人踊跃参加部队，使五桂山区军民之间的关系日益密切。因此，五桂山区的群众和爱国人士对共产党领导下的抗日武装进行民主政权建设表示热烈欢迎，纷纷要求建立以抗日民族统一战线为基础的人民民主政权，以巩固抗日成果。指挥部决定以五桂山区为珠江三角洲地区抗日民主政权建设的先行点，由指挥部政治部主任刘田夫具体领导该项工作。同年2月，指挥部抽调刘智明（刘震球）、凌子云、谢月香和整风学习班的一些人员参加筹备建政工作，成立五桂山区政权筹备处。从刚结束的整风学习班中抽调人员成立五桂山区民主建政党组，书记叶向荣、副书记阮洪川、成员陈明，并在部队抽调党员干部帮助地方建立政权。

民主建政工作分为四个步骤。一是宣传发动。广泛宣传中共中央关于民主建政的方针、政策。二是筹建乡级民主政权阶段。在广泛宣传发动的基础上，召开爱国人士、开明士绅和抗日群众代表座谈会，共商民主大计。按照民主集中制和"三三制"的原则，通过群众民主选举的方法，选举成立乡政委员会，即乡一级民主政权。三是筹建区级民主政权。区一级的民主政权的建立是由各个乡通过群众酝酿和民主选举，选出各乡参加区民主政权代表大会的代表，然后在联乡办事处或区民主政权筹委会主持下，召开区一级的民主政权代表大会，并按民主集中制和"三三制"的原则，选出本区的政务委员会，即区一级的民主政权。四是中山县级政权的建立。1944年10月，各区、乡按民主建政"三三制"的原则，选出100多名区、乡代表，参加在五桂山区石莹桥村举行的中山县行政督导处成立大会。中区纵队司令员林锵云、政委罗范群等到会祝贺。大会正式宣布成立中山县行政督导处。督导处组成人员由中区纵队党委提名，并经代表大会通过。组成人员有主任叶向荣（1945年2月调出，阮洪川接任），副主任阮洪川，委员陈明、刘震球、凌子云、吴子仁、郑永晖、甘伟光、曾谷。

五桂山抗日根据地实行民主政权代表大会制度，代表大会分县区两级，是民主政权的一种组织形式。中山县行政督导处辖4个区、55个乡民主政府和162个村庄。

1944年2月至1945年9月，中山县行政督导处行政区域：五桂山区驻瓦屋下、槟榔山，辖11个乡、81个村；谷镇区驻乌石、大布，辖13个乡、20个村；滨海区驻左步头、王屋，辖22个乡、31个村；凤凰山区驻坑尾，辖9个乡、30个村。这些村，大部分后来都被评定为革命老区村。

五桂山抗日根据地民主政权实行"三三制"的民主建政原则，其目的是在确立共产党领导地位的基础上，尽量多吸收党外进步分子和民主人士参加政权，建立抗日民族统一战线，一致抗日。五桂山抗日根据地民主政权的建立，采取由下而上的形式，先后建立乡、区、县三级民主政权。

中山的县、区、乡抗日民主政权建立后，认真贯彻执行中共中央十项政策的指示，积极开展地方的政治、经济、文化、教育、群众福利等方面的建设。这对巩固抗日根据地和游击活动地区，保护各抗日阶层的利益，保障抗日人民的民主权利，改善工农大众的生活，镇压汉奸和反动派，更好地发动群众，做好后勤，支援部队等工作都起了重要作用。为加强党的领导，中山县级民主政权建立后，中区纵队党委又建立了五桂山中心支部，方群英担任书记，委员谢月香、谢月珍、李瑞英。五桂山中心支部的主要任务是领导全区各乡党支部，宣传发动群众，协助政权征收公粮，发动群众拥军支前，组织训练民兵、青年和妇女，培养干部，发展党员等。

四、开展减租减息和群众性大生产运动

开展减租减息和反"三征"运动

中山沦陷后，中山人民饱受敌人欺凌，日伪军向每亩田征收30千克谷，地主有田租、联防费、票税等苛捐杂税。农民辛苦一年，到头来却所得无几，难以养家。广大农民迫切要求保护自己的劳动果实。为发展农业生产，改善农民生活，保证抗战所需人力、物力和财力，1943年底，根据中共中央有关指示精神，南番中顺游击区指挥部决定在五桂山抗日根据地和各游击基地开展减租减息运动。

1944年夏收后，在维护抗日民族统一战线利益的前提下，

由点到面，实行减租减息政策。首先从合水口、石门、白企、贝头里、长江、石莹桥、黄茅坪等乡，而后逐步向山区边的平原地方，如合水口外、西村、关塘埔、背头外、马溪、旗岭、大永丰铺开。按规定，地主只能按原来租额的八成收租，而租值最高不能超过耕种田块全年收获量的40%，确保农民能得到耕种田块收获量的60%。

1945年春，五桂山区政务委员会根据珠江纵队政治部《当前各种具体政策方针》的精神，制定《五桂山区减租减息条例》，提出减租减息的10条办法和5条细则，受到了根据地、游击区广大农民和各界人士的拥护。

与此同时，还在地租和借贷利息等方面减轻农民负担。废除一切额外的封建剥削，如年节贡礼等，新借贷息额不得超过三分。在税收方面，如抗日公粮，主要是收缴地主的，农民则减收或免收。滨海区属半沦陷区，就发动农民开展反对征粮、反对征税、反对征兵的斗争，拒绝向汉奸地主交田租，拒绝向伪军和伪政权交军粮、税捐等，拒绝接受伪政权的"征兵"等。减租减息和反"三征"运动，大大提高了各阶层群众特别是农民的抗日和生产积极性。

开展群众性的大生产运动

1943年春，中山遭受旱灾，大旱持续140多天，丘陵作物歉收，全县大饥荒。战祸加天灾，一年内仅县城就饿死近万人。天灾人祸交迫，全县人口锐减30%。而五桂山抗日根据地，地方党组织和南番中顺游击区指挥部组织发动五桂山区的抗日部队、民兵、干部、党员和基本群众积极进行开荒生产，广种水稻、杂粮、瓜果等，发展粮、油、果、菜等，发展养殖业。通过发展生产改善军民生活，五桂山根据地安然度过1943年的大灾荒。这一年，五桂山抗日根据地还经常遭受敌伪军的"扫荡"，一些土地上的庄稼受到损害，但经过军民的共同努力，抗战军民很快又补种上各种杂粮。生产搞好了，生活改善了，军民关系也更密切了。

五桂山抗日根据地各级民主政权成立后，在发展生产、关心群众生活、开展各项基层建设等方面都做了大量工作，受到群众的赞扬和拥戴。因此，抗日部队在敌伪军围攻和严重天灾的艰苦日子里，能够克服重重困难，战胜敌人，使根据地一天比一天巩固、一天比一天兴旺。

五、抗日民族统一战线的进一步开展与反顽斗争

抗日民族统一战线的进一步开展

统一战线是中国共产党的三大法宝之一。根据中山的实际，中共中山组织灵活运用党的统战政策，做好统战对象的工作，团结进步势力，争取中间势力，孤立顽固势力至关重要。中山的敌后抗日武装斗争发展较好，其中一个重要因素就是开展了广泛而成功的抗日统一战线工作，争取、团结一切可以争取、团结的力量。

一是开展对国民党中山县上层人物的统战工作。中山沦陷后，中共中山组织和党领导的抗日部队注意做好对在中山的国民党上中层人士中较有影响的特殊人物的团结、统战工作。如团结争取老国民党员、二区区长周守愚支持其子周增源开展抗日活动，并保举其任二区国民兵团中队长。这支队伍和杨子江中队、黄石生中队都是共产党所掌握的抗日部队，在中山一、二区公开活动。一区区长周克明、刘逸平，二区区长周守愚，二区联防办事处主任郑健驷，四区区长陈思危、吴守一，四区警察署长孙海筹，五区区长孙子静、郑星池，六区区长卓君乙以及友军钟汉明等都和中山人民抗日游击队有过不同程度的联系，有些与抗日

游击队长期合作，有些是一个时期有联系，有些甚至与抗日游击队合作对敌打过仗。此外，抗日游击队还与孙中山原配夫人卢慕贞、孙中山的四姐孙妙茜等经常来往，建立信任关系，让她们赞成共产党主张的团结抗日，支持抗日游击队。

二是团结当地爱国名流共同抗日。抗日民主政权建立后，积极贯彻党的抗日民族统一战线政策，以"国是座谈会""乡政会"等形式，邀请各界各阶层人士参政议政，尤其动员民族资本家和开明士绅议政，以达到团结抗日的目的。如在孙中山逝世20周年纪念日，滨海区政务委员会在左步村欧氏大宗祠召开国是座谈会，邀请孙中山四姐孙妙茜，革命母亲谭杏，学者陈负天，大耕家（田多的大户）高彬、郑卓、谭佩常、黄标泉、谭崇，医生刘帼超、李泽霖，岐关公司董事长郑芷湘，桥头乡郑伯苓，乌石乡开明乡绅郑正心、郑匡济，平岚乡乡绅郑康绵、林晏清以及老同盟会员、孙中山侍从室武官郑卓轩等一大批各界知名人士参加。这些统战朋友大多数都能积极帮助抗日游击队，对抗日起到积极作用。

三乡的郑宝三医生积极支持中共地方组织和抗日游击队。他的医务所是地方党组织的交通站、接待站和医疗站。女西医刘帼超从1938年开始就无偿为游击队员治病，为女游击队员做产前产后检查。她把自己医局的院子命名为"桂园"，还接收抚养了部队许多婴孩。她还向游击队领导林锵云提出要重视解决游击队员的夜盲症问题，以保证游击队的战斗力。

三是做好争取地方实力派工作。中共中山组织注意做好区、乡有抗日倾向的地方实力派的工作，对"挺三""民利公司"等组织的负责人，则争取让其成为对中共组织和抗日部队有利的力量，孤立打击反动顽固势力。

四是团结华侨、进步人士、开明士绅共同抗日。如爱国归侨刘震球，翠亨村抗日乡长陆宪山，二区区长、归侨周守愚等，给予抗日游击队很多支持。

五是争取大耕家、工商业人士的支持。游击队十分重视与他们搞好关系，因此各大户都能做到带头踊跃交纳军粮、公粮，特别是部队急需粮食时，基本能满足要求。由于中共中山组织认真执行党的抗日民族统一战线政策，因此，在抗战中能化消极因素为积极因素，团结一切可以团结的力量，建立敌后根据地，开展敌后游击战争，直至取得抗战的完全胜利。

"纽约桥"与"流星队"

1938年6月，总理故乡纪念中学迁往澳门后，该校的中共支部动员一大批学生返回中山及附近地区参加游击队。如该校学生陈建中（中共党员）动员并带领部分澳门进步青年参加东江抗日游击队。1940年3月中山沦陷后，中山县联合中学迁到澳门。党组织积极联络原来在中山参加过广东青年抗日先锋队中山县队部的队员和倾向抗日的学生，先后吸收谢月香、谢月珍、郑康明、刘庆常、蔡国权、李佐权、唐贞等一批学生加入中国共产党，并不断为珠江三角洲的抗日游击队输送人才。马国英、谢月香、郭宁、谢月珍等后来都成为中山抗日游击大队的骨干。

1943年，中山抗日游击大队先后派郭宁、郑秀、冯彬、黄乐天等到澳门建立秘密办事处，宣传五桂山抗日根据地的斗争情况及国内抗日形势等。1944年7月4日，郑秀首次带着来自澳门总理故乡纪念中学、培正中学、濠江中学、中德中学、行易中学等和镜湖护士学校的李成俊、郑达明、朱碧等10多名青年学生，利用暑假到五桂山参加义勇大队举办的青年游击训练班，代号"纽约桥"。"纽约桥"先后开办3期，共50多名港、澳、华侨青年到五桂山抗日根据地受训，地点为大寮村周屋。这些青年从训练班结业后，大都参加了"流星队"，有的还在抗日战场上献出了宝贵的生命。

反对国民党顽固派的斗争

1942年，中山的抗日斗争有了很大的发展，共产党在全县抗日斗争中的领导地位已经确立。党领导下的抗日武装力量也不断壮大，开辟了五桂山抗日根据地，成立了中山抗日游击大队。1943年，中共南番中顺临时工作委员会和南番中顺游击区指挥部移师中山，中山遂成为珠江三角洲地区敌后武装斗争的中心。中山人民抗日义勇大队的成立，更使国民党中山县当局对共产党领导下的抗日力量的不断壮大和抗日斗争的蓬勃发展感到异常惊恐，他们不顾国家存亡、民族安危，在抗日战争的紧要关头，再次掀起反共逆流，派遣大批特务安插到国民党地方团队，宣扬"曲线救国"的投降主义路线，杀害共产党员，杀害抗日骨干，压制抗日群众运动。

1944年，日军在"广东第一期的'清乡'（这是以1944年敌人正式提出的广东'清乡'计划来分期，若以敌在三角洲全面性的'扫荡'来说，则已是第四期），从4月中旬起，便在三角洲各地开始"。"敌人的'清乡'着重在中山方面。"4月上旬，日军在珠江三角洲各地同时增兵，其中中山本部增至1000余人，中山八区增至400余人。敌人此次"清乡"所采取的政策是挑拨各抗日部队的团结，"对中山五桂山区的'扫荡'，强调打共产党，打欧初部队"。为虎作伥的国民党特务彭河觉得时机已到，于4月12日在沙溪圩桃园茶楼公开枪杀中山人民抗日义勇大队二区中队中队长黄石生。黄石生的公开身份是国民党中山县政府一区国民兵团的中队长。该中队与杨子江中队、周增源的中队互为掎角之势，在二区及石岐近郊开展抗日斗争。对于这个一心抗日的革命队伍，国民党顽固派视为心腹大患，急欲除之而后快。当天，黄石生为给五桂山部队筹集军饷，在沙溪桃园茶楼约见几位客商。特务彭河得到消息后，出动其全部兵力四五十人，将茶楼重重围住。彭河与其弟彭爽等为争头功，不顾百姓安危，争相向茶厅开枪射击，茶厅顿时一片混乱。黄石生中队长当时只带了小队长苏伟棠和警卫员杨北可，为免无辜百姓受伤，黄石生等3人临危不惧，待群众疏散后才还击。黄石生等3人在毙伤数敌后，终因寡不敌众，无法突围而壮烈牺牲。公开枪杀黄石生事件发生后，次日，日军立即开了五六十人到三乡河的防地保护彭河，防止黄部的反击，并曾策动萧天祥部袭击三支驻二区部队①，助长反共势力的嚣张气焰，把国民党顽固派的反共活动推向高潮。当地的土霸、地主势力及国民党部队公开打出反共旗号，到处清查、迫害共产党员和抗日积极分子。一、二区的抗日斗争形势急剧恶化。为防止国民党顽固派的进一步破坏，保存实力，二区部队被迫调整防线，转到二区较边远地区悦生围坚持斗争。

对于国民党中山县当局的反共行径，中山人民抗日义勇大队在政治上和军事上进行了坚决的回击。在政治上，义勇大队以五桂山部队的名义发表《告中山人民书》，彻底揭露日伪军及国民党顽固派的真面目；在军事上，于1944年7月，派出部队袭击二区反共势力的首恶分子彭河、彭爽部，狠狠打击了敌人，刹住了敌人的嚣张气焰，使二区的反共势力暂且不敢轻举妄动，部队的活动环境有所好转。不久，由于国民党顽固派内部之间的矛盾，地方实力派萧天祥杀掉了郑健驷、彭河。同年冬，中区纵队根据斗争形势的发展，决定将二区部队调驻五桂山抗日根据地，以迎接新的斗争。

---

① 中共广东省委党史研究委员会办公室、中共佛山市委党史办公室、佛山市档案馆编：《珠江纵队史料》，内部刊物，1985年版，第138—141页。

六、军民鱼水一家亲

毛泽东指出："战争的伟力之最深厚的根源，存在于民众之中。"人民抗日武装能在中山敌后坚持抗战、开展武装斗争和建立抗日根据地，狠狠打击日伪军，最根本的是有中国共产党的领导和人民的支持。共产党领导的中山人民抗日武装正是有了中山人民不惜毁家献身的支持和拥护，才能在敌强我弱的情况下，以少胜多，以弱胜强，逐步发展壮大。"山不藏人，人藏人"，在那个战争年代，群众是游击队的生命之源。五桂山没有高山密林，地形也不险要，之所以能成为抗日根据地，靠的是广大中山人民的支持。

翠亨村谭杏（又称杨伯母）的家就是一座坚固的革命红色堡垒。杨伯母不仅支持自己的丈夫和6个子女全部参加抗日游击队，还先后送了4000余千克粮食帮助抗日游击队解决给养，并将自己的金银首饰变卖折现送给部队。她的家成为地方党组织和游击队的秘密据点。游击队的领导林锵云、谢立全、刘田夫及欧初、谭桂明、曾谷等都在她家住过。她的两个儿子都牺牲在中山抗日战场。在大儿子杨日韶牺牲后，坚强的她送大女儿继续其未竟的事业；二儿子杨日暲牺牲了，她又把两个女儿和小儿子送到部队。年过50岁的杨伯也参加了游击队，他和年轻人一起翻山越岭，管理中山人民抗日义勇大队的钱粮。

石门白石岗侨眷贺带（又称"贺婶"），积极支援抗日游击队。她不仅主动借出房子和家具杂物给游击队使用，为战士舂米、缝衣、送茶送水，收集情报和交通联络，还发动村中妇女上山砍柴割芒草给部队。从1942年春起至1949年贺婶牺牲时止，游击队一直以她家为联络点。在这漫长的岁月里，贺婶既不嫌麻烦，更不怕连累自己。敌人来"扫荡"时，她冒着生命危险掩护游击战士，救护伤员。无论是领导还是一般战士，她都像对待儿女一样爱护和关心。可惜这位伟大的革命母亲在1949年为部队带情报的途中，与丈夫一起被抓，夫妻双双死于国民党反动派的屠刀下。

此外，大布村的林欢、三乡的黄爱、高沙村的麦娴仙、长洲村的杨振辉、申明亭乡的杨佩娟、张溪河北村的五叔母和何十、大环村的黎伯母、唐家乡的唐伯母胡兰馨等一大批革命母亲，不仅支持自己的儿女为抗日出力，还帮助抗日游击队做交通、情报、料理伤病员等工作。

人民群众是抗日游击队的力量源泉。中山抗日游击队队员来自人民，保卫人民利益，不怕牺牲，英勇战斗。游击队反对敌伪军、汉奸烧杀和奸淫掳掠；反对霸耕、强征禾票与苛捐杂税；打击敌伪军，铲除汉奸、恶霸，为民除害；开仓济贫；在抗日根据地建立抗日民主政权，让人民当家做主人管理大事；实行减租减息，赈灾济贫，给贫苦群众送医送药，扶助群众开荒生产，举办识字班、读书会，扫除文盲等。游击队为群众做了大量好事，并严格执行群众纪律，丝毫不损害人民的利益，因而赢得广大群众的热烈爱护和支持。子弟兵爱人民，人民热爱子弟兵。这一时期，在中山出现了送儿送女参军，积极参加民兵，替游击队侦察敌情、传送情报，在战斗中当向导，在白色恐怖威胁下冒险掩护和救护伤病员，送公粮，捐助武装、衣物、药物和金银首饰等军爱民、民拥军的无数动人情景。1944年，张溪乡的村民用投禾虫票（即投禾虫涌）的款购买了一挺机枪送给中山人民抗日义勇大队。

在抗日战争的艰苦岁月里，共产党领导的抗日武装严格执行"三大纪律，八项注意"，决不侵犯群众利益。中山人民看到这支抗日部队在极其艰难的岁月里，宁愿挖野菜充饥，宁肯挨饿，也不拿老百姓的东西，还主动帮助农家干活，与"捞家"（不择手段谋取私利的流氓）的地方实力武装有着本质的区别，逐渐投以信任的目光。在五桂山区，当游击队员一到，山区的群众就主动腾出房子、用具，筹集粮食、柴草给部队；当部队打仗回来，就送茶、送饭、护理伤员。每逢节日，他们就把糕点、鱼肉送给部队，慰劳子弟兵；平时还帮助部队种瓜种菜，舂米、找柴草、煮饭，为战士缝洗衣服。根据地的群众不仅在游击队驻防时帮助解决吃饭问题，而且在部队伏击敌人时，也给部队送饭，使游击队战士到处都有自己的家。滨海区人民为了支援游击队给养，开展了"一棵树"运动，每户上山砍一棵树，将卖树所得的钱捐给游击队或各村的民兵集结队。

大布村素有中山"小延安"之称，全面抗战时期，中共中山县委、五区委都以大布为基地，游击队的伤兵医疗站、粮站、交通站、情报站都分布在村中的基本群众家。这是由于大布有坚强的党支部，有深厚的群众基础，还有一所完全在共产党掌握之下的学校，可以自主安排担任各种秘密职务的党员和党的领导干部。该校先后有60多名学生参加抗日战争和解放战争，7人牺牲。

在五桂山区，不少村民和侨眷都为游击队作掩护。1945年，敌军、伪军、国民党顽固派军队实行"五九扫荡"期间，在崖口、合水口里工作的女共产党员杨静、谢月珍等就是在群众的掩护下安全脱离险境。

义勇大队还在南朗、榄边、泮沙、崖口等乡设有秘密医疗站，还设有王屋、竹头园、左步头、涌口、李屋边、南塘、濠涌等分站。各医疗站配有医生、卫生员，如黄惠、谭英、吴清、钟际、杨顺金等。医疗站得到许多群众的支持，如黄石生的母亲杨佩娟、肖伯母（梁静修）、许金焕、谭龙伯母等。她们腾出房子作为伤兵站，帮助伤员敷药、换药、煲药，喂饭给伤员吃，甚至帮伤员倒粪便等，样样都干。

崖口村不仅涌现出谭桂明、肖伟华、肖杰华、谭志雄、谭三九、谭光耀等一大批优秀的游击队指战员，还拥有一大批热心支持抗日游击队的基本群众。

1944年农历六月初一凌晨，上千名日军突然包围石门九堡搜捕抗日游击队。日军把抓来的92名村民押往外沙村关了三天三夜，不给水喝，不给饭吃，还对青壮年村民施以酷刑，但村民无一说出游击队的行踪。最后，日军将其中41名青壮年村民残忍活埋。

1944年9月13日，天还未亮，数百名日军就包围南朗圩，以当地群众"通匪"为借口，挨家逐户搜查，拘捕商民60多人，押至西椰村口严加审讯并暴晒一整天。傍晚，除部分老弱者获准保释外，日军将余下的30多名青壮年商民押解到西椰村前的镇龙山头，用刺刀在每个人身上刺一二十刀，把30多人慢慢折磨致死。1945年5月9日开始，日军出动1000多人，伪军2000多人，国民党顽固派军队1000多人，对五桂山抗日根据地进行长达3个多月的反复"扫荡"，敌人所到之处，烧杀抢掠，杀害无辜百姓和抗日游击队战士，山区群众的30余间房屋被烧，100多人被杀害，遭抢掠的财物不计其数。叛徒郑兴仅在三乡一处就杀害11名游击队家属。抗日军属郑秋叶在帮部队到三乡收集叛徒郑兴勾结敌伪军的情况时，不幸被抓。敌人对她严刑拷打，但她坚贞不屈，坚决不透露部队半点情况。敌人残忍地将她剖胸取心，陈尸路旁，并扬言谁收尸就收拾谁。

然而，不畏强暴的中山人民依然支持抗日游击队。在敌人"五九扫荡"期间，珠纵参谋长周伯明、珠纵一支队支队长欧初率主力部队转移到丫髻山金花山村。该村全体老百姓冒着生命危险，舍身掩护游击队。他们把自己家的房子腾给游击队员住，把最好的东西拿给游击队员吃。一支队首批转移东江的部队就是由此出发的。事后，该村的陈振被日军抓去，经过酷刑审讯，被抬回家时已奄奄一息，但他仍不供出游击队的去向。

中山人民是英勇不屈的人民，尽管环境恶劣，斗争残酷，但他们在中国共产党的引导、发动下，顽强地与侵略者抗争。群众筑起的铜墙铁壁，使日本侵略军一进五桂山抗日根据地就又瞎又聋，草木皆兵。无论日军如何增兵，武器如何精良，都从来不敢在五桂山区过夜。

五桂山面积不大，且孤悬敌后，被日军、伪军、国民党顽固势力、土匪交错包围，而共产党领导的游击队能在其中发展壮大，成为中山乃至珠江三角洲的抗日中流砥柱，靠的不是高岩深壑，不是茂林坚堡，而是成千上万真心实意拥护抗日的中山人民。人山人海，就是铜墙铁壁。

迎接抗战的最后胜利

一、中区纵队在五桂山成立

1944年，世界反法西斯战争进入战略反攻阶段，在太平洋战场节节失利的日军陷入完全被动的局面。日本侵略军为打通中国大陆的交通线，接应南洋被困的日军，从4月起连续发动豫、湘、桂战役，广东面临全面沦陷的危险。7月5日，中共中央军事委员会发出《关于华南根据地工作的指示》，指出："自广州沦陷，迄今六年，你们全体指战员在华南沦陷区组织和发展了敌后抗战的人民军队和民主政权，至今天已成为广东人民解放的旗帜，使我党在华南政治影响和作用日益提高，并成为敌后三大战场之一。""现粤汉之敌，南北对进，已快会合，并有打通湘桂之企图。因此大块华南将沦为敌手，拯救华南人民的责任，不能希望国民党而要依靠我党及华南广大民众。因此，你们在华南的作用与责任，将日益增大。""为着迎接新的伟大任务，首先必须在思想上有充分准备。为此，必须更亲密团结自己的队伍。加紧整风，打通干部思想，坚持统战政策，加强与根据地人民的血肉联系，坚持原阵地，并力求继续发展，扩大武装部队，建立广大的与坚固的根据地。"[1]7

---

[1] 中央档案馆编：《中共中央文件选集》第12册，中共中央党校出版社1986年版，第535—536页。

月25日，中共中央向广东省临委和东江军政委员会发出《中共中央关于东江纵队开展敌后游击战争的指示》，指出："三角洲及其以西地区亦有可能扩大我现有武装，希望广东我党武装能扩大一倍，并提高战斗力。"①为更有效地牵制日军，以便将来配合全国的战略反攻，中共中央提出关于创建五岭根据地的战略方针。11月9日，八路军南下支队4000余人，由司令员王震、政治委员王首道等率领从延安出发南下。

中共中央关于创建五岭根据地战略方针的提出，增强了广东敌后人民抗日武装打败日本侵略者的信心。1944年8月，广东省临委、东江军政委员会在宝安县大鹏半岛土洋村召开联席会议传达贯彻中共中央"两个指示"精神。林平、梁广、曾生、连贯、王作尧、杨康华、罗范群、刘田夫等参加会议。会议由广东省临委书记、东江军政委员会主任林平主持。会议还深入讨论中共中央军委1944年7月5日《关于华南根据地工作的指示》等重要文件，分析了广东的抗日斗争形势，并根据中共中央指示精神，作出《东江军政委员会关于今后工作的决定》（以下简称《决定》）。《决定》提出："建立根据地与发展游击区：本着中央指示深入敌后游击的方针，在目前敌人新攻势中，凡敌所到或意图占领的地方，都派遣武工队及军事干部，前往活动，发展新的游击区……中区②则首先求得普遍发展，然后向西江、粤桂边及向南路前进，使前两方面配合，取得对广州的包围形势，将来会合于粤、桂、湘边界。"③

---

① 复制件存于广东省档案馆。
② 此"中区"，当时指珠江和粤中地区，下同。
③ 广东省档案馆、中共广东省委党史研究委员会办公室编：《广东区党、团研究史料（1937—1945）》下册，广东人民出版社1988年版，第493页。

同月31日，东江军政委员会决定：南、番、中、顺游击区方面难于归东江纵队统一指挥，有成立中区纵队之必要，决定于最近正式成立司令部，发布宣言，公开接受党的领导。其司令部人选即由原来之秘密指挥部人员公开。纵队司令林锵云、副司令谢礼泉（即谢立全）、政委严峰（即罗范群）、参谋长谢浦海（即谢斌）、政治部主任刘铁山（即刘田夫），均予，由此五人组织军政委员会，仍受东江统一的军政委员会之领导。①土洋会议还根据中共中央关于创建五岭根据地的战略方针，决定由南番中顺游击区指挥部领导，率领一部挺进粤中，进而向西江、粤桂边及南路挺进。

1944年9月下旬，南番中顺游击区指挥部在五桂山区槟榔山村召开会议（又称"槟榔山会议"）。指挥部领导人林锵云、罗范群、谢立全、谢斌、刘田夫、刘向东、严尚民，和珠江、西江、粤中地方党组织的负责人梁嘉、谢创、冯燊、李国霖等人出席会议。会上，罗范群传达了中共中央有关指示和土洋会议精神，宣布成立中区纵队和纵队领导成员名单；刘田夫汇报了挺进粤中的准备工作。会议分析了广东面临的严峻局势，与会人员一致表示要坚决贯彻执行中共中央的战略方针和土洋会议的精神，组织部队迅速挺进粤中，深入开展敌后游击战争。会议还确定了挺进粤中部队和留下部队的编组及具体行动方案。

1944年10月1日，中区纵队成立大会在五桂山区槟榔山村古氏宗祠召开。参加会议的有林锵云、罗范群、刘田夫、谢立全、谢斌、刘向东和珠江、粤中、西江三个特委的领导梁嘉、谢创、

---

① 中央档案馆、广东省档案馆编：《广东革命历史文件汇集1941—1945》，内部刊物，1987年印，第301页。

冯燊以及党领导的珠江三角洲各游击队和各级抗日民主政权的干部共100多人。大会宣布中区纵队成立,司令员林锵云,政治委员罗范群,副司令员谢立全,参谋长谢斌,政治部主任刘田夫、副主任刘向东。下辖第一支队①、第二支队、挺进粤中大队、中山八区抗日游击大队、新鹤大队、南三大队和雄狮中队等,共2700多人。会上,由中区纵队政委罗范群传达中共中央指示和广东省委土洋会议精神,报告中区纵队成立的经过;谢立全作军事工作总结和部署部队挺进粤中的行动计划和准备工作。根据中共中央的指示和土洋会议精神,对部队挺进粤中的各项工作作了比较详细的研究和周密的部署。

中区纵队的成立,标志着珠江和粤中地区的抗日武装进入一个新阶段。

二、挺进粤中及沿途区、乡人民支持

1944年中秋节刚过,中区纵队和珠江、粤中地方党组织根据槟榔山会议的部署,立即贯彻落实中共中央配合王震南下部队,开辟五岭根据地的战略方针,挺进粤中的各项准备工作正在紧张地进行着。

挺进粤中主力大队由大队政治委员谭桂明带领,紧张而有序地进行挺进粤中的部队编组、思想动员和物资准备工作。部队士气高昂,整装待发。

珠江特委书记梁嘉专门到张溪布置中山地方党组织动员准备船只和船夫运送部队。黄峰、杜广等中共党员在张溪村秘密动员组织了50多艘大小船艇,挑选了50多名抗日积极分子担任船夫,

① 1944年10月,中山人民抗日义勇大队改编为中区纵队第一支队,1945年1月改编为广东人民抗日游击队珠江纵队第一支队,支队长欧初,政委梁奇达,副支队长罗章有,政治处主任杨子江。下辖9个中队和九区大队。

随时准备执行运送部队任务。又在九区二顷围动员基本群众负责掩蔽部队。留在原地的第一支队、第二支队和南三大队，在珠江敌后不断袭击日伪军，以配合纵队领导机关和主力大队挺进粤中。中山八区抗日游击大队活跃在新会南部和台山一带，策应主力大队挺进粤中。在刘田夫的具体布置下，中共新会县委、中顺新边工委①在边界地区加强力量，积极开展地形侦察和统战等工作，以保证中山五桂山区与粤中之间交通要道的畅通，使部队能顺利安全横渡西江。

按照中区纵队政治部主任刘田夫的布置，地方党组织的陈能兴、李超、关立与中区纵队参谋处侦察参谋马敬荣等，为选择渡江路线进行了反复而细致的考察与研究。经过周密的调查研究，中区纵队司令部确认海洲一带的群众基础好，上层关系好，部队行军至此处休息较为稳妥。最后司令部敲定从五桂山出发，绕过石岐，在濠头涌上船，由水路经二顷围—海洲—新会荷塘，然后从塔岗渡口横渡西江，继而向鹤山方面挺进的行军路线。

与此同时，中区纵队司令部派郑惠光去找国民党"挺三"副司令屈仁则开通过九洲基谢老虎驻地的路条；还派海洲籍战斗人员欧伯祥、吕胜等返乡配合工作。一切准备就绪。1944年10月21日晚，中区纵队领导成员林锵云、罗范群、谢立全、谢斌、刘田夫等率领机关和挺进粤中主力大队近500人，从五桂山出发。在地方党组织的努力下和中山人民的掩护下，主力大队得以在敌人的眼皮底下运动，顺利通过敌人封锁线，向粤中挺进。挺进部队到达新区后，立即广泛发动群众，打击当地伪军

---

① 1944 年 8 月，根据开展华南抗日游击战争的需要，在三县交界地区成立中共中（山）顺（德）新（会）边县工作委员会。

和对抗日事业抱以敌视态度的顽军，建立以皂幕山、老香山为依托的新（会）、高（明）、鹤（山）抗日游击区，并着手向恩平、阳江、阳春等县发展，开辟西江和南路地区，向粤桂边境勾漏山脉推进。

自中区纵队挺进粤中后，在中（山）、顺（德）、新（会）边区一带产生了很好的影响，尤其对当地的进步人士鼓舞很大。中共中顺新边县工委抓住这一有利时机，对一些符合条件入党的对象做好党的教育工作，发展一批新党员，如先后吸收李文虬、袁勋等入党。

三、珠江纵队在中山成立

中区纵队挺进粤中后，中共领导的广东中区敌后抗日武装斗争区域迅速扩大，部队不断发展。由于中区纵队主力大队继续向西发展，距离珠江地区越来越远，给指挥联络带来困难。为加强珠江、粤中两个地区抗日武装斗争的领导和部队建设，1944年11月，广东省临委、东江军政委员会联席会议作出决定，调整珠江、粤中两地区部队建制和任务，将中区纵队一分为二，分别在珠江、粤中地区活动。会后，将决定上报中共中央和周恩来："即派梁鸿钧及三个连级军事干部到中区。周伯明到三角洲。""成立珠江三角洲指挥部，司令员林锵云，副司令员谢海龙（谢斌），政委梁嘉，政治部主任何（刘）向东，参谋长周伯明。由此五人组成军分委。干部暂分派各区，加强领导。指挥部下辖两个支队及若干大队，一支（队）在中山，二支（队）在南、番、顺，用珠江纵队名义发表成立宣言（宣言要点，曾电告妥否）。""关于中区及三角洲工作，决定由连贯、梁鸿钧二同志负责传达，现有电台随中区，准备另在三角洲设立一小型电台，与此间联络。""东江军委扩大至九人，增加梁嘉和刘铁山

（刘田夫）。"①

中共中央于1944年11月14日复电，同意上述各项。同月，周伯明奉命到五桂山区组建珠江纵队。12月上旬，在鹤山宅梧召开中区纵队和珠江、粤中、西江地区党的负责人参加的会议。会议由广东省临委委员连贯主持，梁鸿钧、罗范群、林锵云、谢立全、谢斌、刘田夫、梁嘉、谢创、陈翔南、李国霖、周天行、冯燊等参加。梁鸿钧传达广东省临委、东江军政委员会的决定。会议还讨论了今后的工作，决定按广东省临委、东江军政委员会的部署，撤销中区纵队建制，将驻粤中地区部队和珠江地区部队分开，直接由广东省临委、东江军政委员会领导；原中区纵队在珠江三角洲的部队则采用广东人民抗日游击队珠江纵队番号。司令员林锵云，政治委员梁嘉，副司令员谢斌，参谋长周伯明，政治部主任刘向东。同时撤销中共珠江特委，中共番禺、中山、顺德各县地方党组织划归珠江纵队第一、第二支队党委领导。会后，林锵云、谢斌返回五桂山，与梁嘉、周伯明、刘向东等人筹备珠江纵队的成立工作。

1945年1月15日，广东人民抗日游击队珠江纵队在中山发表宣言，公开宣布成立。《广东人民抗日游击队珠江纵队成立宣言》（以下简称《宣言》）庄严宣告"珠江纵队是珠江三角洲人民的子弟兵""热诚接受与拥护中国共产党的领导""与我们的兄弟队东江纵队、琼崖独立纵队共同坚持华南敌后战场，为解放华南同胞而奋斗。"《宣言》号召："三角洲军民必须千百倍团结起来，组织起来，武装起来，坚持保卫三角洲敌后抗日基地与扩大广东的抗日民主基地，争取时间，准备力量，把日本

---

① 中共广东省委党史研究委员会办公室、中共佛山市委党史办公室、佛山市档案馆编：《珠江纵队史料》，内部刊物，1985年版，第24—25页。

帝国主义赶出国土，建立独立自由幸福的新中国、新广东。"①
同日，《广东人民抗日游击队珠江纵队司令部布告》（以下简称
《布告》）发表。《布告》指出"本纵队乃南三番中顺各县子弟
兵""我全体官兵为继未竟之功期作更有效之奋斗，是以接受中
国共产党之领导，在统一指挥下，集中力量成立广东人民抗日游
击队珠江纵队，使本区人民获得一团结核心，增强抗战胜利信
念，共同努力，期抗战大业早日完成"。

珠江纵队司令部设在五桂山区槟榔山村，下辖2个支队、1
个独立大队。在中山地区的部队为第一支队，支队长欧初，政
治委员梁奇达，副支队长罗章有，政治处主任杨子江；番禺、
顺德地区部队为第二支队，支队长郑少康，政治委员邝明，政
治处主任黄友涯；南三边境部队为独立第三大队，大队长冯光
（后林锋），政治委员梅易辰（后叶向荣），副大队长潘恩隆
（后冯光），副政治委员梅易辰，教导员陆华。珠江纵队共有
1752人，轻重机枪53挺，步枪1162支，短枪326支，炮1门，掷
弹筒2具。②

珠江纵队第一支队的任务是坚持和发展中山的抗日游击战
争，配合挺进粤中的主力部队作战；牵制日伪军兵力，破坏日军
企图阻止盟军登陆和巩固华南基地的计划；保卫中山抗日根据地
和民主政权，巩固和发展中山的抗日民族统一战线，宣传和贯彻
党在新民主主义革命阶段中的各项方针政策。

---

① 中共广东省委党史研究委员会办公室、中共佛山市委党史办公室、佛山市档案
馆编：《珠江纵队史料》，内部刊物，1985年版，第1—7页。
② 参见林平致中央并军委电：《珠江纵队确实统计》，1945年3月17日，复制件
存广东省档案馆。

珠江纵队第一支队序列（图一）

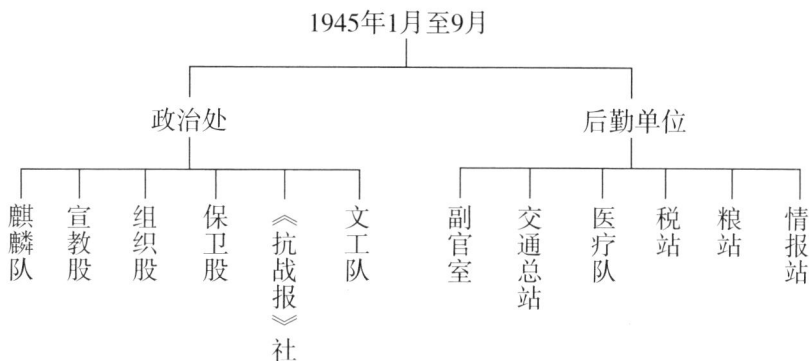

1945年1月至9月

政治处
- 麒麟队
- 宣教股
- 组织股
- 保卫股
- 《抗战报》社
- 文工队

后勤单位
- 副官室
- 交通总站
- 医疗队
- 税站
- 粮站
- 情报站

珠江纵队第一支队序列（图二）

1945年1月至9月

- 九区大队
  - 第一中队
  - 第二中队（内称九区中队）
  - 第三中队
- 民权大队（原二区中队）
- 民族队
- 民生队
- 马成队
- 猛龙队 1945.3—1945.9
- 蛟龙队 1945.3—1945.9
- 孔雀队 1944.11—1945.3
- 铁流队 1945.1—1945.6
- 反攻队 1945.5—1945.9
- 雪花队
- 海上游击队

注：1944年10月，原属南番中顺游击区指挥部领导的中山人民抗日义勇大队扩编为中区纵队第一支队，中队名称和大队、中队干部的配备，除个别调整外，仍按原编制定编，1945年1月15日珠江纵队成立，随之改编为珠江纵队第一支队。

四、打破日军与伪军以及顽固派的"五九扫荡"

抗战后期的中山形势

1945年初，苏、美、英军队分别逼近德国本土。德国法西斯覆灭在即，德、意、日法西斯侵略轴心土崩瓦解。日军调派第一三〇师团重兵进驻中山县境内，制定了"扫荡"珠江三角洲平原和五桂山抗日根据地的作战计划，以保证广州、香港及其附近地区的水路交通畅通。日军为确保其在珠江三角洲的占领区，于2月上旬在广州召开绥靖会议，决定继续对国民党及其军队采取诱降勾结，对人民抗日武装采取进攻消灭的策略，策划出动日军一部、伪军大部共9000人，对珠江纵队活动的地区进行大规模的"扫荡"。

从1945年新春开始，到4月中旬，敌、伪、顽、匪各方军队调动频繁，纷纷集结待命，准备进攻人民抗日游击队。中山的抗日形势变得越来越严峻。

而在中山敌后战场，共产党领导的珠江纵队第一支队在敌后游击战争中不断发展壮大，军政素质都有明显提高。因此，虽从1945年初起，国民党中山当局的顽固派对珠江纵队一支队的进攻从未停止，但珠江纵队一支队极力从多方面避免内战，集中力量打击日伪军，进行大小战斗30多次，保卫了五桂山根据地；摧毁了五、六区伪政权，控制了白石环、古宥、深湾一带地区，在五桂山、滨海、谷镇、凤凰山建立或筹建区一级的抗日民主政权，领导人民进行减租减息、反对伪税票的斗争，在人民群众中树立了共产党的威信。队伍在斗争中不断发展壮大。

为加强敌后抗日斗争和配合盟军登陆，进一步打击敌伪军的军事活动，珠江纵队司令部根据斗争形势和五桂山区的地理环境，决定由珠江纵队司令员林锵云和第一支队政委梁奇达留守五桂山根据地主持全面工作，把一支队实行两线分兵作战，由参谋长周伯明和一支队支队长欧初率领民族、雪花、白马、成功等中队活动于五桂山西南面，即一区和五区一带；由副支队长罗章有和政治处主任杨子江率民生、民权、孔雀等中队活动于五桂山东北面，即四区和六区一带。

经过几年的游击战争，珠江纵队的夜战战术运用纯熟。敌人逐渐发现游击队缺乏攻坚利器的弱点，纷纷驻进坚固的碉楼。游击队即使突破外围防线，还是无法扩大战果全歼敌人。参谋长周伯明从东江带来的3名警卫员，其中2名是爆破能手。

于是部队立即组织训练爆破技术人员传授爆破的知识和方法，抽调二三十人去学习，成立爆破班，对中山的日伪军据点展开爆破攻坚。

第一个攻坚目标为金钟碉楼。1945年元旦前夕，周伯明与欧初等率领民族队、雪花队的战士，乘夜急行军到达金钟伪军陈容旺据点附近，爆破手潜到伪军陈容旺大队部的碉楼脚下，用熟练的动作快速将炸药包迅速插好雷管和导火索，点燃导火引线。"轰"的一声，火光冲天，一座四层楼高的碉楼被炸成一堆烂砖头。此役全歼伪军陈容旺大队，中山境内的敌人闻之丧胆。

1945年初的一个晚上，珠江纵队参谋长周伯明、第一支队支队长欧初带领30多名战士前往三溪（今三乡镇），摸近伪军碉堡，用炸药将铁门炸毁并冲上二楼俘虏10多名伪军。但三楼是机枪阵地，伪军顽强抵抗。周伯明亲临现场指挥，在楼下放置10千克黄色炸药，装上雷管，接上导火线，使整座碉楼瞬间倒塌，变成一堆瓦砾。据守三楼的伪中队长及7名伪军全部丧命。伪军黑骨祥的另一个连被吓得连夜撤走，不敢再觊觎三乡。

接着，珠江纵队一支队又袭击了盘踞在横门一带疯狂捕杀游击队员和民主乡政人员的伪联防队梁洪部，将其所占据的那座墙厚50厘米、由水泥修建、楼高三层的碉楼炸得粉碎。

在此期间，部队袭击敌伪军据点，打击敌人的军事力量，如袭击金斗湾、金钟伪联防大队，神湾、前山伪联防中队，古鹤伪区署，麻子伪联防特务中队等，都取得胜利，歼敌近百人，缴获一批枪支、弹药和物资，打击盘踞在五桂山周围的敌伪军，震慑了敌人。

1945年2月27日，周伯明与欧初率领民族队、民生队攻打五区神湾伪军据点，拂晓前部队回到白石村宿营。翌日凌晨，日军出动步兵一个中队100多人、炮兵一个中队80人，配山炮1门，在伪军200余人的配合下，联合向驻扎在白石村的珠纵一支队进攻。在白石村外放哨的一支队哨兵发现日军，立即鸣枪报警。周伯明冷静分析敌情，与欧初研究决定以班为战斗单位，迅速占据村内的碉楼，并加强村口碉楼的战斗力，扼守进村要道入口，占据有利地形，积极防御。在周伯明的指挥下，一支队沉着应战，同敌军对峙将近一天，击毙日军13人，伪军多人。到16时左右，敌人的炮弹已经打了60发，周伯明立即部署反攻。此时，林锵云派梁奇达带领的大布民兵增援部队赶到，两支队伍里应外合，夹击敌人，共毙伤敌伪军40多人。经此一役，敌伪军缩在据点里，不敢随便出动，五桂山抗日根据地及附近地区赢得4个多月的安宁。

1945年3月18日晚，珠江纵队第一支队民族、雪花、马成3个中队联合出击前山伪联防中队和古鹤伪五区中队。当晚，谷镇区民主政权动员大布、三乡的乡民出动30多辆自行车，专门运载游击战士前往前山出击点。当游击队在两地同时发动进攻时，仅用时7分钟就结束战斗。前山和古鹤两个伪据点的40多名伪军从梦中惊醒，懵然当了俘虏。

自珠江纵队第一支队成立后，由于正确执行党的方针政策，坚持统一战线，团结爱国民众，赢得多次战斗的胜利，活动范围不断扩大，武器装备不断改善，部队战斗力不断加强。至1945年3月，兵力扩充一倍多，并配合已解放的乡村全面开展民主建政工作。继在五桂山区、滨海区建立抗日民主政权后，又在谷镇区建立区民主政权，在凤凰山区成立筹建政权委员会，在一区成立政权筹建小组，并领导根据地人民进行减租减息、反对伪税票的斗争，在人民群众中树立了共产党的威信。在主力部队挺进粤中，日军重兵驻守中山的艰难恶劣条件下，巩固了五桂山区抗日根据地。至1945年春，珠江纵队第一支队已发展至1000多人，分布在中山的一、四、五、六区和八、九区，并建立县级和区级抗日民主政权，解放了一、四、五、六区近30万人。

打击日军、伪军、顽固派的"五九扫荡"

1945年4月，日军、伪军、顽固派制定"扫荡"第一支队和五桂山抗日根据地的作战计划，日军第一三〇师团重兵进驻中山县境内，伪军第四十三师各部突然向岐关公路的东西两路段集结，"曲线救国军"萧天祥、梁雄部亦迅速集结待命。

1945年5月8日深夜开始，日军1000多人，伪军第四十三师2000多人和"曲线救国军"萧天祥、梁雄部等近1000人，兵分6路，从灯笼坑、长江、榄边、崖口、翠亨、石鼓挞等地进入五桂山抗日根据地"扫荡"；驻唐家、坦洲等地的日伪军3000多人，同时向凤凰山区进攻。

时珠江纵队司令员林锵云正在东江参加广东省临委会议，由参谋长周伯明和珠江纵队第一支队的领导负责组织反"扫荡"。根据敌情作出反"扫荡"的战略部署：为保存主力和保卫根据地，将一支队主力迅速转移、隐蔽，不与敌人正面硬拼；猛虎中队、民权队在灯笼坑三山虎山一带截击敌人；派第一支队部分小分队化整为零，分散在五桂山区内骚扰或袭击来犯之敌。

5月9日凌晨，天仍未亮，大雾茫茫，进入灯笼坑一路的日军300多人、伪军近1000人，从关塘埔一直摸入灯笼坑的三山虎山脚。按照珠江纵队第一支队的反"扫荡"部署，猛虎中队中队长梁杏林率领23名战士埋伏在三山虎山头，负责阻击经灯笼坑进入五桂山的敌军，以掩护司令部及主力部队转移。当敌军行至三山虎山山脚，进入猛虎中队的伏击圈后，遭到猛虎中队战士的顽强阻击。战至上午8时许，猛虎队击退日伪军两次强攻，毙伤30多人，赢得了时间，掩护了支队部人员安全转移。日伪军无法前进，又调动大批部队包围过来，作第三次强攻。此时，猛虎中队的弹药已消耗大半，急需补给，便兵分两路，一路由中队长梁杏林率领12人向外突围请援，一路由小队长黄顺英率领10名战士向三山虎（地名）山头转移，继续阻击日伪军。教官陈龙、爆破班班长古柏松在转移中受伤，仍向冲来的日伪军投掷手榴弹，掩护战友登上山头。这时，日伪军又大批增兵涌向山头，向猛虎中队阵地发动攻击。猛虎中队用仅存的弹药，连续多次击退大批日伪军的进攻，最后弹药全部耗尽，8名战士牺牲，山头阵地只剩下3人坚守。当日伪军再次发动进攻时，机枪手郑其也流尽了最后一滴血，他牺牲时两手仍紧紧握住机枪；班长甘子源身上中弹，腹部被敌人用刺刀捅得肠子全流出来，重伤昏迷；小队长黄顺英在日伪军冲上来时，纵身一跃，从山后坡滚下去，在密林的遮掩下冲出了重围。在这紧要关头，猛虎中队向外请援的另一个小队和民权队的援兵赶到，两面夹击暴露在山腰上的日伪军，使其措手不及。日伪军伤亡甚多，遂放弃山头，撤出灯笼坑。受重伤的甘子源，在战斗结束后被群众抢救了出来。三山虎山战斗，猛虎队、民权队英勇顽强，以少胜多，圆满完成阻击来犯之一路日伪军的任务，为司令部与支队机关转移赢得了时间。

5月9日上午9时，五桂山东面的长江、榄边、崖口、翠亨及五桂山西面的石鼓拔、槟榔山和谷镇区的白石、三乡等多路敌人，自恃有优势兵力和精良的武器装备，同时开始向五桂山区抗日根据地"扫荡"，进攻矛头直指五桂山区的心脏地带。珠江纵队第一支队驻石莹桥、合水口、石门的游击队主力按照司令部及第一支队的领导制定的"避敌锋芒，小股出击"的正确战略战术，早在敌人进村前已全部转移上山。

游击小分队又充分运用"分散隐蔽、声东击西、零敲碎打、迂回转移"等灵活机动的麻雀战、地雷战、伏击战，不断袭击、骚扰敌人，致使日伪军不但搜索不到第一支队主力，反而被神出鬼没的小分队打得晕头转向，消耗了兵力。敌人烧杀抢掠后撤退。

珠江纵队第一支队和五桂山抗日根据地群众，在反日伪军"五九扫荡"中，由于采取了正确的作战方针，保存了实力，消耗了敌人，共毙伤敌90余人，使日伪军分进合击、包围聚歼第一支队的计划破灭；破坏了日伪军广州至香港地区的防御计划，从而牵制了日伪军，保卫了中山敌后抗日根据地。

然而，侵略者并不因此罢休，转而向根据地的群众施加暴行。敌人进入五桂山区后，所到之处，烧杀抢掠，杀害无辜百姓，疯狂搜捕游击队员、军属和抗日群众，给根据地和人民群众造成严重损失，计30余所房屋被毁，无辜百姓100多人被害。叛徒郑兴助纣为虐，竟带领顽固派萧天祥部搜捕抗日游击队员和抗日群众，在三乡杀害郑照、陆柱、郑秋叶、郑顺晃、郑安、黄元开、黄康聘、黄清等11名民兵和抗日军属。梁雄部在崖口抢掠大批财物，搜捕乡民十余人；梁雄、钟汉明部还在黄茅坪村烧毁民房过半。日军进入槟榔山村，放火烧毁珠江纵队司令林锵云居住过的房子。在五桂山区石莹桥附近，敌人还用骇人听闻的残忍手段杀害16名游击队员。"五九扫荡"当天，张少筱、缪有根、刘潮、周廉、蔡耀、梁换标等16名游击队员在石鼓挞突围后来到石莹桥附近。由于敌人搜索严密，他们被困于大石托山上的炭窑内，整整7天滴水未沾。为查明敌情，他们派一名队员下山侦察，顺便找点食物。这名队员刚下山就被日军抓捕。敌人立即派出大队人马搜山。另外15名队员因多日未曾进食，身体极度虚弱，无法转移而全部被俘。敌人将16名游击队员押解到石莹桥溪边的一块大石上进行酷刑审讯。但游击队员们英勇不屈，守口如瓶，拒绝透露游击队的半点情况。敌人无计可施，恼羞成怒，将16名游击队员押到石莹桥后山的大石头上进行惨无人道的肢解。壮士的鲜血染红了大石，染红了山溪。敌人离去后，在石莹桥搞群众工作的中共党员潘泽和民主乡长钟大元发动群众，冒着生命危险，将16名游击战士的遗体掩埋后，翻山越岭到合水口乡向县行政督导处的领导汇报。

日军、伪军、顽固派军队继"五九扫荡"后，连续两个多月向中山县一、四、五、六区疯狂"清乡扫荡"。顽固派军队挺进第三纵队亦呼应日伪军，连续向关塘埔、灯笼坑、石莹桥、槟榔山、黄茅坪、大寮、双埔等地大举进攻。叛徒郑兴等带领伪军和顽固派军队到处烧杀抢掠，搜捕抗日游击队员和军属。1945年7月中旬的一天，驻在合水口里的蛟龙队指导员谭志与十余名战士与日军遭遇，因敌强我弱，蛟龙队战士边还击边撤退。退至一片灌木丛，日军竟放火烧毁树林，10多名游击战士被活活烧死。珠江纵队第一支队在日伪军和顽固派军队的疯狂夹击下，化整为零，依靠根据地群众的支持和掩护，分散隐蔽活动。五区医疗站站长潘仲、张玉等带领30多名伤病员，在大布、雍陌、塘敢等村掩蔽。由于敌人天天到村里搜索抓人，医疗站把轻伤员疏散到可靠的群众家中，将5名重伤员转移到雍陌村的后山树林中隐蔽、治疗。经过医疗站的精心治疗，重伤员全部治愈归队。

这一时期，指战员们有些隐蔽在堡垒户家中的隔墙里或山坑树丛中，有些从五桂山区转移到平原地区活动，有些隐蔽在日伪军据点附近坚持与日伪军周旋，夜间只能在山头露宿。在敌我力量悬殊，且异常艰难困苦的条件下，珠江纵队第一支队重视加强部队的政治思想工作，慰问伤员，对战士们进行形势、任务、信念等教育，印发《纪念"五九"反"扫荡"阵亡烈士追悼特刊》，激励干部战士为国家、为民族英勇战斗，以实际行动纪念先烈，坚持对敌斗争，完成烈士们未竟的事业。

九区大队也成为日军、伪军、顽固派5月大"扫荡"的重点目标。1945年初，日军、伪军、顽固派"扫荡"前夕，形势已非常严峻，部队党委指示九区大队要牵制敌人，减轻五桂山的压力。

1945年5月18日，顽固派"挺三"司令部正式下达围攻九区梁伯雄大队的密令。5月23日（农历四月十二日）拂晓，"挺三"兵分四路包围孖沙，向九区大队驻地发起进攻。面对敌人的重兵压境，九区大队全体指战员毫无惧色，奋起还击。战士们坚守阵地，连续击退敌人多次进攻，激战一直持续到26日上午。由于力量悬殊，寡不敌众，梁伯雄等20多人牺牲，50多人被俘。副政委郑文不幸被捕遭杀害。九区一带的抗日干部、革命群众、共产党员及军人家属转移不及的均遭毒手。黄圃石军乡"白皮红心"乡长罗若愚，遭横栏土匪中队长蒋义和石军匪首黄坤元杀害。

铁流十二勇士

"五九扫荡"后，为坚定群众坚持抗战的信心，珠江纵队第一支队副支队长罗章有与政治处主任杨子江商量，决定成立一支宣传工作队——铁流队，到滨海、谷镇平原地区活动，一方面宣传、发动群众，坚持抗日斗争；一方面监视敌情，伺机打击敌伪军。

1945年5月27日，珠江纵队第一支队铁流队在石门宣布成立，全队共12人，中队长梁杏林、指导员郑新。铁流队成立当天，即出发深入三乡附近的雍陌乡进行抗日宣传，当晚在塘敢乡宿营时被敌人发现。叛徒郑兴及"挺三"肖瑞豪、巢添林部和国民党中山县特务大队高宋保部，还有五区伪联防队共100余人连夜出动，于28日凌晨3时包围了塘敢乡，向铁流队宿营地发起进攻。郑兴向铁流队战士诱降，遭到战士们的严词拒绝和痛斥。在十倍于己的敌人面前，12名铁流队战士毫无惧色，英勇战斗，从拂晓坚持战斗至16时，先后打退敌人5次进攻。在弹药将尽，无法突围的情况下，指导员郑新主持召开紧急支部会议，共产党员带头表态绝不投降。

12名战士宁死不做俘虏，把仅剩的几颗手榴弹和一个炸药包留给自己。他们将文件烧毁、枪支砸烂，然后围在一起高唱《国际歌》，拉响了手榴弹……贺友仔、李权、郑楷、郑福培、李光、梁标6名战士当场壮烈牺牲，其余受重伤的战士落入敌手。指导员郑新和一名战士在被押送途中因伤重牺牲，队长梁杏林及另外3名战士被押解到三乡。在敌人的威逼利诱面前，他们坚贞不屈，后经中共地方组织及当地群众多方营救，才脱离虎口。铁流队战士不屈不挠的英雄气概，为打败日本侵略者勇于牺牲的大无畏革命精神，为中山的抗日斗争史写下壮丽的一笔。

五、珠江纵队第一支队战略转移和抗战胜利

珠江纵队第一支队战略转移东江

敌人的疯狂"扫荡"一直持续到1945年8月日本侵略者宣布投降。这段日子是珠江纵队第一支队指战员战斗、生活最艰苦的时期。鉴于敌人集中优势兵力"扫荡"五桂山抗日根据地，珠江纵队第一支队决定采取避其精锐、分散隐蔽，伺机消灭敌人的策略。在与敌周旋的过程中，部队日夜转战，风餐露宿，难以接近村庄和群众，给养十分困难。战士们经常以野菜充饥或饿着肚子战斗。在艰苦的斗争环境下，部队的各级领导干部坚持在紧张的战斗间隙开展思想工作，教育战士克服悲观情绪，树立胜利信心，使部队始终保持高昂的革命斗志和革命乐观主义精神。面对艰苦的战斗生活，战士们风趣地自诩为"铁脚、马眼、神仙肚"。靠着这种钢铁般的意志和正确的战略战

术，珠纵一支队在敌人兵力十倍于己、时间长达3个多月的连续"扫荡""围剿"下，保存了自己，消灭了敌人。除九区大队因牵制敌人而损失较重外，部队的主力及各级机关得以完整地保存下来。

在敌我力量悬殊的情况下，为保存力量，珠江纵队第一支队决定暂时避开日军、伪军、顽固派的"扫荡"、围攻，将部队分批秘密转移到东江抗日根据地休整，伺机返回中山继续开展敌后抗日游击战。

1945年5月下旬，周伯明、欧初、梁奇达率领珠江纵队司令部的部分机关工作人员，珠江纵队第一支队民族队、爆破排、通信班等共200多人，由金花山村起程，翻过丫髻山、五桂山到达崖口附近的滩头，分乘海鹰队的7艘机帆船横渡伶仃洋，于22日转移到达宝安县黄田休整。23日，欧初等7人乘船秘密返回中山，与罗章有、杨子江等继续组织部队反"扫荡"和转移东江。

6月中旬，冯开平率领珠江纵队第一支队民权队40多人、第二批乘海鹰队的船只，转移到达宝安县燕川进行休整。

7月19日，罗章有率领珠江纵队第一支队民生队、猛虎队共60余人，第三批乘海鹰队的船只到达东江，与民族队、民权队会合。

8月1日，中共广东区党委先后指示："珠江纵队主力退出南（海）、番（禺）、中（山）、顺（德）、三（水）。每地只留下十人至百余人之武工队活动。""珠江纵队主力大部抽出向北发展，名义不取消。组织各种形式的武工队，坚持原地区活动。因地区分散，中山、南、番、顺联络很困难，为便利领导，中山工作划归江南地委。"①珠江纵队第一支队接中共广东区党委的

---

① 广东省档案馆、中共广东省委党史研究委员会办公室编：《广东区党、团研究史料（1937—1945）》下册，广东人民出版社1988年版，第600、606页。

指示后，即通知已在东江的部队原地待命。同时决定，未转移的部队加紧转移；部队转移后，中山的工作由曾谷负责，具体的交接事宜由杨子江、阮洪川组织进行。欧初从东江再返五桂山，领导开展对日伪军的政治攻势，部署在中山的部队继续有计划地战略转移东江。

8月28日，欧初、杨子江率领珠江纵队第一支队民生队、孔雀队、雪花队及粮站、税站、情报站、医疗站等共200多人，第四批从崖口乘海鹰队的机帆船转移东江，于31日到达宝安县，与前三批转移到东江休整的队伍会合。杨子江率队转移到东江后即返回中山。

9月间，珠江纵队第一支队马成队、杜广中队共100多人，第五批转移东江。部队乘船出发后，途中在淇澳岛附近海面遭顽固派黄祺仔部拦截，被迫退回唐家。稍后，部分人员经澳门、香港转移到宝安，部分人员暂时留在中山或香港分散隐蔽。

与此同时，地方组织也作出决定，暴露了的党员和民主政权工作人员分批撤离。撤至东江的地方负责人有方仁牧、郑康明、郑秀、黄炳南、孙一之、马华潭等。

10月8日，杨子江、阮洪川在中山组织交接工作完毕，即率领部分连排干部和战士，以及中山县、区两级民主政权的主要领导干部共30多人转移东江。他们在珠江纵队第一支队驻澳门办事处的协助下，取道澳门、香港，到达宝安县南头。至此，珠江纵队第一支队战略转移东江的任务乃告完成。

珠江纵队第一支队的主力部队和机关工作人员先期到达东江后，一方面按照上级的指示休整部队；另一方面派出部队与东江纵队第一支队宝安大队并肩作战，参加了多次战斗。如在黄松岗至公明圩一线与日军作战、袭击了宝安县沙井乡陈培伪军据点、配合东江纵队所属部队收复铁路以西全境、处理海盗黄公杰部的投降事宜等。

夺取抗战的最后胜利

1945年8月1日，珠江纵队第一支队向日伪军展开政治攻势，发出《告伪军兄弟书》（以下简称《通告》），指出中国军民"最后打败敌寇，当为期不远了"，敦促伪军士兵及时认清形势，"选择一条光明的反正道路"，"快点脱离伪军携械反正"。[①]8月15日，日本天皇裕仁以广播《终战诏书》的形式，宣布无条件投降。消息传至中山，人们奔走相告，万众欢腾。珠江纵队第一支队根据朱德总司令关于各所属抗日部队"限期解除当地日军武装"的命令，于8月16日，以支队长欧初的名义发出《致敌伪军通牒》（以下简称《通牒》）。《通告》《通牒》发出后，日伪军陆续停止"扫荡"，纷纷撤回原驻地，也有少数日伪军携械投降反正。

抗战胜利后，国共双方围绕受降的斗争十分尖锐。国民党反动派欲抢夺抗战胜利果实，发动内战的企图日益明显，珠江纵队第一支队的受降任务由于国民党当局与日伪军的互相勾结和阻挠而未能实现。中共广东区委员会审时度势，认为一方面要保卫胜利成果，促进民主和平局面的出现；另一方面要提高警惕，防止内战的到来。8月24日至25日，珠江纵队第一支队、珠江纵队中山县行政督导处分别发布《为抗战即将胜利结束告中山全县同胞书》及《抗战胜利敬告中山全县同胞书》。

此时，驻中山的日军大势已去，但仍进行垂死挣扎。8月14日，驻潭洲的日军乘汽船二艘侵扰天狗及高沙一带，与驻防该处的地方实力派展开激战。16日，驻小榄的日军欲用巨型木船运谷

---

① 中共广东省委党史研究委员会办公室、中共佛山市委党史办公室、佛山市档案馆编：《珠江纵队史料》，1985年版，第243页。

离境，国民党"挺三"部队将其截获，击毙日军4名，截回稻谷两万斤。与此同时，珠江纵队第一支队发现驻翠亨农场的一股日军，不仅毫无投降表示，而且继续在驻地附近强拉夫役，抢掠物资。珠江纵队第一支队即将该股日军包围缴械并给予警告。此后，驻中山的日军陆续集中石岐。10月6日，国民党军一五九师开进石岐，将日军缴械。次日，该师率同县政府及"挺三"各部进城，于仁山广场举行庆祝光复大会。

日本投降后，中共中央和广东区党委根据广东斗争的实际，及时作出指示和工作布置。根据上级工作部署，珠江纵队各部就地分散活动，一方面尽量避免与国民党军发生摩擦，另一方面又加强做好对付内战的准备。

在中山县五桂山区抗日根据地，自1945年10月上旬珠江纵队第一支队最后一批转移东江后，由曾谷领导留下的干部战士32人，还有部分五桂山区民主政权干部和党员坚持斗争。

1945年10月下旬，珠江纵队第一支队划归东江纵队，周伯明任江北指挥部指挥员，罗章有任参谋长。梁奇达担任中共江北地委委员兼江北指挥部政治部副主任；欧初任中共江北地委从（化）、澄（江）、花（县）分委副书记，负责军事；杨子江、阮洪川等调往香港工作。部队同时进行整编，民族队、民权队合编成江北指挥部机关和解放大队，挺进博罗、龙门等地；一部由欧初带领挺进从化、澄江、花县地区执行新任务。其余部分分赴粤中、西江、香港等地工作，继续为人民的解放事业贡献力量。

4

第四章

坚持武装斗争，迎来中山解放 [①]

① 本章根据中共中山市委党史研究室：《中国共产党中山地方史（第一卷）》，中共党史出版社 2010 年版，第 350—442 页编写。

第一节 五桂山区武工队建立及自卫斗争

一、抗战胜利后中山形势与党组织斗争策略转变

经过14年的抗战，人民渴望和平，渴望休养生息。1945年8月25日，中国共产党发表《对目前时局的宣言》，全面阐明争取和平民主、反对内战独裁的方针，提出"和平、民主、团结"三大口号。然而，国民党蒋介石集团为独吞胜利果实，在美国的扶持下，坚持独裁统治，一面邀请中共中央主席毛泽东到重庆谈判，一面加紧策划内战。国共两党于1945年10月10日在重庆签订的《政府与中共代表会谈纪要》（即"双十协定"）墨迹未干，国民党就派军队大举向解放区推进，妄图一举消灭共产党和人民武装力量。全国内战爆发。中国人民同美帝国主义支持的国民党反动派的矛盾上升为中国社会的主要矛盾，中国革命进入解放战争时期。

1945年9月，逃亡到鹤山6年之久的国民党县政府迁回中山。在中山县长张惠长率领下的国民党接收大员一到中山即提出"三年军事，五年政治"的口号，欲消灭共产党组织，并接收日、伪资产和加紧建立政权基础组织，健全基层管辖，组建军事力量。原国民党第七战区驻粤北地区的野战部队调到中山转为地方部队，建立由县长直接指挥的县保安警察部队（以下简称"保警"）6个营、1个特务连、总兵力约1830人，分别驻守石岐和五

桂山区周边的乡、镇交通要道据点，如四区库涌、崖口、翠亨，五区马溪、南溪、翠微、六区上栅、那洲，另派兵进驻五桂山区腹地村庄石门田心村和长江中心村。同时派出两个连兵力驻守八区。国民党广州行营指令王牌军之一的新一军第一五九师派一个团兵力进驻中山，控制沿海的水陆交通要道和岛屿，协同实施"清乡围剿"。国民党中山县警察局也在五桂山区外围沿线设立区警察所及分驻所，总警力400余人。国民党中山县政府成立戡乱指挥所，由县警察局局长直接领导。县戡乱指挥所辖管的武装是以抗战时期原国民党第七战区挺进第三纵队的部队结合县属各区的地方实力派武装为基础组成区、乡、镇的联防自卫队，武装总兵力3000余人。

1945年9月至10月间，国民党中山当局的接收告一段落，即加强对中山的统治，恢复建立各级政权，把乡村保甲制作为统治的基层组织，用"联保连坐"法以加强控制。10月，国民党中山当局一方面采取重兵压境之势威胁五桂山区的武装，不断派遣小股武装进入五桂山区的乡村，捕杀游击队回乡生产的人员；另一方面在政治上采取诱降、假谈判的手段企图骗取民心，瓦解五桂山区根据地的民主政权，消灭共产党所领导的人民武装。

国民党中山当局对中共所领导的五桂山武装实行政治诱降失败后，即纠集各地的地方实力派武装2000多人的兵力，采取军事"清剿"与政治"清乡"相辅的形式进驻五桂山区，持续不断地进行军事"清乡"、搜索、抢掠、屠杀；控制并占领五桂山周围的平原乡村；宣布人民武装和抗日民主政权为非法组织，要所有游击队员和工作人员限期自新；收买地痞、流氓跟踪暗杀共产党员、游击队员和革命群众；威逼群众交出一切抗日的武装和工作人员，扶植基层政权，扬言要在几个月内消灭人民武装，摧毁山区民主政权。整个五桂山区笼罩在内战的恐怖气氛中。

正当国民党反动派磨刀霍霍的时候，共产党所领导的武装部队珠江纵队第一支队主力已完成战略转移东江的任务，留在中山的12个武装人员组成小分队，队长吴当鸿，副队长黄顺英。1945年9月，100余名战士东撤至唐家湾时被国民党当局发觉拦截，退返五桂山。这100余人中，只有20名武装人员，其余均是通讯、交通、粮站等非武装人员，且大部分是妇女，战斗力十分薄弱。这批人员也暂时由中共中山组织负责人曾谷统一领导。

在国民党军警首轮进攻五桂山区时，驻在永丰村的副队长黄顺英被国民党军队抓捕杀害。人民武装的活动和生活供给变得更为困难。此外，属中山本部地方党组织管辖的党员零星分布在一、二、四、五、六区和属中（山）顺（德）新（会）边县工委领导的三、八、九区的党员中，已经暴露的也为数不少，活动较为困难。

五桂山抗日根据地的许多群众看到珠江纵队第一支队大部已经东撤，主要负责人离开了山区，只留下小部分人坚持，国民党军队天天"扫荡"，治安乱，惯偷多，信心大受影响；在平原乡村，一些留在五桂山的武装土匪、地主、恶霸趁机报复，不少民主人士、开明士绅有"国民党是正统"的观念，知道珠江纵队第一支队大部队撤走后，对支队留守人员持观望态度。

在此恶劣环境下，中共中山组织和党领导的人民武装的斗争形式进行了调整。合水口乡的刘汉洲、甘汉英、甘惠庭、甘文精；石门乡的甘正辉；白企乡的李斌、甘润甜、甘锡华、甘容英；贝头里乡的黄国友、黄兰、黄玉眉；长江乡的欧廉、龙焕容；石莹桥乡的郑嫂（女）、钟大元、梁坚（女）等中共党员坚持在各乡开展宣传活动，稳定群众情绪，与基本群众、堡垒户密切联系。

二、五桂山区武工队建立及自卫斗争

1945年10月，鉴于转移东江途中受挫返回五桂山仍等待东撤的甘生等32名武装人员和100多名非战斗人员处于情绪彷徨不稳的状态。留守在五桂山区的中共组织负责人曾谷根据当时的情况，一方面将非战斗人员分布在五桂山各乡村活动，将一时用不上的重武器掩蔽起来，用短枪活动；并根据斗争需要，在敌我力量悬殊的情况下，将留守在五桂山的武装队伍组织起来，分成5个武工组（队），对外仍沿用珠江纵队名义，称为"珠江纵队中山特派室"（以下称"中山特派室"），中山特派员曾谷负责全面工作，甘生负责军事工作，组织工作和政权工作由方群英、谢月香负责，财经工作由黄乐天兼管。各武工组与当地的民主乡政权、民兵党员合并成立中共支部，各武工组的主要领导人既是党支部书记，又是武工组长，在五桂山革命根据地人民的支持下坚持斗争。一方面治疗留守人员的"东撤病"。曾谷通过召开干部会议、小组会议或采用个别谈话等形式，反复教育干部，提高全队信心，鼓励留守在五桂山坚持斗争的中共党员、武装人员和基本群众。他指出："革命不是一帆风顺的，不是一下子就可闹出来的，对国民党反动派的斗争决不能放松。只要我们能坚持最艰苦的斗争，最后胜利是属于我们的。"通过深入细致的思想工作，全体人员明确了斗争的方向，坚定了斗争的信心。人民武装的活动又活跃起来，出平原散发传单，向敌人开展政治攻势，增强了人民对革命胜利的信心。

1945年11月下旬，国民党中山当局县长张惠长漠视中山人民强烈要求和平民主的愿望，坚决执行国民党广州行辕两个月内肃清"奸匪"的命令，出动军警1400多人，再次对五桂山区的人民武装进行大规模的、持续一个月的"清乡围剿"。国民党军警派重兵进驻五桂山区，驻军于山区腹部的石门贺屋村，长江乡的中心村、那洲村，实行定点固守，采取"坐剿"，进行围村搜捕，穿梭不停地轮回"清乡"。国民党军警渐次撤出五桂山区，在岐关东路的南朗、崖口、翠亨，西路的三乡等地设立驻兵据点，对五桂山采取包围战术，并在各区建立特务队，纠集地主、恶霸，组织反动武装，到处搜查，追捕共产党员和武工队员。

面对严峻的形势，为贯彻长期隐蔽待机的方针，中山特派室决定，部分武装人员疏散回家乡务农，非武装人员则采取各种方法全部撤离五桂山区免受损失。1946年春，国民党中山当局下令收兵，五桂山区局势又趋平静。中山特派室根据中共广东区党委"实行自卫斗争，坚持阵地，保存力量"和"以政治斗争为主要的斗争方式"[1]的指示，及时抓住这个有利时机，以开展政治斗争为主要方式，辅以武装自卫斗争，使国民党县政府无法在山区建立政权，保住了阵地，发展了自身力量。

在武装自卫斗争方面，中山特派室选择敌人的薄弱环节，进行小股出击，开展锄杀奸霸活动。1946年3月至7月，武工队开展锄奸活动，消灭了马溪两个国民党特务，三次袭击地主武装雷雄部。四区大鳌溪警察分驻所经常派员下乡摧捐逼税，欺压群众。4月中旬，武工队袭击国民党驻大鳌溪警察分驻所，俘敌20余人、缴获机枪1挺、长短枪20余支。正坑村和沥溪村原是游击区基地，抗日部队撤走后，留守武装人数不多。这两个村的保长、甲长即投靠国民党当局，秘密举报武工队行踪，使当局军警袭击正坑村，武工队战士国光牺牲。事后，凤凰山武工队将正坑村、沥溪村两甲长处决，并张贴布告向群众公布。长江武工小组根据群众的举报，将带反动军警捕捉白企乡民主乡长李斌等民主乡政

---

[1] 中央档案馆、广东省档案馆编：《广东革命历史文件汇集》甲56，第28—29页。

人员的两个"败类"缉拿处决。崖口恶霸谭中善当上乡长后，任意鱼肉乡民，民愤很大，乡民要求铲除他。崖口武工队请示曾谷后，将其处决。这震慑了附近其他恶霸，武工队在群众中的威信也提高了。武工队员杨三在这次行动中牺牲。

石门乡地主、国民党员甘土秀于1946年从澳门回乡当乡长。他一上任便要求石门乡集结队放下武器，不准干涉他与国民党来往。曾谷与在该乡工作的谢月香和集结队长甘国良等商量研究后，由谢月香代表民主政权警告甘土秀："集结队绝不放下武器；你当你的乡长，但不能出卖武工队和支持武工队的群众，不能损害老百姓一丝一毫的利益，应付国民党当局必须与武工队商量。"与此同时，石门乡集结队处决了不务正业并带敌人进村搜捕中山特派室领导人的石门村流氓甘保林。甘土秀再也不敢嚣张了。

由洲仔至湾仔沙村沿海边滩涂自然生长的蚝（牡蛎）场是沿岸蚝民祖祖辈辈赖以生存的场地。五区洲仔村恶霸陈胜、陈桂、陈耀等购置武器，凭借国民党当局与当地反动势力，欺压群众，横行霸市，竟将该蚝场强行霸占，造成洲仔、吉大、大姑嶝、湾仔沙、胡湾里、耙子石、水雍坑、契爷岭、里神前、古屋村10个村的蚝民8000余人断绝生活来源，陷于饥饿苦境。这些村派出代表10名请求武工队拯救群众疾苦。1946年5月，中山特派室为民请命，解救百姓疾苦，由曾谷、甘生率领武工队，远道奔袭洲仔村，擒获恶霸陈耀和帮凶陈九，并公告沿海岸边滩涂自然生长的蚝场，即日起，沿岸各村群众可自由采集，任何人等不得划界占有。从此民生安定，沿岸各村群众积极支持、配合武工队开展工作。群众见武工队的作风和行动同过去珠江纵队一样，仍然是打击坏人的，便逐步信赖武工队。武工队活动区域扩大。

武工队采取机动灵活的战术，连续进行小股出击，不仅站稳了脚跟，巩固了革命根据地，而且壮大了革命队伍。武工队从原来的32人发展到60多人，五桂山区的革命形势从被动变为主动。国民党军警方面却处处陷于被动，武工队袭击了哪个地方，他们就派兵进驻哪个地方，疲于应付。由于武工队一直坚持斗争，国民党基层政权无法在五桂山区运作，五桂山区表面上是国民党占领了，实际上仍然是由中山特派室控制着。

在政治斗争方面，武工队开展宣传，努力改变群众视国民党为正统的观念，揭露国民党假和平、假谈判的阴谋。1946年春，中山特派室发表《向全县同胞暨海外邑侨控诉》，揭露张惠长在抗战胜利后加紧搜刮民脂民膏、杀害无辜平民百姓、大肆围攻五桂山区等罪行。3月，五桂山区继续推行减租减息运动，深得当地农民的拥护。在仍受中共控制的五桂山区中心的村庄，地方党组织注意物色一些公正人士任国民党乡长，以应付国民党当局和减少土豪对民众的压迫；争取国民党乡长、保甲长尽可能减少征税数量，以减轻民众负担，使部分国民党乡长的态度由中立转为同情，甚至暗中帮助。如吴当鸿在东坑（今属珠海市）物色魏文忠（1946年加入中国共产党）当"白皮红心"的保长。他当保长后，把东坑的乡政权掌握起来。武工队有了"保护伞"，很快扩展至10多人，活动地点也从东坑、正坑扩大到香洲、上栅、下栅以西，南溪以东一大片土地，恢复到抗日战争时期游击部队活动的范围。

中山特派室武工队一连串的武装自卫斗争，震慑了五桂山区的国民党区、乡政人员。1946年，国民党当局在六区向各乡村筹集经费、建立武装的计划就遭到各乡长、村长的坚决反对。在该区的一次乡长会议中，区长提出加强治安建立警察队伍，经费由各乡征收，各乡长当场表示不满，要求与中山特派室举行停止冲突的谈判。于是，当即选出唐宗枢等5名乡长代表与中山特派室谈判。该5名乡长到五桂山区时，中山特派室表示热烈欢迎，双方达成协议。经过这次谈判，永丰驻军撤退，石门九堡的虽未撤出，但九堡与永丰、上栅3乡军粮免收，并在六区组织起一个联乡办事处，排解武工队与国民党军警在六区范围内的冲突，以及应付国民党县政府的军粮收缴等问题。①

中山特派室为扩大平原乡村的政治影响，到平原乡村群众中宣传共产党的政策和主张；揭露国民党反动派发动内战的罪行；使平原乡村群众知道虽然珠江纵队第一支队主力撤走了，但仍有武装力量继续坚持斗争，以争取团结群众和恢复与统战朋友的关系，广交新朋友，争取对武工队的支援，扩大粮款征收，解决经济和给养问题。

由于中山特派室正确执行上级的斗争方针，紧密依靠群众，保护群众利益和保护山区民主政权，积极开展自卫斗争，团结开明人士，争取了部分国民党扶植的乡长、保长、甲长站在人民一边或保持中立，动摇和破坏了国民党当局建立的基层政权组织。各武工队指战员也在坚持斗争中适应斗争环境，提高战略战术，实现了巩固老区、发展新区、扩大活动区的目的，逐步恢复与巩固原有根据地。

1946年6月，国民党中山县当局又组织兵力向五桂山区"围剿"，先行集中对武工队活动的新开展地区洲仔、大姑姆等村"清乡"搜捕，杀害支持武工队的青年农民陈春。7月，凤凰山区武工小组前往香洲地区执行征粮任务，于湾仔沙村途中与香山乡反动势力黄汉部遭遇，武工小组战士唐停牺牲。在三乡大布乡活动的共产党员吴清华不幸被国民党逮捕，于平岚村鸡公尾被

---

① 参见《与六区乡长和平谈判总结》，广东省档案馆1946—1949年第309号卷。

杀害。

面对国民党军队大规模的军事进攻，中山特派室坚决贯彻执行上级党组织提出的"分散隐蔽，积蓄力量，等待时机"的方针，立即整顿队伍，把武装人员分散隐蔽在群众中，迅速疏散非战斗人员，避免损失，以保存自己的力量。为适应敌我力量非常悬殊的斗争形势，组织灵便活跃的武装工作队，将原珠江纵队第一支队留下来的连、排骨干30多人，按活动地点编成5个武装工作组：郑吉、吴当鸿带领的武工组，以凤凰山为据点，活动于五、六区一带；缪火、林辉带领的长江武工组，以长江中心村为据点，活动于四区一带；黄旭、黄乐天带领的武工组，以石莹桥为据点，活动于一、五区一带；梁冠带领的武工组，以崖口海边为据点，活动于四、五、六区沿海，并负责与港澳上级党委联系；甘国良带领的武工组，以石门九堡为据点，活动于四、六区一带。除海上武工组以外，各武工组的据点都有山区作依靠，面向平原乡村，便于进出活动。武工队时分时合，机动灵活，为避敌搜捕，白天隐蔽，长期住山不住村，钻住窑洞、密林，风餐露宿，晚间下山做群众工作，揭露国民党反动派发动内战的阴谋和罪行，宣传解放战争必胜，坚定群众对革命的信心。

此外，根据地民主政权的乡政骨干和民兵100多人（都是当地人），留在当地坚持斗争，以武工队的形式秘密坚持政权工作，主要是坚持减租、减息，反对敌人的"三征"（征粮、征兵、征税），保卫山区人民的民主权利；继续加强平原乡村的活动、团结、争取中间力量，争取群众在物力、财力上的支持。

由于整顿了队伍，疏散了非战斗人员，中山特派室的武装精干均配以短枪，活动灵活，时而集中几个武工组和轻机枪、步枪锄奸反霸打击小股敌人，结束战斗后即分散隐蔽，打击了敌人对山区的包围"清剿"，鼓舞了群众的斗争信心。

三、五桂山人民支持斗争

在艰苦的岁月中，经过长期革命斗争锻炼和考验的中山人民，与共产党所领导的人民武装同生死、共患难。在五桂山区，各乡村都有很多堡垒户送茶送饭到山上给在山头隐蔽的共产党员和武工队员们，还经常提供敌情及接应支援武工队。在敌人残酷"扫荡"期间，五桂山区的民众和堡垒户尽管备受国民党当局军警"清乡"、抢劫、严刑拷打等折磨，但他们并不因此而害怕。他们渴望共产党领导的人民武装回来保护自己，对待武工队员就像对待自己的儿女一样。虽然敌人声言哪家接纳武工队就烧杀哪家，但他们仍不顾自己的安危，设法保护武工队员，从不向国民党当局告密和出卖武工队。如石门乡贺婶、黄胜、陈添仔，长江乡的龙国献、龙伯谦，石莹桥乡的林伯等为了掩护游击队员和中共地方党员，在自己家里筑起夹墙。曾谷等就常常隐蔽在兰溪村堡垒户甘华焕母亲家的夹墙里避开敌人的搜查。石门堡垒户李嫂（甘少麟妻）家屋后有一茂密的山林，每逢敌人搜查，李嫂就冒着生命危险报告黄旭，使其避过敌人的多次"扫荡"。西陂村的黄灶林、嵩埔村的陈谷嫂等，都不顾生命危险掩护武工队。合水口女党员余华娇在村中坚持组织群众与敌人作斗争。她团结乡中十几个妇女积极分子，用互相帮工的形式，逐村发动群众，教育群众。正是因为这种血肉般的军民关系，正是有坚强的群众和堡垒户的帮助、支持和保护，五桂山的革命力量才得以保存下来。

经过武工队六七个月"偃旗息鼓"的分散隐蔽活动，驻五桂山沿线的国民党军警逐渐松懈下来，虽然"扫荡"还在进行，但时间、规模较过去大为缩减。国民党士兵的厌战情绪也日益严重，他们循令而来，循令而去，有的即使发现武工队员也无心追赶。不少国民党士兵说："我们的大队长走私，中队长贪污，兄弟为饭碗，一天只有八两米，饭也吃不饱，哪有力气追共产党。"很多士兵都不愿意为国民党卖命。到1947年秋，国民党驻中山的2个中队调到广州编入警卫旅，留在中山的只有4个大队，既要防守县城石岐和重点乡镇，又要对付全县各地的群众革命斗争，因而无力继续围攻五桂山根据地，迫不得已把全部兵力从五桂山区撤出。国民党出动大批军队持续一年之久的大"扫荡"，宣告彻底破产。

中共中山组织和武装斗争的发展

一、党组织巩固与发展

1946年10月，中共广东区党委要求各级党组织"将现有力量基础（包括武装地方党及民主力量、群众力量……）积极整理，达到稳步、隐蔽和巩固，同时在巩固原则下，力求新力量的点滴积蓄，特别是群众工作做得好"，"造成将来大开展之准备条件"。①

澳门会议②后，中山各级党组织虽然分散隐蔽，但并没有停止活动，而是采取多种形式，利用各种条件坚持斗争。根据澳门会议布置的今后斗争方针，公开的军事行动停止，各级党组织以反"三征"斗争为中心，积极发动、团结群众并逐步扩大活动范围，壮大自身力量。

1946年八九月间，澳门中山特派员黄佳（当时中山、澳门及顺德部分地区中共组织负责人）委卢克诚任石岐特派员。卢克诚有着"特殊"的身份：既是中山民众中心小学校长，又是广东省护沙总队部少校训育员，持有去沙田区各地调查共产党活动的指令，又持有广州《中正日报》副经理、广州中兴通讯社副社长

---

① 中央档案馆、广东省档案馆编：《广东革命历史文件汇集》甲56，第130页。

② 1946年8月，澳门中山特派员黄佳在澳门主持召开中山特派室干部会议，组织学习，总结经验教训。

以及国民党中山县政府机关报《建中日报》特约记者的报社证章和记者证。利用这些证件在中山地区活动很便利，乘车、船去澳门、广州都无须买票，即使碰到意外也容易脱身。中共中山组织便把接收和联系一、二、四、五、六区党员这个有一定难度的任务交与他。在这批中共党员中，有的是从外地来中山隐蔽的；有的是中山本地的，一时因各种原因未与组织接上关系；有的是从外地疏散回来的①。经过口头审查，了解情况，他们的组织关系逐一得到恢复。1947年初，上级党组织从外地陆续调来一批共产党员到石岐与一、二、四、六区的中小学校及国民党中山县政府机关秘密活动。如隐蔽于一区长洲小学的黄敏元，二区周崧小学的蔡庆权，南路转到仙逸中学的李明，由粤北转来二区溪角学校的叶超，由香港转来在六区唐家中学的刘凯声、麦莎，在总理故乡纪念中学的曾海波，在中山师范学校任教员的曾刚，从广州转来县立中学任教的王伟彤、刘成器，在中山师范学校活动的黄柏梁、谢秉才、车前驹，以及本地的党员如刘庆常、刘达之、冯彬等。这批中共党员有步骤、有计划地在学生中发展新民主主义青年团员和共产党员。

由卢克诚负责联系的还有活动于民众的3个党小组：一小组在新涨沙活动，组长李少平；一小组在三墩活动，组长廖安；一小组在浪网活动，组长卢克诚。1948年后，陆续发展了一批新党员。黄敏元在长洲发展黄官海、黄远峰入党，于1948年初成立长洲乡党支部，黄敏元任支部书记。该支部于1948年至1949年发展了黄敏坚等14名党员，分别在西村黄官海家和后山黄金贤家设立地下交通联络站，长洲学校校工郑坤模为地下党的交通联络员，

---

① 日本投降后，各地抗日武装队伍疏散大批人员。被疏散的人员有些由组织安排去处，有些利用自己的社会关系找安身之处。

活跃在一、二、四区及石岐地区。在县立中学的刘成器发展了10多名党团员。青岗位于中山二区下游，地处偏僻，便于党的活动。刘达之到此联系了疏散回乡的游击队员黄亢、黄绮云等。随着解放战争形势的好转，党组织调蔡庆权到青岗发展武装。曾海波在总理故乡纪念中学恢复了江士骞的党籍，介绍黄富泉加入中国共产党，成立了党支部。

1947年2月，黄佳、罗光连调离，中共澳门中山特派员撤销，设中山特派员，曾谷任特派员，隶属香港分局。

各地党组织在乡村组织农会、青年读书会、体育队、夜校、妇女学习班等群众组织，开展宣传教育。通过这些组织发动群众开展"三征"运动，与国民党反动派作斗争，在斗争中培养和教育先进分子。党组织不断发展和壮大，到1947年底，党员数量达70多名。在此期间，三九区特派员刘云为加强农村工作，派党员前往沙田区发展，使三区党组织不断发展壮大。到1948年，中共古镇支部书记苏松柏的活动范围伸展到曹步、六沙，使该支部党员从3名发展到16名，并在曹步、六沙成立党支部；邓永年到高沙开展工作，培养了一批积极分子，于1948年春夏间发展叶洪、叶炎等加入中国共产党；随后，在反"三征"群众运动中又有一批农民被吸收为党员，建立了党支部。中山解放前夕，高绩的党员接近20人；中共海洲支部发展了海洲自卫队特务长袁诚为党员，其后担任该队自卫队长。在海洲党小组的张枫、吕胜、袁勋等组织进步青年10多人，成立海洲青年读书会，开展革命活动，发展了5名党员，成立了海洲党支部；1948年夏，珠江三角洲地工委委员廖安任三九区副特派员，加强对三区党组织的领导。随后，张枫在四沙开展工作，为建立武装打开了局面。

1947年至1948年，为进一步开展工作，中共顺德县工委先后派出郑迪年、黎朝华、邓绍明、潘伟明、刘章、何子冷、金秀霞、陈雪清等党员到三角，并成立中共三角支部，支部书记邓绍明，组织委员黎朝华，宣传委员黄伟明。中共三角支部利用叶定邦（国民党中山九区支部第四分部书记）想控制乡中心小学校的机会，通过上层关系安排一批中共党员在学校担任教导主任、教师等职务。

1947年春，中共顺德地方组织负责人李株圆通过关系，安排中共党员郑迪年到三角中心学校任教导主任，之后，陆续安插党员陈雪清、黎朝华、何斌、欧阳滔等在该校任教，建立了中共支部。同年，三九区地方党组织还在三角、小榄开展建团工作，并在工人、教师中建立了团支部。如刘云在小榄三立小学当教导主任时，在学生中做发展团的基础工作，该校高年级学生孙敏、梁方明、梁东垣等参加了青年团。活动在三角乡的中共党员以学校为阵地，通过办农民夜校，组织青年积极分子参加秘密读书会等，从中发展了一批党团员。

二、武装斗争恢复和发展

中共中央在1946年11月17日复方方、林平电中指示："广东敌人兵力空虚，灾荒遍地，国民党又征兵征粮，因此造成了发展与坚持游击战争的客观有利环境。应在党内消除过去认为广东特别长期黑暗，因而必须无了期埋伏之思想；广东党今后中心任务即在于全力布置游击战争。"[①]

1947年1月，中共广东区党委在香港湾仔召开区党委扩大会议（"湾仔会议"），传达贯彻中共中央关于恢复发展南方武装斗争的指示。5月，中共中央香港分局成立后，积极领导华南地区恢复和发展游击战争。20日，香港分局作出《关于接受中央二

---

① 中央档案馆、广东省档案馆编：《广东革命历史文件汇集》甲56，第152页。

月一日指示的决定》。与此同时，香港分局和广东区党委在香港先后举办5期干部训练班和学习班，组织学习游击战争的战略战术和群众工作的路线、方法。中山地方组织先后派刘云等一批干部前往学习。

1947年1月，根据中共中央和广东区党委的指示精神，结合中山的斗争实际，中山特派室召开的干部会议决定纠正过去消极掩蔽的做法，到新区开展工作。中山特派室军事特派员梁冠到中山、顺德边界坝头市建立交通站，发展了一批青年参军，之后陆续把郑吉派往万顷沙、汤忠派往小榄、梁泰猷派往九区发展武装。1947年夏，梁冠带领武工队夜袭申堂。8月，梁冠带领武工队再次远途奔袭申堂，击毙该乡乡长刘六，活捉助纣为虐、向群众勒收田赋的刘维满。经过两次战斗，党的影响在丫髻山区迅速扩大，为开辟该区扫除了障碍。

1948年初，中山特派室派钟仲谋带一小分队到丫髻山荔枝埔一带开辟新区。同年夏，根据中共广东区党委"准备大搞""一面大胆放手发动群众，一面要步步巩固自己阵地"①的指示精神，中山特派室逐步将部分骨干调回五桂山区发展。为适应斗争需要，便于联系，中山特派室代号"哈尔滨"，政治特派员黄旭代号"牛"，军事特派员梁冠代号"实"主管武装，黄乐天代号"X"主管财经工作，吴当鸿代号"浩"主管凤凰山区工作。

1947年冬，国民党当局军警从五桂山逐步撤退，转入消极防守，只是在发现武工队的活动踪迹时才调军警前去驻防。由于兵力不足，国民党无力控制广大农村，存在很大的空隙地区。武工队采取星罗棋布的方式发展，活动地区不断扩展。五桂山区武工队方面：驻长江村的武工队以长江地区为中心向四区平原村庄

① 中央档案馆、广东省档案馆编：《广东革命历史文件汇集》甲56，第289页。

活动；驻合水口地区的武工队向南朗地区活动；石莹桥武工小组活动于槟榔山、石莹桥、黄牛坪地区；在丫髻山脚龙塘、申塘、荔枝埔地区活动的武工队沟通了八区月坑、黄杨山地区的联系。随后，中山特派室调派郑文、李成、周挺等干部到八区配合当地组织开展武装工作；合水口里支部的妇女工作扩展到白企等村；活动于一区长命水的武工队向石鼓挞地区乃至石岐地区推进；凤凰山武工队活动扩展至香洲、那洲一带。武工队的成员多数是党员。他们在群众中宣传党的政策，扩大影响，从中又吸收一部分人参加武工队。中山特派室各武工队通过重点巩固，加强农村革命根据地的建设等一系列工作，革命武装力量已有所增加，指战员的政治、军事素质不断提高，群众基础不断巩固，形成五桂山区、凤凰山区、丫髻山区三山鼎立的格局，武工队星罗棋布，活动于广大地区。武装斗争的发展，既扩大了影响，又保护了人民群众的利益。

外神前村古桂寿依靠与国民党上层人物古鼎华①的宗族关系担任该村保长。此人恃有靠山，勾结国民党军警，借口向武工队缴交公粮诱武工队进入国民党军队的包围圈。幸而武工队有所警觉，及时撤离，避免了损失。之后，凤凰山武工队将其处决。林辉武工队袭击四区江尾头村乡府乡警队，缴获长短枪10多支、物资一批，继而又袭击了地方势力石鼓挞乡长刘桂昌。通过一系列行动，稳定了山区治安，安定了民心。各乡村保长看见中山特派室的力量不断增强，逐渐主动和中山特派室联系或保持中立。

1948年夏，三区部分武装负责人在小榄镇第九街1号召开武装工作会议。会议决定在沙田区建立武工队，发展武装。会后，

---

① 古鼎华（1894—1985），原名尧偕，别号勋铭，香山马溪村人。曾参加北伐。抗战时期曾任广东省第一区行政督察专员兼保安司令、暂编第二军副军长、第九战区暂编第二军军长、粤桂边区副总指挥、总指挥。抗战胜利后，任国防部高级参谋。

刘云征得中共珠江三角洲地工委书记黄佳同意，把三区划分为上、下三区两片：曹古海为上三区，以隐蔽斗争为主；织麻、五埒、三至六沙（即沙田区）为下三区，以武装斗争为主，将在部队工作过的张枫、吕胜调整到高沙、四沙两片发展武装。派出党、团骨干打入上三区国民党地方武装。如袁世根利用任邦平乡乡长的机会，安插了共产党员程标、唐协民、袁长诚、袁树球等掌握海洲自卫队，队员大多是先进分子。海洲各坊还以保护家乡、防止土匪抢劫为名，由各坊自愿组织队伍帮助更大队看更，武器经费均自筹自给，中共地方组织想方设法派党、团员或进步青年打进去，掌握这支队伍。中共党员苏标的父亲苏金成是古镇津边里保长兼更大队队长，利用这层关系，苏标直接掌握了这支队伍。

1948年冬，形势开始好转，珠江三角洲地工委派委员曾谷返回中山负责中山的武装斗争。五桂山根据地、三区、八区的武装力量发展迅速。中山特派室和地方党组织动员山区人民参军，队伍迅速扩大。随着中山特派室组织了几次出击，消灭了国民党保警2个连后，平原乡村人民大受鼓舞，群众说："一支队又回来了。"五桂山区的武装力量迅速壮大。

1949年2月，三区党组织从各乡挑选10多名党员骨干和觉悟较高的青年农民，在高沙举办游击训练班。中共珠江地委从五桂山区派来汤忠、何金作军事骨干。同年3月，张枫在高沙意丰围梁七姑家里主持成立三区首支公开的武装队伍武工队，叶洪为队长，汤忠、何金为副队长，队员有梁均等14人。随着斗争的深入发展，三区武装不断壮大，又将下三区划分为两部分，一部分由张枫（化名林飞）负责，队长叶洪，副队长何金，活动于原复兴乡的高沙、绩东、绩西、五埒、鸡笼、草塘、白鲤等地区；另一部分由吕胜（化名何发）负责，兼任队长，汤忠为副队长，队员有黄夭九、邓云青等10余人，活动于西海乡的七埒，一、二、三、四、五、六沙、天宝、同裕、指南等地区。至1949年秋，三区武装已发展到250多人，组成猛虎、北平、飞虎等6个分队，配有轻机枪5挺、步枪100多支、冲锋枪、手枪20余支及弹药等一批。三区还建立了一支不脱产的起义军（即民兵组织），起义军总部设在高沙顺安围曾用富家，总部代号"莫斯科"，司令林飞（张枫）。全区凡有党员的地方，都发展起义军组织，起义军都发有胸章，并造册登记上报总部，共发展了1100余人。

三、交通情报网建立

恢复和建立陆路交通线

在分散隐蔽活动期间，中共中山地方组织和党领导的人民武装为沟通设立在澳门的上级机关与各地党组织的联系，逐步恢复建立了一批交通站，继而又开辟了海上交通线，依靠严密而畅通的秘密交通网络，传送情报，运送人员、物资。

澳门会议后，中山特派室把武装人员分成几个武装工作小分队，化整为零在群众中活动。地方党员则秘密转入地下活动，组织发动群众，进行合法斗争。此时，中山各地方党组织的消息传送主要靠交通员。这些交通员经常通过敌人的重重封锁线和星罗棋布的关卡、哨岗，机智灵活地化险为夷。

石门白石岗村革命母亲贺婵（贺带）主动为中山特派室当交通员。她的丈夫甘华胜从夏威夷回国后定居在澳门。她来往于中山、澳门之间，把党组织的指示、信件送到目的地。她的家还是一个联络站，上级党组织先后安排从广州、香港等地到五桂山游击区参加游击战争的青年约40名，就是通过她家转送入山区的。贺婵的丈夫也同情、支持游击队。可惜在1949年当局军警的一次"扫荡"中，革命母亲贺婵夫妇不幸被捕，壮烈牺牲。唐家村年逾半百的郑月红也常冒着危险来往于敌人交通封锁线为武工队带信。1946年春，她在执行任务途中被敌人捉住。敌人要她脱光衣服搜身，她毫不畏惧，大胆而机警地斥责敌人："我没有做错事，不怕你们搜，（论年龄）我已生得出你，要脱就脱吧。"镇住了敌人，从容过关。

1946年冬，中共组织在九区的活动逐步恢复，组织了一支有22名队员的交通员队伍，其中19名是沙田区妇女。她们人熟地熟，能走会划（艇），直到1949年九区解放为止，出色地完成党交付的对敌斗争和交通运输任务。

此外，三区也建立了一批交通站。除高绩叶洪家、古镇苏松柏家2个交通站外，新增四沙梁明初、曹步李洪发、小榄袁定慧的车衣店交通点站。中共海洲支部书记袁勋的家庭经商，往来人员较多，不易引起注意，因此，地方党组织在他家空置的旧店铺设立交通联络站，不少地方组织负责人到海洲找珠江地工委书记黄佳汇报工作，都在此接头。其间，袁勋还安排团员吕门兆、区培任黄佳的交通员和通讯员。另增加了一批临时不脱产、半脱产交通员，如高沙冯敬生、海洲区英伟、古镇苏能根等。一区张溪村的中共党员梁沛洪隐蔽在乡负责交通情报工作。为便于工作，他把在港口铺锦交通站的弟弟梁矿源调回张溪负责张溪、石岐、长洲、大鳌溪一带的交通工作，为中共珠江特委及中山特派室、中共一区委接送情报。1948年夏，钟嫦到八区与当地3名妇女在月坑设立交通站，她们经常背着孩子，挑着箩筐出入作掩护，传送情报。同年，根据组织需要，谭志、林嫦调回澳门设立珠江地工委机关联络站。李筱平、陈舜英亦先后调至该站工作。

建立海上交通线

1946年底，澳门、中山特派员欲加强对各地党组织的领导和联系，而所辖地域有澳门、中山以及顺德县容奇、桂洲等，因陆路已被国民党当局层层封锁，有必要设立海上交通线，从水路保持与各地党组织的联系。海上交通线的主要任务是传达上级文件指示，护送干部与人员到各地和运送武器弹药、医药军用物资。

银坑至澳门海上交通线。抗战时期，珠江纵队第一支队曾开辟一条海上交通线。内战爆发后，这条线因经过敌人封锁线多、不安全而被终止。1947年初，通过在银坑开设小店作交通点，发展了该村进步青年农民阮国、阮北元、阮坤友、周标。经过一段时间的考察，决定在此开辟一条海上交通线，负责接送来往于银坑与澳门的驻澳门的上级机关领导和中山地方组织的党员、领导干部和武装人员。具体路线是澳门—黑沙湾—银坑—长沙埔转五桂山，再接陆上交通由银坑—东坑—正坑—永丰—五桂山—长江。《华商报》《正报》都由这条交通线运进五桂山。负责这条澳门海上交通线的有钟淑和、周大嫂。在银坑的海上交通站先后由阮国、阮北元、周标、林唐、大炳等负责。有一次，凤凰山武工队袭击唐家伪警察所，队员陈能杰受重伤，由阮国等民兵连夜将其送往澳门镜湖医院请柯麟院长医治。1948年至中华人民共和国成立前夕，不少因在广州各大、中学校搞学生运动而暴露的学生，由组织安排，经香港转澳门再到中山五桂山工作。他们均由中共中山组织设在澳门的3个秘密交通站，安排通过这条海上交通线运送到五桂山。

长沙埔至将军村海上交通线于1946年底开通。此条海上交通线打通了九区地方党组织与五桂山的联系。长沙埔交通站设在甘卖根家，将军村站设在吴添带家，负责人是黄浩，交通员有吴添带、梁根、徐玉连等。这条交通线路程最远，有70多海里，从平顶村下沙大海环出金星门上游，经横门口入裕安尾、马大丰海出十顷大河道至独岗三角涌、黄沙沥经黄圃涌才到将军村。木艇划行需20多个小时才能到达，沿途须经过国民党、地主恶霸所设立的重重关卡；遇上大风大浪，小艇经常被打沉，很危险。1947年底，交通战士黄就（黄浩）、梁根在执行护送中共中山特派员曾谷和中山特派室军事特派员梁冠的任务途中，碰巧遇到敌人到崖口围田"扫荡"。黄浩将曾谷、梁冠护送到目的地，梁根留下来应付哨卡的检查。敌哨兵发现艇尾、艇篷都被枪打了几十个孔，即用绳子将梁根吊在树上乱棍毒打逼供。但梁根一口咬定是土匪黄祺仔大队的兄弟，敌人没有办法，只好将其关在牢里。后地方党组织通过关系派人去郭炳匪部讲情，将梁根领了回来。梁根受尽敌人严刑拷打，仍没有泄露半点党和部队的秘密，受到中共珠江地委和中共中山县委的表扬，并被授予"硬骨头英勇特等交通员"光荣称号。

濠头至滘心水上交通线于1947年设立。濠头村交通站设在民主人士李志海的30亩地的养鸭寮，由细妹统一管理；滘心村交通站设在黄就家里，由黄金胜、梁根管理。乌沙村交通站由郭二姐负责，交通员有基娣、月娇等。这条海线沿途要经过国民党的关卡岗哨很少，只有濠头涌口碉楼有一个自卫班及藕塘滘有一个伪自卫哨棚。1948年，五桂山区武工队的活动已经伸展到濠头、沙边、大小鳌溪、紫马岭、上巷、白庙等平原乡村，这条线成为主要干线。李志海是名医、开明的民主人士，在石岐、九区乃至港澳地区都有很高的地位和声誉。他与国民党中山县长郑天健是同乡，关系非常密切。这条交通线主要用于沟通五桂山区部队与中（山）顺（德）边区部队。郑汉武工队通过李志海的关系，与该自卫队队长搞好了关系。自卫队成了武工队的耳目和前哨。1948年至1949年，该条交通线一次又一次出色完成任务。濠头至滘心交通站被部队命名为模范交通站，细妹、梁旺彩、梁根、黄浩为模范交通员。

香洲至澳门交通线。为沟通五桂山根据地与澳门中共珠江地委的联系，中山特派室又在银坑蚝背仔周昌华的渔栏建立起交通联络站。这个由渔民组成的海上交通站，担负起运送五桂山根据地和澳门珠江地委联系来往人员的任务。不管是风吹雨打，白天黑夜，形势好坏，这条海上交通线一直畅通无阻。周桂光等渔民群众不顾个人安危，一次次出色地完成任务。

中共中山地方组织设立的4条水上交通线全长100多海里。其中从澳门交通站停泊黑沙环至珠海、银坑、蚝背仔、外神前、平顶村、长沙埔、崖口，共60多海里全是汪洋大海，风大浪大，危险性高。而由横门至民众入三角独岗涌、石军海、黄圃涌，出将军涌、滘心、孖沙涌、乌沙涌等则是内河涌，岗哨多，关卡多。交通员们凭坚定的信念往返于这些海上交通线上，沟通了中共中山组织与上级组织的联系，沟通了中山五桂山部队与中山九区武工队及中顺边区部队的联系。

此外，中共中山组织还在八区建立黄沙坑—五桂山，黄沙坑—月坑、马墩，由黄沙坑经五山伸展到粤中，黄沙坑—澳门等4条交通线，沟通了八区与五桂山，八区与澳门、粤中的联系。

四、巩固五桂山革命根据地

1947年冬，国民党中山县当局的军队从五桂山区撤走后，中山特派室和中共地方组织抓住这个有利时机，按照中共中央"以能在广大乡村中站稳为根据地奠定基础"[①]的指示，积极恢复与巩固五桂山革命根据地，成立五桂山区工作委员会（隶属中山特派室，以下简称"五桂山工委"）。五桂山工委设指导员、军事干事、组织干事、财政干事（兼生产干事），统一领导全区党政军民各方面工作。五桂山区下辖2个武工队，每队10人。五桂山

---

① 中央档案馆、广东省档案馆编：《广东革命历史文件汇集》甲57，第24页。

工委成立后，进一步加强对建设山区、巩固革命根据地的领导。

抗日战争胜利后，五桂山区在抗战时期建立的五桂山政务委员会仍存在，辖下的行政乡仍设立机关办理民众投诉案件，帮助部队收公粮，开展减租减息、镇压反动分子等工作。之后，因国民党当局多次"清乡扫荡"而受到破坏，各乡的民主政权由公开转入秘密活动。民主乡政人员有的随部队转移隐蔽，有的回家生产，坚持为党和群众办事。1945年底至1947年初，国民党当局对五桂山革命根据地进行长时间、大规模的"清乡扫荡"，安排了一些当地人当乡长、保长。但是，这批乡长、保长大多受过共产党和抗日游击队的宣传教育，多不敢和武工队、民主乡政权作对，对国民党当局也只是应付了事。

国民党县当局军警撤走后，五桂山工委及时将石门、马溪、永丰、长江、合水口、石莹桥、长命水等乡的民主政权恢复起来，由共产党员或开明的进步人士任乡长。五桂山区民主乡政权恢复后，五桂山工委又及时指导他们紧密联系群众，为群众办事；同时还保留国民党县当局设立的乡政权，利用这些乡长、保长去应付国民党反动派，了解敌人的情况。国民党县政府所布置的一切，必须征得民主乡长同意或请示武工队负责人批准后才能执行。经过一段时间的政权建设，五桂山区各乡村的民主政权又得到了恢复和发展，政权重新掌握在人民手中。

在与国民党反动派斗争的残酷环境中，中山特派室以共产党领导的"白皮红心"两面政权为主要形式，掌握了一批乡、村政权。五桂山区的石门、永丰、长江、合水口、石莹桥、长命水、东坑、正坑、银坑、杨寮、里神前、水雍坑等村庄，均由共产党员或开明进步人士任乡长、保长、甲长，联系群众办好事，以乡长、保长、甲长的身份应付国民党和了解敌情动态。在控制区内，则委任旧职人员，但对国民党当局所布置的一切事务，务必经民主乡长同意或请示武工队负责人批准，方可执行。国民党管区内反动势力大的地区的乡长、保长、甲长，可通过关系进行工作，争取其中立，开展政权工作，逐步蚕食、压缩旧政权。经过艰苦细致的工作，一批曾在抗日战争时期建立和领导的民主政权得以恢复。

全国内战爆发后，由于国民党当局不断进行"清乡扫荡"，当地的地主、恶霸、土豪凭借国民党的势力，公开报复群众，使减租减息政策无法继续执行，甚至被废除。1947年冬，武工队粉碎国民党中山县当局的再次"扫荡"后，山区革命政权得到恢复和发展。在党的领导下，五桂山区、凤凰山区的减租减息政策得到进一步落实。为保证该项政策的继续实行，五桂山工委还召开由民主乡长、村长、保长、士绅父老参加的会议，重申减租减息政策必须继续执行，并得到农民群众的热烈拥护。

经济工作是武工队赖以生存和发展的基础。中山特派室成立初期的经济来源一靠锄奸反霸，没收反动分子财产；二靠山区人民的支援。但这些都是临时性收入，不是长久可靠的来源。在加强民主乡政工作后，为稳定经济基础与正常收入，中山特派室决定以在山区积极领导和保护群众实行减租减息；禁止高利贷的剥削行为，组织领导群众发展生产，增加收入，改善生活；宣传、教育、组织群众反对"三征"；巩固老区，发展新区，扩大活动区域，实行征收公粮（每亩1.5千克）、收税和在可能的条件下有计划地发展生产事业作为财政三大来源和解决经济问题的主要方针。

自五桂山革命根据地建立后，山区人民在党的关怀下，各区、乡的民主政权都普遍开办了小学，使当地儿童都能够接受文化教育。但国民党反动军队进驻五桂山区后，各乡村学校被霸占，小学被迫停办。国民党反动军队撤退后，五桂山工委积极帮助群众，把各乡村的小学恢复起来，介绍进步的、有知识的青年担任教师，使失学数年的儿童重新入学读书，提高文化水平。

五桂山工委广泛开展宣传教育，坚定群众对革命胜利的信心。国民党反动派"清乡扫荡"山区，使群众产生了一些恐怖心理。国民党军队撤出山区后，随着五桂山区革命政权的恢复和发展，五桂山工委及时开展群众的宣传教育工作，和山区人民群众一起学习党的政策，传播解放军的胜利消息。当时中山特派室还在五桂山办了一份《众报》发至全县各地。《众报》揭露国民党反动派反共反人民的罪行，宣传共产党的方针政策，宣传解放军的胜利消息，报道全县各地反"三征"等革命斗争消息，深受群众拥护。山区群众收到《众报》都争相传阅，特别是看到解放军的胜利消息时，更是奔走相告，欢欣鼓舞，都说"国民党必败，我们一定胜利"。群众的士气得到鼓舞，从而更加积极支持革命。

群众运动与统战工作

一、群众运动开展

1947年3月15日，中共广东区党委《关于广东武装工作意见》指出："我们的任务，最主要、最基本的是为人民做好事，保卫群众利益。"[①]恢复公开武装斗争以来，中共中山各级组织为加强党与群众的联系，党员分头到各村开展活动，发动和组织群众开展革命斗争，迅速打开了斗争局面。

从1947年冬起，分散隐蔽于五桂山区各个村庄的中山特派室干部和武工队员，进一步密切群众关系。在青黄不接的季节，人民生活很艰苦，而中山又是著名的侨乡，有很多侨属。中山特派室便动员侨属写信给华侨要求救济，还主动帮助他们写信，将中山人民在沦陷时期所受敌伪军的烧杀情形向华侨报告，收到较好的效果，使五桂山区的群众平安度过春荒。中山特派室号召每个党员，每个基本群众骨干首先做好自己家人的工作，对有困难的群众互相帮助，互相支持，认真搞好生产，克服困难，坚定信心。长江乡有个曾资助乡里办小学、修公路的老华侨，因田产纷争的事情，经过几个人代他办理，他都不服气，最后找到中山特派室副官黄乐天办理，他才甘心服气。石鼓挞乡公路年久失修，

[①] 中央档案馆、广东省档案馆编：《广东革命历史文件汇集》甲56，第291页。

交通不便，应乡民要求，中山特派室在群众缴纳的公粮款中划出一部分作修路经费。公路修好后，群众满意地称这条路为"欧初路"。

中山特派室在山区逐渐动员一部分复员的青年重新参加工作，又在平原联系了一些青年做部队联络员，为开展新区准备条件。至1948年冬，一区石鼓挞至深湾一带发展了武工队，三九区[①]一些地方发展了部队联络员，凤凰山武工队则组织群众办学校和开展生产自救，开荒种地，还建立起一些商业店铺售蚝油和山货，使群众的生活得到改善。1948年3月，杨寮村曾被国民党军队洗劫一空。中山特派室派人慰问，带财物到该村，帮助恢复生产，解决经济困难，从而使群众更加积极地支持武工队进行革命斗争。

与此同时，中山特派室在八、九区组织民众起来进行反征借苛税（护沙）的斗争；在三区各乡村组织起一些群众团体，将各乡村的进步青年团体团结在自己周围，帮助中共地方组织工作。曹古海地区的中共党员经过一段时间的分散隐蔽，以各种社会职业作掩护，广交朋友，基本站稳脚跟。而国民党当局贪污腐败，人民对其反感日甚，这有利于中共党员做争取阵地的工作。于是，中共党员利用各种合法的身份与形式，组织读书会、中秋会、锣鼓会、狮子会、国术社、互耕队、球队、音乐社、姐妹会等群众团体，以团结群众，在群众中宣传共产党的政策，从而壮大了革命的营垒。中共古镇支部在津边里恢复成立"忠义堂狮子会"，以苏氏宗祠为活动场地，由中共党员苏松柏当教头、苏行晖负责财务文书，先后发展古镇、曹步青年100多人参加这个组织，又从中物色了一批有觉悟的青年组织"联庆堂"作为核心骨

---

① 1940 年 7 月，三区和九区党组织合并成立中共中山县三九区委员会。

干力量。古镇中共党员苏能根、邓沾培以音乐社成员为基础，团结了一批倾向进步的青年组成正义社。海洲乡的各祠堂、八音室都有中共党员或青年团员在活动。如袁耀祺、袁永、欧英伟、袁沃津、袁惠贤、欧炎良、袁果等常在袁氏大宗祠、武馆、音乐室等活动。

这些组织承担了中共党员不便公开出面的活动，保护了乡民的利益，受到群众的欢迎。如组织进步青年贴标语，向群众宣传共产党的方针、政策和解放战争的形势，鼓舞群众斗志，揭露国民党当局压榨人民的残酷统治，唤起人民觉醒。共产党员李成从五桂山回到家乡曹步发动数十名青年组织起"超然体育社"，以团结和教育青年。

二、反"三征"斗争

中国人民解放军节节胜利，国民党蒋介石集团为挽救残局，在国统区内大肆抓壮丁，加紧向人民征兵、征粮、征税（以下简称"三征"）。中共中山组织根据广东区委"掌握民众反'三征'斗争运动"，"在反'三征'斗争中，给他们的真实利益，给他们胜利信心"①的指示，积极领导群众开展声势浩大、此起彼伏的反"三征"斗争。从1946年10月到1948年10月，仅五桂山区，四、六、三、八、九区的党组织，就发动70000多人次参加反"三征"斗争。中山各地党组织在领导发动群众开展反"三征"运动中，根据各个不同时期的情况，采取了不同的斗争形式。

在敌强我弱的情况下，中共中山组织发动农民到国民党有关当局抗议请愿。1946年晚造，国民党原"挺三"四支队中队长

---

① 中央档案馆、广东省档案馆编：《广东革命历史文件汇集》甲56，第291页。

"大刀林"承包了孖沙的田赋，每亩要征收77斤谷。低沙的农民群众因早晚二造失收无法生活，拒缴田赋，"大刀林"派人强行拉走了3个农民。九区地方党组织负责人方群英立即与低沙党小组负责人梁健荣召开党小组会议，决定因势利导，发动群众开展抗田赋的合法斗争，到国民党九区区署抗议请愿。为保证请愿斗争取得胜利，党小组的各个成员分头在将军庙、滘心、孖沙、南头、低沙等村，除对党内全体成员以及基本群众作各方面的组织动员工作外，还争取了低沙、将军庙、滘心等地"白皮红心"的保甲长支持农民的斗争，由他们出面应付当局。在党组织的发动和群众的积极支持下，请愿当天，低沙一带的农民组织了有1000多人参加的请愿大军，步行到黄圃，包围了九区区署，并派代表与区长交涉，要求立即释放在低沙被捕的3个农民；免收每亩77斤谷的田赋；保证以后不再抓人。区长刘明桂推说不能做主。请愿群众不断高呼"不放人，我们坚决不走""不免征田赋，我们坚决不走"的口号。群众的抗议请愿情绪越来越高涨。到15时，潘惠迫于群众压力，不得不让区长刘明桂出面答应了农民的要求，当即释放3个农民，免收这年每亩77斤的田赋谷。之后，国民党当局再也没有派员到这一带抓人。请愿斗争所取得的胜利鼓舞了九区人民。

1946年冬，九区牛角沙四名群众因抗征晚造粮赋被拘捕，该乡党组织发动群众，其中大部分是妇女，到地方势力梁自带的老巢阜圩请愿，进行斗争，结果4个农民被释放。之后，三角沙群众也发起了一次大的请愿行动，也胜利了。小榄的抬尸控诉征收处杀人的示威也获赔150担谷。①

发信警告为非作歹的乡长、保长和田赋征收人员，禁止勒收

---

① 中央档案馆、广东省档案馆编:《广东革命历史文件汇集》甲54，第113页。

田赋和抽壮丁，也是反"三征"的斗争形式之一。1947年12月，中山特派室给各乡乡长、联保保长发警告信。六区下栅圩田赋征收员黄就等3个人，不理会中山特派员的警告继续勒收田赋，在大金顶车站的公路旁被武工队处决。武工队还张贴布告宣布其罪状，深得群众拥护。

1949年5月至6月间，国民党县当局派军队到三乡抽壮丁，共产党员周森、黄联芳等被抽中签。在九区活动的梁泰猷即以中山特派室名义写警告信，派人投放到乡长黄富和国民党中山县第九区支部第四部负责人叶定邦家中，使其不敢妄为，用筹款的办法顶数了事。

中共中山组织还组织领导群众，订立公约，抵制国民党反动派的"三征"。1948年，八区党组织在龙坛村召开反"三征"群众大会，订立"三不交""三不准"公约，即不向国民党反动派交一个兵，交一粒粮，不向地主土匪武装交一文钱；不准任何人引领"三征"官吏进村，不准任何人与"三征"官吏私通泄密，不准任何人留"三征"官吏食宿，违者严惩。此后，龙坛的伪乡长、保长不敢为非作歹，龙坛村的群众也没有向国民党反动派缴纳一粒田赋或被征过一个兵。为扩大影响，七八区武工队还以"中山特派室驻七八区代表徐树华"的名义出公告征收人民解放军军粮，组织武装工作队到各乡宣传，发出禁止向国民党缴交钱粮的警告。八甲乡首先响应，向武工队缴交军粮。

领导群众进行武装抗征是反"三征"的重要斗争形式之一。1947年12月，九区牛角武工队烧毁吉昌与宝生围交界的收田赋总棚，并赶走在牛角北闸征收田赋的4个大厅艇。三区党组织根据中共珠江地委"要根据大军渡江后的新变化，掌握反'三征'是当前斗争的中心环节，提出武装反'三征'、武装自卫的口号，并指出武工队必须适当配合群众斗争"的指示精神，在高沙顺安围召开有各乡进步农民70多人参加的反"三征"会议，布置进攻三渡闸的国民党田赋征收处。各乡武装起来的农民100多人分四路包围三渡闸，驻在三渡闸的一个武装排闻风而逃，群众把田赋征收棚烧掉。此后，三区当局再也不敢到三渡闸征收田赋。1949年7月底，九区党组织在北宁社召开有300多人参加的反"三征"大会。会上成立九区反"三征"协会，建立有60多人的武工队和300多人的不脱产武装民兵，实行武装抗征。为反对国民党县当局向农民强征田赋税（每亩70—80斤谷），中山特派室印发文告，发出"禁收田赋，违者必杀"的警告，共有49个乡村响应参加反田赋斗争。

1949年5月，国民党反动派败局已定，妄图在灭亡前作最后掠夺，提前于7月征收1949年度的田赋。中共珠江三角洲地工委针对国民党当局此项政策，于6月15日发出通知，指出"国民党反动派提前征粮是垂死的盘剥，如果我们不给他们一粒谷，就会加速他的死亡"，号召人民起来抗征，粉碎敌人的阴谋。丫髻山区月环的农民由郑伙胜牵头集体抗征，与敌人周旋斗争，使敌人在那里无法抽壮丁。继而，中山特派室又发动农民组织起来进行减租斗争。五岳乡十四保、月环等一带村庄经过串联发动，成立了减租委员会，通过了减租办法。主要是实行按原租额的80%交租，规定耕地由原耕者耕种，反对霸耕，部分田地划分给没有田耕的农民耕种，解决了困难户的问题。随后，十三、十五、十六、十七保都先后按十四保的做法发动群众，开群众大会，通过减租办法；第四保则开群众大会，通过实行二五减租，选出减租委员。

在中共组织力量还未能完全控制的地方，中山特派室就引导群众以"推、拖、扣、欠"的办法应付。

中山约有15000顷田。中共中山组织通过领导反"三征"斗争，使1946年度国民党中山县当局只征收到5000顷，仅为三分之一；1947年度只征收到3000顷。[①]反"三征"既打击了敌人的锐气，又减轻了群众的负担，提高了群众的斗志，扩大了革命力量。

三、隐蔽战线开辟与"白皮红心"政权建立

开辟隐蔽战线

1947年春，民盟盟员苏翰彦应孙乾之邀出任国民党中山县政府社会科科长，并向孙推荐中共党员赵约文任建设科科长，另安排两位中共党员到县政府工作。组织安排由卢克诚和赵约文单线联系，工作任务是：掩护同志活动，了解敌情，尽可能从经济上支持革命。赵约文站稳脚跟后，通过广交朋友，调查各军政人员的底细。他主动接近中山统计室主任，利用国民党中山县党部书记长郑祖德的住处作为地方党组织的秘密联络点，并通过苏翰彦，设法利用吴康楠的小汽车把进步书报从澳门运回石岐交报贩出售，广作宣传。

当时中山县政府有个军事秘密小组，专门研究军情，成员有县长、县国民兵团团长，县军事科科长和刘永棠。赵约文与刘都住在仁厚里，了解到其常在缪则臣医务所出入，赵约文便利用和他一起打麻将的机会，从中探听军情。如1948年下半年，赵约文了解到国民兵团要出发"围剿"五桂山，便立即报告卢克诚转知中山特派员。1949年7月，在张家边小学当教师的女中共党员刘章被国民党抓去。赵约文通过县政府的秘书，以私人关系把她保释出来。地下党员、仙逸中学教师李明将要被学校当局解聘，赵

---

① 中央档案馆、广东省档案馆编：《广东革命历史文件汇集》甲54，第113页。

又通过活动保住了他的教席。

中山解放前夕，上级组织交给中共中山县委的任务是和平解放石岐。县委给赵约文的任务是：了解国民党县政府的政治军事动向；动员地方上有影响的上层人士留守石岐，维持石岐治安，不让土匪乘乱抢掠；组织旧政府人员留守待命，保护档案公物。赵约文利用县长郑祖德任命其为"反共救国军中山总队"指导员一职，将50多名旧职员名册弄到手，交给党组织。并在苏翰彦的配合下，在南下大军入城之前，组织旧职人员成立"留守会"，对保护机关、保存档案，迎接中山解放起着重要作用。此外，赵约文与苏翰彦等运用权力扣下一笔5000元港币的华侨捐款，换成黄金保管好，中山解放后即交给中共中山县委使用。

建立"白皮红心"政权

1946年夏，中山县实行并大乡，曹步、古镇、海洲、一沙、二沙、三沙合并为一个大乡，定名为邦平乡。上级党组织从有利于斗争的实际出发，指示三九区特派员刘云说服袁世根争取当选邦平乡乡长。遵照党的指示，三区党组织利用这次选举方式采取各小乡、保代表选举的机会，及早做工作。加上袁世根平常较注意与曹、古、海三乡的地富及工商业者在一定的原则下建立起正常的关系，因此，顺利当选邦平乡乡长，使该乡政权成为共产党所掌握的一个"白皮红心"政权，保证了地方党组织在这一带工作的顺利进行。

1947年夏，中共九区地方组织乘国民党当局并乡选举乡长之机，发动当地农民选举进步人士谭裕胜为新风仪乡乡长，建立"白皮红心"的活动据点，掩护党的活动。翌年，中山特派室成功争取一区石鼓挞乡长、国民党县联防中队长刘桂昌为"白皮红心"乡长，打通了五桂山出一区平原的要隘。

1948年春，国民党当局为笼络人心，以假民主的手法欺骗群众，开展基层政权的"普选"。在三角乡，任乡长多年的黄富、国民党九区支部第四分部书记叶定邦以及专干海上抢劫走私杀人越货勾当的吴松芳3人展开一场争夺乡长职位的激烈斗争。黄、叶两人自以为手下人多，可稳操胜券。吴松芳则扬言若有人投其一票，给予港币5元。中共三角支部认为叶、黄、吴都是土匪恶霸，决不能让他们当选，乃通过进步青年黄联芳等动员出身比较富裕且思想比较开明的青年简涛参加竞选，并动员了许多基本群众尤其是夜校学员投简涛的票，使其以高票当选。尔后，在改选保甲长时，周森等中共党员又通过做工作，让进步青年黄联芳当选联保代表主任，中共党员袁煜煊，进步群众吴振明、陈孔彭、袁福厚、郭发开等当选保长，并由袁煜煊担任乡自卫大队长，取代了一批地主土豪劣绅，使三角乡的政权基本为中共组织所控制。该乡在中山解放前夕成为九区人民武装发展的主要基地。

第四节

中山解放

一、中共地方组织各级机构调整与加强党的建设

1948年底，根据人民解放战争形势的发展，按照中共中央的方针、指示，香港分局制定《华南人民当前行动纲领》，明确提出迎接并配合南下解放大军，推翻蒋介石政权，解放全华南和全中国的十大纲领。[①]同年12月，中共粤赣湘边区党委成立，书记尹林平。

1949年3月，经中共香港分局批准，中共珠江三角洲地区工作委员会撤销，成立中共珠江三角洲地方委员会（以下简称"珠江地委"），隶属粤赣湘边区党委。黄佳任书记兼组织部部长，曾谷任地委委员兼宣传部部长，谭桂明任地委委员兼武装部部长。

为适应形势的发展，加强党对迎接解放各项工作的领导，珠江地委根据香港分局关于"健全与充实党的各级领导机构，使党的领导提高一步，以适应当前革命形势与实际工作的需要，作为目前党的中心任务之一"的指示，作出各县必须迅速成立县委的决定，及时调整、充实各级领导机构。1949年3月至7月，中山县境内先后成立隶属中共珠江地委的中共中山县委、石岐区委、

---

① 中共广东省委党史研究室：《中国共产党广东地方史》，广东人民出版社1999年版，第686页。

七八区分委和中顺边县工委，加强对地方党组织和武装工作的领导。

在加强组织建设的同时，中共中山地方组织重视抓思想建设，加强党内整风和组织纪律教育，加强对形势和党的方针政策的学习，为党接管城市做好组织和思想准备。

三九区特派员刘云参加1948年华南分局在香港尖沙咀举办的学习班回来后，分别在高沙举办游击训练班和海洲乡举办党支书学习班。党支部书记学习班的主题是怎样当好党支书。学员返回原工作岗位后，发挥了积极作用。苏标协助叶勉忠在曹步发展党员10名并成立党支部。袁勋、欧英伟在海洲发展党团员共23名。苏松柏、苏金荣到三沙、五沙、六沙等地发展了一批党员。叶洪、司徒如在高绩发展了5名党员，四沙发展了2名党员，小榄何炳刚也发展了1名党员和一批团员。

中共中山县委在1949年3月成立后，在五桂山区连续举办多期党员、干部训练班，武装干部、青年、妇女等训练班，培养各方面的骨干。训练班主要学习党的政策，学习"三大纪律，八项注意"和接管城市的经验，先后培养骨干300多名，为大发展准备干部力量；还办了一期知识分子训练班，学员是由各地方党组织输送到中山来的40名大中学生。这批学生军结业后大都分配到武工队，从开始时不习惯走夜路、睡山头等，很快就锻炼得很坚强，成为部队干部力量并活跃了部队的学习文化和娱乐生活。根据形势发展的需要，县委从中提拔了一批优秀的党员干部，加强了各级党组织的领导。

二、发展壮大人民武装，加强军事斗争

大力发展人民武装

1949年4月下旬至5月初，珠江地委在顺德乌坭塘召开扩大会

议，中山的黄旭、刘云、方群英、卢克诚、肖志刚参加了这次会议。会议总结了中山四沙、高沙等据点发展力量的经验。会议还宣布，为加强珠江地区的武装斗争，上级派谭桂明回来任珠江地委委员兼武装部书记，分工负责五桂山区。

根据上级指示精神，中山特派室着手大力发展人民武装，从各武工队中选调干部战士50多人组建主力部队——南京队，抽调吴当鸿负责。8月，国民党军队节节溃败，中山县境解放在即，中山特派室党委决定：全面发展，扩大队伍，改变敌我力量对比，从劣势转为优势，发展我五敌三的比例。五桂山区和各区地方党组织，积极贯彻中山特派室党委的决定，放手发动群众，组建武装队伍，从各乡不脱产的群众组织中抽选优秀青年输送到部队；发动思想觉悟高的进步青年农民参军。在短时间内，五桂山区和四、五、六区出现了父母送儿子、妻子送丈夫参军的热潮。中共中山组织又接收了一批经香港转来在广州参加学运活动暴露身份的大中学生。随着队伍的扩编，中共中山县委在五桂山举办武装干部训练班，培训新发展的武装人员。学习班结束后，又建立北平、上海、武汉、广州、沈阳等中队和情报站、油印出版等单位，武工队发展至300多人。后又发展成立长春、哈尔滨、长沙、徐州4个不脱产的民兵中队。

1949年7月至8月，由五桂山、澳门等地党组织先后转来归国青年华侨、港澳工人、广州学联学生等20多人，参加七、八区武工队。8月，部队已发展到70多人，对外称"中山县特派室七、八区游击队"，代号"北海队"。军事负责人郑文，政治负责人周挺，副负责人梁其颖。

一、二区委成立后，组建了7人的武工队，队长蔡庆权。武工队驻在青岗里沙仔，活动于横栏、青岗、安堂一带，进行宣传发动和策反工作。二区武工队通过港园小学女教师、新青团员陈若策动沙溪联防队林华泮班起义。在革命形势推动下，各乡的进步更夫队也起来参加部队。

1949年春，中顺边县工委从中山的三九区抽调一批武工队的骨干，在顺德九区沙头乡鹅洋沙乡对岸的新沙举办了两期武工干训班后，留下中山三区的郑明、苏金荣、苏沛、苏根仔和中山九区的陈能杰、苏志等组成脱产的武工队，九区地方党组织选派的20名学员返回原地发展武装。同时，中山三区委在高沙成立武工队，队长张枫，副队长吕胜、叶洪。珠江地委从五桂山区抽调排级干部及大学生加强这支队伍的军事、政治、文化工作。队伍用顺德人民游击队的番号。至中山解放前夕，三区武装已发展到250多人，组成猛虎、北平、飞虎等6个分队，配有轻机枪5挺、步枪100多支，冲锋枪、手枪20余支以及弹药等一批；还建立了一支不脱产的起义军（即民兵组织），起义军总部设在高沙顺安围，代号"莫斯科"，司令林飞（张枫）。全区凡有共产党员的地方都有起义军组织，共发展了1100余人。随后，陆续调袁永等一批党员到起义军总部工作。

同年4月，中共中山特派室派梁泰猷等到九区配合发展武装。5月—6月，地方党组织先后派中共党员司徒洪、黄森、方婵、杨信、冯洪泽等加强九区工作。7月28日，中共中顺边县工委执委邓永年到中山县九区，发动组织农民起义军和组织九区抗征协会总会。继而成立九区人民武装委员会，主任邓永年，建立了300多人的不脱产民兵组织，并从各乡武工队挑选骨干六七十人，组建纪雄、纪文、纪光3个主力中队，分别由梁泰猷、肖权、司徒洪负责。

"歼敌小股，壮大自己"

1949年4月21日，中国人民解放军发起渡江战役，百万雄师过大江。为配合人民解放军南下，中山特派室根据珠江地委乌坭塘会议"分散发展，钻敌空隙，歼敌小股，壮大自己，掩护群众斗争"的精神，将斗争方式从防御转为进攻，扩大活动区。

1949年6月2日，国民党中山县当局保警一、二营450多人，分三路"清剿"五桂山区石门地区，中山特派室南京队、北平队、广州队抢占金竹山、马溪山高地抗击敌军，毙伤敌军34人。这被珠江地委誉为"这是三角洲武工队坚持以来的一件大事，说明了今天武工队不但具有分散发展的工作本领，而且也有集结队伍适当地消灭敌人的力量"①。

县保警第二大队（营）驻崖口谭家祠的第九连谢湛强部，武器装备优良，战斗力较强，反动气焰十分嚣张。7月28日，中山特派室在五桂山区石塘村召开军事会议，决定袭击和消灭该队。中山特派室以南京队为主攻部队，并从北平队、上海队中选出一批有作战经验的战士编成6个战斗梯队。次日下午，武工队从长江出发，进入崖口后，各梯队立即分路运动，迅速抢占有利地形向敌人据点靠近。爆破组以25千克重的土制地雷将敌营围墙炸开一个约高4米、宽6米的突破口，几个梯队即向敌人发起猛烈进攻。经过60分钟的战斗，全歼敌中山县保警第二营九连，毙敌50余名，伤20余名，俘敌11名，缴获武器、药物和军需用品一批。6天后，县保警第二营谢文泉部出动100多人向中山特派室驻地石门进行报复性进攻。南京队、北平队、广州队、上海队等，抢占了五桂山区石门山头高地，将敌击退。

活动于八区、三区、九区的武工队领导群众反"三征"，也捷报频频。1949年夏，八区武装在中共地方组织领导下，迫使国民党乾务乡、虎山乡分别交军粮1万千克和5000千克。三区武工队连续袭击裕安围警察分所和米步滘、绩麻东2个自卫队，声威

---

① 中共中山市委党史研究室档案第17卷。

大振。7月17日，三区复兴乡群众在地方党组织的领导下，召开反"三征"座谈会和举行示威等活动，在武工队支持下，于20日赶跑国民党警察和催粮队，反田赋斗争取得胜利。珠江地委转发该乡的经验，并予以表扬。7月底，九区地方党组织发动农民成立反"三征"协会，建立60多人的武工队和300多人的不脱产民兵队，实行武装抗"三征"。

为阻止国民党溃军游勇破坏总理故乡纪念中学（以下简称"纪中"）校区，防止校产被秘密转移，中共纪中支部组织了护校队。1949年春，该校校长孙科曾就纪中的前途召集部分师生座谈。中共纪中支部有计划地布置了一些党、团员师生参加。他们向孙科提出，纪中的师生景仰孙中山先生，热爱纪中，对纪中的前途充满信心，都想把纪中办得更好。因此，纪中现存的校产不仅不能搬走，而且还要把存放在澳门的校产搬回纪中，以充实教学。孙科同意了师生们的要求，校产得到完好保存。在广州解放后的第三天[①]，为震慑从广州向中山溃退的国民党军队，中共纪中支部奉命在总理故乡纪念中学升起中山地区首面五星红旗。

1949年9月16日，中山特派室撤销，中国人民解放军粤赣湘边纵队中山独立团成立，团长梁冠，政治委员黄旭，政治处主任吴当鸿，下辖4个营、13个连、1个自卫总队。同月20日，顺德独立团成立，根据珠江地委的指示，中山九区武装纪雄、纪文、纪光3个中队编入顺德独立团。

三、中山解放与接管石岐、小榄以及黄圃

1949年10月27日凌晨，中国人民解放军两广纵队后勤部

---

① 1949年10月14日，广州解放。

长郑少康率第一师第一团先锋营300余人分乘2艘船，由东莞县虎门横渡珠江挺进中山县境，28日晚到达石岐，进驻岐江边的岐江医院及烟墩山会堂、西山中山纪念图书馆，控制了石岐城区制高点和水陆交通要道。同时与驻五桂山区的中共中山县委员会、中国人民解放军粤赣湘边纵队中山独立团取得联系，议定于10月30日在石岐会师。同日，珠江地委委员、中山县人民政府县长谭桂明派中山独立团后勤负责人李斌率领工作组先行进入石岐，筹备部队进城、会师、建政、支前等有关事宜。中山人民欢迎人民解放军暨庆祝中山解放筹备处负责人吕华等召集各人民团体、社团学校及地方开明人士等60多人齐聚商会礼堂，商议欢迎解放军进城和庆祝中山解放工作安排，并通知各机关、团体、学校于30日上午11时前到达石岐南门华佗庙车站，按欢迎行列划分工人区、学校区、商人区、农民区、机关社团区5个区域，欢迎解放军入城。山区人民知道解放军要解放中山，中山独立团要进城了，许多群众都围着战士谈至深夜仍不肯离去。

10月30日正值重阳佳节，秋高气爽，阳光普照，中国人民解放军粤赣湘边纵队中山独立团与中国人民解放军两广纵队在县城仁山胜利会师，宣告中山解放。

这天清晨，中山独立团所属各战斗部队4个营和1个自卫总队1100余人以及山区人民团体、学校师生集结在大鳌溪村学校广场。广场设有简易舞台，高挂"中国人民解放军胜利会师"红布白字横额。中山独立团政委、石岐市军管会主任黄旭发表讲话后，政治处主任吴当鸿宣布部队进城纪律和部队进军队列等事项。接着，中山独立团团长梁冠、政委兼石岐市军管会主任黄旭、中山县人民政府县长谭桂明、副县长兼石岐市军管会副主任黄乐天率领队伍向石岐挺进。十三连从青岗出发，经沙溪入秀山渡石岐海（岐江）转入岐关西路，在华佗庙与独立团大部队会合，参加入城仪式。

当天，中山县城石岐万人空巷，涌上街头迎接解放军入城的市民，与孙文路、太平路、民生路等主要街道的商铺店面悬挂的千面五星红旗，融汇成欢乐的海洋。欢迎解放军进城的主席团暨各机关团体员工、学校师生、工人、农民队列在华佗庙处等候。上午11时许，当中山独立团的队伍进入石岐华佗庙车站时，人海欢腾，国旗飘扬，醒狮起舞，鼓乐喧天，歌声、欢呼声不绝于耳。中山独立团领导和中共中山县委领导与迎军主席团各主席相互致礼，接受人民群众代表献花后，率队进城。负责宣传工作的"天文台"队员扛着鲜艳夺目的五星红旗，走在队伍前列。谭桂明、黄旭、梁冠、黄乐天、谢月香、吴当鸿等率队穿过各阶层代表、各校学生和广大市民汇成的人流，经民生中路、民生北路、孙文东路、太平路、孙文西路，入凤鸣路到长堤、南基路、孙文中路至仁山广场集结，举行中山独立团与两广纵队先头部队会师典礼。两部队列为大方格队形，军乐队奏起雄壮国歌、军乐，双方战士互相致礼，由黄旭代表石岐市军管会和中山独立团向两广纵队赠送"向老大哥看齐"的锦旗，郑少康代表两广纵队接受锦旗。双方分别发表讲话后，两广纵队向独立团献花，五桂山区人民向两广纵队献上"人民前锋"的锦旗，全体指战员和在场的群众共同高歌，沉浸在欢乐中。15时，中山各界人民在仁山广场集会，举行欢迎人民解放军暨庆祝石岐解放大会，两广纵队和中山独立团派出部分部队出席大会，并接受各界代表献旗。石岐各界代表、两广纵队和中山独立团代表分别发表讲话，庆祝石岐解放。

同日下午，珠江地委书记黄佳命令梁泰猷、肖权率纪文队做向导，带粤赣湘边纵队一团200多名战士从顺德进入中山九区，解放大黄圃，接管原国民党九区区署。纪雄队则留在顺德，后编为顺德县大队七连。当解放军由顺德渡河进入中山九区时，沿途站满了欢迎解放军的群众。16时，中国人民解放军粤赣湘边纵队一团，顺德独立团纪文队、纪光队与九区各界代表、人民群众在黄圃镇九区中学大操场举行九区各界人士庆祝解放大会。

10月25日，三区党组织根据上级指示，在古镇邓氏大宗祠集结队伍，进行入城教育，配合解放军解放小榄镇。到古镇集结的队伍：由张枫、吕胜率领的三区中队；由袁世根、叶超率领的海洲自卫队及袁勋率领的各乡群众性武装。同日，公开宣布成立中共中山县三区委和中山县第三区人民政府，区中队也同时成立。11月4日，三区委派叶勉忠带领先遣队进驻小榄原国民党三区警察所，与小榄自卫队长、小榄商会理事长卢励吾商讨接收小榄有关事项。8日，张枫、袁世根率领武装队伍和各乡党团骨干约250人，从古镇出发，经曹步过九洲基进入小榄。当天上午8时，国民党小榄镇镇长高澄江和商会理事长卢励吾率领各机关、团体、学校师生代表数百人，前往该镇东区四圣宫，恭迎解放军。队伍进入小榄后，即接管原国民党三区区署，宣布小榄镇解放。

11月5日，石岐市军事管制委员会接收拱北海关，10月颁发《拱北关初步接管办法》14条。五星红旗在炮台上高高升起，代表着中国海关真正由中国人民来掌管。

石岐解放后，中山县人民政府设址石岐学官办公，石岐市军事管制委员会即派出军事代表，接收机关、企业、事业单位，把官僚资本的企业、股份收归国有，建立国营企业。从此，中共中山县委、县人民政府领导全县人民全面开展民主改革，进行彻底摧毁封建势力的斗争。

四、清剿残敌及解放周边岛屿

广东解放后，部分残敌溃退至中山。1949年10月29日，两广纵队和粤赣湘边纵队奉命组成珠江三角洲作战指挥部，以曾生为司令员，尹林平为政治委员。次日，曾生司令员在东莞太平镇召集师、团干部开会，布置作战任务：歼灭盘踞在中山的国民党第一〇九军军部，一九六、三二一、保三、保五等师残部，肃清土匪，建立人民政权，征筹粮食。随即，珠江三角洲作战前线委员会移师石岐，地址设在悦来正街，开展清剿珠三角地区的股匪和发动地主武装。随后，中共珠江地委机关亦设于此。至1951年5月，匪患基本肃清。

1949年11月1日，中国人民解放军第四野战军两广纵队第二团、第五团、炮兵团和粤赣湘边纵队第四支队抵达中山。随即分三路南下继续扫荡残敌。先在前山、岐关全线肃清敌踪，复将退守南屏、湾仔一带的残敌大部歼灭，至11月4日，除部分海岛边陲外，中山县境基本解放。

两广纵队在中山独立团的配合下，于11月5日解放南屏、湾仔。12日解放大小横琴岛。21日解放高栏岛和三灶岛。12月6日解放淇澳岛。

1950年4月，中国人民解放军解放海南岛和内伶仃后，国民党第三舰队调驻万山群岛，舰队司令齐鸿章被委任为万山防御司令。5月，刚完成海南岛战役即移师中山的中国人民解放军第四野战军的44军131师，在广东省军区江防部队的配合下，发动解放万山群岛战役。5月25日凌晨，江防舰艇部队和131师对万山群岛发起进攻。27日人民解放军占领垃圾尾岛，28日解放大蜘洲岛，随即又夺取了东澳等岛屿。

5月31日，珠江军分区炮团奉命参战。各炮连很快在垃圾尾、牛头山、三角山、黄茅岛、东澳岛等岛屿占领了阵地。6月5日解放大万山、小万山、白沥、贵洲、横洲、竹洲6个岛屿，6月10日解放道洲岛。

6月26日晚上，解放军各部队按统一部署，乘夜冒着狂风暴雨航渡到三门岛、黑洲、竹湾头、横岗等岛上占领阵地，发起攻取外伶仃岛的战斗。7月1日，人民解放军解放外伶仃岛。惨败的游杂部队大部分星夜逃往香港等地，只剩张泽深部"广东突击军"特务营140多人孤守担杆岛。8月3日担杆列岛解放，8月4日佳蓬列岛解放。万山战役胜利结束。

蚊尾洲位于万山群岛最南端。敌人凭险要地形及坚固工事固守，与香港特务配合，囤积武器向大陆匪特输送，进行破坏。1950年12月初，中南军区第二参谋长赵尔陆在广东军区第三副司令员、珠江军分区司令员兼政治委员曾生陪同下到唐家湾敲定解放蚊尾洲岛作战方案。同月6日黄昏，解放蚊尾洲岛战斗打响。7日7时，黄茅洲、湾洲的炮兵首先以猛烈火力压制灯塔附近敌炮的阵地和登陆点的火力点，然后分别对敌火力点及灯塔的窗口射孔进行破坏射击。敌人的火力点被打哑了，战斗结束。此役俘虏30余名敌兵，缴获武器弹药、通信器材、爆炸器材一批。广东沿海最后一个敌占岛解放。

万山群岛的解放，毁掉了国民党在南海的主要基地，粉碎了其盘踞列岛，伺机"反攻大陆"的美梦。

解放战争时期，中山各级党组织在中共中央和上级党委的正确领导下，发动和组织人民群众，克服困难，顽强斗争，战胜强敌，走向胜利。中山全境的解放和人民政权的建立，标志着中国共产党领导的新民主主义革命在中山的胜利，在中山历史上具有划时代的意义。

中山人民在中国共产党的领导下，经过28年艰苦卓绝的斗争，最后取得胜利。中山的历史由此翻开新的一页，进入社会主义革命和建设的新的历史发展时期。

5

第五章
在探索中前进 ①

---

① 本章根据中共中山市委党史研究室:《中国共产党中山历史》第二卷（1949—1978），中共党史出版社 2016 年版编写。

第一节 土地改革和过渡时期

一、各级人民政权和城乡新经济秩序建立

各级党组织和人民政权的建立

1949年10月30日石岐解放后，中共中山县委①迅速在各区建立起党组织。与此同时，在中山县委领导下，石岐市军事管制委员会抽调一批新老干部，直接参加接管城市工作。中山县委书记、县长谭桂明亲自找参加接管的人员谈话，明确政策，交代任务，提出注意事项，勉励他们将接收工作做细做好。在各项工作走上正轨后，1950年4月，中山县人民政府的建制初具雏形，正式设署办公，下设秘书室、粮食局、税务局、公安局、财政科、民政科、工商科、文教科、建设科等机构。7月成立中山县人民法院，由谭桂明兼任院长。至1950年9月，全县共设11个区，1个区级镇（石岐镇）。同年，各区人民政府先后成立。至此，中山形成从县到区的一整套政权机构。各级行政机关有效地运转起来，人民政府工作也迅速打开局面。

为发扬民主、密切联系群众和依靠各阶层人民推动政府工

---

① 中共中山县委于1949年3月在五桂山区长江乡石塘村成立。1949年10月30日石岐解放后，中山县委机关移驻石岐。县委工作机构有秘书处、组织部、宣传部、监察委员会、青年工作委员会、妇女工作委员会。参见中山市地方志编纂委员会编：《中山市志》，广东人民出版社1997年版，第236、246页。

作的开展，根据中央人民政府政务院公布的省、市、县各界人民代表会议组织通则，从1950年3月起，中共中山县委、县政府开展各界人民代表会议筹备工作。4月25日至28日，中山县第一届各界人民代表会议在石岐召开。①会议内容以春耕度荒、发展生产、扶助并发展工商业工作为中心议题。出席会议代表有408人，包括工人、农民、学生、教师和工商业界、华侨、自由职业、军队和党政团体等各方面代表，其中农民代表200人、妇女代表24人。

群团组织的建设

在稳步推进党的组织建设和政权建设的同时，普遍建立有广大群众参加的各类协会组织，同时建立民兵、自卫队组织。这些组织成为巩固新生人民政权的重要力量。

中山解放后，中共中山县委十分重视农民组织的建设工作。根据新的历史条件，中山县委明确农民协会的规模和宗旨，通过农民协会组织、发动和团结广大农民。1950年4月3日，中山县召开第一次农民代表大会，通过县农民协会的组织章程草案和筹备委员名单，通过"退租减租、春耕备荒、加强民兵组织、完成征粮、团结在农协周围争取冬季土改"五项决议。为贯彻执行第一次县农民代表大会决议，7月6日又召开了第二次县农民代表大会。1951年2月10日，全县第三次农民代表大会召开，出席会议代表506人，列席代表125人，正式选举成立县农民协会委员会，主任为杨光。

---

① 1956年9月，石岐市各界人民代表会议协商委员会经过改组，成立中国人民政治协商会议广东省石岐市第一届委员会。中山县政协始于1959年1月中山、珠海、石岐三县合并之后，之前只有石岐市政协，中山县的民主党派及民主人士代表参加石岐市政协。参见中山市地方志编纂委员会编：《中山市志》，广东人民出版社1997年版，第390页；中共中山市委组织部、中共中山市委党史资料征集小组办公室、中山市档案馆合编：《中国共产党广东省中山市组织史资料（1923.夏—1987.11）》，1989年印行，第235页。

在工会组织建设方面，中山解放后的第七天（即1949年11月7日），中共中山县委书记、县长谭桂明主持召开工人代表大会，参加会议的工人代表约200人。会后，中山县委决定由军管会民运科负责工会组建工作。1950年3月1日，中山县总工会筹备委员会成立。随后，工会组织的活动形成高潮。12月12日，中山县第一届工人代表大会召开，出席代表111人。会议宣告中山县总工会正式成立，由黄乐天任主席。1951年1月，中山县举办工人积极分子训练班，为各基层工会建设工作的开展打下基础。

各级人民政权的建立，使人民政府的组织系统从县、区、乡一直延伸到社会的最基层，初步形成新型的行政体系，这不仅为共产党的执政奠定了坚实的群众基础与组织基础，也为以后开展大规模经济工作提供有力的保证。

全县城乡新经济秩序建立

中华人民共和国成立后，党和人民政府面临的一项重要任务，即迅速建立起新的经济秩序，恢复和发展生产，让人民过上安定的生活。这是关系到新生的人民政权能否巩固的根本问题。解放初期的中山，经济形势非常严峻。国民党统治时期的恶性通货膨胀的影响仍在延续，一大批不法投机商趁机兴风作浪，致使黄金、银元、外币充斥市场，物价剧烈上涨，经济秩序极其混乱。为了扭转经济混乱的局面，中共中山县委、县人民政府紧紧依靠广大人民群众，采取有力的经济措施和必要的行政手段，开展打击不法投机资本、平抑物价的斗争。

首先，打击投机资本，扫荡地下钱庄，加强金银外币管理，稳定金融形势。石岐解放之初，不法投机商趁人民币在市场上立足未稳之机，大肆炒卖银元、外币，造成人心浮动。1949年12月初，石岐市军管会和中山县人民政府成立财经小组，由财粮、税务、贸易、军人供应站和支前指挥部成员组成，统一部署整顿金融秩序工作。12月14日，依据《华南区金银管理暂行办法》和《华南区私营银钱业管理暂行办法》，军管会发出整顿金融秩序的公告，明确规定石岐的私营银号、钱庄、金铺、找换摊、专营侨汇及侨批业的商号，自即日起办理登记手续，4天内（即12月14日至17日）一律到中国人民银行中山支行进行注册登记。1950年2月5日，军管会印发关于严禁使用港币及一切外汇的公告。3月11日，军管会组成执法队，一举查封"现代银鼎"和"和利农田"两家钱庄，查处41家街头兑换店铺，拘捕一批投机商。这一行动在社会上引起很大震动，银元价格立即大幅下降。这场斗争严厉打击了非法金融投机活动，使人民币迅速进入市场流通。

其次，控制和稳定物价，稳定人心。中华人民共和国成立初期，国民党统治后期的恶性通货膨胀的余波仍在显现，中山和全国其他地区一样出现了物价居高不下的现象。如1950年初，珠江三角洲普遍粮荒，石岐、小榄粮商乘机大量抢购、高价抛售粮食，使大米销售价格不断攀升，一度由每担（50千克）10多元升至23元。一些不法商人抢购纱布、五金、化工原料和煤炭，各类商品价格普遍上涨。

1949年冬至1950年春，中共中山县委、县政府精心部署一场打击非法涨价的斗争。根据中财委（中央财政经济委员会）的方针和措施，采取行政手段和经济手段相结合的办法，以稳定市场、控制物价。由于发挥国营企业的主导作用，市场物价逐步回落。至1950年底，米价每担降至14.6元，其他商品零售物价指数普遍下降了1.7%。

再次，统一财政工作。中华人民共和国成立初期，中山县与全国各地一样，财政经济状况十分困难。中共中山县委采取积极稳健的财政政策，一方面广辟财源，另一方面紧缩开支。1950年

4月21日和6月5日，中山县政府先后召开全县第一、二次财政会议，坚决贯彻中央人民政府政务院和广东省财政会议的精神。会后，全县各级部门紧急行动起来，紧缩编制，清理仓库，加强税收，推销公债，节约开支。全县人民积极响应党和政府号召，踊跃缴纳公粮、税款和认购公债。与此同时，建立有关规章制度，完成认购公债任务，总额达31万余分（当时公债以实物为计算标准，"分"为计算单位）。

在中山县委、县政府的领导下，经过全县人民的共同努力，中山县统一财政工作很快取得明显成效。

二、农村土地制度改革和互助合作化初步发展

农村土地制度改革

1950年6月30日，《中华人民共和国土地改革法》颁布，作为在全国新解放区实行土地改革的法律依据。土地改革（以下简称"土改"）是要"废除地主阶级封建剥削土地所有制，实行农民的土地所有制，借以解放农村生产力，发展农业生产，为新中国的工业化开辟道路"。废除地主阶级封建剥削土地所有制，解放农村生产力，对当时的中山县来说极其迫切。土改前夕，中山全县农村住户16.79万户，67.1万人；耕地面积98.36万亩，而只占全县总户口4.9%的地主，占有的土地（包括直接控制的公田）达65.2%；而占总人口50.3%的贫农和雇农，只占有土地的4.8%。占有大量土地的地主，把土地分层转租，形成所谓的"二路地主"。无地和少地的农民向地主租耕田地，每年要上交收获农作物的60%，受到极其残酷的剥削。

1950年10月，中共珠江地委决定宝安县和中山县的张溪乡为珠江全区土改试点，中共中山县委决定长洲乡为全县试点。

张溪乡土改试点工作队20多名队员来自珠江地委政策研究

室、珠江地区农民协会、共青团省委、共青团地委、共青团县委等单位。队长由珠江区农民协会负责人罗章有担任。罗章有是珠江纵队北撤的老干部，曾在山东省临沂县农村参观过土地改革。张溪乡和长洲乡工作严格按照中共珠江地委、中共中山县委的部署开展土改工作，在整个试点过程中，始终贯彻政策，注意保护基层干部，注重保护华侨的利益，为全县土改积累了经验。1951年初，试点乡土改结束。

中共中央华南分局干部扩大会议之后，中山县又被列为广东省土地改革重点县，全县土地改革全面铺开。为保证《土地改革法》的正确实施，中山县委抽调大批干部组织土改工作队，中共中央华南分局、珠江地委也抽调一批干部参加中山县土改工作队。中山县土改工作队共有1343人，其中，华南分局调派的477人，珠江地委派来干部326人[①]。工作队经过集中培训，认真学习土改法令，掌握各项政策和工作方法后，才下到农村开展土改。

中山县的土改，按照中共中央华南分局的部署分为三个阶段进行。

第一阶段：开展"清匪反霸，减租退押"运动。1951年5月，土改工作队陆续进村。1952年2月5日，《南方日报》刊登华南分局秘书长赵紫阳的《土地改革第一步工作中的几个问题——中山土地改革试点情况考察报告》。华南分局在批示中指出"中山是去年进行反霸清匪减租退押运动搞得最好的一个县"，"中山的经验再次证明了扎根串联和加强对下面具体领导，是搞好土地改革第一步的关键，各地应很好地加以学习推广"。

第二阶段：划分阶级，没收、分配土地。在群众基本发动起来以后，中共中山县委迅速将土改工作转入第二阶段。在具体安

---

① 参见《中山县委会关于进行八字运动两个半月的工作报告》，1951年。

排上，全县分两批进行。第一批114个乡，在1951年冬天开展；第二批107个乡，待1952年春再铺开。[1]在这段期间，中山县委总结刘振本在土改运动中的领导方法，向全县推广。刘振本是第四区委书记，他将河南省土改经验与本地的实际结合起来，在四区茶东村、茶西村开展土改期间，带领工作队深入调查研究、访贫问苦、扎根串联取得较好的成效。中山县委将刘振本领导方法概括为"茶园经验"。1952年5月11日，珠江地委发出《关于向刘振本领导方法学习的通知》（以下简称《通知》）。《通知》指出，刘振本的领导方法，是成功的群众路线的领导方法。要求干部认真学习广东省土改委员会公布的刘振本领导方法。各级党组织对刘振本领导方法的总结宣传，对全县乃至珠江地区和广东省土地改革运动产生了巨大的影响。

第三阶段：土改复查，进行翻身教育，开展生产运动。全县土改复查从1952年8月初至10月中旬、12月初至1953年2月初，分两批进行，每批历时60～70天。中山县委组织了600多名干部，开展土改复查工作。目的是纠正偏差，纠正阶级成分错划或漏划、土改果实分配不公平等偏差。

互助合作化初步发展

中山县是一个农业大县。但因封建土地制度的束缚和十几年来的战乱，到中华人民共和国成立之前，全县农业经济仍处于凋零状态，特别是1947年、1949年连续遭遇两次洪涝灾害，全县许多崩塌的堤围还没有修复，许多地区出现缺粮现象。据不完全统计，至1950年7月，受灾农民占全县人口的10.5%（石岐除外）。[2]中华人民共和国成立后，有的地主跑去港澳地区，有的

---

[1] 参见中共中山县委：《中山县去冬今春土改工作报告（草稿）》，1952年。
[2] 参见谭桂明：《三个月来政府工作报告》，1950年。

地主对春耕采取消极态度，全县无人耕种的田地达1000顷，出现了"有田无人耕""有人无田耕""有人想耕但不能耕"的情况。恢复农业经济成为当时紧迫的任务。

1950年3月，中共珠江地委书记曾生在珠江地委扩大会议上所作的总结报告中强调"首先必须明确认识我们当前的中心任务是展开减租退租"，"我们进行春耕备荒的口号是'不荒一亩地，不饿死一个人'"。按照珠江地委的部署，中共中山县委把农业的恢复作为全县中心工作来抓，采取有力措施，创造有利条件，推动农业生产的发展。

首先，是明确政策，引导、鼓励农民积极发展生产。1950年4月和7月，中山县先后召开第一、二届人民代表会议，着重研究恢复生产、春耕度荒的问题。

其次，开展大规模生产救灾。1950年初，中山县出现严重的春荒，1950年5月27日，中山县人民政府发出紧急指示，要求各区务必抓好生产救济工作，保证不饿死一个人、不冻坏一个人。各区党委组织大批干部下乡，帮助引导农民开展"生产自救，节约度荒，互帮相助，以工代赈"，发动群众"靠山吃山，靠水吃水"，上山砍柴收集野菜野果，下海捕鱼捞虾；号召部队机关学校节衣缩食，工商界捐米一斗，粮食加工厂工人节食一餐，妇女捐首饰。全县共筹得大米27.14万斤，金额达2.45亿元（旧人民币）①；同时珠江专署下拨救济粮112吨，使广大灾民度过春荒。

1952年，中山县农业经济得到全面的恢复和发展，稻谷总产和单位产量分别比上年增长53.6%和34.3%，成为中山解放后的第一个丰收年，以塘鱼为主的水产业和生猪、鸡、鸭、鹅、鸽等畜禽的产量也均有大幅增长。当年农业总产值比1949年增

① 参见谭桂明：《中山县解放一年来施政概况》，1950年。

长42.66%。农民生活水平有显著提高，1929年至1949年，中山农民人均收入共27.5元，而1952年农业人口人均年收入达48元，比1949年增长74.54%。

在这期间，中共中山县委贯彻执行《中共中央关于农业生产互助合作的决议（草案）》，把农业生产互助合作"当作一件大事去做"，农业生产互助合作运动很快在全县范围开展起来。此时，中山县还有部分区乡尚未结束土改的复查阶段，但中山县委立即积极响应。中山县委决定：中山县委的主要领导，包括中山县委第一书记原鲁、中山县委第二书记兼县长谭桂明，都直接过问农村互助合作运动，并分工中山县委副书记刘振本主管这项工作。1952年夏季，按照中山县委部署，提出"以贯彻中共中央关于发展互助合作和开展爱国增产运动，作为压倒一切的任务"，"带领农民走上丰衣足食的道路"。

刚刚分到土地的大多数贫雇农，生活条件虽有所改善，但由于缺乏资金、耕牛、农具，或劳动力不足，扩大生产仍有许多困难，更经不起自然灾害的袭击。因此，大多数农民响应党的号召，互助组发展得很快。1952年5月，第四区张家边乡党员黄开，串联8户人组织起中山县第一个常年互助组。仅仅经过半年，临时互助组已在全县各乡村星罗棋布。尽管大部分只是暂时组合的帮工组，但已有一部分选出了组长，培养了骨干。到1952年底，全县常年互助组共有127个。这适应了当时农村生产力发展水平和广大农民的愿望，促进了农业生产的发展。

三、水利建设初见成效

为提高抵御洪涝灾害的能力，改善生产环境，发展农业生产，在第一个五年经济计划期间，国家决定对大江大河进行综合治理，兴建一批水利工程。1954年6月，中共中央华南分局召开了广东省农林水利工作会议，要求各地将水利建设纳入社会经济建设的重要项目。

按照国家社会经济发展的规划，中共中山县委、县人民政府确定"一五"计划期间全县水利工作的重点：一是以防洪为主，结合排水、灌溉，联围筑闸，整理排灌水利工程，提高全县防洪抗旱、抵御洪涝灾害能力；二是按照广东省统一部署，进行主要规划，集中力量兴建大型水利工程——中（山）顺（德）大围。

规划兴建的中顺大围，位于西江支流出海处，地跨中山、顺德两县，其地域包括中山的古镇、小榄、东升、沙溪、大涌、横栏、板芙、坦背、沙朗、港口、张家边和石岐城区，以及顺德的均安镇，总面积700多平方千米，耕地面积51万亩。[1]1952年12月10日至14日，中山县县长谭桂明主持召开中顺大围第一届受益地区代表会议，决定中山、顺德两县部分地区按自然水系联建中顺大围，并上报广东省人民政府审议批准。1953年1月1日，工程正式兴建。中山县成立大围建设指挥部。工程建设期间，国家水利部部长傅作义和苏联专家曾到工地考察，指导工程建设。工程分四期进行，于1957年5月竣工，共建成干堤长115.68千米（中山范围84.28千米），堤身高度4～6米，堤顶宽3米，部分堤段建成水泥路面，建起排灌水（船）闸48座，总净宽702.7米（中山范围33座、601.3米），二级水闸25座，开挖疏通县内河涌20条共114千米，完成土方2865万立方米、石方60.3万立方米。[2]

与此同时，各区根据本地水系实际，结合堤围岁修，加固堤身，并根据"以防洪防潮为主，结合排灌，方便交通，缩短堤线，增强抵御洪涝灾害能力"的方针，对重点堤围进行综合治

①　黄立朝：《中顺大围建设概况》，《中山文史》2000年第49辑，第108页。
②　中山市水利电力局编：《中山市水利志》，1989年版，第83页。

理，如联成大围、加厚增高、筑起新闸等。至1958年，筑起万亩以上联围有容高联围、中下南联围、三乡联围、横石联围、马新联围、丰阜湖联围、神湾联围，堤长84.86千米，水（船）闸58座。港口乡1955年冬至1956年春，把万余亩潮田建成围田，全面整治围内排灌系统，改变了任凭潮水自流灌溉的状况，实现了排灌系统标准化。1956年、1957年港口乡粮食连续丰收。中山县还兴建山塘水库，建起较大水库有三乡龙潭水库、田心水库、翠亨逸仙水库、环城马岭水库、五桂山石榴坑水库、南朗横迳水库，总库容共1842万立方米。另外，打井挖涵洞5473个，开挖河沟18946条。一些地区开发了水源，初步改善久旱缺水的状况，"望天田"变为"丰产田"。

"一五"计划期间，中共中山县委、县政府领导开展大规模水利建设，得到广大人民群众的拥护。据统计，全县社队和农民自筹工程资金930.87万元，县投资3.2万元，贷款343.54万元，投入劳力1100万个工（劳动日），完成土方1258.49万立方米，石方5.88万立方米，受益农田达90.75万亩。开展大规模水利建设，对"一五"计划期间农业生产连年丰收，发挥了极其重要的作用，同时大大提高中国共产党和人民政府的威望，增强人民治水改造大自然的信心。

四、扫除文盲及乡村卫生事业发展

扫盲运动

教育领域的一项重要工作，是在全县范围面向全民开展深入广泛持久的扫盲运动。中山解放初，据中山县教育部门的统计，全县14～40岁的青壮年中，文盲和半文盲约占50.1%。1953年，中山县成立扫盲工作办公室，从部分小学中抽调一批教师组成扫盲师资队伍。1954年，形成由党委统一领导，以扫盲办公室为主，教育、文化、工会、青年、妇女、民兵等部门参与组成的扫盲工作队伍，动员农村知识青年517人担任扫盲教师工作。[①]1955年，有200个乡建立农民文化学校，在城镇成立职工业余学校17所，扫盲工作转入正规化和制度化。[②]1956年，县人民委员会、工会联合会、共青团县委联合发出了《关于职工扫盲领导的指示》。中共中山县委作出开展扫盲运动的决定，召开全县职工扫盲和业余教育工作会议，制订《全县职工扫盲规划》，成立群众性扫盲协会，培养8000多名"群众老师"参与扫盲工作。全县扫盲活动蓬勃开展，开办民校达643所、识字班858个，入学农民达4万多人。与此同时，开办多种多样的工农速成中学，工农干部文化补习学校（班）和技术专修班，采取短期速成的办法，使一批工农干部、工人达到中等文化程度。1956年，区、乡88名文盲干部基本达到小学毕业文化水平。[③]全县成人教育、职工教育和工农群众的业余文化教育有了很大发展。

卫生事业进步

医疗卫生方面，1950年6月15日，中山县人民政府召开全县第一届卫生会议，强调卫生战线面临的新形势，大量工作需要医务人员去开展。至1952年底，先后建立了中山县人民医院、县妇幼保健所，以及区卫生所2所、妇幼保健站2所；广东省卫生部门在中山举办医士专业班、护士专业班、中医进修班、护理员班，培养中山学员267人；对乡村接生员普遍进行了提高性培训；推广新法接生技术，大大减少农村产妇产褥热和婴儿破伤风死亡的病例。开展疾病防治工作，县、区两级政府增设公共卫生工作部门，广泛开展天花、霍乱、伤寒、白喉等疾病预防疫苗接种工

---

① 参见《中山县1954年扫盲工作总结报告》，1954年。
② 参见《中山县1955年扫盲工作总结报告》，1956年。
③ 参见《中山县乡级主要干部脱产扫盲班总结报告》，1956年。

作，接种人次达79.63万，有效控制传染病的传播。此外，抗美援朝期间，全县大规模开展爱国卫生运动。从县至区建立起卫生群众组织，共培训卫生员2450名；各城镇、乡村整治环境，消灭蚊子、臭虫、老鼠、苍蝇，其中恒美、下栅、大环、前山、港口、三灶、斗门、小榄、沙溪等圩镇清理垃圾、渠泥近1500吨，疏通渠道17条，改善、新建公共厕所49座，改良水井25口，中山县整个卫生面貌焕然一新。

1953年后，中共中山县委、县政府根据新形势，提出今后卫生工作的重点是加强县、区中心医院建设，集中医疗技术力量，提高医疗水平；继续开展爱国卫生运动，防治对人民群众危害大的疾病，进一步完善和加强农村保健卫生工作。为了改变医药卫生界过去存在的中西医对立和歧视中医的情况，1955年9月，中山县召开首届中医代表会议，出席代表84人，举办中医医药展览会，系统地介绍祖国医学的伟大成就和发展概况，号召和组织西医学习中医，用现代科学方法整理和研究祖国的传统医学遗产，建立和巩固中西医之间互相尊重的团结关系，共同推进中山卫生事业的发展。[①]经过努力，中山县形成中西医积极合作、互相交流、取长补短的良好局面。

---

① 参见《中山县1955年度卫生工作简要总结》，1955年。

社会主义建设在探索中前进

一、大力开展农业合作化运动

1953年10月3日至24日，中共华南第一次代表会议召开，学习贯彻党在过渡时期总路线。会议认为，互助组为农业生产合作社的发展准备了条件，必须抓好互助组的发展和有计划、有对象地把常年互助组培养成联组。11月11日，中共中央华南分局召开广东省第一次互助合作会议，提出广东发展互助合作运动的方针是"大量发展临时性互助，积极发展与提高常年互助，切实办好农业生产合作社"。根据华南分局的部署，中共中山县委对互助组进行整顿和加强领导，推广被粤中行署颁发"粤中区模范互助组一等奖"的四区张家边乡黄开互助组[①]、五区蔡达华互助组等经验，通过典型示范，推动全县互助合作运动的开展。至1953年底，全县有10%左右的农户参加了互助，组成互助组3027个。[②]其中，临时互助组2739个，占互助组总数的90.5%；常年互助组有288个，占9.5%。

1953年12月，中共中央发出《关于发展农业生产合作社的决议》，提出加快农业合作化的步伐。中山县委根据中共中央提出的要求，修改了原先准备先发展临时互助，再提高为常年互助，

---

① 参见《中山县试办黄开互助组转社的第一步工作综合报告》，1954年。
② 参见中共中山县委：《中山县干部会议总结报告》，1954年。

然后建立初级社的规划设想，对全县合作化运动重新作出部署，要求各区都试办初级农业生产合作社。同时，中山县委设立农村合作部；要求各区委都设"办社书记"（指定一名区委副书记专管办社）；对每个试办的社，区委要派出干部驻社蹲点。至1955年2月底统计，全县建起的常年互助组有7855个，初级合作社409个，入社农户超过3万户，入社农户占总农户的15.25%，基本做到乡乡都有合作社。

与此同时，中山县委还用了极大的精力，总结了一些办好合作社的具体经验，选编成《中山县巩固农业社经验》小册子，发到区、乡干部，人手一册，对有关农村经济工作、技术工作、文化教育工作、妇女青年工作和怎样当好合作社干部等问题，提出了许多正确意见。如第十一区群众乡第一农业生产合作社主任梁祥胜的《我当大社主任的经验》强调要当好合作社领导，必须要抓住关键性的东西，包括生产经营方向、劳动报酬、财务管理；要善于掌握情况，发现问题，做到心中有数；要抓计划安排，有计划、有步骤地推动工作开展；要形成集体领导，要靠干部大家共同把责任担负起来。又如《新平乡第九农业生产合作社的青年突击队》一文，指出在农业合作化运动和生产中，必须要充分发挥青年团员的力量。新平乡第九农业生产合作社青年突击队的组建，源于一次自然灾害。1954年冬，中山县新平乡第九农业生产合作社遭遇旱灾，大旱导致咸潮倒灌，播下的种子因之死掉。为应对自然灾害，获取农业丰收，在青年团粤中区工委工作组的帮助下，由团小组倡议，该社成立青年突击队。青年突击队一成立，便和社员们积极投入积肥备耕、抗咸抢播、除虫灭害的战斗中，用集体的力量战胜了旱灾、咸潮等自然灾害，夺得了建社后的第一个丰收年。中山县委印发这些小册子，比较好地解决在农业合作化运动中所出现的问题，对大批走上领导岗位的农村干部提高工作水平和领导艺术，具有普遍的指导意义，因而受到区乡干部和社干部的欢迎。特别是全县青年突击队的发展，势若燎原。1955年全县有131个乡建立起青年突击队，1956年发展到524个，占全县乡村的95%以上，人数多达1.2万。[①]青年突击队的先锋模范作用，有力地推动了中山县农村社会主义合作化的到来。1955年12月，由毛泽东主持选编的《中国农村的社会主义高潮》一书收录了这两篇文章。毛泽东亲自为这两篇文章写了按语，指出"晚解放区同样可以大规模地推广合作化。就若干的县、区、乡来说，晚解放区可能和老解放区同时完成、甚至先期完成合作化"，"广东中山县的一个合作社主任的谈话记录，他谈的并不比一个老解放区的合作社主任差些，可能某些老解放区的合作社主任还比不上他"，"青年是整个社会力量中的一部分最积极最有生气的力量。他们最肯学习，最少保守思想，在社会主义时代尤其是这样"。

由于这一时期中山县委注意纠正农村工作中的偏差，注重对村社干部的培训，坚持以明确改造农村的远大目标和稳步前进的方针，统一农村工作干部的思想，从而使合作化运动保持稳妥发展的态势。1955年早造，互助组、合作社普遍增产。

办社进度快、入社人数多，前所未有地震撼了农村。与此同时，中山县又按上级关于"趁合作化高潮，将初级农业合作社'升为高级社'"的要求，使不少互助组没有经过初级社阶段就直接组办高级社。至1956年1月底，中山全县入社农户已由1955年9月底（初级社）占总农户的61%，跳跃发展到85%。到1956年2月底，初级社已全部升为高级社，全县共办成高级社396个，入高级社农户占总农户的93.7%。平均每个社378户。未入社的，只

---

① 陈灿开：《新平乡第九农业生产合作社青年突击队的历史调查》，《中山文史》1988年第14辑，第115—119页。

是极少数零星、分散住在偏僻的山沟或边远的沙田区农民。

二、高级农业合作社巩固发展

1957年1月，中共佛山地委召开地委委员和各县市委书记扩大会议，要求1957年工作要继续贯彻执行中共八大会议精神，在农村要进一步从根本上巩固合作社。中共中山县委及时总结四区胜利社、太阳升社、八区红灯社、十一区群众社、坦背社、十五区爱国社等实行"包工制"促进生产发展的经验，在全县大力宣传和普遍推行。与此同时，中共广东省委农村工作部转发21个社试行"三包一奖"管理方法的有关文件，正式向全省推广以"三包一奖"（即包工、包成本、包产量、超产奖励）为主要内容的生产管理责任制。

"包工制"由于将个人劳动与经济收入挂钩，体现了多劳多得的按劳分配原则，受到基层干部和社员群众的拥护。有的农业社还根据自己的实际，扩大包工制的范围，将生产质量和完成任务时间，也作为"包工制"的内容，形成"四包"甚至"五包"，使社员对生产的最终结果——产量负责，保证生产计划的全面完成。这充分显示了中山县委大胆果断全面推行包工制的政策，是符合实际的、富有成效的。

从1956年春到1957年秋，中山县委、县政府组织高级农业生产合作社开展生产运动，贯穿推行大包工，健全生产管理责任制；探索民主办社的道路，健全社员代表会议制度，发动群众制订生产规划、挖掘增产措施，摸索出一套民主办社的制度。社干部换届经代表会议讨论，财务账目经代表会议审议；农业合作社努力开展多种经营，并帮助社员开展家庭副业，力争合作社增产、社员增收。从中山县委到基层农业合作社干部，都在实践中体会到"离开民主办不好社"的道理。这一系列实践初步回答了如何组织好高级农业生产合作社的生产、集体经济发展道路如何走等问题。这些经验创造了良好的开端，使许多干部群众看到了高级社的发展前景。

三、"大跃进"和人民公社化运动

"大跃进"运动的发动和开展

1957年，为加快社会主义经济建设，中共中央、毛泽东酝酿制定社会主义建设总路线，并相继发动了"大跃进"和人民公社化运动。中山县和全国各地一样，响应中共中央的号召，按照总路线"鼓足干劲、力争上游、多快好省地建设社会主义"的精神，以极大的热情和干劲，掀起"大跃进"的高潮，推进人民公社化运动。但是，由于忽视客观经济规律和政策本身产生的失误，及在执行过程中发生的偏差，因此，中山经济建设和社会发展遭受到重大的挫折。

1958年7月下旬，中共中山县委召开全县三级干部会议，佛山地委领导同志作"形势动员报告"，要求各级"鼓足干劲，力争上游，为争取晚造粮食产量比早造翻半番、翻一番而奋斗"。

中山县将"大跃进"推展成群众性运动，是从1957年冬季掀起的"以水利、积肥为中心的备耕生产热潮"开始的。1957年12月至1958年1月，全县动员30万农民进行大规模兴修水利劳动，完成大型水利工程（20万元投资以上）3宗、中型工程（2万元投资以上）26宗、小型工程上万宗，完成土方达3071.4万立方米，比"一五"计划期间的水利工程总量增长2.5倍，受益农田达130.6万亩，从而揭开"大跃进"的序幕。①

为实现水利建设的"大跃进"，中山县委实行"大兵团作

---

① 参见中共中山县委办公室：《中山县58年生产情况介绍》，1958年。

战"和"集中力量打歼灭战"的做法，成立全县水利工程指挥部和中山县的第一、二工程施工队，各公社组织专业工程队，由县主要领导担任总指挥，动员10万群众上工地，农闲时间保持三四万人坚持作业。1958年9月12日，全县最大规模的水利工程——斗门白藤堵海工程动工兴建。中共中山县委动员上万名民工，配备大小船艇2000多艘、大小汽车1000多辆投入作业，经过8日8夜的奋斗，完成西堤的合龙工程。9月26日起，动工堵塞东海峡。大堤于12月18日成功合龙。白藤东西全长5677米海堤的建成，增强了中山沿海抵御台风、暴潮、咸潮上涌的能力，解除13.7万亩农田的咸害威胁。全县还完成坦洲、民众、赤坎、白蕉、特沙、张家边、神湾、横石、三乡、五乡联围工程，以及中顺大围续建工程，动工兴建乾务水库，完成土方943.4万立方米、石方18.96万立方米，受益农田37.75万亩。

城镇"大跃进"主要围绕"大办工业"和"大炼钢铁"为中心内容开展。在工农业生产"大跃进"的形势推动下，教育、文艺界也纷纷开展"大跃进"。

经过中山人民的努力奋斗，"大跃进"也取得了一些成绩。农业方面：建成一批水利工程，全县堤围普遍进行加高培厚，增建大批涵洞、水闸，建起一批山塘水库，整治农田排灌系统。这一时期建成的水利工程布局基本正确，失误较少，建成后在开发利用水资源和防御水旱灾害方面发挥了很大作用。1958年早造，全县农业生产普遍丰收。工业方面：建成一批骨干企业，特别是乡镇普遍办起了工业企业，尽管一部分未能巩固，但为以后工业发展、探索工农相结合发展的道路起到一定的推动作用，为以后的发展打下一定的基础。

但是，在取得成绩的同时也存在不少问题。"大跃进"是在国家经济特别是工业基础十分薄弱的情况下发动的运动，其急于求成的思想、违反科学规律的做法，严重影响了中山社会经济的发展，留下了深刻的教训。

人民公社化运动

1958年上半年，全国各地已广泛开展高级农业生产合作社的小社并大社工作。在各地试办大社的同时，中共中央酝酿成立人民公社。8月，毛泽东视察河北、河南、山东等省农村时，肯定了当地试办人民公社的做法。同月，中共中央在北戴河召开的政治局扩大会议正式通过《关于在农村建立人民公社问题的决议》。全国很快掀起大办人民公社的高潮。

中共中山县委闻风而动，部署各乡各社抓紧试办，组织起一支以党员、团员、干部为主的10.5万人的宣传队伍，深入各乡村，运用粤剧、民歌、白榄、龙舟（白榄、龙舟是中山的民歌曲调），广泛宣传人民公社化的意义。[①]1958年8月22日，全县首个人民公社在翠角乡成立。8月30日，全县按一乡一个社的原则，把396个高级农业生产合作社全部并到34个人民公社内。

根据中共广东省委的决定，9月27日，中山县委决定将全县34个人民公社合并为三乡、张家边、沙溪、黄圃、小榄、万顷沙、斗门7个人民公社。12月，广东省人民委员会决定撤销珠海县、石岐市的建制，将其并入中山县。随后，中山县委决定成立珠海、石岐、环城3个人民公社。至此，全县共组织起10个人民公社，每个公社人口达10万。1959年1月，中山县以县为单位，成立中山县人民公社，形成一县一社的政社合一的体制。1958年12月17日，中山县委召开全县干部会议，提出"全党动手，深入发动群众，全力整顿和巩固人民公社"。在整顿人民公社的过程中，中山县委对公社进行调整，缩小规模，将全县大公社重新拆

---

① 参见《一九五八年宣传工作总结》，1958年。

分，改设为29个公社和4个镇。强调要贯彻以生产大队为核算单位的三级所有制，建立生产队责任制。

从1958年底到1959年夏，中共中山县委颁布的《整社的五项内容》《公社管理体制问题的十二项规定》和《社员小自由的十项政策》，对于提高广大社员的生产积极性、恢复发展农村生产力，以及缓解已经出现的粮食供应等方面的困难，具有积极的意义，得到农民的热烈响应。黄圃公社在向社员传达中山县委《社员小自由的十项政策》的10天内，社员就新种下自留地、五边地3617亩，多养鸡、鸭、鹅73277只；民众公社新平大队一生产队社员，听到小自由十项政策的传达后，利用傍晚收工后的时间，在屋前屋后种下荔枝树200多棵；张家边公社小隐大队原计划晚造插田面积5.6万亩，贯彻落实"十项小自由政策"后，社员积极开荒扩种，最后全队插下6.5万亩，增加了9000多亩。

四、克服经济困难和农村政策调整

克服经济困难

受1958年以来持续几年的"大跃进"和人民公社化运动的影响，1960年中山县出现严重的经济困难。再加上6月的一场台风严重影响早造粮食收成，全县经济形势十分严峻。

面对1960年经济严重困难的局面，中共中山县委按照中共中央、中共广东省委、中共佛山地委的指示，采取一系列措施来缓解"大跃进"错误所造成的严重困难。

第一，调整农业生产政策。针对粮食极度缺乏的状况，中共中山县委首先加强对粮食生产的领导。7月21日，中共中山县委发出《坚决把劳动力集中到农业生产》的通知，决定从城镇闲散居民、待业青年、停产企业工人中，动员大约2万人回乡参加农业生产劳动。[①]

中共中山县委坚决贯彻中共广东省委关于农业经济政策的规定。9月3日至9日，全县分10个片召开贫下中农积极分子大会。随后，中共中山县委先后发出《关于生产小队的组织领导和部分所有制问题的十项意见（草案）》《关于贯彻执行省委〈关于农村经济政策的几项规定〉的意见》《关于全面地坚决地贯彻省委〈关于农村经济政策的几项规定〉的若干具体执行意见》，结合本县的实际情况，迅速贯彻中共广东省委的指示，对公社化以来的农村政策进行初步调整。文件发出后，中山县委从各机关、事业单位抽调5000多名干部，深入农村，帮助社队落实政策。中共中山县委特别加强对粮食主产沙田区的领导，各县委书记和常委纷纷下基层蹲点，分别到白蕉、坦洲、三灶、民众、横栏公社兼任党委第一书记。全县上下同心同德，为扭转农村形势而奋斗。

第二，安排好人民群众的生活。首先是办好公共饭堂。全县抽调2698名干部直接下饭堂当管理员、炊事员、生活指导员，动员各队种植蔬菜7.3万亩、杂粮8.1万亩、油料4500亩、养鱼8620亩、生猪3.6万头、"三鸟"（鸡、鸭、鹅）31.5万只，组织社员出海打鱼、下河捞虾摸螺、上山采野果，增加食品来源。其次是采集、制造代用食品。农村、城镇普遍召开老人座谈会，商讨度荒办法，发动群众制作各类代用食品。在农村，甘蔗叶、木瓜树芯、禾秆、蕉头、花生叶、玉米芯、番薯叶、高粱叶也被加工制作成代用食品；[②]在城镇，则制作"人造肉精"和"小球藻"。为了解决城乡居民吃油问题，全县发动大搞米糠榨油运动。全县22间粮食加工厂日夜开工，至7月初，从25万千克玉糠中炼出糠

① 参见《坚决把劳动力集中到农业生产》，1960年；《整顿清理劳动力的情况》，1960年。

② 参见中共中山县委：《关于全党大抓群众生活的情况报告》，1960年。

油3.78万斤，保证农村社员月人均2两、城镇4两的食油供应。8月4日，中共广东省委向全省各地、市、县委推广中山县米糠榨油的做法。①再次是大搞农副业生产。石岐工厂企业纷纷办起小农场，开荒生产，种植番薯360亩、蔬菜138亩、花生16亩、养鱼36亩、生猪1290头、"三鸟"6225只。组织9个捕鱼队出海捕鱼，日捕产量达500多千克，大部分厂企饭堂菜蔬鱼肉基本做到自给。

另外是救治水肿病、妇幼疾病患者。中共中山县委高度重视水肿、干瘦、妇女闭经、子宫脱垂等疾病在农村开始蔓延的问题，至1962年2月，全县经救治痊愈者共54299人。

农村政策的调整

1961年开始，中共中山县委重点抓农村政策的调整工作。中共八届九中全会后，中共中山县委为贯彻中共中央和广东省委关于经济调整的指示，先后发出《关于在贯彻中央十二条和省委、地委关于农村人民公社的各项政策中所提出的问题和解决意见》《关于整社入手做法的意见》，转发沙朗公社党委书记《关于搞好经营管理，推动生产高潮问题的报告》，纠正生产队之间、社员之间在分配上的平均主义等问题，提出从"三包"健全作业组入手，建立生产责任制。随后，中山县委将三乡板芙公社板三生产队作为核算单位的试点，实行稻谷、甘蔗、塘鱼等几项主要农产品"包死上调""全奖全罚"的生产责任。

1961年，中共中山县委作出的关于农村人民公社一系列政策调整的主要内容是：（1）实行以生产队为人民公社的基本核算单位。生产队除了完成国家征购任务，向大队交纳一定的公积

---

① 参见中共广东省委：《省委批转中山县委关于大搞米糠榨油问题的报告》，1960年。

金、公益金、机动粮、管理费等外，其余全部归生产队所有。生产队规模不宜过大，原则上一村一个生产队，大的村也可分成若干个生产队。生产队实行"土地、劳动力、农具、耕牛"四固定制度和自主经营的管理制度，自负盈亏，全面取消供给制，恢复口粮分配到户，评工记分。（2）明确生产大队的职权。生产大队主要职责是协调、组织、指挥全大队的生产、水利工程建设、下达国家农产品派购任务，管理民兵、学校、卫生、治安工作，统筹五保户生活求助和烈军属的优抚工作。大队所经营的工副企业，不得从生产队中无偿抽调人力、财产；大队和生产队之间的协作要按照自愿和等价交换的原则。生产大队管理干部要精干，定编为5人，其收入可根据生产队社员较高人均收入计算。（3）对公社、生产大队的生产规模进行全面调整。1961年8月，恢复区一级建制，全县划为13个区、62个公社、714个生产大队，完善农村各级经济组织。（4）放宽对社员个体经济的限制，允许和鼓励社员个人发展家庭副业。社员可以经营家庭手工业，耕种自留地，开垦零星荒地，饲养家禽家畜，下河涌捕捞鱼虾，在房前屋后种植果树、竹和其他作物。冬闲田地在保证春耕前收回的前提下，允许借给社员搞冬种种植。社员自留地恢复到1956年高级合作社之前的水平。（5）全面开放农贸市场，允许三类农副产品上市经营。1962年7月后，允许集体完成国家征购任务外的粮食及社员个人粮食进入农贸市场经营。[①]

上述政策对扭转处于严重困难中的农村形势发挥了重要作用。1961年5月15日，中共广东省委转发中共广东省委工作组关于中山县石岐、环城公社、库充大队有关恢复农贸集市、农产品

---

① 参见中共中山县委：《关于准许集体完成国家粮食征购任务外的粮食及社员节余的粮食进入农贸市场试行办法几项规定（草案）》，1962年。

超产和留成部分出售奖励、停办食堂后的做法和情况，要求各地根据实际参考执行。

1963年1月，中共中山县委召开全县四级干部会议，专门对农业生产的全面调整作出部署。会议认为，根据广东省第三个国民经济发展五年规划，这一阶段中山农业生产的主要任务和目标是"坚持以发展粮食为主，在大办粮、油、猪的前提下，因地制宜，全面开展多种经营，有计划、有步骤、有重点地恢复经济作物"。1964年初，目标调整为"继续贯彻以粮为纲，争取粮食生产有更大幅度增长的同时，必须相应地加速主要经济作物和畜牧业的发展，并且积极地因地制宜地发展林业、副业和渔业生产，壮大集体经济"。①

中共中山县委"全面发展多种经营"的政策，是对1958年"大跃进"以来生产方针的重大调整，因而深得民心。广大农民群众的积极性被极大地调动起来，许多社队纷纷制订自己的发展规划。如沙溪龙头环大队社员代表大会通过《龙头环大队关于"全面开展多种经营，壮大集体经济，适当进行农副业分工，实行人尽其才，充分调动全体社员的生产积极性，发展农副业生产，改善社员生活"的方案》。1965年11月，中共佛山地委三级干部会议专门转发这一经验，认为龙头环大队代表田少人多、侨属和非农业阶层多的地区，提出了解决矛盾、开辟新路的办法，具有指导意义。

1963年，中共中山县委多次提出，农业生产的出路在于科学技术，无论是落后的还是先进的社队，都要把"向农业科学技术进军"摆在重要的位置，通过科学技术，改变生产落后条件，提高劳动效率，增加种养的产量。主要抓好四个关键：一是改革耕

---

① 参见中共中山县委：《中山县贯彻地委会议情况报告》，1964年。

作制度，二是种子改良，三是肥料建设，四是科学排灌。

为了推进农业技术改革，从中共中山县委至各社队党组织着重抓好相关的组织领导工作。（1）建立和扩大群众技术队伍。各公社派出一名领导主管技术推广工作，大队、生产队都要建立由抓技术改革的干部、农艺师组长、种子员、老农等人员组成的技术改革小组，从组织上保证农业科技工作的开展。（2）巩固扩大技术阵地，建立技术推广网。公社普遍建立起农业技术推广站、病虫害测报站、气象站。中山县农业办公室在南朗建立沙质浅脚田改土试验点，在三乡建立饲养木薯蚕试验点，在横栏建立综合防治水稻病虫害规范化试验点，在港口群众大队建立种子基点，在沙溪圣狮大队建立土改试点。以点带面，推进大田的技术改革。（3）加强培训技术，提高群众技术水平。分批分期组织技术干部、农科站长、测报站长、基点队技术副队长、农艺师组长到县农科所学习，采用理论和实际相结合的方法，学习尼龙育秧、遮光处理、矮种栽培等新技术。同时，组织公社、大队、生产队的技术骨干观摩评比，取长补短，共同提高。农业先进技术的开发和应用对农业生产发展起了重要作用。

在大规模推进电动排灌工程建设方面，早在1959年冬，中共广东省委决定把发展珠江三角洲电力排灌工程作为重点工程项目，分期分批进行，计划6年完成。县水电局根据中山县大沙田区的特点，编写了《中山县电力排灌工程设计任务书》上报国家水电部，提议建立大电网，用电动排灌解决中山县农田的内涝和干旱；排灌站建设采取一围一站的布局。①这个提议得到国家水电部的赞同。于是，中共中山县委、县人民委员会决定在1959年冬天开始兴建第一期电动排灌站，在小榄、横栏、沙溪、神湾和

———

① 参见中山县人委：《中山县电动排灌工程计划任务书》，1962年。

中山农场建站46座、机75台，装机容量4926千瓦。第二期工程于1960年冬开始，但由于处于经济困难期间，输电线路和机电材料供应跟不上，工程至1962年才全部完成。在黄圃、民众、横栏、沙溪、港口、神湾、坦洲7个公社，兴建电动排灌站98座、机120台，装机容量6668千瓦，排灌面积16万亩。

1962年，广东省决定1963年全面开始中山县的第三期电动排灌工程建设。到1965年，前后五期工程，全县共建成电动排灌站369座，装机容量22031千瓦；35千伏输变电站4座，35千伏输电线路97.2千米，10千伏输电线路588.6千米，不同程度地解决了37.53万亩农田的排除积水、40.79万亩农田的灌溉问题，为中山全县农村机械化、电气化奠定了初步基础。1963年上半年，中山县发生60年一遇的大旱，持续243天未下过透雨。由于当时已建成的抽水站和山塘水库发挥作用，最终成功抵御旱灾。如板芙公社装机1445千瓦，3.6万亩耕地水源得到解决，当年水稻田亩产量由原来50千克增长到185千克。1963年农业生产获得大丰收，全县粮食年亩产359千克，超过历史最高水平，成为大旱中的奇迹。1959年12月动工兴建的长江水库，设计灌溉面积2.37万亩，由各受益公社抽调上千人于秋冬农闲期间掀起建设高潮。长江水库于1965年12月竣工，总库容达5040万立方米，成为全县首座中型水库。

在对农业生产进行全面调整的同时，针对"公社化"以来山林权属模糊的状况，中共中山县委对林业生产政策也作了大幅调整，重新明确山林所有权和造林政策的有关规定。

中共中山县委、县人民委员会对林业政策的调整，极大地鼓舞了社队和社员种林的热情，全县农村再度掀起造林热潮。1963年春季完成造林1.98万亩，农林局从广宁县引进优质竹苗20万株，分别种在29个点。经过3年扩种，全县竹林发展至1.76万亩，较好地缓和了全县竹子的供求矛盾。1964年开始，山区的公社、大队普遍建立林场，其中环城公社林场、三乡公社林场和南朗公社林场成效显著。1963年至1965年，全县造林面积共7.85万亩，实有林面积达17.89万亩，对改善农业生态环境，增加经济收入，发挥了重要作用。

在20世纪50年代后期和60年代初期，中山县人民发扬自力更生、奋发图强的精神，努力建设社会主义新农村。其中沙溪公社圣狮大队用8年时间改变了贫穷落后的面貌，建成一个"雄厚的集体经济，农林牧副渔五业兴旺，农业与工业并举，集体福利事业和文教事业繁荣，群众生活不断改善的新农村"。

1964年2月24日，中共广东省委发出《关于全省农村学习圣狮大队的通知》，充分肯定圣狮大队艰苦奋斗、自力更生的精神。2月27日，《南方日报》以三个版的篇幅，刊登题为《圣狮——全省农村革命化的一面旗帜》的通讯；28日，发表《全省学圣狮，促进农村革命化》的社论。中共佛山地委响应中共广东省委号召作出决定，要求在佛山专区全面开展大规模的学习圣狮大队运动，把广大农民的积极性调动起来，使之投入生产中去。随即，学圣狮大队运动在全广东省、全佛山专区和中山县开展起来。

学圣狮运动的蓬勃发展，使中山县农业生产出现欣欣向荣的景象，许多生产队在不同程度上改变了面貌。尽管当年遭受严重的台风暴雨，导致水稻、甘蔗大幅减产，但由于各社队仿照圣狮的方法，大力发展综合经营，农业总产值仅下降11.27%。

在农村开展学圣狮运动的同时，工业交通战线结合自己的实际，广泛开展比学赶帮活动。

五、社会主义教育运动

1962年9月，中共八届十中全会重新强调阶级斗争。会后，中共中央决定在全国城乡开展一次普遍的社会主义教育运动，开展大规模的阶级斗争。农村的社会主义教育运动，以清理账目、清理仓库、清理财务、清理工分为主要内容（简称"四清"）；城市则进行"五反"运动（反对贪污盗窃、反对投机倒把、反对铺张浪费、反对分散主义、反对官僚主义）。按照中共中央、中共广东省委的部署，从1963年起至1966年8月，中山县先后在农村和城镇分期分批开展了社会主义教育运动。

1962年11月11日至17日、12月5日至8日，中共佛山地委先后召开两次委员（扩大）会议，贯彻中共八届十中全会精神，部署佛山专区开展农村社会主义教育运动。1963年春，中山县社、队普遍对干部群众进行社会主义教育。3月14日，中共中山县委转发县委监察委员会《关于党员干部犯有投机倒把错误的处理意见（草案）》，在全县城镇和乡村开展打击投机倒把和"黑风"活动。①做法上以正面教育为主，引导干部群众不要弃农就商，处理好公私关系。4月初，农村面上的社会主义教育基本结束。

1963年5月20日，中共中央发出《关于目前农村工作中若干问题的决定（草案）》（即"前十条"）。会后，各地重新训练干部，进行试点，为大规模地开展农村社会主义教育运动作了准备。中山县训练干部工作结束后，中共佛山地委决定在中共中山县委的配合下，在中山县横栏、小榄公社试点。1963年11月，中共中央发出《关于农村社会主义教育运动中一些具体政策的规定（草案）》（即"后十条"），规定了要团结95%以上的农民群

---

① 参见中共中山县委监委会：《关于党员干部犯有投机倒把错误的处理意见（草案）》，1963年。

众和农村干部、要依靠基层组织和基层干部以及对一些极端过火
行为加以约束的具体政策，意在从政策上划清一些界限。

　　根据中共广东省委的部署，1963年11月，中共佛山地委决
定在佛山专区选择38个公社、583个大队铺开作为新的运动点。
其中，中山县安排试点公社4个，生产大队64个，生产小队1315
个。进入12月，中共佛山地委召开新运动点集训干部会议。

　　1964年1月，各试点公社的"四清"运动正式开始。由于有
中共中央"双十条"文件作为指引，又有试点的经验，中共中山
县委始终坚持依靠群众、着重于教育和以生产为中心的方针，这
一批公社运动进展顺利，达到预期目的，基本解决了"四不清"
问题，干群关系有了明显改善。

　　在农村开展社会主义教育运动试点的同时，中山县委集中
一定力量，在县机关和城镇企事业单位，有领导、有步骤地开展
"五反"运动。这场"五反"运动时间较短，没有出现大的偏
差，对于解决干部中存在的不正之风和经济管理等方面的问题起
了很好的作用。在运动过程中，工业生产一直向前发展，没有受
到大的影响。

　　1964年7月，根据"桃园经验""后十条"（修正草案）等
中共中央一系列文件的指示，中共广东省委决定每个地区集中搞
一个县，开展农村的第一批社会主义教育运动。8月19日，中共
佛山地委发出《关于"四清"运动部署、工作团的组织分工等问
题的通知》，决定在中山县开展"四清"运动。为此，中共佛山
地委中山县"四清"运动工作总团成立，工作总团党委会由省、
地、县有关领导共15人组成，中共佛山地委第一书记杜瑞芝任总
团长兼党委书记，总团副团长为杨德元、李祥麟、鹿益三、任成
秀。在中山县18个公社中，铺开运动的公社13个（大队193个、
生产队3268个）。自12月1日调整后，铺开运动的公社压减为10

个（大队188个）。各公社成立"四清"工作分团，由各县带队的县委领导担任分团长。中共佛山地委主要领导杜瑞芝、杨德元、赵冬垠等分别到后山大队、深湾大队、北溪大队、金钟大队蹲点。

1965年1月，中共中央发出《农村社会主义教育运动中目前提出的一些问题》（以下简称"二十三条"），对前一段运动过左的做法予以纠正，重新肯定干部的多数是好的或比较好的，要求尽快解脱他们，逐步实行群众、干部、工作队"三结合"；工作方法要走群众路线，不要搞神秘化；运动自始至终要抓生产，同时抓好年终分配。同时规定，城市和乡村的社会主义教育运动，一律称为"四清"（清政治、清经济、清组织、清思想）运动。这些规定对纠正前段运动中一些"左"的偏差起了积极作用。"二十三条"下达后，中共佛山地委和地委"四清"运动工作总团按照"二十三条"精神，纠正运动前期一些过左的做法。

1965年4月，中山县运动转入整顿党支部和农村各种基本组织的阶段。对全体党员开展以阶级斗争为主要内容的党性党纪教育，利用农闲时间，集中训练党员，系统上党课；结合整党，开门整风，开展党员标准条件教育；重点帮助后进党员，通过个别谈话教育，增强党性党纪观念。与此同时，巩固发展贫下中农协会组织，建立健全各项制度。

1965年7月5日，中山县"四清"运动结束。从总的情况来看，中山县"四清"运动对整顿健全农村基层组织、建立农村社队财务制度，特别是"二十三条"下发后，重点抓生产经济发展，粮食取得大丰收，产生一些效果。但由于运动是以阶级斗争为纲，许多不同性质的矛盾被混淆了，对干部队伍作出了过分严重的估计，扩大了打击面。

按照"二十三条"的规定和中共广东省委的部署，中共佛山地委决定从1965年下半年起到1967年3年内，全区分3批在农村地区开展"四清"运动。1965年6月7日，中共佛山地委"四清"工作总团印发《铺开第二批点工作队配备原则和具体安排方案》，决定在顺德、高鹤、斗门、中山县（扫尾）的35个公社、7个镇、10个农场共578个大队中铺开第二批运动。中山县铺开运动的有5个公社、2个镇及中山糖厂，共有生产大队91个，参加运动的工作队员有2882人。1965年8月，中山县第二批铺开的运动正式开始。工作队进村后，改变过去神秘化、串联扎根、以大批判开路的做法，而采取正面教育、思想发动等办法，依靠当地干部、群众，推进运动的开展。

第三节 基本路线教育

本节着重讲述"文化大革命"期间与革命老区相关的农村、农业方面的主要事件和运动的开展。

一、农村"党的基本路线教育"运动

1973年8月,中共广东省委常委召开第八次扩大会议,决定将"批林整风"和"农业学大寨"运动结合起来,分期分批对全省基层干部和群众进行一次"党的基本路线教育"。9月,中共广东省委发出《关于以批林整风为纲,在农村进行党的基本路线教育的意见》。中共中山县委按照中共广东省委的部署,从1973年8月至1978年秋,在农村社队、圩镇开展了5批"党的基本路线教育运动",其中不少社队,重复开展了2次甚至3次。

1973年8月,中山县委从县、社机关抽调干部999名,中共佛山地委派来机关干部59名,组成1058人的工作队,铺开第一批"党的基本路线教育"运动。运动安排在8个公社(民众、坦洲、港口、小榄、横栏、南朗、张家边、浪网)的102个大队(占全县大队总数的76%)进行。

第二批基本路线教育运动从1974年8月21日铺开,到1975年8月10日结束,历时11个多月。第一阶段,大张旗鼓宣传,开展政治攻势,发动群众大查大揭。第二阶段,开展"斗敌批资","解决发展农业的方向道路问题",把多种经营和家庭工副业作

为"资本主义"东西来批判。第三阶段，突出抓对"新生资产阶级分子"的斗争，批判小农思想，端正思想、政治路线，开展整风整党。第四阶段，主要是抓领导班子的整建工作，着重解决领导班子"一批二干三带头"以及政治方向道路问题，要求基层干部开展所谓"斗私批修"检查，划清与"资本主义"的界线。

圩镇的基本路线教育运动，重点是实行"城乡配合，围剿资本主义"。在农村开展第二批基本路线教育运动期间，全县11个圩镇、259个企事业单位也同步开展运动，有工作队进驻的单位有114个，占44%。[①]

1975年8月20日，全县农村铺开第三批基本路线教育运动，至1976年8月上旬结束。这批运动共抽调工作队员1575人，铺开11个公社、168个大队、11个圩镇。其中包括已开展第一、第二批运动的6个公社、111个大队；新铺开的5个公社、53个大队。[②]运动开始围绕生产揭阶级斗争盖子，"斗敌批资"；后又转入"反击右倾翻案风"。

这段时期，中山县还加强反偷渡斗争。由于经济困难，许多农民不得不偷渡到港澳寻找生活出路。在强大的政治攻势下，1975年偷渡人数比1974年下降50%以上。这些措施虽在一定时期内遏止了偷渡风的蔓延，但偷渡的问题直至1979年改革开放后，才得以从根本上解决。[③]

1976年8月后，中山县又先后进行第四、第五批基本路线教育运动。由于基本上是在粉碎"四人帮"后的形势下进行的，随

---

① 参见中共中山县委农村基本路线教育运动办公室整理：《县圩镇运动工作会议纪要》，1975年。

② 参见《中山县第三批农村党的基本路线教育总结》，1976年。

③ 参见中山县人民武装部：《政治边防检查情况报告》，1971年；《中共中山县委坚持不懈地反偷渡外逃斗争》，1976年。

着政治局面的初步安定和经济形势的逐步好转，中山县委把运动重点放在大抓经济建设、加快发展生产力上，发动群众掀起"抓革命，促生产"的高潮，努力将工农业生产搞上去。在全党指导思想未能摆脱"左"倾错误影响的情况下，第四、第五批基本路线教育运动仍然保留许多"左"的做法。

1973年8月至1978年8月，按照中共广东省委、中共佛山地委的部署，中山县委投入大量人力财力，以极大的精力，在全县农村、圩镇进行大规模的"党的基本路线教育"运动，希望通过这个运动，解决"文化大革命"以来社会上积累下来的矛盾，调动干部群众的积极性，促进工农业生产。运动对基层干部的作风问题有一定的触及和改变，对农村受"文化大革命"无政府思潮的冲击有一定的抑制作用，但运动中也存在指导思想错误，抓不准农村、圩镇的主要矛盾。

二、农业学大寨运动和农田基本建设

1970年9月23日，《人民日报》发表《农业学大寨》社论。12月5日，中山县革命委员会（1971年中山县委重新建立）制定《中山县学大寨、赶昔阳的规划》，下发到全县各公社、大队、生产队，提出"奋战两年，建成大寨式的中山县"的口号。①中山县的"农业学大寨"开始形成群众运动的气势和规模。

1970—1972年这两三年农业学大寨运动，就总的方面而言，中山县突出以生产建设为中心，引导各社队学习大寨自力更生、艰苦奋斗的精神；改善生产条件、促进农业生产。但是，随着极左思潮的再次抬头，中山农业学大寨运动也随之发生质的变化。

1972年11月26日，大寨党支部书记、昔阳县委书记陈永贵

---

① 参见中山县革委会:《中山县学大寨、赶昔阳的规划》，1970年。

来中山县指导工作。在中山县委召开有1500多人参加的干部大会上，陈永贵作如何学大寨的报告。[①]会后，全县以公社和大队为单位，召开干部会、社员会、广播大会，在5天内向2万多名干部和31万社员（占社员总数的80%以上）传达。中山县委向中共广东省委和中共佛山地委报告：陈永贵前来中山传授经验，给中山干部群众的震动很大。

1973年1月1日至8日，中山县委召开全县学大寨四级干部会议，总结交流开展学大寨运动以来的成绩和经验教训，表彰先进，找出差距，修订学大寨规划。4月19日至5月13日，中山县革命委员会（简称"革委会"）又一次组织农业学大寨检查团，分头到基层检查。检查团由县机关、公社、大队三级干部抽调181人组成，分头到21个公社，深入解剖好的、一般的、差的3种类型的大队，实行"边看、边议、边交流经验、边解决问题"。[②]

1975年9月15日至10月19日，全国农业学大寨会议召开，要求"全党动员，大办农业"，到1980年全国有三分之一以上的县建成大寨县。会后，中山县再次掀起学大寨的热潮。

中山县的"农业学大寨"运动在农田基本建设方面，取得比较显著的成果，尤其在1970年至1973年的两三年工作做得比较扎实。1970年春，中山县革委会从县、社、队三级领导干部、贫下中农和技术人员中，抽调100多人，组成"农田基本建设规划调查队"，对全县的主要山河水系的基本状况作实地考察，制订了整治全县农田的规划。1971年和1972年的冬春期间，全县15万名农民奋战在农田基本建设第一线，整治农田共19.5万亩。1972年秋收一结束，在各级党组织的领导下，全县立即掀起新一轮农

---

① 参见中共中山县委：《关于传达陈永贵同志讲话的情况报告》，1972年。
② 参见中山县革委会：《关于开展农业学大寨检查的情况报告》，1973年。

田基本建设的高潮。19万名农民冒着严寒奋战在工地上，修建水库，修筑水闸，疏浚水道，加高堤围，整治围内排灌系统。1973年9月，横门口扩阔第三期工程开始动工，中山县委主要领导袁炳焕等担任指挥。200多名民兵经过半年的努力，开凿出一个12米深的竖井和120米长的石导洞，装放121.6吨炸药，成功爆掉水下石方5万立方米，把横门扩阔了40米。小榄公社把42年未疏挖的鸡肠滘全面疏挖整治；三角公社疏挖、裁弯取直了乌沙涌、鱿鱼滘。经过几年奋战，全县农田基本建设完成土方1.05亿立方米、石方202.7万立方米，建成联围工程23条、涵闸184座、山塘水库49座，可灌溉农田面积6.75万亩，有效提高108万亩农田抵御洪涝干旱灾害的能力。

但是1973年下半年，中共广东省委、中共佛山地委对农田基本建设提出过急过高的要求。9月9日，中共中山县委召开全县公社党委书记会议，提出农田基本建设要贯彻"大干、快干、彻底干"的革命精神。虽然大规模的农田基本建设在一定程度上加快了水利建设，改变了生产条件，但是，由于长时间持续性大规模建设，加重了社队集体和农民的负担。一些工程，有的社队无明显受益，却也要出人、出钱、出粮，实际是刮了新的"共产风"；有的工程，不顾客观条件、盲目上马，造成效益低；有的还破坏了原来的生态环境。

三、1975年农业整顿和农村政策调整

1975年2月，由邓小平主持国务院的日常工作，7月开始，主持中央日常工作。当时，在"左"倾错误理论的指导下，全国各方面工作陷入严重混乱状态。邓小平根据毛泽东提出的要安定团结，把国民经济搞上去的指示，提出全国各个方面工作都要整顿。工业、农业、商业、财贸、文教、科技、军队都要整顿，核

心是党的整顿，关键是领导班子，经过整顿，要建立一个强有力的"敢"字当头的领导班子，加快经济恢复和发展。根据中共中央的精神，中共中山县委果断地对各条战线的工作进行整顿，制订实施加快经济恢复和发展的一系列措施。

农业的整顿首先从整顿经营管理开始。1975年1月25日，中山县革委会转发农林水办公室《把整顿经营管理作为党的基本路线教育运动的一项重要内容来抓》的报告，要求在整顿中解决几个问题：一、整顿和改善劳动组织；二、正确贯彻"各尽所能，按劳分配"的原则；三、整顿财务管理；四、搞好农机具的管理；五、健全干部参加集体生产劳动制度。[①]9月25日，县革委会转发中国人民银行中山县支行《关于中山县农村人民公社生产大队、生产队、队办企业现金管理试行办法》。[②]通过整顿，各生产大队和生产队普遍建立和恢复经营管理的规章制度，把小组定额计分分配制度、仓库物资管理制度、财务现金管理制度、农产品分配制度、农机成本管理制度、干部参加集体生产劳动制度等建立和恢复起来，在一定程度上解决了"文化大革命"以来农村经营管理混乱的一些问题，农业经济秩序有所好转。

调整农村的经济政策，也是农业整顿的一项重要内容。1975年9月上旬，中共中山县委常委进行开门整风，对近年来贯彻"以粮为纲，全面发展"方针所出现的问题进行纠偏，强调在抓好粮食的同时，积极发展多种经营；鼓励农民家庭大养其猪，大养群鸭，抓好塘鱼和海洋捕捞。11月，在传达全国农业学大寨会议上，中山县委主要领导多次强调：坚决贯彻执行党的现阶段政

---

①　参见中山县革委会农林水办公室：《把整顿经营管理作为党的基本路线教育运动的一项重要内容来抓：经营管理干部学习班的情况报告》，1975年。

②　参见中国人民银行中山县支行：《关于中山县农村人民公社生产大队、生产队、队办企业现金管理试行办法》，1975年。

策，正确处理国家、集体和社员三者的关系，实现养猪公栏私养化，搞好马铃薯、蔬菜、水果等的种植经营。这些措施调动了农民的生产积极性，对农业生产起到促进作用。

通过政策的调整，1975年中山农副业生产又有新发展。生猪饲养量69万只，比去年增长13.47%；母鸭饲养量11万只，比去年增长80%；河涌养鱼1.3万亩，比去年增长62.5%；海洋捕捞总量4942.8吨，比去年增长26.4%；水果种植比去年增加1.5万多亩，但由于"重种轻管"，盲目引进外地品种，水果产值比去年下降23.36%；蘑菇生产从4个公社发展到23个公社，形成大宗生产能力。全县经济作物种植面积达22.91万亩，总产量超过去年的水平，在一定程度上缓解了当时市场供需紧张的矛盾。

解放思想发展农村经济

1976年10月以江青为首的"四人帮"被粉碎后，中共中山县委立即采取措施，稳定局势，发动对"四人帮"的揭发和批判，有步骤地清查与"四人帮"帮派有牵连的人和事，调整和加强一些单位的领导班子。与此同时，加强经济工作的领导，整顿生产秩序，工农业生产得到比较快的恢复。

揭批"四人帮"运动开展后，广大干部群众的普遍要求是尽快消除"文化大革命"带来的严重后果，尽快发展生产，落实"文化大革命"之前行之有效的各项政策，同时纠正在"文化大革命"中造成的冤假错案。中共中山县委注意到广大群众的要求，开始着手解决工农业生产发展的政策性问题。

1977年3月，中共中山县委召开全县财贸系统先进集体、先进工作者代表会议。会议要求各级财贸部门将流通工作做好。（1）以粮为纲，大力支援发展粮食生产；（2）大力帮助发展多种经营，办好商品基地，发展以猪为首的畜牧业，扩大河涌、山塘、水塘养鱼，积极开发五桂山区，大力发展"四大名果"（荔枝、龙眼、香大蕉、菠萝），搞好农副产品加工，扩大农副产品的出路；（3）坚持办点支农，促进穷队、后进队的转化；（4）支持社队企业发展，积极为社队企业筹集资金，搞好产、供、销平衡；（5）做好中小农具的修、管、用工作，降低农业生产成本；（6）搞好市场供应，安排群众生活，扩大城乡物资交流，组织好工农产品交换。①

1978年，中山县全面开放农贸市场，允许社队和农牧场完成计划外的农副产品，社员家庭农副产品，进入集贸市场贸易；对农产品的管理范围进行初步调整，适当调高偏低的三类农副产品的收购价格，对一些紧俏的产品实行议价购销、签订合同。如三乡食品站把主要精力放在支援农业生产上，帮助社队和社员发展多种经营，在公社办了8个营业网点，方便群众交售农产品，全社饲养的生猪、鸡鸭越来越多。生猪、鸡鸭、蛋品的收购量大幅增加。1978年底，全县市场呈现出初步繁荣的景象。

1976年，中山进一步加强对外贸易的开展，重点抓好对港澳出口产品生产基地的建设。外贸部门与社队联合开发蘑菇、茶叶、水草生产基地，增大出口货源。

针对农村经济发展不平衡的状况，中共中山县委还抓后进队的转化工作。1977年3月8日至11日，中共中山县委在大涌公社南村大队召开全县穷队、后进大队转化工作会议。会后从县、社两级机关中抽调150名干部，带职下放2年，推动转化工作的开展；在物质技术上给予援助，1977年再拨款20万元作为后进队的生产启动资金；实行厂（企）队挂钩，扶持帮助。②县人民银行、社队企业局、财税局组织联合工作组，深入坦背、阜沙、三乡、新湾、板芙5个公社，协同当地有关部门，制订发展社队工业的规划。新建扩建农业机械厂、造船厂、石矿场、五金厂、粮油加工厂、砖厂、灰厂等建设项目26个。③经过努力，一些后进队面貌

① 参见《深揭狠批"四人帮"，掀起财贸学大寨、学大庆新高潮，为我县今年建成大寨县作出新贡献：李斌同志在县财贸系统先进集体、先进工作者代表会议上的报告》，1977年。

② 参见《全县穷队、后进大队革命转化工作会议纪要》，1977年。

③ 参见中山支行、县企业局、县财税局支持社办企业联合工作组：《关于支持穷社办企业情况的报告》，1977年。

得到改变。如三乡公社食品站扶持大布大队发展多种经营，生猪出栏率比去年增长8%，粮食增长13%。县五金交电公司协助板芙公社东风大队，全面开展围内排灌系统整治，实现排灌分流，水稻增产47%，社员分配增加68.7%。

与此同时，全县再次掀起农田基本建设的高潮。各级党组织把建设高产稳产农田作为农业生产的重要措施来抓，实行"社队办为主、小型为主、当年受益为主、配套为主"的方针，整治围内排灌系统18.6万亩，种植绿肥41万亩，积集农家肥86万吨，施放农田面积达132万亩，为农业丰收创造有利条件。

1979年8月下旬，中共广东省委宣传部召集各地委宣传部部长到中山石岐开现场会议，交流开展真理标准问题讨论的经验。中共中山县委书记在会上作了《开展真理标准问题讨论很有必要》的报告；板芙公社革委会主任在会上作了介绍，通过对比本社几类生产队所走的不同道路，得出用实践的效果来检验是与非的结论。他说：板芙公社四联大队顷二生产队1976年偷偷实行甘蔗联产责任制，甘蔗亩产由1975年的3.7吨，升到1977年的4.6吨，升幅高达24.3%。用实践的效果来检验，实行联产到劳生产责任制，才是正确的脱贫致富道路。全县推广板芙公社联产到劳生产责任制，受到农民的普遍欢迎，很快得到落实。

粉碎"四人帮"后，许多社队根据自己的实际，暗地里推行了各种形式的生产责任制。如小榄公社埒西二大队实行"任务、工分到组、组内活评到人"的方法；浪网公社推行"五小"管理，农活实行"小段计划、小段排工、小组作业、小段检查、小段评分"，计提报酬；板芙公社孖冲大队实行任务定额到人，多劳多得，同时，还执行奖罚制度，社员集体分配收入从1975年的55.25元，提高到1977年的105元，人均月口粮从20千克提高到

25千克。①随着真理标准问题讨论的深入，中共中山县委深刻总结人民公社化以来农业生产的教训，认识到社会主义不应该是贫穷，农村中心问题是把农业总体经济搞好，种什么、不种什么，要因地制宜，尊重生产队的自主权。1978年下半年，中共中山县委从实际出发，在权力范围内，结合中山实际，对生产布局进行初步调整，既抓粮食又抓经济作物，大力发展社队企业，扩大出口贸易，一手抓粮，一手抓钱，增加集体收入，提高社员分配水平。

在中共中山县委政策指引下，干部和群众发展多种经营的积极性空前高涨。南朗公社仅用半年时间，就把家庭副业重新发展起来，近山的农户上山采药，濒海的农户出海捕鱼捉虾，有养鸭习惯的大队，大养群鸭，肉鸭的数量接近历史最高水平。浪网公社采取九项措施发展多种经营，成果显著。②1978年下半年，全县种下优质香（大）蕉7600多亩、果蔗300多亩、荔枝300多亩、龙眼150亩、柑橘橙650亩。由于建设起一个农产品出口基地，调整生产布局，多种经营得到初步恢复和发展。尽管当年遭遇长期低温阴雨和寒潮台风的袭击，致使晚稻收成受到严重影响，全县农业总产值比上年减少5.3%，但农民人均年纯收入增加3.14%。

通过对农村工作的拨乱反正，中共中山县委解放思想，大胆突破，进一步解放和发展生产力，带动农村经济发展，使全县农村初步出现欣欣向荣的景象。

---

① 参见冯福胜：《孖冲大队冲上来了》，1978年。
② 参见中共中山县委农村工作部：《印发四个社队千方百计增收增分的典型材料》，1978年。

6

第六章

乘改革开放和新时代东风，老区旧貌换新颜

第一节 改革开放初期革命老区村新气象

一、革命老区板芙里溪率先实行"联产到劳"责任制

里溪原是板芙一个名不见经传的小村庄，位于中山板芙和神湾交界的一座大山脚下，信息闭塞，交通不便。在人民公社化时期，村里只有一条长2千米的泥路连接外面的世界。[①]

1976年，中山县有个标准，凡是粮食年产量不达标，年人均分配不超过100元的大队，就是落后大队。里溪大队就是落后大队之一，不仅完成不了上交国家公粮的任务，社员更是经常挨饿。为了填饱肚子，很多村民一到夜里就到田里偷稻谷、甘蔗和番薯，先吃饱了再带一些回家，每天都有好几个村民被抓。

里溪完成不了上交公粮的任务，自然引起公社的注意。里溪是不是瞒产私分了？这可是大是大非的原则问题，公社领导深有疑虑。据当时负责板芙农业的公社副书记孙兆生回忆："有一次，我们区镇（公社）管财务的副社长，就提出里溪大队没有完成国家上调任务，怀疑当地群众瞒产私分。于是，他找我商量，针对里溪瞒产私分，要开展一次反瞒产私分，并且和我一起下里溪看看这个问题。于是，我们联合几个公社干部、生产队干部、

[①] 本段及以下9段根据谢长贵《"广东小岗村"中山里溪改革始末》编写，文章收录于中共中山市委党史研究室编：《春风杨柳万千条——中山改革开放实录（1978—1984）》，广东人民出版社2015年版，第1—11页。

大队干部，查看里溪完成国家任务以及生产队余下粮食的情况。为了进一步核实，我们还查看了里溪的各个仓库，逐一检查。大队干部、生产队干部、公社干部，还有粮食所的干部，全都下乡看了。核实粮食，结果是14万千克。我说，按照里溪的田地，这个数是差不多的。这个数与下面报的数基本符合，不会相差太远。14万千克还包括农民的口粮、种子粮。如果再增加上调的任务，那么农民要解决吃饭问题就很困难了。"

穷则思变。俗话说"初生牛犊不怕虎"，里溪当时的大队党支部成员中，赖门久、赖效良、林国明、林国维、林子艺和林德成都是22～30岁的年轻人，有朝气，敢想、敢干、敢挑战。在当时，实行"联产承包"就是一层窗户纸，问题是你敢不敢将其捅破。以林德成为代表的里溪党支部冒着坐大牢的危险，勇于捅破这层窗户纸，从而为里溪写下了"广东小岗村"的注脚。

1976年下半年，林德成与其他村支委达成一致意见，决定改革。改革的目的就是解决社员的温饱问题；改革的方式不是安徽凤阳小岗村那种"大包干"，而是"联产到劳"。

"联产到劳"有以下几个特点：一是农村生产资料的所有权没有从集体转移到个人；二是没有使生产队失去对生产资料的决定性的支配权；三是体现每个社员在公共生产资料面前的平等性；四是生产队作为基本核算单位、分配单位的性质没有改变；五是社员超产奖励，进一步体现按劳分配的原则。

里溪党支部之所以采用"联产到劳"的方式，一是可以降低可能的政治风险；二是实行"联产到劳"，在激发群众生产积极性的同时，提高农民的自由度，自发调动劳动力。里溪实行"联产到劳"之后，面貌一新，里溪群众的生活水平走在中山前列。

1978年秋，上级政府开始肯定里溪"联产到劳"的改革。有了上层领导的支持，里溪很快成为各大队、各生产队的学习样板。里溪"联产到劳"的经验迅速在板芙公社内被借鉴，各个大队和生产队纷纷开始改革。1979年初，板芙公社在四联、板芙、禄围、寿围、孖涌、金钟、里溪7个大队，选择19个生产队为试点，率先推行"联产到劳"责任制。

鉴于安徽凤阳小岗村"包产到户"成为中国农村采用的主流模式，1980年，里溪结束了"联产到劳"模式，而采用"包产到户"方式，即将全部生产资料都交由农民自己安排，时间定为3年。但这丝毫不影响里溪在广东农村改革中的先锋地位。

1980年12月23日《南方日报》头版以《板芙公社推广田管联产到劳责任制》为题，报道板芙公社大力推广田间管理联产到劳责任制，促进生产发展的做法和成效。1981年4月24日，《广东省农村工作简报》第11期刊登《板芙公社实行水稻联产到劳责任制的调查》一文，并加广东省农委的按语。按语指出，中山县板芙公社两年来实行水稻联产到劳责任制，把集体统一经营和个人负责结合起来，收到了良好的效果。经验很好，可供各地参考。4月28日，《南方日报》刊登了《板芙公社实行联产到劳责任制效果显著》的专题报道，并发表评论员文章，向全省介绍推广中山县板芙公社实行联产到劳责任制的做法和经验。8月30日，《南方日报》以《板芙公社早稻产量超历史》为题报道板芙公社在连续3次遭受暴雨和台风袭击的情况下，早造平均亩产达618斤，比历史最高水平的同期还增加21斤。

以林德成为代表的里溪村支委，将农民的淳朴与胆略、坚韧和智慧融于一体，不为旧思想所束缚，切切实实地从实际出发，敢为天下先，冒着政治风险大胆进行"联产到劳"的改革，不仅推动了农村生产力的解放与发展，更着实地解决了老百姓的饥饿问题，并为消除贫困迈出了坚实的一步，从而影响了板芙镇、中山县乃至广东地区的农村改革。其改革的精神与勇气成为中山市乃至广东省人民的一笔重要精神财富。

二、全市农村联产承包责任制推广，大力发展多种经营[①]

自1979年起，中山注重改革农村管理体制，推广先进经验，先后总结推广了联产承包责任制、合同制承包、大包干责任制等经验。至1982年底，以大包干为主要形式的联产承包责任制，已在全县95%以上的生产队建立起来，并逐步完善提高。这些改革措施，扭转了以往农村"吃大锅饭"的现象，使广大农民的生产积极性得到充分发挥，也为中山农村向大规模的商品生产转化奠定基础。

20世纪80年代初，中山市（县）注意转变在农村积极推行以家庭经营为主的联产承包责任制，注意调整农业生产布局，走农林牧副渔全面发展、农工商综合经营的道路。在中共中央、中共广东省委提出大力发展高产优质高效的"三高"农业之前，中山已提出广泛开展"创高产、高效益、促致富"的活动，对农业给予一系列的政策照顾。在"三高"农业这一专有名词出现之前，类似的发展方式被称为农业的多种经营及开发性农业。

事实上，在中山农村实行家庭联产承包责任制后不久，政府便鼓励农民走专业化、规模化经营道路，从政治上、经济上、物质上和技术上多方面支持和鼓励"三户一体"（"三户"指重点户、专业户、开发户；"一体"指联合体）这一新生事物的发展。

中山县1982年全面实行农村家庭联产承包责任制，建立农户均分承包的经营制度，但随着农村第二、第三产业的发展，倒

---

① 本节根据邱霖巧《"三高"农业方兴未艾》编写。文章收录于中共中山市委党史研究室编：《无边光景一时新——中山改革开放实录（1984—1992）》，中共党史出版社 2016 年版，第 128—147 页。

逼农业向产业化、集约化经营，促成农村土地承包形式多元化，打破全县土地均分承包单一模式的经营格局，均分承包制、反承包制、土地股份合作制等多种形式同时并存。到1983年底，全县种养、运销、工副业专业户、重点户、开发户发展到22700多户，比1982年增加23%；经济联合体8600多个，比1982年增长一倍多。

1984年，中山的政府工作报告明确提出，要在国家计划指导下，改变过去"以粮唯一"的农业生产布局，调整经济作物与禾田的比例，并在确保国家粮食任务的前提下，容许承包户适当改种一些高价作物，达到既完成粮食任务，又发展多种经营的目的。

此后，中山市（1983年12月，中山县撤改设县级市）开始逐步调整粮食和经济作物的比例，扩大甘蔗、蕉果和水产的种养面积，发展优质鱼虾，抓好科学种养，实现农产品低值变高值和加工升值，为农业增产增收创造条件。

1984年，以推行家庭联产承包责任制和调整生产布局为主要内容的第一步改革胜利完成，随后转入以调整产业结构、发展商品经济为中心内容的第二步改革。此后数十年间，坚持家庭联产承包责任制，完善统分结合的双层经营体制，引导农民实行适度规模经营，成为中山市长期坚持贯彻的农村政策。

1984年底，中山市委、市政府逐步将工作重点转移到发展外向型经济，提高创汇水平上来。

在农业生产方面，进一步落实和完善家庭联产承包责任制，合理调整生产布局，建设农副产品基地，使农业生产向商品化、集约化、基地化和创汇农业方向发展，将创汇型农业作为中山农村第二步改革的中心议题。

1985年，中山在农业方面全面出击，大力发展多种经营。在该年的政府工作报告中，中山市政府提出，自1985年至1990年，要按照"贸工农"的方针，根据国际市场和港澳地区的需要，"在有计划地调整农业生产布局的同时，抓住肉、蛋、奶、禽、鱼、糖、果、花八个字做文章"。具体内容是：种植方面，积极发展水果、蔬菜、花木等生产，恢复三月红荔枝等具有市场竞争能力的优质传统产品；畜牧方面，进一步发展供出口的瘦肉型猪养殖，积极扶持生产石岐乳鸽、麻鸭、沙栏鸡等名牌产品；渔业方面，重点抓好鱼塘基地建设，大力发展养殖"尖、稀、少、偏"与市场适销对路、价值高的优质鱼。中山市政府的这一发展思路，简言之便是高产、优质、高效。而这正是"三高"农业的发展内涵。

到1986年春，中山的粮食与经济作物面积比例基本达到1∶1后，政府将水稻的种植面积稳定在64万亩左右，并引导农民向开发性生产进军，大力发展外向型农业，着力种果造林，采用先进的耕作方法，开拓农业种、养、加工等新生产领域。

据有关方面统计，中山出口的大宗农副产品有塘鱼、生猪、"三鸟"、乳鸽、水果、蔬菜等，1986年出口创汇5980万美元，比1980年增长60%，占全市正常贸易出口创汇总额的49.9%。1986年全市农副产品出口收汇超过1978年全市的外贸出口收汇数。

与创汇农业的发展密切相关的，是中山如火如荼建立的农副产品出口基地的建设。为更好地进军国际市场，中山狠抓农副产品出口基地建设，积极引进国外农业优良品种和先进技术，形成"一个以出口基地为中心，千家万户齐动手的创汇型农业生产系统"。截至1987年，中山已建立20个农副产品出口基地，13个出口商品起运点，3个出口运输船队。此后，中山市一直致力于外向型经济的发展，打造出口基地。

三、拨乱反正，平反冤假错案

粉碎"四人帮"后，落实政策、彻底平反冤假错案成为中山县党组织面临的迫切问题。按照实事求是、有错必纠的原则，中山县加快了平反冤假错案的步伐，以此作为1978年全年的组织工作重点。中共中山县委成立了落实政策办公室，在之后的3年间，对1957年反右派斗争和"四清""文化大革命"等历次政治运动的冤假错案进行了平反。其中，有几个平反案与中山老区村的历史紧密相关。

郑吉平反案

1958年12月，石岐撤市改镇，并入中山县。石岐市委书记、市长郑吉和石岐其他干部对此提出了一些不同意见，并在合并前对镇级机关部门和干部进行调整，理顺有关的财政收支管理办法。1959年9月，在开展"总路线教育"中，中共中山县委部分领导认为，石岐存在一个"以郑吉、冯兰（郑吉的妻子）为首的地方主义反党集团"，"不执行县委决议，抗拒县委领导"，有必要在"总路线教育"中，继续开展"反地方主义斗争"。

郑吉是中山县人，1938年9月加入中国共产党，参加过抗日武装斗争。在石岐主政期间，他主张发挥侨乡和毗邻港澳的优势，采取一些灵活措施促进石岐经济发展。他同意渔业队将捕捞到的鲜鱼直接运到澳门出售，买回电线、轴承、胶喉、机帆船等急用的生产资料；他提出企业经营要与效益挂钩，批准药厂、酒厂、石灰厂推行"车间独立核算"；为了做好石岐市场农副产品供应，他多次提出扩大郊区范围；他认真贯彻党的统一战线政策，安排一批民主党派和工商联人士的工作。在这次"反地方主义"斗争中，郑吉的这些做法，被认为是与社会主义唱对台戏，指责他在工作上依靠当地干部，是搞"地方主义"；开展对港澳小额贸易，买回工业生产材料，是"走私套汇"；在企业搞经营独立核算，是搞"资本主义"；扩大郊区，是搞"独立王国"；安排使用民主党派和工商联人士，是"任用阶级异己分子"。

郑吉受到"八天八夜批判教育"，并被限制人身自由。1959年11月11日，郑吉不满这样的处理结果，含冤去世。12月3日，中共佛山地委发出通知，认为郑吉"畏罪叛党自杀"，作出开除其党籍的处分决定。随后，石岐镇机关开展大规模"清查"运动，被划为"郑吉、冯兰地方主义集团"成员有科级干部13名，受牵连的干部职工有100多人。

其实，当时批判的"地方主义"大量是党内的思想认识问题。在"反地方主义"斗争中，一批地方干部受到错误处分。这些被错误处分的地方干部，大多数是在革命战争年代极其艰苦的环境中，坚持在珠江三角洲开展革命武装斗争，并为党和人民的事业作出过重要贡献的老干部。"反地方主义"给党的事业造成了重大损失，给这批干部本人和家属造成了极大的伤害，在中山县干部队伍建设中，造成了许多消极的影响。

1979年底，郑吉获得平反。中共中山县委对1959年中山县、石岐镇"反地方主义"斗争，判定郑吉为"为首组织地方主义反党集团非法活动，叛党自杀"的错误结论予以纠正。与此同时，撤销1960年3月将郑吉定为叛党分子开除出党的处分决定，恢复其党籍及政治名誉。

袁世根平反案

袁世根1912年生于香山县三区海洲乡（今中山市古镇镇海洲）一个农民家庭。1941年，袁世根在海洲担任乡长。

1942年夏，袁世根派海洲自卫队协助容忍之（新会荷塘中共党员）消灭了盘踞荷塘良村的土匪。1943年初，为保证共产党秘密交通线路畅通，容忍之与袁世根共同配合，指挥自卫队，一举消灭盘踞在潮莲的歹徒陈华、陈成、陈章（号称潮莲三虎）一伙。1944年初，容忍之介绍李超和陈能兴（中共粤北省委青年工作部部长，因粤北省委机关被破坏，回乡隐蔽）与袁世根在新会见面。5月，容忍之陪同李、陈到海洲找袁世根，建立了共产党领导的外围组织"抗日民主同盟"，袁世根、容辛、袁毅文等人签名参加，并共同创办了《持正报》宣传抗战，后为避免暴露被迫停刊。

1944年10月21日，中区纵队主力约500人按中共广东省临委指示挺进粤中。部队到海洲后，袁世根布置好了接应工作，安排他们隐蔽在祠堂里，对外封锁消息，并安排自卫队放外哨。部队顺利渡江。中区纵队政治部主任刘田夫在回忆录中重笔提及此事，认为袁世根"帮了我们的大忙"。

后来，中共中区特委决定吸收袁世根为共产党员。介绍人是关立、容忍之，刚从部队转到地方工作的关山到场监誓。宣誓时同时宣布：袁为特别党员，不参加组织活动，由党组织派人单线联系。1946年春以前袁世根由关立联系，之后由刘云联系。

1945年5月23日国民党"挺三"部队出动了3000余人围攻珠江纵队第一支队九区梁伯雄大队，由于敌众我寡，梁伯雄大队损失很大（此事又称"四一二"战斗）。海洲籍战士吕胜、袁永不幸被捕。由于敌方抓不到什么证据，将他们释放回乡，随后在袁世根的"冷处理"下，他们得以平安回家。事后，袁世根还帮突围后的张德浩等人安全转移，并通过其他途径转告邻乡的有关人员转移。

1946年夏，国民党县政府决定将海洲、古镇、曹步等乡合并为邦平乡。为便于开展工作，党组织要袁世根争取做乡长。袁世根当上邦平乡乡长后，所起的作用更大了。

1947年夏，古镇自卫中队在与古一进步群众冲突中打死了一名群众，袁世根乘机运用关系将这股反动势力解散，并要其向死者家属赔偿，支持了古一进步群众。接着袁世根又动员古一的开明乡绅筹款购枪自卫，购枪事宜交给苏松柏（中共党员）具体布置，这样就建立了一支共产党掌握的地下武装。袁世根还以公开身份暗中支持这支地下武装的活动。

1947年秋，五桂山游击队员李成（曹步人）回到曹步枪杀了恶霸地主、曹步自卫队队长李富仔，群众称快。袁世根要朱卓然对此事诈作不知，使李成在曹步自由活动，从而打垮了曹步的反动势力。袁世根还协助与支持了三区其他地方（如高沙、四沙）的武装活动，张枫在高沙组建武工队时，缺乏枪支，袁世根给了他们1挺机枪。1949年3月，三区武工队成立时，袁世根先后给武工队解决了3支手枪、2挺机枪及弹药一批，另外提供证件给他们，以便到敌人据点活动。

袁世根怕拖家带口连累工作，一直未成家。1947年，他已36岁，在母亲的一再催促下，经人介绍，党组织批准，与鹤山进步青年李彦湘结婚。结婚后由于家中只有母亲住的一间小屋，夫妻二人不得不暂时住在兄长家。后来地下党组织觉得袁世根当乡长六七年没有一间像样的住房，容易暴露，于是说服袁世根建屋。袁世根将家里十多口猪卖了，新会的赵养送了3万多块砖，古镇穗丰年糖厂送了杉木和板，就这样建了一间屋。1949年5月，中共中顺边县工委成立会议就是在这间屋里召开的。

中华人民共和国成立后，张枫任中共中山三区委书记，袁世根任区长。安排袁世根担任区长，说明党组织对袁世根工作充分信任与肯定。他与张枫书记密切配合，抓支前抓征粮，抓救灾抓肃匪。当时上级给三区的征粮任务是25万千克，区委研究决定只征大户，不征中小户，既较好地完成了征粮任务，又扶持中小户的生活，得到上级党组织的肯定与表彰。

1951年10月，袁世根被撤销一切职务，在石岐接受审查，11月被错杀，年仅39岁。

中共十一届三中全会以后，许多老同志为袁世根在1951年被错杀而四处奔走。1981年9月，中山县人民法院以〔81〕中申刑改字第41号刑事判决书宣告袁世根无罪，11月19日，中共中山县委以中委〔1981〕56号文为袁世根平反，恢复了袁世根共产党员、国家干部的政治名誉。12月23日，中共中山县委在海洲召开袁世根平反昭雪大会。

四、港澳乡亲和侨胞捐资造福乡梓 [①]

粉碎"四人帮"后，中山县已开始纠正因所谓"海外关系"而歧视、迫害归国华侨和侨眷的错误行为。中共中山县委成立由副书记任组长的落实侨务政策领导小组，1977年4月，召开全县归侨、侨眷和港澳同胞家属代表会议。随后，12个侨乡公社和112个大队也分别召开代表会议，参加会议者达1.3万多人。一系列会议广泛宣传新时期党和国家的侨务政策，海外乡亲纷纷回来探亲。1978年1月27日至29日，中共中山县委召开全县侨务工作会议。同年8月31日至9月4日，中山召开全县归侨、侨眷、有外籍亲属的中国公民和港澳同胞家属代表会议。沙溪公社、古镇公社、郊区银行、龙瑞大队、张家边大队代表，在会上就如何在新形势下做好侨务工作作了经验介绍。为贯彻重新确认侨改户的政策，县侨务办公室和各公社做了大量调查研究工作，对1956年后归侨、侨属在历次政治运动中戴"地主富农"帽子的、受管制的，以及虽提前改变成分，但户口册一直保持"地主富农"的数

---

① 本节根据黄春华：《赤子心 公益情——1978—1984年中山侨胞、港澳同胞热心捐助公益事业实录》编写。原文收录于中共中山市委党史研究室编：《春风杨柳万千条——中山改革开放实录（1978—1984）》，广东人民出版社2015年版，第110—123页。

百户，取消地主富农成分。此外，中山县还加快归侨、侨眷、港澳同胞家属出境探亲的审批手续，落实华侨房屋政策等，不断推动侨务工作蓬勃发展。

中山是重点侨乡，又是孙中山先生的故乡，毗邻港澳，旅外侨胞既有经济实力又有热爱家乡的炽热之心，如果工作做得好，积极性调动得好，旅外侨胞就能为中山的建设发挥巨大的作用。在国民经济刚刚恢复、起步，百废待兴之时，中山迅速贯彻落实党的侨务政策，发动爱国爱乡的侨胞、港澳同胞捐办学校、医院、颐老院等公益事业。此举收到十分可喜的效果。

改革开放初期，很多自中华人民共和国成立后从未回过家乡的旅外乡亲都想回来看看，但又顾虑重重，十分矛盾。要消除他们的担忧和隔阂，只有请其回来实地看过、感受过，才能使其在思想、态度上发生转变。于是，中山结合各项大型活动，特别是结合纪念孙中山先生的各种活动，广泛发动旅外侨胞、旅居港澳的乡亲回家乡了解情况，支持中山建设。

全县各级侨务部门以亲情、乡情作纽带，做好联络沟通和接待服务工作。除请进来，县（市）领导、侨务工作者还主动走出去，诚心拜访，发动宣传。从港澳地区开始，进而联络世界各地的中山华侨华人，广交朋友，有效地扩大团结面。

1978年开始，许多中山侨胞、港澳同胞回到家乡，捐资赠物。至同年12月，中山共收到自愿捐献38宗，捐献汽车、电视机等一大批，有的还捐资办学校。这既让大家坚定对贯彻落实中央侨务政策的信心，也为广大的侨胞、港澳同胞提供示范。从1979年起，许多观望者开始放心地踏上回乡之旅。

接受捐赠的审批手续也在此时开始简化。对于每个涉外的大项目，特别是捐建的项目，中山各级领导都强调，一定要专款专用、专账，并由当地分管该项工程的领导、捐建者指定的亲友、捐建者个人或代表组成三结合的小组，共同负责监督工程和专款使用的情况。这样可确保捐建工程的透明度，让捐建者放心。

助力中山改革开放迅速打开局面

1979年至1984年8月，侨胞、港澳同胞捐资家乡建设达1.8亿元，有效地改善了中山县（特别是许多镇区、乡村）教育、医疗水平落后的状况。

6年间，侨胞、港澳同胞捐款新建、扩建中小学、幼儿园96所，约占全市学校总数的1/5，另维修学校16所。由旅港乡亲杨志云捐资港币1000万兴建、1982年11月落成的县人民医院杨颖滨大楼，设有病床600张，设备先进，使该院一跃成为全省规模最大的县级综合性医院。

郭得胜捐资港币1000万兴建的孙中山纪念堂于1983年11月落成，提升了中山文艺演出和会展活动场所的规格档次，内设1484个座位、配备旋转升降舞台和空调设备的大剧场，令中山观众叹为观止。郭得胜却谦逊地对亲人说："我们应该多谢家乡政府，把那么高的荣誉给我们郭家，建成这么宏伟壮观的孙中山纪念堂。"

"港澳地区侨胞众多，位置便利，而且还能辐射海外各地。1979年开始，我们就去澳门（地区），1980年开始到香港（地区），1983年起先后出访澳大利亚、日本、美国、加拿大、新西兰、斐济、新加坡等中山乡亲众多的地方，广泛联络乡亲，宣传家乡，发动他们回乡观光。出访的效果非常好，去与不去大不一样。"时任中共中山县（市）委统战部部长林藻回忆道。

分布于海外各地的同乡组织既是广大旅外侨胞的大家庭，又是有名望的精英聚会的地方，因此它们成为中山各级侨务部门的重点联系对象。林藻回忆说，"1979年开始，我们每到一地方，凡有同乡组织的，不管他们倾向哪一方，挂什么旗，我们都通过当地有名望人士联络到访，而且每到一处都与当地乡亲商量安排时间拜祭华侨先贤，寄托哀思。家乡有什么喜事、要事需要联络乡亲参与和协助的，我们都会通过同乡会，特别是有影响力的组织和人士协助安排。庆功或表彰时，把同乡组织摆在功不可没的位置来安排。没有同乡组织的地方，我们积极通过当地有名望的人士筹备成立同乡会"。

香港中山榄镇同乡会就是改革开放后第一个与家乡接触的香港中山社团组织。该会成立于1921年，但自1949年中华人民共和国成立后，一直未与家乡联系，同乡会领导层中，不少是在港澳有影响的人物，如陈星海、李光、麦克贞、李立、张锦、何池彬、肖凤珍、黄志强、黄藻森等。

1979年3月，小榄菊花会筹备期间，中山县以筹备委员会名义，由小榄政府邀请该会组织旅外侨胞回乡参观。对方接受邀请，委派何锡樑、文国材等代表回乡，支持举办菊展，与小榄镇领导共商促进家乡经济发展事宜。他们尽职尽责，不厌其烦地往返十多次，终于与小榄镇达成共识。5月，李光率领该会一行40多人回乡观光后，表示愿意发动旅港乡亲出钱出力，支持家乡办好菊展。

11月菊花会开幕后，该会组织500多人回乡赏菊。中山又以侨联和华侨旅行社名义，先后三次邀请包括港澳知名人士霍英东、何贤、马万祺等在内的侨胞和港澳同胞150多人回乡参观菊展，中山县外经办邀请100多位港澳商人回来。菊展后，香港榄镇同乡会经常派代表与家乡联系，并率先捐资赠物，掀起支持家乡建设的热潮。

继香港中山榄镇同乡会后，1979年4月，旅日侨胞吴桂显、伍美月率领"旅日广东同乡会回国探亲参观团"回中山访问。该团专程参观了当时名为"石岐三中"的原中山华侨中学，回到日本后，即成立"横滨中山县华侨中学教育基金会"，支持华侨中学复校。

此后，很多海外华侨华人、港澳同胞或以同乡会组团形式，或以旅行社组团形式回来。这些组织的负责人，成为中山侨务部门的老朋友，为中山改革开放迅速打开局面起到非常重要的作用。

无论是侨胞回乡探亲、访友、寻根、祭祖，还是想来捐资办福利院、投资办企业，中山各级侨务部门都高度重视，热情接待，侨胞高兴而来、满意而归。这样一来，即使是长期背着历史包袱、想回不敢回的人士，都陆续回来了。他们也是担心而回、开心而返，后来都多次往返。一些人还捐了款项或物资，为乡民增福利。

为加强海外侨胞和港澳同胞对祖国特别是对故乡的了解，增强信心，中山利用1980年广州春交会的机会，到广州召开旅居港澳乡亲座谈会。当时通过时任广东省侨联秘书长的欧万宽（中山人）向广东省侨办借会议室，邀请在广东省和广州市工作的老中山、老革命——广东省委统战部副部长谭桂明、广州市委书记欧初等到会讲话座谈。

1981年，中山县侨务部门借华侨大厦落成、三乡公社侨联会成立和小榄镇菊城宾馆开业的机会，邀请海外和旅居港澳的乡亲回乡联欢。10月10日，中山隆重纪念辛亥革命70周年，邀请海外嘉宾、辛亥革命先驱人物的亲属后代等回中山参加活动，包括"中国航空之父"杨仙逸之子杨添霭，香港先施公司马应彪的第四子马文辉，孙中山外事顾问、前国民政府外交部部长陈友仁之子陈丕士，同盟会会员、香山报人黄冷观之子——香港教育家黄祖芬，还有孙中山的外孙女戴成功等。

杨添霭这次回乡参加活动，还带回孙中山"志在冲天"的手迹。为满足杨添霭的心愿，中山决定将原来的"二中"复名为杨仙逸中学，并聘任他为名誉校长。他虽不是巨商富豪，但对国家民族怀着拳拳深情。此后，他经常回来，为学校捐资赠物，还卖掉美国的别墅，捐赠130多万元修建科学楼"程度纯馆"。

1949年后，马文辉断绝与家乡的联系。1980年，中山县领导李斌等人赴港与他会见，鼓励并邀请他回中山参加华侨大厦开幕活动。从1981年起，他经常回乡，有请必回。参加广东省和中山两地纪念辛亥革命70周年活动后，他发表文章和演说，希望祖国早日统一。马文辉还以实际行动支持家乡发展教育。

香港中山侨商会顾问郑亮钧，在中华人民共和国成立后一直没有回来，经过中山相关部门工作人员做工作，他以90多岁高龄经常回乡探亲，并参加纪念辛亥革命70周年等活动，之后多次捐资支持家乡建设，还创办郑亮钧医院，造福乡梓。

捐资办学蔚然成风，乡村教育硬件大提升

1979年开始，旅港乡亲高亮源捐办大石兜小学，成为沙溪改革开放后首位个人捐办小学者。他还在家乡建工业楼，以租金收入作奖教奖学金，为全村儿童提供免费入学，并惠及邻村入读学生同享免费入学。这一年，祖籍沙溪龙头环村的王达熊博士回乡后，返美成立家庭基金会，并于1980年再回故乡，捐赠16万元创办以其妻周笑来名字命名的幼儿园。这是改革开放后中山华侨捐办的第一所幼儿园。在高亮源、王达熊的带动下，沙溪旅外乡亲捐资办学蔚然成风。

1979年至1985年6年间，就有旅外乡亲徐玉伦、黄日初等捐资10万元建板尾园小学，林慧卿等捐13.23万元建沙平小学，王秉权、王中汉等捐58.13万元重建石门小学，刘禄永等捐资46.8万元建云汉小学，林棣洲捐资15万元建港头幼儿园，叶修根、刘炜等捐资10.5万元建云汉幼儿园，阮金风捐资重建象角学校。

　　这些学校、幼儿园不仅校园美丽，设备先进，教学质量也成为附近学校的标杆。如笑来幼儿园，王达熊建园后，每年从基金会中拨出1000美元用于添置教具、维修园舍、奖励教师等。侨眷王伟权放弃原有的待遇优厚的工作，担任当时少有的男性幼儿园园长。幼儿园开办后，吸引来自联合国以及加、美、澳、法、日等国和港澳地区，还有国内教育部和十数个省市的同行慕名前来参观学习。该园曾被评为省、市先进单位。1985年初，王伟权还出席广东省普及教育系统先进个人代表大会。

　　同样是在1979年，三乡旅港乡亲郑华坚、郑天熊、黄敏捐资重建光后学校，此为三乡镇第一个接受捐赠的项目。在郑华坚等带动下，三乡掀起捐资办校的热潮。1981年初，三乡香港乡亲出资创办平岚中学夜校，设中英文两科，第一学期入学达350人，来自各行各业的青年一改日间工作、夜间无所事事的状况，风雨不改，坚持学习。同年，麦惠权等捐资27.47万元重建大布小学。1982年，蔡文健等捐建鸦岗小学。1983年，张敬铭、张玉泉等捐资16.54万元建设前陇幼儿园，郑慧君捐资港币60万建博爱中学。1984年，海外侨胞、港澳同胞捐资20万元建乌石载德幼儿园；旅港乡亲吴静仪、梁安等捐资20.7万元建泉眼小学……1979年至1990年间，该镇有19所学校为侨胞和港澳乡亲捐资重建、新建或扩建。

　　小榄、南朗、环城（后更名为南区）、郊区（后并入石岐区）、张家边（后并入火炬区）、大涌、古镇等侨胞及港澳同胞众多的区镇也纷纷建起侨资捐办的中小学、幼儿园，如小榄镇华侨中学、永宁中学、永宁西下幼儿园、永宁中心小学，郊区的张溪郑二小学，环城的竹秀园幼儿园、竹秀园中心小学、渡头小学、恒美学校、亨尾团益学校、库充小学（亨尾、库充后归属东区），张家边的江尾头幼儿园，大涌的南文小学、叠石小学，南朗的云衢中学教学楼、岐山东海学校、郑海学校、石门小学和左步小学，古镇的曹步中学等。它们很多都是革命老区村的学校。一时间，侨胞、港澳同胞捐资办学、奖教奖学十分踊跃，热情高涨。

而这一时期最大的捐建教育项目，莫过于华侨中学的复办和孙文学院的筹建。

1979年12月23日，中山县华侨中学复校典礼暨校舍奠基仪式隆重举行，由此开始规模宏大的建校工程。复校伊始，修建教学大楼、添置教学设施等都是大项目，资金问题亟待解决。

1980年7月，旅港乡亲蔡继有倡议并个人率先捐资，在香港成立以苏继滔为主席的中山县华侨中学教育基金会，筹得港币160多万，并用部分款项在澳门购置大楼作为校产，以其收益作为满足学校维修校舍、购买仪器、奖教奖学之需。蔡继有还前往美国、加拿大、澳大利亚等地游说，得到各地华侨的响应，加拿大温哥华、美国夏威夷、日本横滨和东京、澳大利亚等地先后成立中山县华侨中学教育基金会，筹资总额超过300万元。

1981年秋，以吴桂显为主席的"吴桂显奖学金"、以苏计成为主席的"苏华赞奖学金"相继成立。1982年3月，中山华侨中学复校第一、二期工程完成，投资总额近300万元，包括一幢5层高的科学大楼、两幢有24间课室的四层高教学大楼、一座可容1300多人集会的大礼堂、一幢可容400名学生住宿的四层高宿舍和一座大饭堂。按照蔡继有"一次规划，四期施工"的复校计划，第三期工程于1984年4月动工，工程包括职业教学大楼、艺术馆、标准游泳池、体育馆、田径场、篮球场、足球场和一批配套的附属建筑物。该期工程于一年半后完工。

1987年，四期工程全部如期完工。为了让中山华侨中学成为全国一流的侨校、名校，蔡继有努力奔走近30年，热情不减。

更可贵的是，他自始至终得到整个家族和郭棣活、苏计成、苏继滔、陈泽、戴敬等大批亲朋好友出钱出力的支持，在短短的几年间筹集建校经费港币1400多万。

中山撤县建市后，1984年4月18日，"两会"召开。政府工作报告提出要积极筹办孙文大学（即后来的中山大学孙文学院，现名为电子科技大学中山学院）。为尽快实现这一目标，爱国爱乡的中山侨胞积极筹资献物，事迹感人。如吴桂显，豪情满怀，率先行动，为的就是让中山人能早日在本土接受高等教育。他不是富豪，当变卖家产方案未能按计划实现时，宁可付息也要在日本向银行贷款，及早支持建校。当变卖产业实现、捐建校舍2亿日元后，他不是把余下的钱财用于改善生活或留给儿女，而是继续投入到创办中山教育奖学基金中。这项基金至今还在发挥作用。

建医院，助公益

与倾情办教育一样，中山侨胞、港澳乡亲对建医院、助公益、支持文化体育设施的建设也保持着高度热情。

侨胞、港澳同胞捐办中山医疗卫生事业始于1979年。旅港乡亲杨志云代表其家族捐资港币1000万兴建中山县人民医院杨颖滨大楼，这在当时是广东侨胞中最大额的捐款，以致广东省有关部门还一时拿不准如何审批。杨志云不仅出钱，还出大力，如亲自组织设计图纸，再由中山方面负责施工；遇到资金周转紧张时，他给中山吃"定心丸"：就算贷款也要负责到底。

1982年6月，杨志云与林树云从他们创立的杨林慈善基金中拨出港币100万，建立"杨颖滨医疗纪念基金会"，作为人民医院维修、添置设备的基金；又陆续向医院捐赠心脏监护系统、移动式急救监护仪、X光机、各种纤维内窥镜等一批先进的医疗器械和检验仪器。1984年2月，经杨志云组织联系，美国三藩市

（旧金山）太平洋医学中心讲学团12人到人民医院作为期8天的讲学，吸引国内众多医学教授、专家参加。遗憾的是，以他父亲名字命名的杨颖滨大楼建成开幕不久，杨志云就去世了。但他去世后，杨氏家族与中山的感情没有断，后来还陆续捐建杨志云大楼和杨郭恩慈大楼。

1982年，小榄旅港乡亲陈星海捐资港币300万，黄藻森捐资港币100万，对原小榄镇卫生院进行改建。1984年6月9日，新医院落成并投入使用，更名为陈星海医院。陈星海向医院捐资赠物的义举并未止步于此。1982年至2008年，陈星海医院共接受港澳同胞捐资赠物达2321.4万元，其中陈星海个人捐资1612.95万元，其子陈家铭捐资165万元，香港中山侨商会捐资港币50万，香港中山榄镇同乡会捐资港币50万。

张溪村旅港乡亲苏计成、苏继滔兄弟捐巨资在郊区兴建苏华赞医院，并从国外购进先进的医疗设备，成立医疗基金会等，公益捐赠超过1000万元。

1979年至1984年，在侨胞、港澳同胞的热心捐助下，中山新建医院、卫生院13所，大大地改善了中山医疗设施落后的状况，提高了医疗质量。如杨颖滨大楼建成不到两年，就收治1.06万名患者，1800多名危重病人在这里得到及时抢救。这股捐办医疗卫生项目的热潮一直延续着。截至2010年，全市经捐办成立的医院、卫生院（所）共32所，项目共88个，受资助1.9亿元（包括医疗设备和各类汽车）。除上文所述的中山市人民医院、小榄陈星海医院、苏华赞医院外，市博爱医院、市中医院、石岐华侨医院、三角医院、沙溪隆都医院、张家边医院、南朗医院、古镇袁瀛杰医院、东区医院、坦背医院等在新建、扩建和重建过程中均得到旅外乡亲的热心捐赠。

在尊老敬老方面，1982年11月21日，小榄镇举办首届"颐老荣寿大会"。全镇1360位70岁以上的老人参加盛会。广东省民政厅、中山县民政局负责人以及香港中山侨商会、香港中山榄镇同乡会祝寿团共270人为老人祝寿。1984年，由侨胞、港澳同胞资助兴建的三乡颐老院建成。从1979年到1984年，中山侨胞、港澳同胞捐建会堂、纪念堂10个，敬老院2所，还赠送家乡电视机、收录机、电影机等一大批，对活跃群众文化生活、发展公益事业起到很大作用。截至2010年，华侨华人、港澳台同胞为中山捐资兴办的敬老院就有42所。

此外，侨胞、港澳同胞还乐捐善款，解决家乡在能源、交通等方面的短板问题。改革开放的前6年间，他们捐赠大批汽车，以及柴油机、发电机、水泵、烘干机、缝纫机等1160台（套），捐资修建桥梁14座，捐资修筑公路和乡村道路达50千米。在1984年9月召开的爱国侨胞、港澳同胞支持中山建设表彰大会上，霍英东即席慷慨捐资港币2000万元，作为广中公路中山路段扩建工程的基金。

乡镇企业蓬勃发展

第二节

20世纪90年代中后期，珠江三角洲地区镇域产业集群经济发展迅速，形成以乡镇行政区划为单位的"一镇一品"专业化生产销售体系，学者称之为专业镇经济。

对中山市而言，专业镇经济占据举足轻重的地位，许多革命老区村都是所属镇（区）特色产业的中坚力量。截至2018年，全市拥有18个省级专业镇，38个国家级产业基地，专业镇生产总值占全市的比重达70%以上，贡献税收超过60%。全市超500亿元产业集群5个；超千亿元的有3个。"中国五金制品产业基地"小榄、"中国灯饰之都"古镇、"中国红木家具生产专业镇"大涌、"中国休闲服装名镇"沙溪等专业镇享誉海内外。

专业镇经济先有实践后有理论，"专业镇"的概念甚至直到20世纪90年代才出现，但1978年至1984年期间，许多镇区已出现专业镇经济的萌芽。在这一历史阶段，这种萌芽是自然随机而不是经过政府的精心培育来实现的。催生萌芽的土壤，是改革开放后深刻的农村经济变革。在这场变革中，从土地中解脱出来的剩余劳动力和资金，在新一轮国际分工大调整的背景以及中共中央搞活经济的鼓励下，哪里有利，就涌向哪里。因此，逐渐出现某种商品在某个镇区中成行成市的现象，专业镇的萌芽也随之出现。①

---

① 以上2段参见林伟桦：《辉煌，从这里萌动——1978—1984年中山专业镇经济萌芽实录》，文章收录于中共中山市委党史研究室编：《春风杨柳万千条——中山改革开放实录（1978—1984）》，广东人民出版社2015年版，第68页。

一、"三来一补"兴起[①]

所谓"三来一补"模式,即来料加工、来件装配、来样生产和补偿贸易,这是改革开放初期中山乃至整个珠三角的工业发展雏形。港澳同胞出资购买设备,送来原料,在乡下简易的厂房里教会工人生产,产品仍由港澳同胞负责在海外进行销售,所得的加工费除了用于支付工人工资外,其余用以抵偿设备和厂房投入款,形象地说,就是"借船出海"。

1978年9月3日,中山县工商行政管理局开始核发工业企业营业执照并受理港澳商人来料加工装配登记业务。中山纸箱厂为县内首家接受"三来一补"的企业,其附属电子车间承接外商来件装配业务,装配小型收音机、可变电容等产品。

随后,浪网手套厂、崖口针织厂、沙溪申明亭制衣厂成为最早一批的"三来一补"乡镇企业。

以沙溪申明亭制衣厂为例,港澳同胞将一批旧衣车和一些布碎送到沙溪,教会乡亲们从事服装生产,解决了大批劳动力的就业问题。一时间,"办起一个厂,富了一条村"成为全市的学习经验。

中山各镇区根据自身自然条件、生产能力、人口素质等情况,逐步形成了有重点的连片性加工出口区,并形成了几个相对集中的生产网点:胶黏制品、五金等行业分布在小榄;服装、家具分布在沙溪和大涌;灯饰、电子等行业分布在古镇、郊区;家用电器分布在港口……

通过开展"三来一补"起步的乡镇企业迅速发展,1984年至1986年进入了起飞阶段。

[①] 参见中山市档案局(馆):《1994 "生命核能"交易 中山民营企业三十年发展之路》,2009 年 10 月 9 日。

1984年6月9日至11日，中山市委、市政府召开城乡专业户代表经验交流大会。会议表彰勤劳致富的先进典型，26名专业户代表在会上作经验介绍。会议提出支持专业户发展商品生产的具体措施：鼓励和支持农民（专业户）延长土地承包年限；开发农村资源，集中闲散资金进城兴办服务业，集资兴办福利事业；自理口粮、进城落户、加速区乡集镇建设；外出承包经营农、工、商业，鼓励和支持城乡个体商贩的发展和劳动群众搞工副业；鼓励和支持华侨、港澳同胞眷属开展"三来一补"；保护专业户合法权益。

同年9月8日，中山市委、市政府召开爱国华侨港澳同胞支持中山建设表彰大会，对捐资赠物支持家乡兴办公益事业，以及积极引进设备技术，投资中山经济建设等方面作出显著成绩的爱国华侨、港澳同胞进行表彰。应邀出席的华侨、港澳同胞共398人。从1979年至1984年，华侨、港澳同胞捐资家乡建设达1.8亿元，并参与了"三引进"（资金、技术、人才）和"三来一补"项目支持家乡建设。

1984年11月6日，中山市委、市政府制定《关于当前经济工作中若干政策问题的意见》，对个体、私营企业与外商开展合资合作和"三来一补"业务，个体、私营工业企业挂靠集体经营，继续支持和鼓励农民和个体劳动者进入流通领域，利用外资，鼓励农民开发农业，企业供销员的奖励政策，信贷资金政策等问题作出具体规定。

中山利用外资发展经济从"三来一补"起步，但这个阶段只是很短的尝试，在1984年至1987年就转为以直接利用外商投资为主的"三资"企业。直至1988年以后，广东省进一步下放外资审批权，进一步提高利用外资水平。鼎盛时期，中山市众多的加工贸易企业进出口总额占全市进出口总额达60%以上。中山开始注意把外商投资的重点引导到发展材料基础工业和技术先进型工业、出口创汇型项目上，并加强对"三资"企业和"三来一补"企业的业务指导和管理服务。20世纪80年代中期，中山成为珠江三角洲在经济发展方面的"四小虎"之一。

"三来一补"助休闲服产业大发展[1]

从沙溪的例子中，我们就可看到当年"三来一补"在镇（区）企业的发展中起关键性作用。

2002年10月，沙溪镇被中国纺织工业协会、中国服装协会联合授予"中国休闲服装名镇"称号。作为休闲服装专业镇，沙溪经过改革开放后20多年的不懈努力，历经了三个发展阶段：一是1979—1983年的探索起步阶段；二是1984年至1988年的起飞阶段；三是1989年以后的持续发展阶段。在第一阶段中，沙溪以"三来一补"为主要形式，通过与外商合作经营，初步探索借助侨胞发展外向型经济的路子，出现了专业镇经济的萌芽状态。该镇首个"三来一补"企业1979年诞生于申明亭这个革命老区村。萌芽的原动力，是沙溪为数众多的侨胞群体。

沙溪是远近闻名的侨乡。据1999年版的《沙溪镇志》记载，最早在南宋景炎年间（1276年至1278年）就有乡亲出国谋生，旅居国外的侨胞和旅居港澳台地区的同胞总共7万多人，分布在30多个国家和地区。这些海外沙溪乡亲在外起初靠出卖苦力为生，稍有积蓄便从事小贩小商行业，而以贩卖布匹者为多。香港的永安街就因为多数铺面为销售布匹的隆都人（沙溪古称隆都）所开而被称为"隆都街"。

20世纪70年代后，卖布行业日渐式微，侨胞与港澳同胞把目

---

① 本部分根据林伟桦《辉煌，从这里萌动——1978—1984年中山专业镇经济萌芽实录》编写。此文收录于中共中山市委党史研究室编：《春风杨柳万千条——中山改革开放实录（1978—1984）》，广东人民出版社2015年版，第68—81页。

光转向正在兴起的制衣及服装行业，不少成为行业的佼佼者。当祖国的大门再次向世界敞开时，具有爱国爱乡传统的海外乡亲便为沙溪服装业的发展带来第一桶"金"。

具有标本意义的申明亭制衣综合工艺厂就是在香港乡亲的直接帮助下建立起来的。1979年春节，中共十一届三中全会开过不久，神州大地上，工作重心转移到社会主义现代化建设上来成为主旋律。在这样的大环境下，几十名香港乡亲组团回乡省亲。他们看到家乡百废待兴，便想从根本上帮助家乡解决贫穷问题，为此召开了座谈会。

座谈会上，大家各抒己见，都说了家乡从富庶之乡到目前状况的历程，"要振奋，不能像新中国成立前那样当'伸手派'"。旅港乡亲打比方说"我们挑水你来吃，再多也不行，不如大家出力挖口井，一起打水吃，这样才能源源不断"。参会的申明亭村村民感受很深，觉得"不能总靠外援，要靠自己努力奋斗，才可解决根本"。座谈的结果是要改变以往捐钱捐物的单一帮扶模式，改"授人以鱼"为"授人以渔"。而当时许多乡亲在香港正是从事制衣业，香港乡亲杨玉维一提出可以发展制衣业，就引起大家共鸣。于是，在杨玉维、杨棣增、杨文立、杨文鸿等乡亲的带动下，集资40多万港币，捐赠各种电动制衣车和一批配套设备共84台。申明亭制衣综合工艺厂在当年破茧而出。

侨胞送来的这一桶"金"，不仅是资金，还包括产生更深远影响的制衣业的先进理念、技术和管理模式。

他们又派了一批有技术的人员回来，培训制衣工人，使这间厂很快投产，接受对外来料加工，1980年共收入加工费18万港币，加上国家优惠补贴，共收入10.4万元，占全大队税收收入的62%。工副业的发展，促进了全大队粮食生产大丰收。粮食总产增收了8万多斤，亩产达到1130斤，每人平均分配也由1978年的

71元，增加到178元。

这个厂在当时不自觉地承担了推广制衣产业、打造制衣产业多样化的历史责任。此后，又增建厂房，增添设备，从一个客户发展到四个客户，从一个制衣品种发展到机绣等多样款式的服装加工业务。同时，还把服装发放到邻近几个大队去加工，帮助这些大队解决一部分多余劳动力的出路问题，使这些大队也增加了集体收入。

申明亭，这个当时拥有705亩禾田，以生产稻谷、蔬菜和塘鱼为主，人均收入低，农民长期处于贫困状态的村落，第一次享受到改革开放带来的福利，同时还带动沙溪镇制衣业在随后几年蓬勃发展起来。

1984年前后，沙溪的制衣产业已呈现镇、村、个体等多个层次一齐上的局面，隆都制衣厂大楼、沙溪时装厂大楼、高富制衣厂大楼、申明亭制衣厂大楼等相继建成。1989年后，与制衣业相关联和配套的行业迅速兴起并建立相应的市场，形成从制造、整染、布匹、绣花、加工服装、销售相匹配的制衣业系列化生产和销售的地方特色，逐步形成今日的专业镇经济模式。

"手套厂"掀开村办企业发展新篇章[①]

革命老区村长洲的发展例子也颇具典型性、代表性。

20世纪80年代初，中国农村新一轮的土地承包革命风暴刚刚掀起。那时有关能不能将城里的工厂搬到村子里办的话题还在某些人的"天方夜谭"之中。但革命老区村西区长洲的村民已经轰轰烈烈地干了起来。他们先是利用当时还叫大队部的会议室，将中山服装厂"引凤筑巢"到了村里来。发展村办企业的闸门一

---

① 本部分根据马娜、剑鸣：中山西区长洲村新农村建设报告文学《烟雨播翠》编写，《人民日报》2006年5月20日第8版。

开，汹涌的潮水便呈势不可挡的态势。长洲又与港商联合办起了当地第一家"三来一补"企业——长洲手套厂。这个厂占地只有1000余平方米，有100多个工人，连制作手套的缝纫机也都是村民们从自己家里搬来的。

这个长洲手套厂是长洲"村企办公室"于1983年初自筹资金，建起的长洲村历史上第一个"三来一补"企业，因此村企也跃上规模经营的新台阶。港商看了新厂房，顿时笑逐颜开，当即下了一笔大订单。生意虽好，但港商要求必须在3天之内交货，否则分文不给，还要索赔。面对烫手但诱人的订单，手套厂的农民职工们犯难了：怎么赶都是一个结果——来不及。

"办企业讲求的是信誉，再来不及也得给我保质保量按时拿下这批活！"当时的村办企业办公室主任黄乃衔得知后，两眼瞪得老大，布置好手套厂的突击生产方案后，抬起双腿，直奔村子，挨家挨户去动员。于是，长洲村发展经济过程中的第一场"人民战争"就这样拉开了帷幕……三天三夜后，当黄乃衔代表长洲村将满卡车的圣诞产品交到港商手中时，对方激动万分地连声说道："长洲人让我赚了大钱，我也要让长洲人的钱袋子鼓起来！"后来的事实证明，长洲人依靠自己的诚信换来了一个又一个的招商引资项目，这对村经济的发展和腾飞起到了关键性作用。

改革开放后，长洲人凭着自身的努力，从一个集体总资产仅8万元、需要上级帮扶而远近"闻名"的贫困村，飞跃到2005年资产审计值9.7亿元，至2006年的27年间增长了12000多倍。长洲人从耕田到耕屋，发展房地产业，2006年仅此一项居民年收入就达1200多万元。长洲蜕旧换新，打造成了社会主义新农村，不仅适合人居，而且适合创业，其和谐发展的魅力令专家、学者、官员、记者等无数人倾慕。

2006年，长洲集团投资兴建了中山市首个农民安居乐业工程。该工程占地300亩，建筑面积达16.8万平方米，每个村民股东享有33平方米的住房和街铺；为村民股东购买社会养老保险（集体支付90%，个人只付10%每月就可拿到400元的养老金）及住院医疗保险（退休老人、低保户免费参保，并可享受最高达4.5万元的支付）；实行了村民股东子女从幼儿园到小学"零负担"的免费教育；集体补贴保证低保户人均月收入最低350元等社会福利体系。与此同时，长洲集团还投入2亿多元修建了中山市第一个农民乐园翠景康体园、第一个农民影剧院翠景文化艺术中心，以及健身广场等社区配置，为社会协调发展增添上瑰丽一笔，更被《人民日报》赞为"烟雨播翠满目春"。

借"三来一补"出海①

1979年，没有任何工业基础的浪网镇（后并入民众镇）在大沙田里新建起了一家"三来一补"企业——新华手套厂。

新华手套厂就是典型的"三来一补"企业。其厂址就在当时的浪网镇上网村，这个大沙田区里的农业村，工业几乎为零。1978年，浪网镇党委副书记郭柏年从县里听到了鼓励办工厂的消息后，就找到了香港乡亲陈广球，鼓励他回乡办企业。当年，陈广球就与港商刘利友合作，在上网村办起了新华手套厂。工厂所有原材料、机器、技术都由香港进口，产品也全部出口到香港。1979年7月1日，该厂第一批4万打（每打为12对）皮手套出厂，从中国香港远销国外。

当年的老员工周洪国说，建厂初期一个熟练工月工资40~60元，加上加班费，有时一个月可以有近百元。这个收入比当农民

---

① 参见陈慧、黄廉捷：《三来一补：浪网率先"借船冲浪"》，《中山日报》2018年7月6日A7版。

高多了，因此周边村镇的青年都争相进厂。手套厂的兴旺带动了众多企业前来浪网开办。据资料显示，到1985年浪网镇已办起手套、皮鞋、织布、服装等10家工厂，安排3000人就业，占全镇劳动力的1/3，工业生产值达3000万元，利润40万元；1988年该镇镇村工业增至33家，工农业总产值10595万元。

随后，新华手套厂与这些改革初期的"三来一补"企业都经历了各种股权、承包、转型，企业与生态的矛盾也被重视起来。

2000年，因担心对鸡鸦水道水源产生影响，新华手套厂与其所在工业区的其他企业一样，陆续被关闭了。

随着改革开放大门的打开，大量国际化市场信息和商品信息通过与港澳的民间经贸、亲朋交往以及珠江三角洲地区特有的电视媒体传入，让珠江三角洲地区捷足先登，首先与外面的世界接触。"三来一补"企业的兴起带来了先进的生产设备和许多优秀的生产管理和市场开拓经验。各县属企业也开始寻求新的出路，调整以往计划经济时代的单一支农型产品结构，转向适应市场经济的多元化轻工化格局。

进入21世纪，随着中国制造业的逐渐发展，"三来一补"的企业结构显现出越来越多的问题，逐渐不适应中国加入世界贸易组织后的发展要求。2008年受美国次贷危机的影响，中国的外贸企业也受到了冲击。金融风暴为所有的外贸企业上了一次"风险意识课"，中山市政府开始鼓励和扶持市加工贸易企业转型升级。

2010年，为加快推进加工贸易企业转型升级，支持来料加工企业原地不停产转型为外商投资企业或其他类型企业，中山市制定实施《关于鼓励加工贸易企业转型升级的操作意见》，通过工商、税务、国土、海关、检验检疫、外经贸等部门的政策联动，使来料加工企业不停产转型。仅2010年上半年，全市来料加工企业已经从2009年底的876家减少至690家。2011年底，中山不具备法人资格的来料加工企业原地不停产转型的工作完成。

逆水行舟，不进则退。"三来一补"企业已完成其历史使命，渐渐退出经济舞台。如今自主品牌、核心技术等名词已成为中山新型企业追逐的目标。

二、乡镇企业如雨后春笋 [①]

改革开放以来，中山乡镇经济开始振兴，仅用10多年在经济总量上已占据中山经济的"半壁河山"。大量革命老区村在这乡镇企业的发展大潮中走上了富裕之路。1992年，全市乡镇企业实现总产值94.4亿元，占农村社会总产值的75.6%，其中工业总产值79.8亿元，占全市工业总产值的55.8%；实现总收入91.3万元；税利9.6亿元，实缴税金占市入库税金的53.9%。1993年前8个月，镇、村两级实现工业产值74亿元，总收入75.7亿元，镇办结算企业利税2.8亿元，分别比去年同期增长64.19%、65.52%。全年产值和总收入将达到108亿元和120亿元。

积极发展外向型龙头企业，是中山乡镇企业发展的经验之一。1994年，中山市共有"三资"和"三来一补"乡镇企业1540家。十几年来，乡镇企业出口交货值、出口创汇额分别以37.4%和32.7%的年递增速度增长。1992年，实现出口产品交货值32.2亿元、创汇5.16亿美元，分别比去年增长45.8%和46.97%。1993年已签订"三资"项目140项，合同投资总额4.9亿美元，合同利用外资3.09亿美元；已有年出口创汇百万美元以上的企业91家，其中超千万美元的7家。

---

① 本部分根据《新中国成立以来中山经济社会发展综述》编写，中山统计信息网，2009 年 9 月 29 日发布。

20世纪90年代，在招商引资大力发展外向型经济方面，中山的经验是要有选择，讲求可行性；避免"饥不择食"和盲目性；在洽谈业务方面只与境外生产企业合作，不与皮包商打交道；在投资方向方面以中外合资为主，"三资"与"三来一补"并重；在产品销售方面坚持以生产成本加20%为产品出厂价的总包销方式；在生产管理方面坚持单边管理，双方职责分明。

同时，通过多年的实践，中山乡镇的招商引资形成五种基本形式：一是以合资办企业为主，双边对等投资，风险共担、利益共享；二是利用当地土地多的优势，引进外资办合作企业；三是先办来料加工企业，待合同期满后，转为"三资"企业；四是通过银行贷款建标准厂房，卖给外商，筹款再建、再卖滚动发展；五是通过合资、合作开发高新技术产品。另外，"三来一补"企业虽然利润较少，但它是外向型经济的起步产业，对于基础薄弱的镇区尤其是对村和管理区级发展乡镇企业有很大的推动作用。

抓好骨干企业创名优产品，是中山市乡镇企业在市场竞争中逐渐形成气候的原因。经过一段时间的发展，有了较强适应能力的产业结构和产品结构，中山乡镇企业中产生出一批称誉海内的名牌产品，一批名优企业开始走向世界。

至1994年，中山乡镇企业先后共创名优产品190项，其中省优143项、部优46项，国家银奖1项。1991年以来有59项科技成果获市级以上科技进步奖；开发新产品96个，其中14个获省和国家优秀新产品称号；获广东省名牌产品称号16个。如"浪度"时装、"反斗星"饮料、"乐百事"营养奶、"剑龙"系列牛仔装、"固力"球型锁、"三星"釉面砖、"雅黛"系列化妆品、"华洋"特种轴承等都是国内外市场上的抢手货。与同类产品相比，其在国内市场均名列前茅。此外，中山市乡镇企业有34家被评为广东省先进企业，2家为部级先进企业、2家为国家二级企业、8家获轻工部"双优企业"称号。

20世纪90年代，中山市对乡镇企业的投入力度逐年增加。1991年比1990年乡镇企业固定资产原值净增7亿元，增长39.65%；1992年实际完成固定资产投入23.5亿元，其中仅上半年完成固定资产投入12亿元人民币和1.6亿元美金，超过了1991年投入总额。

这个时期，投入资金的主要来源有四：一是靠引进外资，占投入实绩的60%以上；二是靠引入内地资金，占10%以上；三是靠房地产盈利，占10%左右；四是靠银行贷款。随着投入资金的增加，适度规模企业逐年增多，产业结构逐年优化。1992年产值1000万元以上的企业162家，比1991年净增75家。到1993年上半年，全市已有44家集团公司挂牌运营。如港口镇建达（集团）实业公司，已成为拥有19个企业2000多名职工，生产电风扇、运动鞋、家具、电子等多元化产品的大型集团公司。1992年产值4亿元，创汇3900万美元。

之后，随着乡镇企业的发展，中山迎来了以专业镇为特色的民营经济活力的迸发，"一镇一品""一镇一业"的发展模式逐步转向"一域一品""一域一业"的区域产业集群模式。截至2008年，中山涌现出26个国家级产业基地、14个省级专业镇、7个省级产业升级示范区。其中，有四大产业集群入选"2008中国百佳产业集群"，占广东省的1/5。

在市政府的带动下，中山通过产业链的完善，使集群从以往的以产品制造为主延伸到产品设计、生产、销售、服务的全过程。南头镇的家电、东凤镇的小家电、古镇镇的灯饰、小榄镇的燃气具和锁具等块状特色经济，带动五金制品行业及各类零部件生产的分工和聚集，形成了较长的产业链条。大涌镇红木家具行业带动了木材加工、石材加工、地板装饰、油漆涂料和五金铰链行业的发展。沙溪镇休闲服装业纵向带动了纺织业的化纤、棉纱、织布、染整、印花、水洗、织唛（服装商标织造）、纽扣、机械配件等服装上下游企业若干家，横向促进了服装设计、咨询、培训、推广机构等，以及专业物流、仓储、配送、货运公司、酒店、餐饮、旅馆、休闲娱乐场所、大型超市等的发展，形成了专业化分工协作的生产格局，从整体上提升了集群内部企业的竞争力。黄圃镇食品制造业以广式腊味为龙头，带动了酱油、味料、酒类、肠衣加工行业及农业种养业的发展。

产业集群的蓬勃发展，催生了一批驰名国内外、占据优势市场份额的特色产业和产品，如古镇镇灯饰产品、小榄镇五金制品、大涌镇红木家具、港口镇游艺设备的国内市场占有率分别约为60%、40%、60%和70%。就灯饰业而言，古镇镇面积47.8平方千米，常住人口6.8万，外来人口7万多。该镇经过多年的发展形成了产业配套优势，已聚合成为全国最大的灯饰产品销售和生产基地，是世界几大灯饰专业市场之一，被誉为"中国灯都"。至2018年，古镇有灯饰及配件企业3.8万家，其中灯饰商户7700多家，有中国驰名商标3个、广东省著名商标10个，产品畅销全国，还出口到东南亚、日本、美国、欧洲等130多个国家和地区。

近10多年来，中山坚持高标准规划、高效益产出的原则，围绕把产业做大、企业做强、产品做精的目标，进一步加大对风电产业、船舶制造业、新能源、新材料产业、软件产业、家居安防等产业的扶持，建设专业化聚集区，打造了一批优势明显的特色产业基地。按2009年工业总产值计算，火炬区的中国电子（中山）生产基地351亿元，国家健康科技产业基地152亿元，中国包装印刷生产基地40亿元。产业集群年产值占集聚地工业产值比重的64%以上。至2018年底，中山共有38个国家级产业基地，超千亿产业集群3个，超500亿产业集群5个。

三、扶持政策力促老区乡企发展

一直以来，中山在人、财、物上对老区建设给予大力支持，如在政策上鼓励五桂山镇（区）大胆走出山门发展工贸企业，通过"体外造血"引进资金和项目，更好地开发建设老区。改革开放以来，中山的老区发生了翻天覆地的变化。昔日遍地老旧房屋的村落，在改革春风的吹拂下，崛起了一座座有着浓郁现代化气息的工业园区和新村。

五桂山区（中山市人民政府五桂山办事处）因地处五桂山腹地故名，东邻南朗，西接南区，南连三乡，北枕东区，西南面与板芙接界，面积113平方千米。户籍人口和常住人口都不多，境内群山连绵，层峦叠翠，飞瀑流泉，是中山市的天然氧吧，有"市肺"的美誉，是广东省著名的革命老区和中山市唯一一个全境被划入生态保护区的镇区。

在改革开放初期，五桂山区建设指挥部就已发挥出政策扶持、统筹发展这片革命老区的作用；其后，中山市委、市政府一方面支持五桂山镇（后来改为区）组织力量出山发展工贸企业，以"体外造血"反哺山区发展，另一方面力促该镇招商引资，发展实业。1985年，五桂山镇在石岐城区创办中航实业公司、铝门窗厂、橡胶厂、装修公司、华建公司等一批集体企业。当年工农业总产值2100万元，其中工业产值1600万元。同年，五桂山镇镇属美力士矿泉饮料厂建成投产，生产橙汁、可乐和矿泉水等饮料。该企业也是中山市内首家生产矿泉水的企业。1988年，饮料厂生产的电解质饮料和可乐型饮料，被全国武术比赛指定为专用饮料。1996年12月20日，该镇的中盛矿泉水厂与美力士矿泉水厂合并组建五桂山矿泉水有限公司。1997年，中盛、美力士矿泉水有限公司获国际食品博览会组委会颁发的1997年国际食品博览会金奖。同年6月，美力士矿泉水公司由全国食品工业协会推荐，获得全国名牌产品证书。

20世纪八九十年代，中山出现了不少丝袜厂，比较著名的有中兴、新隆、裕高等厂。其中，五桂山镇的中兴丝袜厂是中山首家丝袜厂。该厂始建于1985年。1987年，中兴丝织公司一厂、二厂扩建，年生产丝袜20万打（一打为20双），产值150万元，固定资产10亿元，是当时中国乃至东南亚规模最大的丝织生产基地，丝织产品销往国内外。销量的不断增长促进了公司的不断扩建。1993年，中兴丝袜厂扩大并改建为中兴丝袜公司，还组建了中兴丝纺公司；1995年，又建成中兴针织有限公司和中兴纺织有限公司。为从粗放型经济向集约型经济转变，4家公司5间厂合并为中兴丝织系统，实现统一生产、统一销售、统一核算、统一发展的管理体制。

中兴丝织系统实力强劲。1995年，中兴丝织系统产值5.2亿元，销售收入5.1亿元；1996年，产值7.6亿元，销售收入6.5亿元；1997年，销售收入7.5亿元，利润1.3亿元。中兴丝织系统于1995年、1996年连续两年被评为中山市百强企业。1993年，中兴丝袜公司投资2.4亿元，引进德国先进锦纶"66"丝生产线，建成中兴丝织公司三厂（又称锦纶"66"丝厂），并研制成功优质锦纶"66"丝（10D）。中兴丝织系统生产的"仙蒂"牌丝袜，采用"66"丝（10D）织造，产品弹性好、耐磨、款式新颖，深受全国消费者的喜爱。因此，"仙蒂"牌丝袜产品成为广东省乡镇企业名牌产品，并获"全国消费者喜爱品牌"和"中国市场公认著名品牌"等荣誉。1997年，据中国科技情报中心测定，中兴锦纶"66"丝厂是全国唯一配套生产锦纶"66"丝和丝袜的专门生产企业。该厂优质"66"丝（10D）填补了国内生产空白，除满足自身织机需求外，还供应市场，成为国内乃至东南亚规模最大的丝织生产基地。

2005年，五桂山办事处全境被划为生态保护区后，五桂山在发展经济的同时，致力于环境保护。优越的自然环境先后吸引了广东药学院（今广东药科大学，下同）、广东理工学院、中山中专等大中专院校入驻。一个现代化的教育园区正在五桂山形成。

2014年，五桂山实现地区生产总值27.17亿元，比去年同期增长（以下简称"增长"）6.53%；规模以上工业增加值11.95亿元，增长1.6%；第三产业增加值12.42亿元，增长11.6%；国、地两税合计5.24亿元，增长4.4%；外贸出口总值3.14亿美元，基本持平；固定资产投资8.92亿元，增长4.76%；社会消费品零售总额4.24亿元，增长9.67%；农民人均纯收入1.67万元，增长5.71%。五桂山经济社会保持全面协调可持续发展。至2018年末，五桂山地区生产总值达34.83亿元。

位于南头镇南部的穗西村是革命老区，因交通闭塞，至1993年，村里还只有2间小砖厂，工业几乎一片空白。1994年，南三公路开通，村民看到了希望的曙光。村里出资400万元，与镇政府合资建设升辉路，连接南三公路，终于使穗西村有了一条与外界互通的道路。村民说，这是通往康庄大道的起点。路通财通，精明的穗西人在招商引资上做起了文章。穗西村利用两年时间建起1.5万平方米厂房，并以低价出租，迅速聚集了一批客商。2002年，这1.5万平方米的厂房租金收入已达620万元。

市、镇各级不断在政策、基础设施建设等方面给予这个革命老区村大力的支持。在此基础上，穗西村开始鼓励客商买地建厂。此举不仅减轻了村集体的投资压力，而且在1995年就开始立项建设的南穗工业城中聚拢了一批含金量很高的企业。2003年，落户穗西村的80多家企业中，金辉灯饰有限公司、顺誉制衣厂、盛业灯饰有限公司等企业年产值均超亿元，年产值超千万元的企业就有10多家。蔚为大观的南穗工业城在2001年并入南头镇升辉南工业区，与其连成一片。

地盘旺了，土地自然升值。为了吸引客商在穗西村安家落户，引导"移民"投资，村委会积极盘活土地资源，2002年投资2500多万元征地270亩，建设东桂园商住小区，主要供客商建单体别墅。瞄准广珠公路二线以及广珠轻轨将贯通穗西村的前景，大力发展第三产业成为穗西村两委班子的首要任务。投入300多万元建设的穗西新市场，仅用两三年的时间就收回成本。村民出租房屋，一年收入300多万元。

2003年，荣获中山市"五个好示范村"称号的穗西村，使村民真正享受到了大力发展经济的成果。村委会加紧村路桥梁建设，配合镇政府内河疏浚工程，搞好一河两岸砌石绿化，村容村貌焕然一新，并在2002年成为南头镇首个省卫生村。村里还制定了一系列保障村民安居乐业的措施，例如规划建设农民住宅新村，以及投入100多万元与镇卫生办合作，建设社区卫生服务中心，方便群众就医。村民到这里看病，减免挂号费、诊金和注射费；社区卫生服务中心还每年为村民免费体检一次，并建立健康档案。村委会每年投入教学经费100多万元，为家庭困难学生解决读书难问题；对考上大专院校以上、家庭年收入不足2万元的学生，村里全额补贴学费。

修路"筑巢"，营造商机；盘活土地资源，引导"移民"投资；构筑物流商流，繁荣第三产业——南头镇穗西村靠着这样的创业发展三部曲，奏出了丰收的乐章。这个曾路桥不通的村落，在改革开放的浪潮中，成长为带头致富的"领头雁"。

从1999年后，中山市先后制定《中山市工业企业技术改造项目贷款贴息资金管理暂行办法》《中山市工业强镇（区）考核办法》《关于实施名牌战略的意见》《关于进一步优化投资环境做好招商引资工作的意见》等一系列的扶持工业发展的政策和措施。这些政策措施的出台，对于进一步优化投资环境，提高产业发展水平和竞争力，发挥了重要作用，也对全市老区经济发展起到了很好的促进作用。

"三农"改革引领致富路

一、"三农"改革发展概况

在计划经济年代，中山市的农业主产品是水稻和甘蔗，是广东省主要的粮、糖产区之一，但经营结构单一，农业经济效益不高。中共十一届三中全会后，党的农村政策作出了重大调整，并开启了波澜壮阔的改革开放大门，中国从此迈入新的历史时期。处于中国改革开放前沿的中山，在改革开放大潮中始终重视"三农"发展，40多年来不断推进各项改革创新，统筹城乡发展，增强农业产出，增加农民收入，农业农村发生翻天覆地的变化。梳理中山农村农业的改革发展历程可以发现，"改革创新"是当中的关键词和亮点。中山在土地改革、农村改革等不少方面走在全省乃至全国前面。

在1976年下半年，板芙公社四联、里溪等大队在广东省内率先实现"联产到劳"，促进了家庭联产承包制的推行。在推行联产承包责任制之后，中山市土地的流转逐渐开始松动萌芽，出现了连片承包经营的种养专业户。1984年，中山农民梁添胜就承包经营300多亩土地，开广东省较大规模土地流转先例。1999年起，中山市正式铺开农村第二轮土地延长承包期工作，从2002年起，中山市探索并开创了一种具有"中山特色的土地流转形式"——土地反承包，推动了中山市农业农村经济迅速发展，促使中山很快形成"一村一品""一镇一业"的农业产业化格局。

中山市农业农村经济的迅速发展，又倒逼中山农村经济体制改革的实施。2000年，小榄就全面推开农村股份制改革，促进农村土地合理流转，解决农村矛盾；2007年，中山在全市范围内启动"村一级统一核算"改革，整合农村资源，加快推进现代农业发展。实施村一级经济核算措施又推动乡镇企业、农村集体经济与农村股份合作制的发展，镇村属经济的发展壮大使传统的"二元经济结构"日益削弱，为"村改居"打下基础。2004年12月28日，小榄镇所有村委会完成社区居民委员会成立挂牌工作，13个村委会全部改为居委会，数以万计的农民，其身份一夜之间变为新型的"居民"，拉开中山"村改居"的序幕。①

包括中山在内的珠三角农业改革发展大致经历了三个发展阶段。②

第一个阶段是1992年至1997年。该阶段主要发展高产、高质、高效农业。围绕建设"三高"农业（高产、高质、高经济效益），中山市探索由传统自给自足小农经济向现代商品经济农业转变的有效途径。特别是1991年，国务院在广东省召开"三高"农业现场会，有力地推动中山"三高"农业蓬勃发展。

第二个阶段是1998年至2003年。该阶段是开展现代农业示范。1998年广东省在珠江三角洲兴建了10个农业现代化示范区，以实现"五高六化"为目标，即劳动生产率高、土地生产率高、投入产出率高、科技贡献率高、农民收入水平高，农田标准化、操作机械化、服务社会化、管理科学化、生态良性化、城乡一体化。

---

① 参见赖有生、彭颖杰：《中山"三农"30年改革发展回眸》，《中山日报》2008年10月13日A5版。

② 参见吴启祥：《现代农业是经济社会发展的必然要求》，《农民日报》2007年3月1日理论版。

第三个阶段是2004年至今。该阶段是全面推进现代农业建设。

二、全国"三高"农业现场会学习"横栏经验"

1991年4月，国务院在广东召开全国发展高产、高质、高效农业经验交流现场会，来自全国各地的与会者，以及参加广东省农业厅在中山召开"三高"农业现场会的与会者，共同参观了横栏镇"三高"农业现场。[①]

当时由国务院副秘书长李昌安率领的全国与会代表一行到中山市横栏镇，在参观考察该镇高效农业示范基地之后，代表们高度评价该镇的经验做法。许多代表认为"横栏经验"值得推广，要将"横栏经验"普及到全国各地。

横栏距中山市城区13千米，总面积76平方千米，全镇地势平坦，土地肥沃，水产丰富，素有"鱼米之乡"的美称。20世纪80年代末至90年代初，横栏镇在发展高效农业过程中，为了使农民在农业新品种、新技术推广渠道中学有榜样，该镇农办在镇政府支持下大办"示范基地"，筹集1400万元资金办起水稻良种繁育场、蔬菜新品种示范场、脆肉鲩养殖场、立体和善示范场、美国鸳鸯野水鸭种苗场、河涌网箱养鱼示范场、养鳗场、试管香蕉二级繁育场等13个具有开发价值的"三高"示范基地。它们成为该镇农业的"龙头"，带动全镇农业朝着"名、特、优、高、新、奇、异、好看、好食、好价、好销"的方向发展。其中，六沙出口蔬菜新品种示范场面积达285亩，年总收入150万元，纯利45万元；美国鸳鸯野水鸭种苗场养野水鸭种鸭1.2万只，年产种苗70万只，年总收入210万元，利润140万元。

随着农民积极性的提高，横栏镇坚持围绕"引进新品种、采用新科技、开拓新领域"大力发展种养业，水稻方面引入了广优青、广优4号等新组合，水产方面引入桂花鱼、加州鲈、金边鲛等高附加值鱼类新品种，蔬菜方面引入丹麦椰菜、泰国椰菜、美国西兰花、金冠马铃薯等几十种新品种。新品种的不断引进，增强了鲜活农业产品的出口能力。1991年，全镇农业产品出口创汇69万美元。

科技兴农需要人才支撑。横栏镇提出"借教育之源、引科技之水、浇洒农业之果"的思路培育农业农村人才，全镇组建由46人组成的16个农技推广服务站，镇农办、镇文教办、镇科协联合办起15家农民成人学校；镇政府每年花30万至50万元在全镇选拔50名高中生到大专院校脱产培训，还投资90万元建起镇农业科技大楼。

横栏镇还注意搞好农业产品流通，强化农村社会服务体系，如兴建100吨冷库，解决大宗农业产品出路，扩建农副产品批发市场，搞好南鱼北运和蔬果出口。①

三、老区"三高"农业走向现代化

随着社会主义市场经济体制的逐步建立，中山市以市场为导向，加快调整农业产业结构，大力发展"高产、优质、高效"农业，建立起优质水稻、水产、蔬菜、水果、花卉等生产基地。2001年，中山市委、市政府在抓好古镇的中山市农业现代化示范区建设的基础上，确定小榄、横栏、西区为市级农业现代化示范区，同时要求其他各镇区都要建立一两个现代农业小区。该政策

---

① 以上5段参见江娟、陈水国：《横栏写出高效农业大文章》，《中山报》1992年7月7日试刊2号头版。

推动中山市各镇区老区农村掀起农业现代化建设高潮。[①]

古镇镇属于经济作物区，20世纪60年代初期，该镇古二、古三等村农民率先开始培植花卉苗木。到20世纪80年代，古镇镇政府通过政策扶持发展花卉苗木业。1990年，古镇形成以花卉苗木为龙头，水产养殖、绿色无公害蔬菜为辅的农业发展思路，全面增加高值花木种植，使花卉苗木种植面积从改革开放之初的500多亩扩大到11000亩。[②]

古镇镇的大部分革命老区村也从花木园林产业发展中明显受益。以老区村古一村为例，村支书苏池结介绍[③]，20世纪六七十年代，古一村内河道纵横，良田沃野，村民种桑养蚕、挖塘养鱼、在塘边种植果树。当时种植作物主要为茶、麻、桑、蔗、果树（橘子、龙眼、荔枝等），水产养殖以"四大家鱼"（青鱼、草鱼、鲢鱼、鳙鱼）为主。改革开放后，古一村致力于发展外向型经济，积极扶持民营企业发展，村集体经济收入以物业出租为主，村集体拥有物业超过70万平方米；同时，古一村改变农业发展方向，2018年全村有农耕地300多亩，以种植苗木为主，种植品种主要为杜英、大叶紫薇、蓝花楹、秋枫等绿化树，年产值300万元。

古四村亦是老区村。村支书邓铭超介绍，该村传统经济以农业为主，从民国时期至20世纪六七十年代，该村有2000多亩农耕地，村民主要种桑养蚕、挖塘养鱼，基边上种植果树、苗木或蔬菜，主要有桑树、甘蔗、荔枝、龙眼等；水产养殖以"四大家

---

① 参见中山市委、市政府中委〔2001〕1号文件。

② 参见何腾江、黄冰晶：《古镇花木业走向世界》，《中山日报》2008年12月22日T14版。

③ 本部分关于古一、古四、石军、结民等村支部书记接受采访介绍的时间均为2018年9月。

鱼"为主。改革开放后，该村从基本的农作物种植转向花卉小苗、紫荆、黄槐等花木种植。2018年古四村仍有约106户村民继续种植花木园林，总体种植规模达750亩，种植的花木园林品种有十余种，全村花木园林年产值大约500万元。

黄圃镇老区村石军村的种养业也从"三高"农业向现代农业发展。村支书郭宋华介绍，改革开放前，石军村因地理位置、交通环境等因素影响，农业生产以水稻、甘蔗为主，水稻种植面积3000多亩，甘蔗种植面积1500多亩。改革开放后，该村农业生产逐渐呈多元化发展，20世纪90年代以前还是以水稻、甘蔗为主；20世纪90年代开始兴起香大蕉、番茄、花生、粉葛等经济作物的种植生产；20世纪90年代中后期，随着农村土地股份制改革发展，村内逐渐兴起了对外土地发包，低洼土地发包后改造鱼塘作养殖的热潮，主要养殖品种为"四大家鱼"。2000年后，养殖品种逐渐多元化，主要包括对虾、罗氏虾、桂花鱼、加州鲈等。2010年后，鱼塘养殖面积进一步扩大，至今养殖业面积占全村农业用地面积约七成，面积达5100多亩。

至2018年，石军村农业以集约化种养业为主，其中养殖业占比较大，品种主要为"四大家鱼"、南美白对虾、黑鱼（生鱼）、桂花鱼、加州鲈、笋壳鱼等；种植业方面品种主要为香大蕉、花卉、粉葛、枸杞菜、皇帝柑、葡萄、番石榴等。特别是2016年后，家庭农场等休闲农业逐渐兴起，该村以葡萄、皇帝柑、番石榴等采摘为主的家庭农场有5家，种植面积约300亩。

革命老区村从传统农业到"三高"农业再到现代农业的发展，变化最明显的应该是三角镇结民村。

结民村村支书陈国祥介绍，目前的结民村是2001年11月由原结民管理区、乌沙管理区合并而成的。原结民管理区、乌沙管理区均属大沙田地区，改革开放之前主要种植的农产品有水稻、甘蔗、水果，还有家禽牲畜养殖、水产品养殖等。改革开放之后，原结民管理区逐步建立多种形式的家庭联产承包责任制，农业生产由以种粮为主发展为多种经营。1990年后，以结民管理区生鱼养殖和种苗繁育基地为代表的有规模的优质水产养殖基地和家畜集约化养殖基地进一步建立，高产、高质、高效的水产品生产进一步发展，人工孵化养殖生鱼更加成为结民村水产养殖的特色，主要养殖品种有生鱼、鲈鱼、南美白对虾、"四大家鱼"、鳖和巴西龟等，农业总产值达2032万元。乌沙管理区在改革开放后倾向于种植快速收成的果树，引进香蕉，石硖龙眼，玉荷包、妃子笑、桂味等良种荔枝，鸡心黄皮，紫花芒果，红芒，泰国花稔等。

陈国祥介绍，20世纪80年代开始，结民管理区的农民一直着重发展"三高"农业，主要集中发展优质水产养殖。特别是1985年后，该管理区水产养殖飞速发展，在生鱼养殖方面发展成"一村一品牌"的局面。甲鱼养殖方面，绿色食品——甲鱼、巴西龟、生鱼等优质水产养殖基地规模较大；生鱼养殖带头人关卷文、甲鱼养殖带头人梁全福于2000年4月获"全国劳动模范"和"中山市第五届劳动模范"称号。

至2018年，结民村较有特色的是甲鱼养殖。甲鱼养殖带头人梁全福的鱼塘位于结民村15社和8社内，以养殖优质甲鱼为主，养殖面积约150亩，年产量达300吨，年产值达400万元。

四、农村改革促进老区"三农"新发展

从"联产到劳"到土地流转①

中山的农村改革要从板芙四联、里溪在广东省率先拉开农村

---

① 参见赖有生、彭颖杰：《中山"三农"30年改革发展回眸》，《中山日报》2008年10月13日A5版。

改革大幕说起。1978年冬，安徽凤阳小岗村18户农民搞起"大包干"，宣告中国农村进入土地改革的新时期。在同一个时期，中山板芙公社里溪大队的6名村委冒着坐牢的风险，悄然拉开率先在广东省"大胆"实行"联产到劳"的帷幕。在里溪的实践带动下，1979年初，板芙公社选择19个生产队为试点，推行"联产到劳"，这是家庭联产承包责任制的形式之一。同年，广东省关于真理标准的讨论现场会在中山召开，广东省委有关领导指出：全省要统一解放思想，学习板芙成功的改革经验。

推行联产承包责任制，就自然而然出现土地流转现象。《中山市农业志》记载：仅1982年至1983年期间，全县已有土地承包户168户，承包土地面积7300亩，每户平均经营面积43.5亩。1984年至1985年，在贯彻中央1号文件后，中山调整了土地，延长了承包期，种养专业户激增，仅一年时间就发展到1351户，经营面积97000亩，每户平均面积71亩。

1999年起，中山市正式铺开农村第二轮土地延长承包期工作，陆续出台《关于建立健全我市农村土地经营收益分配制度的意见》文件，建立健全土地经营收益分配制度，为土地承包权与经营权相分离创造了条件。

2002年起，中山市探索新型土地流转形式——土地反承包：村集体把农民"包干到户"的分散、规模小的土地承包回来，经统一规划布局，对水利、农路等设施集中整治，再发包给专业户种养，实现农业专业化、规模化生产。

2002年，横栏镇三沙村在中山最早尝试土地反承包，随后板芙、民众、东凤、坦洲、三乡、神湾等多个镇区的10多个村先后开展"土地反承包"尝试，效果明显，当中有不少是革命老区村。

农村股份制改革调整农民利益[①]

农村股份制改革是在家庭联产承包责任制基础上开展的一次创新农村经营体制和运行机制的重要改革。

农村股份制改革通过资产折股、股份配置、按股分红、股权固化等方法，明确了集体经济与农民的利益关系，在保障农民利益的同时，促进土地合理流转，有利于发展规模经营，建立有利于农村向城镇化、工业化发展的新机制。

中山市率先实施农村股份制改革的镇区是小榄镇。当时，随着实施"工业强市"战略和推进农村城镇化，小榄镇农村部分土地资源转换成厂房、商铺、宿舍等物业出租，获得可观的收入。至2000年，该镇农民年人均集体分配达796元。由于集体分配和福利逐年增加，多年来，该镇在农村中由于身份界定有争议导致影响分配权益的事情时有发生，且随着农村集体经济的进一步发展，农民分配权益的问题愈加突出。

2001年9月至12月，小榄镇决定在全镇范围内推行农村股份合作制，在全省个别地方推行的基础上加以创新，明确分配权，固化农民权益。

"这事实上是一次对农民利益的重新调整，农民对此非常关注，一些人反应强烈。"参与此次改革全过程的时任小榄镇副镇长周耀良说，"这是小榄工业化、城镇化进程中必须解决的问题，我们没有其他选择。"

2002年4月，中山市在小榄镇召开全市农村股份合作制工作现场会，正式向全市推行农村股份合作制。截至2007年底，农村股份合作制改革基本完成，全市完成农村股份合作制改革的村

[①]　参见赖有生、彭颖杰：《中山"三农"30年改革发展回眸》，《中山日报》2008年10月13日A5版。

（居）230个、组级2538个，分别占应开展改革的97%和91%。

"村改居"提速城镇化进程[①]

2004年12月28日，小榄镇所有村民委员会（村委会）完成社区居民委员会（居委会）成立挂牌工作，13个村委会全部改为居委会，该镇数以万计的农民，其身份一夜之间发生历史性变化，成为新型的"居民"。"农村""农民"概念一夜之间从这块土地上消失。作为一项重要的改革措施，"村改居"改变了过去传统的生产关系，代之以新型的关系。小榄历史从此翻开新的一页。

改革开放后，小榄镇传统的"二元经济结构"在乡镇企业、农村集体经济与农村股份合作制等的合力作用下，日渐削弱，最后趋于终结。而多年来，小榄镇对镇属企业的管理监控体系逐渐建立健全，有效地促进了镇属企业经营效益的进一步提高和集体资产的增值。镇村属经济的强大后劲为小榄镇"村改居"打下基础，再加上小榄镇政府适时启动经济调控杠杆，包括二次分配在内的各种手段的综合运用，则保证了社会协调有序地发展，推动了"城"与"村"在经济与社会融合中逐渐"磨合"。

2004年，小榄镇全面推进城乡合作医疗制度，参保率高达92.6%，各社区都已实施老人退休金制度，镇内低保金、优抚金由银行统一发放；对出现临时困难的家庭给予临时性补助。由于小榄镇实行村一级核算和镇村联办农村合作医疗制度，初步解决了农村医疗经费、技术等问题，城镇化的实际步骤比预想的要顺利许多。再加上小榄镇政府通过政策杠杆进行微调，尽可能缩小村民与城镇居民之间的贫富差距，在"质"上提高村民的生活水

① 参见李国新:《"村改居"利益大调整 城镇化进程大提速》,《中山商报》2005年3月16日D4版。

平，让其真正融入现代化城镇生活之中。

据中山市民政局相关文件显示，到2018年2月为止，全市共设有村民委员会150个、居民委员会127个。[①]而中山的200多个革命老区村中，东区的各老区村已归入长江三溪社区，南头镇各老区村分别归于滘心、将军、民安、穗西四个社区；东升镇的33个原老区自然村也分别成为裕民、高沙、同乐三个社区的组成部分；三乡镇的南坑、龙井、前陇、外埔、里埔、西山等老区自然村，大涌的青岗及西区长洲、后山各老区村也已成为社区。

五、思路转效益显，成就产业聚焦效应

专注特色产业，充分发挥产业聚焦效应使中山的"三高"农业得到了更好的发展。

20世纪70年代，东升镇革命老区村高沙村和其他地方一样，以种植水稻、甘蔗为主。20世纪80年代初，种米仔兰热兴起，一盆米仔兰的价格比一亩水稻的产值还高。精明的高沙人由此发现商机：既然种兰花比种水稻、甘蔗还好，为什么不种兰花？为此，村里派人到海南、福建采购花苗和学习种植技术。后来分田到户，他们又发现种植茉莉花效益也很高，天天有花收，就等于天天有收入，靠摘花就够一家人的开支。在敢想敢干的高沙村干部的带动下，该村与湖南某公司合作，发动全村农户种植茉莉花，供该公司制作茉莉花茶。一时间家家户户、田头庭前百花齐放，茉莉花香飘四方，村中有农户因种植茉莉花成了万元户。

在高沙人种植茉莉花的基础上，中山市花木市场于1999年在高沙落户，高沙的花木产业从此更上一层楼。

---

① 参见《277个村（居）委会领〈基层群众自治组织特别法人统一社会信用代码证书〉》，中山市民政局：《政务动态》，2018年2月，http://www.zs.gov.cn./mzj/。

从兰花到茉莉花，从茉莉花到阴生植物、各种花卉、园林用品，高沙人也从单一的种植发展到贸易和承揽园林工程。进入21世纪后，位于高沙的花木市场中，随处可见大型园林植物和从国外引进的几十万元一株的大型绿化植物等。花卉市场越做越大，也越做越成熟，为高沙村的经济注入了新的活力。很多花农跨镇区承包土地，发展花卉种植，带动了周边地区的花木产业发展，提高了土地的经济效益。

及早转变思想，调整农业结构，发展效益型农业，为高沙村走向小康奠定了坚实的经济基础。富而思进的高沙人，在调整农业结构发展花木高效农业取得明显效益时，其思想又"转"开了：1992年，东升镇政府和港商合作在高沙兴建商贸城时，高沙人再次找到发展的契机，他们以土地入股，参与商贸城的开发，并开发周边的土地，先是拓宽了高沙路，后来又开通了同兴路等。路通财通，公路的开通使公路两边的土地得以升值，同时也为招商引资、发展工业做好了准备。经过10年的招商引资，2003年就有近百家企业在高沙落户。

为平衡各居民小组的经济发展，村改居后的高沙社区又"转"开了，他们提出开发"高沙西部计划"，由村里投入1000多万元，建设一条31米宽、长3千米的大道，将7个经济稍落后的居民小组联系起来，走共同致富道路。

2002年，高沙社区的工农业总收入为2.25亿元，比增26.7%，其中工业总收入为1.63亿元，比增35.4%，利润543万元，比增7.5%；农业总收入增长了21.93%；全社区人均收入7948元，比增10%。

脆肉鲩鱼最早产于中山的长江水库，而东升镇革命老区裕民社区凭借努力，让它成为自己的产业"名片"。1985年，受长江水库养殖脆肉鲩鱼的启示，裕民有2户村民开始在大围边养脆肉鲩鱼。当时脆肉鲩鱼的利润比较高，500克脆肉鲩鱼卖到了6元，亩产上万元。当时村支书麦逢有正愁着如何带领村民走脱贫奔康路，受此启发，便投入2万元把大围边的低洼地推成鱼塘。大家当时对此都不理解，2万元可以买一台进口双排座的农用车了，却投到几口烂塘中去，这不是白扔了吗？但麦逢有自有打算，他承包30亩鱼塘养脆肉鲩鱼，是要用自身行动带动大家。

麦逢有的30亩脆肉鲩鱼收到了明显的经济效益，而经济效益就是最好的说明。很快，在镇、村的共同推动下，裕民兴起了养殖脆肉鲩鱼热，家家养脆肉鲩鱼。脆肉鲩鱼成了裕民当时最热门的话题，裕民的产品也开始从中山本地市场向周边地区扩散。面对壮大起来的养殖队伍，精明的裕民村干部发现，随着全村养殖脆肉鲩鱼，产品的销路成了制约规模发展的拦路虎，如果不及时解决销路问题，养殖户中将出现相互压价的恶性竞争。于是，在村干部的带动下，该村组织了一些头脑活跃的养殖户组成流通队伍，挨家串户进行推销。

此时正值中山市政府大力鼓励发展流通大户，采取了政府补贴购买运输车、提供绿色通道等举措。裕民的流通大户乘风而起，迅速发展到30多户。

刚洗脚上田（农村富余劳动力脱离农业劳动务工、经商等）的脆肉鲩鱼流通户起初骑着自行车开始他们的"业务"，组织比较松散。但村里很明确地意识到他们的重要作用：要扩大脆肉鲩鱼的生产，把全村村民带动起来，没有流通户不行。受村干部的引导与鼓励，2003年，脆肉鲩鱼的流通大户关铨广已创下最高峰时日销近5万千克脆肉鲩鱼的销售纪录。他的货源来自四面八方，销路也十分宽广，在广州还设有零售点、批发点。就这样，他将裕民村的脆肉鲩鱼销往全国各地。这些流通大户的出现，其意义不仅是简单的买卖，更在于在掌握市场信息的同时，在交易过程中不自觉地指导了养殖户的生产，带动了整个裕民走上空前的发展道路。

2003年，裕民的脆肉鲩鱼养殖面积已达1700多亩，由本村人跨地区养殖的还有1000多亩，亩产量达1吨多，是中山渔业的龙头基地；产品销往广州、深圳、武汉、北京及香港等地，乃至海南省部分城市。脆肉鲩从此成为裕民的一张"名片"，而东升镇更把裕民的脆肉鲩鱼商标注册为"东裕"。

经济发展了，裕民继续大胆创新，借助当年发展脆肉鲩鱼养殖形成的基础，确立了裕民"工业立村"的路子。从1992年开始，经过10年发展，裕民先后建成4个工业区和1个商业区，并吸引大型企业落户。

特色农业成为带动镇区经济的法宝，也是许多革命老区村致富奔小康的法宝。

"路通财通"，老区谱写新篇章

　　"交通不便"一词，往往用来描述连片山区内外交流不畅的困局，然而，位于珠江三角洲珠江口西部平原区、水陆面积共1783.67平方千米的中山市，在20世纪90年代中期以前仍被"交通不便"所困扰。尤其是遍布市内边陲位置的革命老区行政村和自然村，客观上存在出行困难、产业滞后、市镇公共服务资源辐射力弱等现象。

　　"八五"计划（1991年至1995年）以来，中共中山市委、中山市政府积极应对革命老区群众的诉求，以超常规的力度和速度破解困局，构建"路通财通"蓝图，为老区发展谱写崭新的篇章。

一、乡镇交通发展概况

　　中山地处珠江三角洲中南部，东临伶仃洋。珠江八大出海水道中，就有磨刀门、横门、洪奇沥3条水道经中山境内。中山市属亚热带季风气候，降水充沛且集中于每年4月至9月的汛期，年平均降水量达1500—2000毫米；境内平原广阔、山丘起伏。降水和地形因素叠加，孕育出庞杂交错的水系，大小河流和河涌遍布市内各个镇区。

　　水资源丰富的中山，在农业社会倒可培育出自给自足的鱼米之乡。[①]然而，20世纪70年代末至80年代初，改革开放伊始，中

---

　　①　参见中山市农业局：《2014年度工作总结》。

山进入工业社会，人员、物资、原材料、制成品频繁往来，"交通不便"的矛盾逐渐突显。其中，鸡鸦水道、小榄水道、磨刀门水道（西江支流）、横门水道、黄沙沥、黄圃水道、石岐河（岐江）、三宝沥、东海水道等大河，将中山各地切割成块。面对宽达上百米乃至数百米的河流，尽管当年沙口、细滘、东河等知名人车渡船码头位于交通要道内，起到枢纽作用，无奈渡船尺寸偏小，最多能容纳"解放牌"4.5吨货车过渡，物流容量和速度受限，单次过渡等候时间长达两三个小时。[①]被大河"切割成块"的中山土地，另有北台溪、大环河、拱北河、横海、中部排洪渠等120条汇入大河的主要河涌，它们进一步将这片鱼米之乡分割成"细块"和"薄片"。从古至今，大批中山群众尤其是老区村庄群众，须前往河涌对岸耕作、买卖或探亲访友。自清朝以来，香山县一些乡已设有"横水渡"，至民国时期更多；新中国成立后，渡口有增有废，但数量持续增加，至1987年全市"横水渡"达139对。[②]改革开放以来，"横水渡"从人力肩撑的木质小艇更换为柴油动力的水泥壳船或铁壳船，每船核载乘客三四十人。

然而，"横水渡"再发达，群众使用这些码头也要绕行数千米。机动渡船搭载的不过是人员、自行车和两轮摩托车，无法承载人力三轮车、摩托三轮车乃至轻型货车。货物运输要走"大公路"和桥梁，甚至需要绕行十几千米乃至数十千米，或花钱"借用"别人家的货船驶往对岸。以上种种周折，大幅度增加了人力及物流的经济和时间成本，降低了效率乃至让人失去商机。截至2017年，仍在运营的中山"横水渡"，从最高峰的130多对骤降至40余对。水乡巨变，源于20世纪90年代初的"交通大会战"。

---

① 参见中山海事局：《中山海事概况》。

② 中山市志编纂委员会编：《中山市志》，广东人民出版社1997年版，第662页。

"八五"计划期间，中山市委、市政府清晰认识到这座城市面临"交通不便"的困局，深刻领会到"路通财通"对促进经济发展、助力城市飞跃的重要意义，坚决实施"上交通、加基础、再腾飞"战略，成立了由市长担任总指挥的高规格的交通建设指挥部，制订了全市的交通基础设施建设规划。

这场"交通大会战"从中山的实际情况出发，实事求是地执行了"谁建设，谁主管，谁受益"的政策；开展多渠道集资，制定了征地、拆迁补偿办法，采取了建设与改造相结合、"抓干线，促支线"措施。中山市的交通基础设施建设实现大规模、高速度、高质量、高效益发展，交通建设步入了黄金期，形成了以国道和省道为骨架，镇区公路为支脉的与港口枢纽相连的水陆联运的交通网络。

1991年至1997年，中山市投资49亿元新建市境内国道、省道公路，新建一级、二级公路13条共212.3千米，二级路改造为一级路的计有25千米，三级路改造为二级路的计有52.6千米。[1]

新建的高等级公路如同长虹卧波，接引中山市境内革命老区村庄的群众融入城镇。1991年9月26日，岐江公路建成通车，全长23.93千米。这是广东省省道268线的组成部分，连接西区和古镇镇，途经沙溪镇和横栏镇。1994年，省道268线中山北段进一步向北延伸，新建东岸公路，连接原顺德市的均安、勒流等镇区。古镇镇北海村的袁长根是一名经营灯饰塑料原料厂的企业家，对1994年省道268线中山东岸公路的通车场景记忆犹新，他说："以前去顺德、去小榄，反正到哪里都要坐'横水渡'。公路通车后，一切都方便了。耕田没日没夜，像牛一样辛苦，为什

---

[1]　中山年鉴编纂委员会编：《中山年鉴1991—1997》，广东人民出版社1998年版，第172页。

么日子还是那么艰难，是因为我们没见过世面。东岸公路通车，去其他地方容易了，见的东西多了，眼光就不会那么短浅，做事就不会像以前那样局限。撸起袖子加油干，越来越多人摆脱贫困、发家致富。"

分布在省道268线中山北段沿线的革命老区村庄，计有西区长洲村，沙溪镇申明亭村，横栏镇新茂村、贴边村、裕祥村、永丰村、穗丰村，古镇镇的古一村、古四村、曹一村、曹二村、曹三村，古镇镇海洲片区的沙源村、教昌村、民乐村、市边村、红庙村、华光村、北海村、显龙村、麒麟村。沿线逾10万名群众从此自家门口出发，向北直达江门、佛山和广州，往南无障碍抵达中山石岐、三乡和珠海金鼎等工商业发达的片区。

1991年3月，广东省"八五"计划重点建设项目广珠东线番中公路中山路段动工建设。该公路全长16千米，含全长2024米的特大桥梁——中山港大桥，于1992年12月28日建成通车，是连接中山与广州的又一条重要通道。[1]当年，中山港大桥是中山第一长桥，桥梁长度、主跨长度位居广东省乃至全国前列，成为中山人的骄傲。大桥主线北接民众镇和三角镇，南连火炬开发区；南端主线分设两条匝道，连接沙港公路，让连片沙田的港口镇与外向型经济发达的火炬开发区完成"牵手"。

1994年2月18日，南三公路建成通车。该公路全长26.5千米，路面宽23—50米，是广东省省道364线的起点及重要组成部分，自东向西依次连接三角、黄圃、南头3个镇区，最终通过南头大桥跨越桂洲水道，与105国道广珠公路连成一体。南三公路沿线连接的革命老区村庄，计有三角镇三角村、结民村、沙栏村，南

---

① 中山年鉴编纂委员会编：《中山年鉴1991—1997》，广东人民出版社1998年版，第175页。

头镇滘心、将军、低沙、穗西4个社区，且毗邻黄圃镇石军村。从上述中山市境内北部村庄前往城区石岐，不必再依靠"横水渡"穿越鸡鸦水道、小榄水道、中部排洪渠、石岐河等水道。至于前往全国各地，不远处的105国道广珠公路助力人力和物流的快速通达。

此外，1994年7月1日，全长19.4千米、混凝土路面的广珠公路东线逸仙公路第一期工程通车。该公路连接了10个革命老区村庄，计有南朗镇的白企村、关塘村、南朗村、翠亨村、崖口村、泮沙村、左步村、冲口村、榄边村、大车村，初步将南朗镇与石岐主城区紧密连接在一起，为老区群众"输血"，逐步实现人力、物流、资金流等现代工业要素的快速聚集，化"授人以鱼"为"授人以渔"。

1994年10月通车的坦神公路，同样是"授人以渔"的干线公路。该公路全长20.7千米，宽40～50米，北接105国道广珠公路三乡镇麻斗村路口，通过广东省省道365线斗门大桥通达粤西地区；南至坦洲镇沙田地区的最南端，并连接省道366线与珠海市相通。坦神公路连接了2个革命老区村庄，分别是神湾镇的外沙村和坦洲镇的新前进村。

1994年11月29日，总投资2.3亿元的城桂公路全线通车。公路全长21千米、宽24米，是省道268线中山南段的主要组成部分，连接中山新城区东区和105国道广珠公路三乡路段，贯穿五桂山镇（今五桂山街道）南北。公路途经的革命老区村庄计有五桂山的南桥村、龙石村、长命水村，毗邻五桂山桂南村。抗日战争时期，中共中山组织在五桂山开辟抗日根据地，招募有志青年成立游击队，对南朗、三乡、板芙、石岐一带以至珠海部分地区（抗日战争时期珠海属中山）的日军和伪军予以痛击。如今，五桂山革命志士的后人走上康庄大道，再也不必逶巡于山区深处的岐澳古道，革命老区群众告别交通不便的历史，生产和生活面貌焕然一新。

1995年3月22日，东阜公路、东阜大桥全线通车，总投资2.2亿元。该公路全长17.13千米，往东经南三公路衔接番中公路，直达深圳；向西连接105国道广珠公路，通达中山市主城区石岐，以及广州、珠海等地。同年11月29日，北接阜沙镇阜港公路及东阜公路、南连港口镇沙港公路的中山市第二大桥大南沙大桥通车，全长1349.62米，总投资4000多万元。这批干线公路和特大桥，让北部镇区与主城区石岐实现网络化的交通连接，彻底打通招商引资、产业发展的"断头路"。沿线途经的革命老区村庄，计有阜沙镇卫民村、牛角村、阜东村、大有村和丰联村。

"八五"计划期间，105国道广珠公路西区至南区裁弯取直新建道路（含跨越石岐河中山三桥建设）工程、三乡段平岚村至古鹤村裁弯取直新建道路（谷都大道）工程先后完成，于1994年下半年先后通车，进一步优化了105国道广珠公路这条中山交通"主动脉"的"输血"能力。1995年10月，105国道广珠公路中山市境内东升镇至三乡镇古鹤村50.9千米路段建成"文明样板路"。1997年，61.8千米中山段全线升级为"文明样板路"。

1997年9月29日，中山市30个镇区全部通行公交车。

1990年，中山市公路总里程仅为399.8千米；1997年，中山市公路总里程增加至983.5千米，比1990年增长1.5倍，年均增长13.72%。其中，地方公路852.6千米，一级、二级公路364.3千米。①

中山市"交通大会战"初战告捷后，全市革命老区村（行政村）、居委会，全部纳入由国道、省道、地方公路组成的交通网

---

① 中山年鉴编纂委员会编：《中山年鉴1991—1997》，广东人民出版社1998年版，第172页。

络，村口就有高等级公路为群众服务。"交通不便"在中山成了历史名词。

二、城桂公路开通，促进五桂山经济发展

五桂山，中山市境内真正意义上的山区，是广东省著名的革命老区和中山市生态保护区，也是中山市唯一一个以客家人为主的聚居镇街。这片山区，北接中山市中心城区，南邻中山市南部中心镇三乡，西接板芙镇，东邻外向型经济业态发展迅猛的南朗与翠亨新区。在交通便捷的今天，五桂山经济繁荣、人民富裕、环境优美、社会和谐，是"中山绿肺"和"天然氧吧"，被誉为"绿色宝地""教育高地""宜居福地"和"旅游胜地"。

面积达101.23平方千米的五桂山，如今下辖桂南、南桥、龙石、长命水4个行政村以及五桂山社区；其中，4个行政村内均有自然村被认定为革命老区村。70多年前，珠江纵队的指战员巧借五桂峰峦，逐步壮大抗日武装力量的规模和战斗力，沿着崎岖山路前往南朗、三乡、板芙、石岐以及翠微（现属珠海）等地的日军据点，消灭日军和伪军的有生力量，持续打击其嚣张气焰，让中山群众拍手称快。

这片山区历史悠久，早在800多年前已有先民活动的史迹可查，拥有独具特色的客家文化。然而中华人民共和国成立前，因生产模式陈旧，生产工具和耕作技术落后，加上地处山区，土地瘠瘦，耕地常受洪水冲刷，五桂山乡民只能"望天打卦"，租用地主所有的"望天田"进行耕作，过着"面朝黄土背朝天，放下禾镰无米煮"的生活。遇到天灾横祸、农作失收、匪贼掠夺等情况，乡民更是苦不堪言。

改革开放前，五桂山历经多年发展虽有小成，但总体仍处于贫穷落后的状态：交通不便、信息闭塞、工业空白、农业耕作技

术落后、集体经济发展滞后等。20世纪90年代初，当中山市城镇职工人均年工资收入达3499元（1990年）的水平时，五桂山群众的年人均收入仅为1000~1500元，村民勉强实现温饱。

山区巨变，始于1994年。当年11月29日，总投资2.3亿元的城桂公路全线通车。这是中山市委、市政府审时度势，为山区腾飞种下的21千米"藤蔓"。它全长21千米、宽24米，双向6车道（含4条机动车道和2条非机动车道），成为广东省省道268线中山南段的主要组成部分。它北连中山城区，南接中山市南部中心镇三乡，与105国道广珠公路三乡路段"牵手"，让这根"藤蔓"可同时向经济发达的两个南北重镇吸收养料。其后数年，相关部门在城桂公路石鼓村路段新扩建马石公路（双龙路），西接105国道广珠公路南区段；又在城桂公路桂南村路段新建翠山公路，东连广珠东线翠亨村路段，使人们通往珠海市更为便捷。由城桂公路、马石公路、翠山公路构成的"一主二副"两根"藤蔓"，协助革命老区的群众走上康庄大道，让老区群众生产和生活面貌焕然一新。

周俊华是五桂山逍遥谷度假区的负责人之一。早在1993年，他和家里的长辈就想在五桂山深处修筑森林公园。彼时，城桂公路正在修建，周俊华等人初步瞄准了五桂山南桥村作为森林公园的选址。他回忆说："那时候，三乡镇、石岐城区是港澳台同胞回乡创业办厂、投资定居的主要目标地区，城桂公路连接这两个地方，如果森林公园做得好，以后不用愁客源。"

在山区修筑公路，城桂公路的投资和难度都创下了纪录。据中山市原交通局的档案显示，这条21千米的一级公路，没有跨越大河的大桥和特大桥，总投资需要2.3亿元；全线逢山开路、遇溪搭桥，土石方开挖量高达200万立方米，是平原常规公路的四五倍。最终，城桂公路这根"藤蔓"，自北向南连接了长命水、五桂山、龙石、南桥、桂南等行政村和社区，"路通财通"的效果如同"藤蔓结瓜"。

位于五桂山北部、距离中山城区最近的长命水村，早在20世纪90年代初期，就借助如火如荼的城桂公路建设、自身紧邻市区的优势率先发力，在省道两旁兴建厂房物业，引入外来企业，办起集体企业。兴盛的工业带来了充足的岗位，为解决当地群众就业问题提供了出路。长命水村民还自发建起了整齐漂亮的出租楼，为自己带来了可观的额外收入。2000年后，长命水村实现了自然村龙贡的整体搬迁，把原龙贡村的地块开辟为占地4万多平方米的新型工业园区，引进了读书郎（中山市读书郎电子有限公司，现读书郎教育科技有限公司）、雅立（中山市雅立洁具有限公司）、嘉灵（嘉灵开关创造〔中山〕有限公司）等一批大型企业，至今拥有大小企业60余家，村集体收入持续增长。

2005年，五桂山被评定为"中山市生态保护区"。长命水村审时度势，积极转型。广东药学院中山校区落址长命水，海逸酒店投入使用，高档小区逐步发展，大量高素质人才选择在此工作、学习或生活。人口数量的增加和人才结构的变化，为服务业发展带来契机。长命水村的经济结构开始由以工业为主逐渐偏向以第三产业为主，经济发展继续获取全新的有力支撑。其中，村固定资产由20世纪90年代中期的5000万元增加到2017年的近2亿元，集体经济收入由2002年的400多万元增加到2016年的1500多万元。

与此同时，长命水的村容村貌发生了巨变。1996年，耗资750万元的长命水小学竣工；2003年，投资近220万元的长命水幼儿园启用；各类教育设施与中港英文学校、广东药学院中山校区相辅相成，形成了由幼儿园至大学的一站式教育体系。"弹丸之地"的长命水成为全市瞩目的"教育高地"。

类似的变化，同时发生在龙石、南桥、桂南等村落。

革命老区村张屋排、何屋排，如今已并入龙石行政村内，是五桂山镇中心的所在地，是全镇政治、经济、文化中心。"城桂公路＋马石公路＋105国道"的交通组合，构筑了中山至澳门的主要交通走廊。

1991年至1995年，石鼓村陆续完成城桂公路、马石公路、变电站、电信大楼、自来水厂、农贸市场、银行、学校、医院、文化中心、五桂山党工委办事处大楼等基础设施项目的建设，带动全村第二、第三产业开始飞跃。与此同时，石鼓村自筹资金，兴建厂房商铺2万多平方米，以租赁的形式供外来投资者办企业，先后引进玩具厂、塑料厂、电子厂、五金厂、家具厂等民营企业50多家，集体经济收益不断提高，村民享受的福利也逐渐增多。

五桂山成为"中山市生态保护区"后，石鼓村正确处理保护环境与发展经济的关系，将产业发展顺序调整为"三、一、二"，即重点发展对环境影响较小的第三产业。2007年，中山职教园区落户村内，开办广东职业理工学院和中山市中等专业学校两所中高等院校。2017年，全村集体经济收入突破1000万元，村民人均收入接近2万元。

位于石鼓村西侧、马石公路边上的龙石行政村龙塘村片区，自1990年起兴办工业，自筹资金兴建厂房铺位15000余平方米，并出租土地招商引资，先后引进立达金属制品有限公司、立辉金属制品有限公司、佳利工艺厂、新特织造厂、圣宝童车厂、年丰工艺厂、展宏家具厂等大中型企业；开辟占地1500亩的龙石工业园区，2006年后引进立成伸线有限公司、鼎盛展示有限公司、科能电器成套设备有限公司、佳德士塑料包装制品有限公司、赫比特家具有限公司、里程机械厂有限公司、嘉盈金属制品有限公司、中山市四海照明厂等企业。

而在石鼓村东南侧的南桥村，是相对远离中山城区的革命老区村庄。南桥村依靠优美的自然环境，在1991年率先完成所有自然村连通水泥路的工程，先后引进甘怡饮料厂、百嘉尚糖果厂、阳光电力公司、富山清泉有限公司、富田饮料厂等低污染类型民营企业10家。1996年后，石鼓村大力发展旅游业，先后引入逍遥谷度假区、茶趣园、五桂风情园、聚华园、客家庄等一批旅游景点，各自然村还建有水果场、花木场和农庄，成为五桂山旅游的中心。

位于五桂山最南端的桂南村，2003年起借助翠山公路开通的机遇，创建桂南工业园区，先后引进粤山泉矿泉水、伟晨运动器材、荃胜金属制品、桂南果场等一批优质企业，建成雅居乐御龙山、泮庐、山水豪庭等高档房地产项目；桂南学校获得扩建；投资100多万元修建的毕坑水库，保障了全村群众的生活用水安全。

三、借力交通，老区经济起飞

南头镇地处珠江三角洲中心位置，位于中山市北部，毗邻佛山顺德，区域面积是全市最小的，只有28平方千米；人口12万，其中户籍人口4.4万，辖6个社区居委会，是一个以家电产业为特色的工业重镇。南头交通四通八达，镇内主干道直接与105国道连接，广珠西线高速公路、广珠城际轨道贯穿全镇，并分别设有出入口和车站，全面融入了珠三角"一小时经济圈"。目前建设中的广中江高速、广东省省道十水线等重大交通项目，将使南头的交通网络更加完善。

生于南头镇、现年66岁的南头镇低沙村村民欧伟滔，直至35岁才第一次到中山城区石岐。"年轻时，南头、黄圃一带如同中山的'孤岛'，去石岐要上午出发，傍晚才到达。"他回忆说，

"去顺德倒是很方便，从桂洲水道'撑艇'过渡，对岸就是桂洲、扁滘，那边很繁华。"

初中肄业后，欧伟滔在村里种了几年甘蔗，再跑到省会广州顶了老父亲的班，在广东省第二运输公司当搬运工。35岁那年，国营企业办起了出租车分公司，他转行做起了出租车司机。两个月后载着外宾去中山，欧伟滔沿着105国道南下，才第一次抵达家乡的城区——石岐。

如今的南头镇是"中国家电产业基地"，家电产品企业及家电配套企业有600多家，家电产业产值占全镇工业总产值的80%以上，形成了以空调、电视、冰箱等大家电为龙头，小家电门类齐全，零配件配套完善的区域特色产业，产业上下游链条发育完善，拥有长虹、TCL空调、奥马电器、樱雪厨卫、松德机械等行业龙头企业。

南头民安社区内的低沙村是中山市有名的革命老区。早在1938年，该村就建立了一支在中国共产党领导下、既隐蔽又公开的抗日武装力量，长期活跃在中山九区。然而直至1994年南三公路通车前，低沙村因交通闭塞，当地群众长期从事农作物耕种，工业发展近乎空白。

现在，革命老区村庄低沙（今无此村名，1997年属低沙管理区，现归属民安社区）已鲜见农田，取而代之的是连片的家电工业园区；龙头企业奥马电器占地数百亩，坐落在广珠西线高速东侧，蔚为壮观。欧伟滔在45岁那年返回南头低沙，与亲属合伙经营箱包厂，专门为家电企业提供纸箱、防震泡沫、物流木箱等配套产品。2010年后，年纪渐长的他进入半工作半退休的状态。对于大半生的经历，他总结说："当年，村里连作坊也没有，去哪里都要'撑艇'坐船，所以我跑了。1994年南三公路通车，货车直接开到村里，去中山石岐城区便利，去广州、深圳、佛山、东莞都不远，于是我回来了。"

南三公路的通车，让南头镇中心从鸡鸦水道江边的旧圩一带，转移至南三公路镇政府两旁。2001年，低沙、民安两村合并，新行政村定名"民安"，2011年成为民安社区。

南三公路通车，村民表示这是通往小康大道的起点。精明的低沙人在招商引资上做起了文章，迅速兴建起数万平方米的厂房，对外出租招揽家电客商。2000年至今，低沙、民安两村以南头镇"工业立镇"战略为契机，继续实施"筑巢引凤"的招商策略，坚持发展物业出租，以此充当突破口，逐步建立起升辉北、民安等集聚式标准化工业园区，合计引入优质企业70多家，每年为集体带来厂房出租收入1400万元以上。另外，低沙村还确立了"以工促农、以工促商、工商互动"的发展策略，同步发展第三产业，形成了工业、服务业"两条腿走路"的均衡发展态势，让当地经济保持健康、快速、协调发展，综合实力不断加强。目前，幼儿园、小学、社区医疗网点、农家书屋、残疾人康复中心、农贸市场等服务设施在当地配套齐全，为老区群众提供了丰富的活动场所，不断提高群众的文化素质和生活质量。

从中山市北部的南头镇，沿着南三公路、105国道广珠公路、省道365线、坦神公路来到最南部的坦洲镇，革命老区村庄借力交通加速发展的故事，同样发生在这片南部沙田的新前进村。

1994年10月通车的坦神公路，让坦洲镇借助这根全长17.66千米的"藤蔓"，以最便捷的方式连通105国道，进入全市、全省乃至全国的公路网络。面积26平方千米、当年处于"半山半田"状态的新前进村，恰恰位于坦神公路的中段。坦洲镇党委、政府从提高招商引资水平、推进产业规模化发展、推动工业集聚化落地的超前思维出发，在新前进村内兴建坦洲第三工业园，实现

"高标准规划、高强度投入、高效能管理"的园区发展成果。

20多年后，坦洲第三工业园已开发土地7500亩，落户优质企业近100家。至2018年，园区内设有中山海关坦洲办事处、出入境检验检疫办事处、动植物检验检疫办事处、港澳车辆查验场等机构，为高技术工业、现代服务业企业提供了"一站式"发展平台。新建成的沙坦公路（城桂公路二期）和西部沿海高速公路与坦神公路相交，在新前进村形成枢纽合抱形态，进一步突显了这个革命老区村庄的交通优势。如今的新前进村，工厂、企业、酒楼、餐厅、商店等遍布大街小巷，学校、幼儿园、卫生站等公共福利设施一应俱全。

类似于南头镇低沙村、坦洲镇新前进村的革命老区新时代发展案例，在中山比比皆是。东部的南朗镇大车村、榄边村、白企村，西部的横栏镇新茂村、裕祥村、贴边村，以及遍布中山市境内各镇街的三溪村、桥岗村、高沙村、古一村、古四村、曹一村、翠亨村……昔日的革命老区，如今面貌一新，争当全市新农村建设的"排头兵"。

2019年，中山计划用三年时间，投入1400亿元打响大交通建设攻坚战，全力打造珠江口西岸重要综合交通枢纽，[①]一张遍及各镇街以至乡村的交通网正越织越密，"路通财通"让革命老区谱写新的建设篇章。

---

① 参见谷立辉、罗丽娟：《中山奋力建设为粤港澳大湾区重要一极》，《中山日报》2019年3月25日A1版。

老区借力特色经济蓬勃发展

1978年，改革开放春风徐徐吹来，历经"实践是检验真理的唯一标准"全民大讨论后，改革开放、强国富民、搞活经济等观念深入民心。灵活、求变、敢为天下先的中山人勤劳创业，大胆创新，引领这座城市从农业经济走向工业化和现代化。

与此同时，在位于市内边陲位置的革命老区行政村和自然村，乡镇经济加速发展，村民们从父子店、夫妻档起步，携手解决温饱，逐步走向小康；村落内的工业园区，如雨后春笋般拔地而起，一批又一批个体户、私营企业随着产业集群成长，既解决了就业问题，更为集体经济带来可观效益。

进入20世纪90年代，随着国企改革深入推进，民营经济逐渐成为这座城市的经济主体，中山"一镇一品"的产业集群开始成型。昔日交通不便、出行困难、公共服务资源薄弱的中山革命老区，今天发展为上下游产业链完善的特色经济乡镇，群众生活富足，老有所养，教育兴盛，社会和谐。

一、特色产业发展概况

1999年，中山市委、市政府确立"工业立市"战略，提出发展"一镇一品"经济。其后，市、镇两级导向政策和鼓励措施深入贯彻，激励各镇区顺势而为、灵活经营，推动了从企业到产业、从产业到集群的跃升，"提质"和"增量"并举，让中山专业镇发展遍地开花，走向繁荣。截至2018年，中山市拥有18个省级专业镇和38个国家级产业基地。

古镇的灯饰、横栏的照明灯饰、沙溪的休闲服装、南头的家电、小榄的家电、大涌的红木……改革开放40多年，中山形成众多"专业镇"；坐落其中的一大批革命老区村落，发展为"专业村"，助力"一镇一品"特色经济保持快速稳健的发展态势。

让中山人自豪的转变，始于1978年12月召开的中共十一届三中全会。会议决定把全党的工作重点转移到社会主义现代化建设上来。这是中山特色经济发展的火种，也是革命老区经济社会事业全面走向振兴的明灯。

知名学者王珺在《解读珠三角专业镇崛起之谜》一文中曾提到，珠三角人们浓厚的商品意识，为专业镇的形成和特色经济的发展提供了天然的土壤。改革开放初期，推行联产承包责任制，作为大农业一部分的乡镇企业，也实施承包到户。"政策一放开，顿时海阔天空，一时间，以家庭为单位，以家族为基础的中小企业竞相涌现。"①

1979年以后，随着改革开放的深入发展，中山各乡镇通过改善投资环境，利用本地毗邻澳门、香港的地理优势，依托侨乡资源，以"三来一补"（来料加工、来料装配、来样加工、补偿贸易）为起点，加速发展乡镇企业，吸引外商到中山兴办胶花、纺织、服装等规模不大、呈现劳动密集特点的企业。

20世纪70年代末，国民衣装走向多样化是"思想大解放"带来的变化之一，中国服装产业迎来了首个快速发展时期。进入80年代，中山首批制衣来料加工厂落户沙溪镇，原因是海外华侨和港澳乡亲对改革开放充满信心，回乡办厂，大量承接外贸订

---

① 参见王珺：《解读珠三角专业镇崛起之谜》，《现代乡镇》2004 年 Z3 期。

单。①

其中，位于如今沙溪镇中兴行政村的革命老区村落申明亭村，出现了一家名为"申明亭制衣综合工艺厂"的小厂，这是当地有据可查的中山最早的服装企业之一，也是后来中山"一镇一品"典型代表"沙溪休闲服装"的发轫角色。1982年，中山乡镇企业从1979年的468家增长至2900多家，总产值达4.27亿元。

随后几年，中山的工业管理部门和生产部门在改革开放总方针的指引下，不断搞活经营机制，完善管理机制，鼓励村办经济，做好招商引资，大力推进各种工业门类企业的落户和发展，拓展国内和海外两个市场，使中山工业飞跃发展。

在此期间，敢为天下先的中山人进一步解放思想，逐步克服"小农经济思想""小手工业思想"和"小商贩思想"。1984年，中山市委、市政府在体制、机制上给予乡镇经济大力支持，决定连续3年，每年由地方财政拨款100万元用于贷款贴息，支持12个（后改为14个）工业欠发达镇区改善投资环境、扶持新上马项目。各镇区通过自筹资金和贷款等方法，大力修筑水泥公路、输电线路、变电站、厂房、电话电信直拨自动化设备等基础设施，使各镇区逐步培育出良好的投资环境，吸引更多境内外商人前来中山投资兴业。"三资"企业和内联企业的增多，让中山有效借助外来的资金、技术、设备加速发展乡镇工业。②

在20世纪80年代的10年间，中山工业总产值以每年平均25%的递增速度高速发展；至1987年，工业经济在社会总产值中的比

---

① 中共中山市委党史研究室：《中山专业镇发展史》，广东经济出版社2017年版，第133页。

② 中山市志编纂委员会编：《中山市志（1979—2005）》，广东人民出版社2012年版，第597页。

重上升到47%，成为全市经济的首要支柱。[①]

20世纪90年代，中山市"一镇一品"发展思路的形成，归结于两大要素所起的基础作用。[②]

一是企业改制，"一镇一品"概念的提出，正处于全市公有企业逐步完善改革，个体、私营经济蓬勃发展的时期。全市形成了市属国有、集体、"三资"、乡镇、个体、私营经济"几个轮子一起转动"的经济发展格局。2003年，中山市委、市政府召开民营经济工作会议，出台《关于进一步加快民营经济发展的决定》文件，促使民营经济对中山经济的贡献率持续提高。

二是工业园区的发展。中山工业园区的发展始于20世纪80年代中后期。大批革命老区村落内，昔日的农田、鱼塘变身为厂房、道路。当时，各镇区、行政村根据乡镇企业"三来一补"业务迅速发展的形势，专门划出土地用于兴办工厂。新老企业逐步集聚，形成连片的工业园区。

革命老区古镇镇海洲片区北海村村民袁长根，是最早为古镇灯企提供塑料原料的本土企业家之一。他回忆说："古镇的工业区，二三十年前就上规模了。海洲片区的村民最早做灯，后来，古镇片区、曹步片区也从后跟上，先是开作坊，后来变成大大小小的正规灯厂。"

沿着广东省省道268线向佛山顺德方向走，这条省道自南向北串联了古一、古四、曹一、曹二、曹三、沙源、教昌、民乐、市边、红庙、华光、显龙、麒麟、北海14个革命老区村落，厂房和灯饰店也连成一片。至2000年，全市各镇区拥有工业园区197个，其中工业园区较多的古镇镇有33个，多位于革命老区村

---

① 中山市志编纂委员会编：《中山市志》，广东人民出版社1997年版，第574页。
② 中共中山市委党史研究室：《中山专业镇发展史》，广东经济出版社2017年版，第7—9页。

落内。

至2001年，中山市工业园区调整为109个，包括国家级工业区1个、省部级工业区2个、市级工业区4个、300亩规模以上镇区级工业区102个。在革命老区村落中，南头镇的升辉工业区、南朗镇的南朗工业区、阜沙镇的阜港工业区等发展迅速，形成可观的产业规模优势。

2002年至2004年，拥有革命老区村落的坦洲镇、南头镇、沙溪镇、古镇镇、东升镇、黄圃镇、大涌镇，被评定为市级工业强镇。

王珺在《专业镇经济发展的回顾与展望》中指出，"专业镇经济"是建立在一两种产品的专业化生产优势基础上的乡镇经济。它是在市场经济环境下，各地区生产和资源逐步向本地最具经济优势的产品和生产环节强化和集中而形成的。

王珺曾考察广东所有建制镇，发现但凡社会总产值在10亿元以上的镇，都有一个共同的特征，就是这些镇基本上是以专业产品支撑起来的。比如中山市古镇镇的灯饰、沙溪镇的休闲服装、南头镇的家电、横栏镇的照明灯饰、小榄镇的五金制品、黄圃镇的腊味等，这些专业产品支撑起专业镇的发展。王珺将这些集中于某一两种产品优势获得迅速发展的乡镇经济，概括为专业镇经济。[①]

2000年后，中山"一镇一品"特色经济继续朝着更高层次的方向转型升级。2000年，中山市确定了着重培育电子信息、电气机械、纺织服装、化学工业、金属制品五大支柱产业，同步发展包装印刷、食品饮料、医药、建材、家具、塑料制品等传统特色产业的总体规划。

中山市、镇两级推动"一镇一品"发展，在2002年至2005

---

① 参见王珺：《专业镇经济发展的回顾与展望》，《现代乡镇》2003年Z1期。

年之间形成一股"国字号"授牌高潮，不少专业镇拿下了"国字号"金字招牌，强化了产业集群区域品牌效应。2002年之前，中山仅有火炬开发区拿下了5个国家级产业基地名号，分别是国家高新技术产业基地、国家健康科技产业基地、中国包装印刷生产基地、国家高新技术产品出口基地、中国电子（中山）基地。

2002年，除了中山市被中国纺织工业协会授予"中国纺织产业基地市"称号，沙溪镇被中国纺织工业协会和中国服装协会授予"中国休闲服装名镇"称号，小榄镇被中国五金制品协会授予"中国五金制品产业基地"称号，古镇镇被中国轻工业联合会授予"中国灯饰之都"称号。

2003年，中国轻工业协会、中国家具协会授予大涌镇"中国红木家具生产专业镇"称号，文化部授予大涌镇"中国红木雕刻艺术之乡"称号，中国电子音响工业协会授予小榄镇"中国电子音响产业基地"称号。

2004年，中国纺织工业协会授予大涌镇"中国牛仔服装名镇"称号，中国五矿化工进出口商会授予小榄镇"中国五金制品（小榄锁具）出口基地"称号，科技部中国技术市场管理促进中心授予火炬开发区"中国技术市场科技成果产业化（中山）示范基地"称号，中国食品工业协会授予黄圃镇"中国食品工业示范基地"称号，中国轻工业联合会、中国家电协会授予东凤镇"中国小家电专业镇"称号，中国食品工业协会授予黄圃镇"中国腊味食品名镇"称号。

2005年1月，中国轻工业联合会、中国家电协会授予南头镇"中国家电产业基地"称号。

通过"一镇一品"区域特色经济，各镇区企业集聚扩张，产业规模迅速扩大。到2006年，全市先后建成21个国家级基地以及一批技术含量较高的工业园区，基本形成以高新技术产业为龙头，以电子信息、纺织服装、电气机械、化学制品、金属制品五大产业为支柱的产业结构。古镇灯饰、小榄五金制品、沙溪服装、大涌红木家具、南头家电、东凤小家电、黄圃食品等特色产业逐步形成，吸引大量民间资金投入，有效促进中小企业和民营经济的快速集聚和扩张；同时，依托特色镇完善的产业链条、强大的产业配套能力和浓厚的产业文化，为民间资本的投入和扩张提供了良好的产业环境。至2006年12月，火炬开发区、沙溪镇、小榄镇、古镇镇、南头镇、东凤镇、黄圃镇、大涌镇的私营企业数分别占该镇区企业总数的51.48%、68.19%、75.23%、77.66%、73.04%、86.95%、78.91%、60.52%。黄圃镇、南头镇、沙溪镇、东凤镇、火炬开发区5个镇区成为第二批广东省产业集群升级示范区。

到2008年，中山通过进一步提升发展产业集群，推进区域合作的产业发展模式，打造珠三角西岸重要的先进制造业基地；巩固提升传统优势产业，推动传统产业集群由加工制造环节向产业链上下游延伸拓展；运用信息化手段进一步提升市场竞争力，构建产业集群发展的配套服务体系和公共服务平台，提高产业集群整体水平。全市有国家级产业基地26个，省级产业集群升级示范区7个，其中大涌牛仔纺织服装产业集群进入广东省第三批产业集群省级示范区的初选公示名单。

自2011年起，中共中山市委、市政府审时度势，进一步将"一镇一品"升级为"经济协作区"。火炬开发区、南朗镇首先签订经济协作战略框架协议，成立全市首个市域经济协作区；宣告在"全市一盘棋"的新格局下，中山从"行政区域"到"经济区域"迈出了水到渠成的"再出发"改革。20多个镇区从各自为政画地为牢，到如今跨镇区（街）协作成立"经济协作区"，宣告中山的"竞合"时代到来。

其后，北部各镇区、西北部各镇区、南部镇区先后签署类似协议。其中，古镇、小榄、横栏、板芙等镇区将共享信息、人才、服务平台等创新资源，形成现代照明产业带；东升、三乡、大涌等镇区则整合营销手段，形成家具创新产业区；南头、黄圃、东凤、阜沙等则打造闻名世界的家电产业区。①

自此，中山的革命老区村落，均被纳入跨镇区（街）的"经济协作区"新蓝图内，不断衍生或吸引更多相关企业聚集，不断完善和延伸产业链条，培育传统产业和新兴战略性产业的集群发展新动能。到2018年，中山已有18个省级专业镇和38个国家级产业基地。许多革命老区在这些特色产业的大发展中，经济实力得到了大大的提升。

二、灯饰产业率先照亮古镇革命老区村落

中山市古镇镇拥有"中国灯饰之都"的美誉，灯饰产业在其革命老区村落率先兴起。

20世纪70年代末，中国正处于改革开放初期，在灯饰作坊尚未出现前，古镇镇的花卉苗木种植已经做得有声有色。镇内各村拥有规模不一的支农型企业。一批有冲劲的村民走上企业的供销员岗位，前往全国各地收购原材料、推销产品。

中山市茶叶协会常务副会长袁志深生于革命老区村落古一村。1975年，他进入古镇供销社当学徒，做自行车维修装配、缝纫机装配、农具焊接、拖拉机修理等粗活。1978年，改革开放政策启动不久，他试着去当供销社"货栈"供销员。

"这类乡镇企业，说到底是为当地农村、农业和农民服务

---

① 参见覃素玲、赵宇飞：《从"行政区域"迈向"经济区域"》，《南方日报》2011年9月30日特07版。

的。"袁志深回忆说，古镇以及旁边的江门、顺德一带是侨乡，乡邻移居海外后，持续接济家乡的穷困亲属。他向村民支付现金，收购食物、日用品、电器等剩余物资，再想办法卖到全国各地。

古镇镇一带的老区村落，革命战争年代英雄辈出，在和平年代则呈现出商业氛围浓厚、村民积极致富的特点。古镇海洲片区的9个村落同样是革命老区。20世纪80年代初，村民发现人们对铁壳台灯有需求，而且产品的制造难度相对较低。于是，"土法台灯"不久后面世——几根电线、一条弯管、一个灯泡、一个灯座，动手拧紧几颗螺丝，就成为古镇灯饰产业制造出的第一款灯具。

今天看来，铁壳台灯的功能和款式有很大的局限。然而，在那个物资紧缺的年代，通过当地各个革命老区村落的供销员的努力，"土法台灯"得以迅速畅销。

这条致富新路被打开后，村办企业、家庭作坊等迅速投入台灯、吸顶灯乃至技术含量更高的环形光管、应急灯、互感器的生产，拉开了各个革命老区村落投身灯饰产业的序幕。

当年，海洲片区村民前往邻近的佛山，顺德大良、均安，中山小榄等地采购零配件，进行灯饰的仿制加工，掀起第一轮灯饰制造热潮。

随后，古镇灯饰产业的主角——个体户、私营工厂开始登上历史舞台。1983年起，该镇灯饰生产进入快速发展阶段，海洲片区出现了以裕华灯饰实业公司为代表的多家私营灯饰厂企。

"裕华灯饰"至今仍是海洲片区革命老区村落民乐自然村的代表性企业。它由海洲人袁达光与合伙人袁玉满、袁广明、侯瑞垣、欧伟松共同创办。当年，他们到香港探亲，被当地的灯饰吸引，于是买回壁灯，通过模仿，在1982年生产出古镇镇第一盏真正意义上的商品壁灯。

这一时期，古镇镇相关部门在资金、土地、政策等方面，向有志兴办灯饰厂的村民给予最大限度的优惠，海洲片区9个自然村以及曹一、曹二、曹三、古一、古四等革命老区村落，迅速涌现出"夫妻店""兄弟店""前店后厂"等多种形式的灯饰制造实体。

挖到"第一桶金"后，这些小作坊自发扩建厂房、购买机械设备、聘请技术人员，自制质量更高的灯饰配件，进入规模化生产、研发产品、配套生产的阶段。这些厂企的合伙人及员工还积极充当供销员、采购员的角色，走向全国各省区的各个城镇，以"中山古镇"的名号组建出庞大的灯饰销售网络，推销古镇的灯饰灯具产品。

至1987年，古镇灯饰产品在全国各大灯饰市场的销售中，占据了40%～50%的份额。该镇灯饰产业走上"快车道"。[①]

此时，古镇灯饰人不再满足于简单的"本地生产＋外地销售"模式，生产性服务业这种高端业态开始在镇内出现。

1988年，古镇镇外海大桥通车。通过桥下的沙水公路和10千米外的105国道，该镇拥有了通往市内小榄镇，市外的江门市、佛山市、广州市、珠海市的快速通道。另外，古镇镇直达中山城区的岐江公路，当时也在积极修建中。

"路通财通"在即，1989年，古镇镇政府在沙水公路（现新兴大道）古一村旁边建设"灯饰十里长街"，规划打造1000家以上商铺的集聚规模，协助私营企业集群加速发展和壮大。按照规划内容，"灯饰十里长街"除了灯饰厂商可以进驻外，其余企业

---

① 中山市古镇镇志编纂委员会编：《中山市古镇镇志》，广东人民出版社2017年版，第十四章第二节。

不鼓励进驻。这是生产性服务业在中山最早兴起的雏形之一。

古镇镇原镇长苏恩明说："古镇的'灯饰十里长街'推动产业逐步形成气候。1996年，镇政府把灯饰产业定为支柱产业，出现了大批灯企蜂拥而起的局面。"[①]

1997年，古镇灯饰占据全国46%的灯饰市场份额，产品远销到东南亚、欧洲、中东、北美等地的多个国家和地区。该镇成为中山市最主要的灯饰出口基地。

1997年起，古镇"灯饰十里长街"进一步向海洲片区的东岸公路、迎丰路延伸，形成总长逾10千米的镇内灯饰街，协助镇内14个革命老区村落成为现代灯饰产品的集散地。

将灯饰定位为支柱产业后，1997年，古镇镇政府提出"要在自己家乡办首届中国（古镇）灯饰博览会"。1999年，筹办灯博会的提案获得镇人大代表通过，定于1999年10月15日—20日举办第一届中国（古镇）国际灯饰博览会。这是中山市第一次在镇区举办国际性博览会，也是国内规模最大的灯饰博览会。

当年，占地4.66万平方米的人民广场耗时仅5个月即竣工投入使用，充当盛会的开幕场地。首届灯博会吸引参展客商1300多家，其中镇内灯饰生产厂家和配件厂商达千家；展品包括射灯、水晶灯、台灯、壁灯、吸顶灯、宫廷灯、吊灯、庭院灯八大系列，合计10000多个花式品种；吸引40多万人次参加商务活动，签订合同1611份，合同金额总计11.03亿元人民币和6912万美元，涉及内销合同、外销合同、引进外资项目合同等。

其后，全镇再发挥"古镇速度"，进一步夯实"一镇一品"和"区域特色经济"的牢固地位——2001年12月，建筑面积达8

---

① 郑万里、陈恒才：《中国灯都：一个惊艳世界的中国故事》，广东人民出版社2015年版，第55页。

万多平方米的国贸广场开业；2002年，建筑面积11万平方米的灯饰广场、综合体育馆等古镇中心城区主体工程落成使用。

自此，古一村、古四村这两个革命老区村落，彻底纳入高楼林立、道路宽广、车水马龙的古镇镇中心范围内。2002年，古镇镇向中国照明电器协会、中国轻工业联合会提出授予其"中国灯饰之都"称号的申请，同年9月获批。这宣告古镇灯饰产业进入现代化生产经营运作模式。

进入21世纪，古镇镇拥有"国字号"称号后，吸引大批外来资金进入该镇投资设厂，部分港澳台商人逐步把灯具生产厂和配套厂迁至古镇镇，带来了可观的国际市场信息、现代化管理经验、先进技术设备，生产出更具有竞争力的灯具灯饰产品，带动灯饰产业加速发展。

与此同时，来自浙江温州的商人也在同期涌入古镇办厂，增强了古镇灯饰产业的集群效应。[①]境内、境外投资力量的叠加，逐步将规模化工厂扩充至曹一、曹二、曹三、沙源、教昌、民乐、市边、红庙、华光、显龙、麒麟、北海等远离镇中心的革命老区村落。

2007年，在"中国灯饰之都"的基础上，古镇镇被科技部授予"国家火炬计划中山古镇照明器材涉及与制造产业基地"称号。古镇灯饰以古镇镇为核心，向周边辐射至市内的横栏、小榄，市外的江门荷塘、外海及佛山市部分镇区等3市11个镇区，形成了一个产值近1000亿元的庞大产业集群。

其中，横栏镇内革命老区村落，包括新茂村、贴边村、裕祥村，以及新丰村内的永丰、穗丰两个自然村，它们成为古镇灯饰

---

① 参见申兆光、邝国良：《广东中山古镇灯饰产业集群模式研究》，《改革与战略》2007年第11期。

产业集群"结识"的一批"好伙伴"，为当地脱贫致富贡献出来自工业领域的强大力量，书写出另一番故事。

三、横栏镇迎接灯饰产业辐射，建设繁荣幸福老区

"一镇一品"区域经济特色是中山的骄傲。进入21世纪第一个十年，根据市场最新发展形势，中山各镇区主动谋求产业转型升级，在新时代进一步擦亮"一镇一品"的品牌。在中山市委、市政府的统筹下，"市域经济协作区"模式开始浮现。其中，古镇镇、小榄镇、横栏镇、板芙镇等镇区签署协议，通过共享信息、人才、服务平台等创新资源建立现代照明产业领域的"经济协作区"。

早在中山市"市域经济协作区"签署协议成立前，来自灯饰产业的民间力量已自发将产业辐射力扩充至自身镇区以外。与古镇镇相邻的横栏镇，是首批受益者之一。

横栏镇位于中山市西部，北连古镇镇，东与东升镇相连，东南接沙溪镇，南与大涌镇为邻，西与江门市新会区大鳌镇隔西江相望，东北与小榄镇以拱北河为界。镇内地势平坦，河网密布，是中山市西北部平原沙田地带之一，也是著名的鱼米之乡。

如今，横栏镇被业界称为"中国照明灯饰制造基地"，产业地位显赫，是中国照明灯饰产业的一颗新星。相比"邻居"古镇镇，横栏镇照明灯饰产业的起步要晚上10余年。短短20多年，它从照明灯饰产业的一个"配角"，迅速成长为比肩"中国灯饰之都"古镇镇的中国照明灯饰产业的又一颗亮眼"明星"，形成了有别于古镇镇的鲜明区域特色产业风格。

"路通财通"是横栏镇照明灯饰产业起步发展的基础因素。1991年，岐江公路（中山城区石岐至江门外海，省道268线中山

北段）通车。在横栏镇，该公路北连古镇镇，往南贯穿新茂村、贴边村、新丰村（含永丰、穗丰2个自然村）3个革命老区行政村；另一个革命老区行政村裕祥村，距离岐江公路稍远。

当年，古镇灯饰产业向外辐射的首个落脚点，是位于岐江公路边、横栏镇最北部的三沙村。三沙村党支部黄会标说："三沙村照明灯饰产业的发展，就是从岐江公路通车时起步的。"随后，这个产业再往南、往东扩展到新茂、贴边、新丰、裕祥等相邻村落。

来自古镇镇革命老区村落的村民，为"中国灯饰之都"造出了第一盏商品灯饰。当年，他们为什么选择到古镇以外的横栏投资？

1995年，不到23岁的古镇人袁文伟，联合一群同学和发小，来到横栏镇三沙村办工厂。他做拉链，其余同学全部做灯饰，袁文伟自嘲"不务正业"。

"为什么跑到沙田区开厂？古镇的地价贵，买不起，租厂房觉得长远而言不稳定、不划算。"袁文伟坦言，"有了岐江公路，从古镇镇开摩托车、轻卡到横栏镇，花不了多少时间。最终，10个同学和好友，在横栏的鱼塘中间开了3家工厂。"

古镇镇的地价水平，在中山市一直处于"金字塔尖"位置，且购买一块面积足够大的土地难度极高。革命老区村落古一村，除了培育出中国田径飞人苏炳添外，以前还盛产中山知名的农产品——苏家祠通菜。村内苏家祠堂门前有一口池塘，池塘内藏有泉眼，取此活水灌溉周边连片菜地，所产通菜清甜脆嫩、无纤维粗糙口感，成为该村特产。然而，如今古一村位于古镇镇中心的黄金地段，苏家祠堂周围已被高楼包围，楼内密集进驻了服务于灯饰产业的各类生产性服务类企业；村内工厂多数已搬迁转移，种植苏家祠通菜的地方，只剩下几块巴掌大的"插花地"。

袁文伟感叹："当年，我们想着工厂用地要预留未来发展空间，不能太小。如果在古镇镇，能买到足够大的地方吗？在横栏镇，买地相对容易。"

从家庭式灯具作坊到正规灯饰企业的出现，这段路程在横栏镇走了五六年。1998年初，横栏镇第一家正规大中型灯饰企业——太平洋灯饰在岐江公路边开业。围绕大工厂的纸箱厂、包装厂、塑胶厂等配套企业，也在横栏镇各行政村内陆续开业，其中包括新茂、贴边、新丰等革命老区村落。

2000年，横栏镇党委、镇政府确立"工业立镇"战略，2002年再将"立镇"上升为"强镇"高度，多年来通过规范引导、创建区域品牌、打造公共服务平台等措施，让照明灯饰产业发展成为促进全镇经济社会发展的主导产业。[①]

另一方面，早在2001年，为培育照明灯饰产业加快发展，横栏镇率先在两个革命老区村——新茂村、贴边村，建设茂辉工业区、新茂工业区，这些工业区成为该镇最早的照明灯饰产业工业园区（茂辉、新茂、永兴）之一。当年，集体土地都掌握在村民小组手中，零散土地难以开发出连片的工业园区。对此，村委会在合理合法的基础上，建立"反承包制度"，将土地连成一片，做好"三通一平"，再分租给前来兴办灯饰厂的投资人。

其后10多年间，"茂辉经验"和"新茂经验"获得推广。截至2016年底，横栏镇开发工业用地接近25000亩。

与此同时，照明灯饰产业照亮了横栏镇及镇内革命老区村落的经济社会发展道路。截至2016年底，在横栏镇工商部门登记的企业接近7000家，其中73%的企业来自照明灯饰产业，从业人员

① 参见中山市横栏镇人民政府：《2003年中山市横栏镇人民政府工作报告》。

近80000人。2000年，横栏镇地方生产总值只有6.19亿元；到了2016年，上升至67.16亿元。[①]

在横栏镇的4个革命老区行政村中，贴边村的发展历程具有代表性。该村地名"贴边"，在沙田人家眼中是贴近西江边、交通不便、位于边陲位置的意思。自20世纪90年代起，岐江公路通车，途经贴边村，该村集聚各方资源兴建首批400亩工业园区，引进灯饰成品制造厂、灯具配件五金加工厂等企业，同时建设出租物业推动第三产业发展。进入21世纪，中江高速通车，在贴边村设立横栏出入口收费站；沙古公路随后通车，成为连接古镇镇、横栏镇、沙溪镇、中山城区的快速通道。贴边村从边陲村落变成交通枢纽，吸引胜球集团、格林美域、远洋地产、灯博五星级大酒店等大项目进驻。至2018年中，贴边村拥有照明灯饰厂企逾200家，村委会自建物业超50000平方米，村集体收入由2004年的200万元上升到2016年的1967万元，走上"工业强村、农业稳村、三产活村"的发展之路。

横栏镇优越的地理位置、越来越发达的交通网络、良好的政务环境，吸引了来自中山本土和浙江、湖南、四川、湖北等全国多个地区的照明灯饰客商落户投资。与产业相配套的五金、玻璃、塑料、包装等行业发展迅速，生产配套非常成熟，加工环节的成本优于国内多数地区。至2018年，横栏镇照明灯饰产业从20多年前的模仿加工，发展到自主研发、自主设计的阶段。进入新时代，横栏灯饰的工艺更讲究、更精细，更新速度更快，款式更具特色，产品质量水平不断提高。

随着照明灯饰产业进入转型升级的深水区，横栏镇持续加强专业镇建设，激励优质企业、龙头型企业集聚，打造新型专业镇

---

① 参见中山市横栏镇人民政府：《2017年中山市横栏镇人民政府工作报告》。

照明灯饰产业集群。从绚丽的装饰灯具，再到技术含量极高的商业照明、家电照明、LED照明、环保照明产品，2008年以来，贴边村内出现了一批涉及检测认证、出口咨询、科技研发、信息应用等生产性服务业企业，服务于镇内外灯饰生产厂家和零部件配套企业。

回顾横栏镇照明灯饰产业的发展路径，总结镇内革命老区村落的脱贫致富经验，它有别于"邻居"古镇镇向生产性服务业转型的模式，而是聚焦于制造环节的转型升级。

2013年，横栏镇启动"国考"准备，向中国照明协会申请"中国照明灯饰制造基地"的称号。最终，该镇在2015年10月通过认证，获得该荣誉。

对此，中国照明电器协会原理事长刘升平认为："照明灯饰产业集群涉及电子、灯用电器配件制造、印刷包装、五金配件、喷塑喷漆加工、塑料制品、塑料机械制造、玻璃制品等厂企类别。与古镇镇相比，横栏镇各社区、村落的基础实力差了一截。然而，横栏镇对外牵手'邻居'古镇镇加强合作、迎接产业辐射，对内做好基础设施和政务服务，形成灯饰成品生产厂、零配件生产企业的联动发展、相互依存的格局，培育出完整的上下游产业链条，共同分享区域特色经济、规模经济、零配件规模经济、专业市场销售、全球性销售网络等带来的成本下降、产销物流效率提高、投资融资渠道畅通成果。"

至2018年，在横栏镇内，约100家龙头型照明灯饰企业发挥出主业突出、核心竞争力强、带动作用大的作用。围绕大型灯企发展的小微企业，则向着"专、精、特、新"方向以及配套服务型的方向发展，不少企业成为经营灵活、特色鲜明、充满活力的行业"单打冠军"。

四、沙溪镇休闲服装产业带旺老区村落

沙溪镇，古称龙眼都、隆都、隆镇，地处中山城区石岐以西，乡民说着源于闽语系的"隆都话"；自古百业兴旺，改革开放至今，尤其以休闲服装产业闻名。

早在马云创立阿里巴巴公司以前，中山人便知晓到沙溪镇"淘宝"。20世纪90年代及21世纪初，每逢年底或沙溪服博会举行期间，大批市民涌向沙溪工业大道或镇政府西侧的会展中心，"淘"到售价相当于专卖店打折的名牌休闲服装"宝贝"。

2000年，沙溪镇被时任中国服装协会常务副会长蒋衡杰高度评价为"休闲服装看沙溪"，让这个岭南小镇受到全国乃至全球服装业界的高度关注。进入21世纪，服装产业占全镇工业生产总值的比例，一直维持在70%至80%之间。2015年，沙溪镇服装产业的生产总值高达165.2亿元。[①]

在农业经济年代，沙溪乡民在家织布的历史源远流长，早在清代史书便有相关内容的记录。及至晚清道光、同治年间，据光绪《香山县志》记载，一部分沙溪人以卖布为生，同乡之间携手合作，建立了驰名两广、港澳、东南亚地区的布行街，如广州高第街、香港永安街等。到了民国时期，据《香山县乡土志》记录，沙溪镇出现了集裁、剪、缝于一体，涵盖工业和服务业的代客加工服装手工作坊。布匹商行、裁缝作坊的盛行之处，正是沙溪镇革命老区村落申明亭一带。其时正值战乱，无论城镇还是农村，民众吃饱饭实在不易，再谈穿衣保暖、妆饰容貌已属奢侈，申明亭一带的布匹商行、裁缝作坊骤减。

20世纪70年代末，改革开放的春风吹来，越来越多民众开始

---

① 参见中山市沙溪镇人民政府：《2016年中山市沙溪镇人民政府工作报告》。

过上吃饱穿暖、齐奔小康的新生活，一改"蓝布阔衣"的千人一脸穿衣风格。中国的服装产业迎来快速发展时期，自古便有织布缝衣传统的沙溪镇，再度迎接服装行业的大规模回归，工业也从支农型手工业阶段，进入产业化、现代化阶段。

现今的沙溪镇，管辖15个行政村和1个居委会，侨居海外和港、澳、台地区的乡亲达80000余人，甚至多于73000余人的户籍人口，是珠三角地区的知名"华侨之乡"。改革开放之初，沙溪镇的村办企业做起了制衣来料加工业务。志在回馈乡邻、繁荣家乡的沙溪籍港澳同胞，纷纷回乡合作办厂，做起了服装外贸订单业务。

改革开放之初，无论是村办企业、个体户还是私营企业，它们从事"三来一补"（来料加工、来料装配、来样加工、补偿贸易）业务的热情、发展速度和成就让人瞩目。到了20世纪90年代中后期，沙溪镇服装业的年产值增长到10亿元以上。

随着时间的推移，由港澳乡亲、内地各省投资者兴办的外来服装企业，为沙溪镇带来先进的服装产业理念，让镇内服装生产规模持续扩大，生产方式也从"三来一补"向多元化拓宽。

与此同时，沙溪镇相关部门大力支持服装产业空间的拓宽，制定相应政策，从税收、土地、厂房等方面给予优惠，扶持制衣厂家上规模、出效益、创品牌。在105国道广珠公路龙瑞路段，休闲服装成品批发市场在国内具有极高知名度；在岐江公路星宝路段，布匹和辅料"一条街"自发形成；而在革命老区村落申明亭的公路边和村路上，布碎交易"一条街"和专业市场成行成市，商户超过200家，成为当地集体经济的一大特色产业。

从1994年开始，中国成为全球服装生产的冠军；与此同时，"休闲服装"这个概念伴随香港知名服装品牌引入内地而开始传播，涌现出一大批全新品牌和全新产品分类，就连传统正装西服、西裤和衬衫，也受到"休闲服装"轻松化、休闲化的影响，对整个服装产业造成了巨大的颠覆和解构。富有休闲元素的服装，成为全国服装消费的新潮流。

20世纪90年代初，申明亭村民、在湖北省某部队从军10年的余达成退役，被安置到中山某政府部门上班，每月工资收入有限。彼时，家乡同龄亲友和发小都在当地服装行业打滚，或兴办作坊和工厂，或在服装企业做管理人员，收入颇为可观。

余达成回忆说："逢年过节，亲友聚会聊天，大家都说'上班冇发达'（粤语，意为上班发不了财），出来开厂的人收入至少是拿'死工资'的人的几十倍。退役回乡不久我结婚了，不想全家挨穷，我就辞掉公职，在亲友支持下开小服装厂，专做T恤。"

民营中小企业在服装产业里发挥着活跃的"鲇鱼效应"，生产速度极快，对市场变化敏感，转变和转型常在一夜间完成。余达成的服装厂雇工近50人，外贸生产单经常排得满满当当。"单子一来，工人们没日没夜赶货。货柜车过来运走成衣，大家忙得抽不出空搬货，老板和老板娘亲自上阵。一个40英尺（约12.2米）的加长货柜，半天内完成装车，实在累得不行，就躺在衣服堆、牛仔堆里眯眼睡几分钟。"

当时，广东省的中山沙溪、东莞虎门，福建省的石狮，江苏省的常熟是全国服装的生产集散地，它们均以中小企业为依托，以生产单一类型服装为特色，形成产业集聚效应。其中，沙溪镇所在的中山市地处广东改革开放前沿，"侨乡"的优势更密切了这个镇区与服装时尚传递枢纽香港的联系。服装国际时尚信息的传递，最终在沙溪镇"落地"。沙溪服装厂企对"休闲服装"概念接触多、理解深，在加工技术和品位把握上占得先机，产品档次较高，逐步打响了"沙溪休闲服装"的区域品牌。

进入21世纪，"一镇一品""专业镇"和"区域特色经济"逐步进入转型升级阶段，逐步扶持中小企业成长，从"成品模仿"走向"产品研发"和"标准创新"，提升生产技术门槛，增强技术附加值，协调产业竞争从无序走向有序。

2000年，中国休闲服装博览会在沙溪创办。该博览会由中国服装协会、中国服装设计师协会和中山市人民政府主办，是国内唯一以休闲服装为主题的专业展会。其先后被评为中国十大服装博览会、中国最具影响力十大专业展会、中国最具行业影响力专业展会和中国服装行业十大品牌展会。2002年起，中山各镇区形成一股"国字号"授牌高潮。同年，中国纺织工业协会、中国服装协会授予沙溪镇"中国休闲服装名镇"称号。这些有利因素推动沙溪休闲服装产业迅速发展壮大，强化产业集群区域品牌效应，促进镇区完善特色经济产业链条，吸引更多民间资本和企业集聚，在"一镇一品"区域形成强大的产业配套能力和浓厚的产业文化。

与此同时，沙溪镇先后打造中山市休闲服装工程研究开发中心、企业工程中心、校企合作精准人才培养模式、O2O电商平台、电子商务示范镇支持系统等公共服务平台，为休闲服装产业的持续健康发展不断积蓄新动能。

五、南头镇家电产业遍布，老区面貌换新颜

南头镇面积只有28平方千米，是中山市区域面积最小的镇区，却是"小身板有着大能量"。2017年的数据显示，该镇拥有企业2050家，其中家电及其配套企业达1300多家；全镇工业总产值突破500亿元，其中家电产业的产值高达330亿元，占比66%，

是中山打造1000亿元年产值级别的家电产业集群的"领头羊"。[①]

2004年，南头镇被中国轻工业联合会、中国家用电器协会授予全国首个镇级"中国家电产业基地"称号；2006年，该镇家用电器产业集群被确立为"广东省产业集群升级示范区"；2007年，南头镇成为"广东省创新示范专业镇"；2010年和2015年，南头镇先后两次通过"中国家电产业基地"复评。

今日南头，成为中山北部交通枢纽镇区。双向10车道的南三（南头镇至三角镇）公路自东向西贯穿全镇，广珠（广州至珠海）西线高速、广中江（江门至中山至广州南沙）高速在该镇分别设有出入口收费站，广珠（广州至珠海）城轨有一个动车站名叫"南头站"。

南头镇下辖的滘心、民安、将军、穗西4个社区，均属于革命老区村落。在改革开放之前，这片区域经济基础较薄弱、交通不便、出行困难，其地理位置是主要因素。

南头镇区域面积有限，其西北部、西南部依次与经济发达的顺德桂洲、中山东凤接壤，却分别隔着桂洲水道、鸡鸦水道2条大河，出门要坐船，交通不便。全镇东部倒是与中山黄圃通过陆路相连，不过黄圃镇四周同样被多条水道包围。

当一个片区进入规模农业时代，乃至上升到更进一步的工业时代，货车无法直接抵达田间地头或企业门口，就会让这里的竞争优势"输了大半"。昔日的"河网孤岛"南头镇，吃尽了交通不便的苦头。

60多岁的欧伟杰，是南头镇民安社区一家中型纸箱厂的企业主，为多个家电企业生产物流配套的纸箱、防震泡沫和包装木

---

① 中共中山市委党史研究室：《中山专业镇发展史》，广东经济出版社2017年版，第207页。

框。他回忆说，民安社区下面的低沙自然村，这一带在中山解放前叫作中山的第九区，村里出了很多英烈，是革命活动活跃的地区。"我小时候，村内村外的交通很不方便，出门要'撑艇'，搬运农资要'撑船'，大家过着一种慢生活。对面的顺德，出门就方便多了，尽管顺德和南头的民众说着同一种方言，家境却相差很远。他们办起了乡镇企业，我们一直在耕田。"

20世纪80年代初，南头镇西北部的顺德依靠105国道广珠公路，顺利融入全国交通网络，家电产业沿着国道自北往南迅速布局于北滘、勒流、大良、容奇、桂洲等镇区，成为全国乃至全球知名的"顺德家电走廊"。此时，与富裕的"邻居"顺德隔江相望的南头镇，民众还是过着耕作稻田和鱼塘的生活。南头镇下辖6个社区，除了南城、北帝外，其余4个社区均属于革命老区。

转机发生在1994年。在此之前，中山市拉开"交通大会战"序幕，以超常规的速度、按照"谁投资、谁受益"的模式集合各方资源，修建出全市交通路网雏形。1994年，东接番中公路、西接105国道广珠公路、全长25.15千米的南三一级公路宣告通车。[①]环顾南头镇的4个革命老区行政村（后来成为社区），民安、将军两村位于这条被当地人称为"大公路"的交通动脉的北侧，穗西、滘心两村地处南三公路南侧。整个南头镇，相当于拥有了两条"脐带"，与珠三角的家电和电子产业相连。往西，通过南头大桥跨越桂洲水道，快速直达105国道广珠公路的"顺德家电走廊"，并连通广州、佛山、珠海以及澳门等地；往西，"牵手"番中公路通往番禺南沙、东莞、深圳乃至香港。

南三公路的通车，让南头镇中心从位于鸡鸦水道江边、革命

---

① 中山年鉴编纂委员会编：《中山年鉴1991—1997》，广东人民出版社1998年版，第176页。

老区村落滘心村附近的旧圩一带，转移至南三公路镇政府两旁。这条公路成为老区村民通往小康生活的里程碑起点。20世纪90年代中期起，穗西、低沙、将军、滘心等老区自然村所在的原行政村，积极在招商引资方面加速起跑，每个行政村都迅速建起了数万平方米的单层厂房；村里能人和村委干部同时前往顺德、南海、东莞、深圳、广州等家电产业发达地区，招揽家电客商前来南头镇的革命老区投资办厂。

2000年，南头镇制定"工业立镇"战略，要求全镇"建设以家电产业为龙头，发展相关配套产业，做大做强家电产业链，打造南头家电区域特色经济"。下半年，该镇成功引入长虹、TCL两个国内家电巨头，分别设立视听电子产品制造基地和家用空调制造基地。巨头落户并持续增资扩产带来了品牌示范效应，南头镇进一步迎来了大批家电产业和上下游配套企业。

2002年，曾任国内家电巨头科龙电器副总裁、冰箱公司总经理的蔡拾贰离职。这位55岁的家电行业知名人士带领团队离开顺德容奇，来到江对岸的中山南头，在革命老区村低沙村所在的民安行政村停下来，从升辉北工业区开始二次创业，创立中山奥马电器有限公司（以下简称"中山奥马"）。

据蔡拾贰回忆，当地政府的便捷服务、南头镇内家电产业的发展潜力，再加上该镇交通方便，让他最终将厂定址在这革命老区村内。半年后，中山奥马迅速投产，如今成为上市企业，成为国内规模最大的电冰箱制造基地之一，也是中国冰箱出口冠军企业。

如今，走在南头镇民安、滘心、将军、穗西等革命老区村落所在社区内，不难发现其招商引资的细节发生了变化。昔日屋顶由铁皮、松皮棚构成的单层厂房渐渐消失，两层或两层以上的钢筋混凝土标准厂房逐步成为"主角"，从自发创业到正规发展，集聚式标准化工业园区既节约土地，更提升了家电产业的发展潜力。近年，南头镇镇革命老区村坚持以发展物业出租充当突破口，从"招商引资"转变为"招商选资"，坚持引入优质企业，同步发展第三产业，形成了工业、服务业"两条腿走路"的均衡发展态势，为村集体收入带来持续可观的受益，进而将收益用于服务民生的各项事业，不断提升老区群众的文化素质和生活质量。

六、革命老区"八仙过海"，多元化经营凸显特色

除了上述介绍的经验，中山各革命老区村在改革开放的40年，根据自身实际牢牢把握战略机遇，在中山的大发展中找准合适自己发展的道路，呈现出"八仙过海"、多元化经营的精彩局面。

与时俱进换新颜

在中山市不断改善投资软硬环境，不断创新招商引资方法，不断降低民营企业准入门槛，不断加大政府的扶持和引导力度之时，许多革命老区村也借势积极营造全社会亲商、富商、安商的氛围，乘全市之大势与时俱进，促进经济发展。

如历史源远流长的西区老区村长洲村，乘着改革开放的春风，勇于开拓进取，致力于发展经济，用勤劳和智慧，在长洲大地上描绘出一幅波澜壮阔的历史画卷。

改革开放之初，长洲人凭着3000元现金，仅靠几辆人力大板车、手扶拖拉机和破旧的大型拖拉机，办起了运输队、建筑队、石场、碾米加工场等企业。随着改革开放的深入发展，长洲人开始向工业化大步前进，他们利用地缘优势，建起了狮山工业区、富洲工业区，并进行招商引资，引进和发展工业企业，掀起了一波接一波的工业化浪潮，集体经济开始走上腾飞之路。

长洲人有着超前发展的强烈意识。虽然集体积累得到发展和壮大，但长洲人没有故步自封，而是把眼光投向了更高的目标——向第三产业进军。

早在20世纪80年代初，长洲人就建起了侨苑大厦，继而三星级的富洲酒店矗立在富华道之中。1985年长洲成立了中山第一家民营企业烟洲楼宇实业服务公司，成为拉动长洲经济发展的一艘航母。21世纪的第一春，长洲迎来经济发展的第二次高峰，为顺应经济的发展，长洲人投入巨资兴建了翠景康体园、翠景文化中心、翠景东方小学、幼儿园。一个崭新的长洲展现在世人面前。

据统计，到2002年底，长洲社区的固定资产达8亿元，每人拥有集体固定资产近20万元，所有者权益5亿多元。居民的集体福利事业、精神文明也同步迈进，先后荣获"广东省文明示范村""中山市卫生村"等殊荣，同时规划建设了惠及全体居民的安居工程，全部居民从此告别了脏乱差的居住环境，住进了花园式的新居。同时长洲还实行了全民集体社会养老保险，为居民解决后顾之忧。

2002年春，新选举产生的长洲社区班子，通过房地产开发，一方面全面改造长洲的环境，另一方面推动经济的可持续发展。社区3年内投入7.5亿元，建起了几个大的房地产项目，建筑总面积达20万平方米。

园区建设、硬件建设显效益

中山市从2000年着手整合镇村工业园区，按照建立国际性的现代制造业基地的目标，从优化全市工业布局入手，规划建设一批产业基地，加强产业大布局，大力发展产业集群。

许多革命老区村也顺着这种坚持集约发展的思路，按照"三高"标准建设产业集聚区，努力提高单位土地面积的产出水平，改善自身硬件设施，创造新的效益。

2003年，计划用3年时间、投入4500万元的中山市现代化水利园区选址阜沙镇，并在革命老区村阜东村破土动工。这不仅是看中了阜东得天独厚的自然条件，更是感受到阜东潜在的巨大发展后劲。

建设水利园区给阜东村带来了可观的经济效益和无限商机。该村计划出租给水利园区的土地达2800多亩，首期出租1200亩，按每亩每年750元租金计算，村里每年就可增加纯利润100多万元。

而计划建造的1万多平方米的厂房一年也能给村集体带来50多万元的租金。水涨船高，村集体的钱柜满了，村民的钱包也就鼓了。水利园区建设更带动了整个阜东村的合力发展，成为推动阜东村经济腾飞的加速器。

其实，早在1999年，该村党支部筹集了350多万元资金，开始大规模投入村里的基础设施建设：新修的高标准主干道使村子经济驶进发展快车道；农桥路网改建减少了农民的运输成本，提高了农民的收入。

通过修建高标准的农桥路网，村里的地价从原先的每亩每年300元租金上升到700多元；村民新建的房子鳞次栉比，一栋比一栋漂亮；与镇中心相接的主干道使村里的店铺升值，有的每平方米月租金达490元，创下全镇之最。阜东村工农业总产值节节高，2002年总产值达1.5亿元，比1999年的6000万元增长了一倍多。村集体经济实力壮大了，农民的收入也增加了。2002年，阜东村民纯收入达4862元，在阜沙镇各村中，不仅甩掉了后进村的帽子，而且各项指标均列前茅。

又如横栏镇的老区村新茂村，在完善农村路网的同时，盘活了农村的土地，带活了全村的工业发展。

1998年，新茂村提出投入130万元修建农桥、改造农路，遭到村民的质疑。当时，村里还背负230多万元的债务，村中唯一一条上"规模"的村道只有1.5米宽，汽车进不来。但后来村干部们还是统一了思路，大胆干。

当年，新茂村在岐江公路旁划出100亩，筹资进行"四通一平"，然后对外招商，仅用10个月的时间就落实8个建厂项目。土地悉数消化，当年收回所有投资，并偿还了历史债务，村集体收入200多万元。

1999年，新茂村委会决定开发德龙围小区，尽快做大工业蛋糕。他们规划140亩，投入220多万元予以开发。2000年初，该小区正式动工，到10月，地平了，路通了，水电设施也安装好了。很快，工业用地全部租出，商住用地供不应求。这块地的开发与建设，使新茂村净赚800万元。

修建农桥路网、整治河涌、改善农业发展环境，是新茂村发展的第二步。

当年，新茂村投入大量资金扩大和修整了从岐江公路入村的村道，将路网直接延伸到田头；将19座残旧的农桥拆除，改建成8米宽的水泥桥，方便农业机械设备通过；同时疏通河涌，让运送农产品的船只直接开到塘边。这一措施收到了立竿见影的效果，由于农业生产环境改善，农业生产成本降低，农产品运输渠道畅通，农业地价顿时开高，农业效益明显增加。

2001年，新茂村两委提出"发展才是硬道理"的经营理念，大张旗鼓搞工业。他们将村中230亩低洼地拿出来，着手开发一条商业街和工业区，并且成功引进11家企业，引进资金800多万元。他们用该区所赚的钱整治村中一河两岸和进行环境建设，投入450万元使新茂村貌有了彻底改观。

在招商引资中，新茂村干部以崭新的面貌迎接一个个客商的到来，他们从征地开始，到办证、建厂、投产，实行一条龙的跟踪服务。新茂在走向工业化的道路中不断总结经验。他们外出考察，重新对工业区进行定位。根据新茂村毗邻古镇、容易接受古镇灯饰产业辐射和"中艺路灯"落户该区产生的效应，以及本村土地资源丰富的优势，他们大胆地把该工业区定位为建设成"南方最大的路灯生产基地"。准确的定位使这个基地一炮打响，首期开发的260亩土地全部被企业征用，宝利恒路灯公司一下就征用了该工业区70亩土地，还计划把3间分厂全集中到这里。

投资硬件，同样也让阜沙镇革命老区村卫民村的村民尝到了经济发展的甜头。

阜沙镇东河大桥、大南沙大桥、东阜公路、阜港公路的开通营造了良好的环境，正是这一天时地利的改革，在当地农村掀起了新一轮建设与发展热潮。

在继续完善第一、第二工业小区各项基础设施建设的同时，2001年开始，卫民村准备用两年时间开发出300亩工业用地，与当时已有的工业小区整合为具有一定规模的工业园区，为企业入园入区筑好"巢"。工业区内，一条宽12米、长340米的水泥路以及一座连接旧公路和工业区的桥梁是园区内的主要交通干道。在工业的带动下，第三产业得到发展，卫民村2002年出租屋和土地基金的利息收入就比上年增长23.46%，村里的商饮业、服务业、农副产品市场生意随之兴旺红火。

阜沙镇是中山市的农业大镇，卫民村的农业总产值历年来均排在全镇首位。不断完善基础设施建设，合理调整农业布局，加快了卫民村农业现代化进程，传统农业正向优质高效农业发展。2000年前，卫民村基本没有什么农路，农民主要靠船艇来运输农作物，养鱼的农民每到收成时，把鱼捞上来后要先装进船，然后运到公路边，再把鱼装上车运到销售点，这样不仅抢不到市场先机，还大大增加了运输成本，农民养殖的积极性因此受挫。村干部决定修建农路农桥，真正为群众筑好致富路。不久，投资80万元、长5.5千米、宽6米的农路通到了塘头基边。从此，农路四通八达，农民笑声一片。

卫民村共有土地面积3400亩，其中鱼塘就占了1266亩，全村大部分农户都是养殖户。如何实现农业增产、农民增收是村干部想得最多的问题。卫民村大力改造鱼塘，引进花农开发低产农田，引导农户向现代化养殖业靠拢。"水中鱼、水面鸭、岸上猪"的立体化养殖在该村得到推广，成本低了，效益高了，养殖户的信心更足了。

随着村集体经济的逐步壮大，村民的福利也日益得到提高。卫民村率先在一河两岸架设路灯，村容村貌焕然一新。村委会和各村小组各出资50%，使全体村民加入农村合作医疗，为看病难的农民提供实实在在的帮助。村里免收特困户子弟的学杂费，提供无息借款助学让他们完成大学学业等举措，令村民深深感受到集体的温暖。

生态文明，绿色老区

一、"一区三线"打造绿色五桂

随着中国经济社会的不断深入发展，生态文明建设的地位和作用日益凸显，习近平总书记提出了"绿水青山就是金山银山"的重要理念。处于中国改革开放前沿的中山先试先行，在改革开放的历史大潮中始终坚持"既要金山银山，更要绿水青山"的发展理念，多年来立足实际，充分发挥自身优势。中山的革命老区多处于山区绿野之中，在多年来的生态建设中，红色革命老区更加充分显示出其绿意盎然的迷人魅力。今日的五桂山大地绿意盎然，生机勃勃。回看中山的生态文明建设道路，我们可以看到这座博爱之城正是在发展中护生态，在生态中求发展。

从2000年起，中山开始实施"一区三线"森林改造工程，"一区"指长江旅游区，"三线"指东、西、中三线公路。[①]中山"一区三线"森林改造，是一项应用乡土阔叶树种，建设结构稳定、功能完备、效益显著的南亚热带常绿阔叶混交林群落，利用生态工程技术改善中山生态环境，协调人与自然关系，提高人居环境质量的"民心工程"。重建森林生态系统，福泽后人。

至2004年4月，中山已完成"一区三线"森林种植3.4万亩。

---

① 中山年鉴编纂委员会编：《中山年鉴2004》，广东人民出版社2004年版，《特辑·农村五项工程建设·"一区三线"森林改造》。

按照规划，每期工程森林种植后连续三年抚育管理，共投入资金4300万元。"一区三线"森林改造工程，造林幼树成活率达95%以上，年平均高生长达1米以上。经改造后的森林环境逐渐形成，有些地方郁闭度（森林中乔木树冠遮蔽地面的程度）超过0.3，甚至达到0.7，空气湿度增加，地表湿度降低，植物多样性明显提高，乡土树种成为优势树种。改造后的林区负离子发生率明显高于其他地段，均达到清洁空气的标准1000~1500个/立方厘米。森林调洪补枯效益加强，水质趋于稳定，林下土壤理化性质得到改良。①

为此，中山专门启动长江库区自然保护区建设，五桂山的南桥、桂南多个革命老区村，东区的长江、中心、福获等老区村，都在保护区范围内。作为项目的具体实施单位之一，中山市林业局成立了自然保护区筹备工作组，按照中山市政府《中山市长江库区水源林自然保护区管理规定》要求，组建了"中山市长江库区自然保护区林区管理处"，以基础设施建设为重点，基本搭起了保护区基本框架，如成立临时办公室、落实保护区消防及巡护船只、竖立界桩等。

在推进"一区三线"森林改造工程的同时，中山还推动了乡村"四旁"绿化和25度以下缓坡山地种果，2002年已完成乡村"四旁"绿化任务，2003年后继续完善乡村"四旁"绿化。全市乡村"四旁"绿化1337千米，投入资金4010万元，其中市财政839万元，镇区、村3171万元，基本实现"一路一树，一树一景"的目标。2003年全面完成25度以下缓坡山地种果任务，种植各种果树6616亩，投入资金100万元，基本实现"种一片，成功

---

① 中山年鉴编纂委员会编：《中山年鉴2004》，广东人民出版社2004年版，《特辑·农村五项工程建设·"一区三线"森林改造》。

一片"的目标。^①此外，中山还启动了更深层次的"林相改造"工程。这是"一区三线"的延续，重点对第一重山以后的山地进行森林改造，涉及面积达5万亩。^②

"一区三线"森林改造工程胜利完成后，中山继续深入探讨研究生态文明的课题，巩固"一区三线"的绿色成果。其中，2011年，中山市委、市政府制定的《关于加快推进城乡绿化工作的意见》，提出开展"全民修身绿化月"活动，3年实现城乡绿化大提升的目标。

为继续巩固和深化生态建设成果，2016年，中山全面启动创建国家森林城市建设（以下简称"创森"）。此外，全域森林小镇、全域生态公益林、全民绿化行动等多项重点生态工程同步启动。据介绍，截至2018年中，"创森"以来，全市共投入造林绿化资金73.8亿元，新造林面积3.7万亩。市域森林覆盖率从35.2%提高到35.48%，城区绿化覆盖率从40.12%提高到43.14%，城区人均公园绿地面积从17.05平方米提升到18.62平方米。^③

不仅要大地植绿，更要心中播绿，多年来，中山并没有停下生态建设的脚步，通过一系列的"绿色"举措，初步建成"政府主导、社会投入，政府搭台、全民参与"的共建共享绿化机制。

在全市共同推动生态文明建设的社会氛围下，中山的革命老区村也悄然换上了"绿衣"，旧时村庄也纷纷添绿增绿，焕发新貌。

---

① 中山年鉴编纂委员会编：《中山年鉴2004》，广东人民出版社2004年版，《特辑·农村五项工程建设·"一区三线"森林改造》。

② 参见赖有生、黄启艳、晏飞、杜丹丹：《香飘"五桂"绿染家园》，《中山日报》2007年11月20日A5版。

③ 参见郭冬冬、黄锦培：《中山：构建大湾区最具特色生态宜居城市》，《南方日报》2018年9月26日A5版。

二、生态保护与建设，老区"变身"秀美村庄

自中山市委、市政府2012年在全市启动实施秀美村庄工程、建设幸福和美村居的决策部署以来，经过多年努力，全市一批又一批的村居因地制宜，广泛开展以"硬化、绿化、亮化、净化、美化"为主要内容农村人居环境综合整治工作，着力打造桂南村、曹边村、古鹤村等一批风光秀丽、富民宜居秀美村庄示范点。截至2016年12月底，全市共有221个秀美村庄创建对象达到创建要求，其中许多是革命老区村；80%以上村（居）创建成为秀美村庄，实现100%全覆盖。①

实施秀美村庄建设以来，中山重点实施环境美化、产业提升、文化培育和管理创新四大工程，提升农民思想道德素质和农村社会文明程度，努力让基础设施等公共资源在城乡实现均等化，使秀美村庄与现代城市相得益彰。

2016年中旬，中山选取了"民众镇新建—义仓—裕安村连片示范带""坦洲镇新前进—合胜—安阜—裕洲—新合—坦洲村社区连片示范带""三乡镇古鹤—西山—前陇—塘敢—雍陌连片示范带""五桂山桂南—龙塘村—长命水村连片示范带"为秀美村庄连片示范带的创建对象，同时作为省级新农村连片示范工程的创建对象。其中，除"民众镇新建—义仓—裕安村连片示范带"外，其余3个连片示范带都有中山市革命老区村庄参与。

坦洲镇的"新前进—合胜—安阜—裕洲—新合—坦洲村社区"以项目区自有的生态环境为基底，以规模化、特色化种养殖等农林产业为基础，以产业观光、乡村休闲、科普拓展、娱乐美食、田园风光等为有效补充，打造成一个集生产、加工、科研、

---

① 中山年鉴编纂委员会编：《中山年鉴2017》，广东人民出版社2017年版，第159页。

展示、科普、休闲、娱乐、度假于一体的全生态农业旅游产业综合体。

三乡镇的"古鹤—西山—前陇—塘敢—雍陌"打造成既有深厚历史文化底蕴，又有鲜明地方特色产业的秀美村庄连片示范带，其中古鹤为古村落名村、西山为休闲观光农业旅游名村、前陇为悠闲旅游名村、塘敢为精品农业旅游名村、雍陌为人文历史名村。

五桂山的"桂南—龙塘村—长命水村"立足山水风景优美、自然休闲观光优势，充分展现岭南特色和乡土风俗，深入挖掘"长命龙井、美食天堂、山中慢谷"等地域文化特色，将连片示范带打造成中山城市绿芯里的仙境、美丽乡村展示窗口和最美休闲体验地。

革命老区村桂南村在秀美村庄建设方面成绩斐然。桂南村因地处五桂山主峰正南山麓而得名。走进桂南村，便可看到一幅在群山之中，宁静的村庄狗吠鸡鸣，升起袅袅炊烟的生活画卷。村民的房屋多依山而建，依地势层叠错落，是典型的客家建筑风格。山上的流泉顺流而下，环绕民居而过，山水之间，古风犹存的客家人在这里享受着安宁幸福的生活，怡然自得。村内的农路、街道均已实现硬底化，路面整洁干净。在村旁，一个占地50亩的香樟公园已经建设，数十棵近百年树龄的香樟树耸立其中。在公园旁，一条小河穿村而过，河水清澈见底，两岸都修起了防护堤。

桂南村委书记石方文介绍，近年来，桂南村通过规划引领、政府主导、农民主体、多元投入、综合整治，绿化、美化、亮化村庄。此外，桂南村结合统筹城乡发展工作，实施秀美村庄工程，持续改善农村的环境、基础设施，乡村景观村道全部实现硬底化，家家户户用上了干净的自来水。桂南村的农家书屋还成为省级示范性农家书屋。

"在实际工作中，我们也意识到，要建成秀美村庄，更重要的是全体村民都参与进来。因此，我们村委一直都很倡导村民参与、共建秀美家园的理念。"石方文介绍说，当前，爱护环境、美化环境已经成为桂南村村民的共识。

同为老区村的南朗镇左步村也硕果累累。走进左步村，一条蜿蜒的水泥路把宁静的村庄和热闹的南朗镇连接起来，路两旁绿化的植被，交错的农田，被惊扰的鸟类，都赋予这座革命老区村一种安详、美丽的气质。左步村党委副书记林庆标介绍，左步村位于南朗镇东部，村中常住人口1144。左步村地形就像一把张开的扇子，"扇柄"处是村里的百年风水林。左步村保留了大片农田，村落与所在的地形、地貌、山水等自然风光和谐统一，山清水秀，环境优美。

中山提出建设秀美村庄以来，左步村立足自身实际，充分发挥自身优势，大力开展村容村貌整治建设工作。据介绍，2015年以来，该村致力于改善村容村貌，努力为村民提供良好的生活环境。林庆标介绍说，近年来，左步村委通过投入资金改造村道，使村道硬底率达到100%以上；加强村的绿化，在主要道路种植花基，加强对村内古树的保护；认真开展环境卫生检查和整治工作，加强对村环卫人员的管理，建立相关视察机制。在加强制度管理的同时加强普及村民卫生知识和意识，加强宣传教育，呼吁群众实行"门前三包"，保持生活环境的卫生等。

2010年以来，左步村在生态文明建设方面取得了不错的成绩，先后获得"广东省第三批古村落""中山市宜居示范村庄""广东省卫生村""中山市生态示范村"等殊荣。[1]

---

[1] 参见《左步村2015年秀美村庄建设工作自评报告》。

三、生态文化旅游带动老区第三产业发展

习近平总书记在党的十九大报告中明确提出，实施乡村振兴战略，要坚持农业农村优先发展，按照产业兴旺、生态宜居、乡风文明、治理有效、生活富裕的总要求，建立健全城乡融合发展体制机制和政策体系，加快推进农业农村现代化。

中山地处中国改革开放的前沿阵地，依托改革开放的春风，中山农村发展取得了巨大的成就。党的十九大以来，农村迎来了新一轮的发展机遇。同时，在推进粤港澳大湾区建设的历史背景下，中山依托自身优势，大力发展乡村旅游和休闲农业旅游，开发上规模的现代休闲农业示范园区，着力打造家庭农场、农家乐、农趣园、农家旅馆等，使"农"字号旅游项目遍地开花。中山还着力培育文化休闲业态、主题景观，重视居民参与发展乡村旅游。①

据2011年相关资料统计，中山市超过80%的农村从业人员从事第二、第三产业，农村居民收入78%以上来自非农产业。2009年、2010年农民人均纯收入分别为12288元和13581元，其中第一、第二、第三产业经营所得，其他方式经营所得的人均纯收入2010年较2009年依次增加了8.8%、11.5%、19.5%和1.5%；从乡镇集体所得、农民外出劳务所得、农民从集体再分配所得、其他渠道所得的人均纯收入2010年较2009年依次增加了21.1%、3.2%、12.1%和9.3%。2010年，农民从事第二、第三产业经营所得合计6027元，占年度农民人均纯收入高达44.4%；与2009年相比，第二、第三产业的增幅分别达到11.5%和19.5%，已成为农民纯收入的重要来源。②革命老区众多具有良好生态环境和独特魅力的古

---

① 参见《中山市"十三五"旅游发展三年行动计划（2016—2018）》。
② 参见谢晖：《中山市农村集体经济发展探求》，《时代经贸》2012年第12期。

村落，在近年兴起的乡村旅游热中，其第三产业也得到了发展。

南朗镇翠亨村是中山市的革命老区村，经过多年的发展，翠亨村成功整合辖区内的旅游资源，不仅成为中山的一张旅游名片，而且也是革命老区村依托生态资源发展第三产业的成功典范。

该村位于南朗镇东南部，东望珠江口，西倚五桂山，村内历史文化资源丰富。村内有多个重点文物保护单位，其中全国重点文物保护单位2个（孙中山故居纪念馆、中山纪念中学民国建筑群）、省级文物保护单位5个，还有孙中山故里旅游区（国家5A级旅游景区）、中山纪念中学、翠亨"画家村"、中山革命烈士陵园等多处人文景观及历史遗迹、红色教育基地。

据翠亨村党总支部委员甘锦卫介绍，翠亨村以前的经济发展以农业为主，现时以旅游业为主。其中，户籍人口中无单纯从事农业生产者，目前以出租集体土地为主，部分村民从事加工业、建筑业、小商贩行业等。近年来，随着翠亨温泉旅游度假城、孙中山故里旅游区等重大项目的建设发展，村里经济发展水平进一步提升，文化休闲旅游、房地产、特色餐饮等现代服务业规模不断壮大。翠亨每年接待旅游人数近200万。甘锦卫介绍，"截至2017年底，村民人均可支配收入19300元，乡村经济发展呈现良好态势。"

2008年以来，翠亨村先后被评为中国历史文化名村、全国文明村、广东省古村落、广东省宜居示范村庄。翠亨村还不断推动生态文明建设，村容村貌越来越美。在依托原有的旅游资源的基础上，该村通过紧紧把握翠亨新区带来的发展机遇，加快融入粤港澳大湾区的发展潮流中。一个充满活力、和美、和谐的新翠亨正在形成。

各项民生事业长足发展

一、医疗保险惠村民

1999年3月1日，中山实施《中山市社会医疗保险试行办法》。[①]2004年11月，中山市实行新型农村合作医疗，用不同的医疗保险制度让参保范围不断扩大至全民。但由于医疗保险制度改革是按不同制度解决不同人群的方式逐步推开的，一定程度上存在不同制度相互分割、部分政策不能有效衔接、基金超支等问题，尤其是一些农村卫生工作仍然比较薄弱的革命老区村，农村合作医疗保障水平较低，抗风险能力不强，导致有的农民因病致贫、因病返贫。[②]

2006年，中山出台《中山市基本医疗保险办法》《中山市补充医疗保险办法》，并于2007年1月1日启动实施城镇居民住院基本医疗保险。[③]自实施农村居民住院基本医疗保险以来，两个月内就包括五桂山、东区、西区、石岐区、横栏镇、东升镇、坦洲

---

① 参见夏竞、张延艳：《缴费比例提高 适用人群更广》，《中山商报》2010年4月17日A3版。
② 参见中山市人力资源和社会保障局2004年度工作总结。
③ 参见郑建玲：《我市城乡居民住院基本医疗保险推行顺利》，《中山日报》2006年9月7日A6版。

镇、沙溪镇、南朗镇等共37个村集体申请参保，[①]其中就包括左步村、田心村、长江村等一批革命老区村。2008年底，新型农村合作医疗全部过渡到城乡居民住院基本医疗保险。2009年1月，城乡居民住院基本医疗保险并入城镇职工住院基本医疗保险，统一为中山市住院基本医疗保险。

2010年6月1日，中山对医疗保险政策作出重大调整——将原来的综合医疗保险、住院基本医疗保险2个险种，整合成1个险种、2个层次。第一层次为基本医疗保险，为基本保障层次；第二层次为补充医疗保险，根据自身经济情况选择参加补充保障层次。基本医疗保险待遇包括住院基本医疗保险待遇、特定病种门诊医疗费用报销待遇和生育医疗费用报销待遇。补充医疗保险医保待遇包括个人医疗账户、特殊病种门诊统筹待遇、住院补充医疗待遇。

正是2010年这个政策，让广大农民享受到了改革的红利。以南朗镇革命老区村左步村村民林国平为例，他每月的透析费用8000元左右，扣除报销部分和大病救助后，个人每月只须承担1500元左右。2018年，刚过完72岁生日的林国平说，8年来，他和许多病友一样，每星期都要透析两次到三次。每次透析费用不低，家庭并不富裕却能长期坚持治疗，这主要得益于2010年刚患病时中山推行的城乡一体化医保制度。

与林国平一样，许多曾因病致贫、因病返贫的革命老区村民也解决了这一问题，这也是中山市城乡一体化医保制度不断完善的缩影。自2010年以后，中山根据实际情况出台相关办法，不断优化城乡一体化医保制度。其中，就包括2014年7月1日实施

---

① 参见郑建玲：《我市城乡居民住院基本医疗保险推行顺利》，《中山日报》2006年9月7日A6版。

的《中山市大疾病医疗保险暂行办法》；2016年11月30日出台的《关于调整我市困难群体大病保险待遇的通知》等，让包括革命老区村民在内的中山市民免受"因病致贫、因病返贫"的困扰。

从2017年7月1日起，中山经民政部门认定的特困供养人员、最低生活保障对象以及扶贫部门建档立卡的贫困人员，可以享受以下待遇：一是参加中山基本医疗保险参保人因病住院同一社保年度内个人支付的医保费用累计超过4000元以上部分，由大病医疗保险资金支付80%，不设年度最高支付限额；二是连续缴纳补充医疗保险费1年以上的参保人因病住院，同一社保年度内个人支付的医保费用累计超过2800元以上部分，由大病医疗保险资金支付80%，不设年度最高支付限额。

经过近20年的发展，中山已基本实现社会医疗保险城乡一体化，已建立具有中山特色的"地税征收、社保运作、财政监督、工商配合、银行经办"社保基金征收管理模式，实行经办管理服务一体化运行机制。

截至2017年底，中山累计有72342人次享受大病医保待遇，大病保险资金支付8889万元，报销比例比原增加9.28%，进一步提高重特大疾病保障水平，减少参保人因病致贫、因病返贫现象出现。2017年，基本医疗保险缴费基数为2890元；缴费比例为2.5%，其中，单位2%、个人0.5%；医保政策范围内报销比例达80%以上；补充医疗保险缴费基数2890元；缴费比例为10%，其中，单位7%，个人3%。全市参加补充医疗保险的共有32.9万人。①

可以说，社会医疗保险城乡一体化的发展，实现了医保管理资源的有效整合，这不仅真正实现了中山农民与城镇居民医保同

---

① 参见中山市人力资源和社会保障局2017年度工作总结。中山市人力资源和社会保障局政务网"政务公开"栏，2018年4月25日，http://www.gdzs.lss.gov.cn/

等待遇，而且更好地保障了市民的大病医疗需求，体现了城乡居民社会医疗保障的公平性。作为中山市民的一分子，每一位革命老区村民都得到了政策的惠泽。

二、老有所养，老有所乐

20世纪90年代，中山社会福利事业基本形成了以"三个一"（一所敬老院、一个福利基金、一家福利企业）为主要内容的农村基层社会保障网络。农村敬老院从1990年的18所增加到1997年的28所，福利基金从16个增加到29个，总金额从355万元增加到5937万元。[①]其间，西区后山村委会建成颐老院，其他革命老区村也相继建立自己的敬老院，为老区村的老年人提供一个安享晚年的"家"。其中，古镇、三乡、东升等多个革命老区村所在镇区的敬老院，于1998年被评为广东省一级敬老院。[②]

进入21世纪后，中山积极推进社会福利社会化进程，重点做好改造市属社会福利机构、扶持建立民办福利机构、加快建设镇区敬老院，革命老区村（社区）服务等工作得到了较大发展。从2005年开始，中山致力于推进农村养老保险过渡到城镇职工养老保险，探索养老保险城乡一体化建设工作，让老年人共享改革发展成果，健康幸福地安度晚年。在这大背景下，广大的革命老区村村民真正实现"老有所养、老有所乐、老有所依"。

以革命老区村西区长洲社区为例，2007年，西区在革命老区村开展居家养老服务试点工作，为未入住市社会福利院的"三无"老人、低保户中60岁以上且生活不能自理或独居的老人、优

---

① 中山年鉴编纂委员会编：《中山年鉴1991—1997》，广东人民出版社1998年版，第279页。

② 中山年鉴编纂委员会编：《中山年鉴1999》，广东人民出版社1999年版，第237页。

抚对象孤寡老人、一等以上伤残军人、未入住福利院的转制企业的退休孤寡职工五类老人提供免费居家养老服务。[①]2015年底，西区利用长洲社区颐老院原有场所试点建设居家养老服务中心，投入20多万元对长洲社区颐老院进行装修改造，配备健身、办公、娱乐等设施设备，为长洲及周边社区老人提供文化娱乐、康复护理、医疗保健、安全援助、精神慰藉、生活照料等系列服务。[②]

2017年，在革命老区村长洲成功试点后，西区采取"区级＋社区"的"一中心多站点"服务形式，通过区级平台评估长者服务需求，将服务和资源分流到不同的长者群体中；再从就近社区居家养老服务站点派送服务，以达到高效精准的服务标准。

"现在，我除了到西区长洲居家养老服务中心练太极拳之外，还可以在这里跟老友们唱歌、下棋、上网、听养生讲座；更让我感到开心的是，每次家里没米了，中心的家政人员还帮我送，就算非工作时间也一样。"在西区后山革命老区村生活了70多年的村民黄锦坤，虽然膝下无儿女，但每次谈及长洲居家养老服务中心以及上门家政服务员，脸上都会露出幸福的笑容。

让黄锦坤心里美滋滋的幸福家政服务，是西区在长洲社区推行的居家养老服务项目之一，也是中山200多个革命老区村人民幸福生活的真实写照，更是中山"1＋2＋N"居家养老服务模式的新时代符号。

2017年，东区、五桂山等众多镇区也同样实行"一中心多站点"服务形式。2018年，"一中心多站点"服务形式，已被总结为"1＋2＋N"的居家养老服务模式，在全市大力推广。"1"是以社区居家养老服务中心为依托，"2"是指提供上门家政和送

---

①　参见西区社会事务局 2008 年度工作总结报告。

②　参见李丹丹、黄泳津：《西区 2016 年将继续深入推进居家养老服务》，《中山日报》2015 年 12 月 17 日 A5 版。

餐助餐两大服务项目，"N"是指有条件的镇区还可提供其他多样化服务。数据显示，截至2018年8月底，中山共有85个社区居家养老服务中心，已实现所有镇区全覆盖，24个镇区全部提供上门家政服务，20个镇区开展了送餐助餐服务，另有多个镇区按自身需求开展了多样化的居家养老服务。[1]

在革命老区村落地发芽的，除多样化的居家养老服务模式外，还有养老保险一体化的发展。2004年，中山从加快"三化"、解决"三农"问题、构建"两个适宜"和谐中山的高度出发，提出要坚持利益向下，将社会保险延伸至农村，探索建立农村养老保险制度，解决农民转移就业的后顾之忧。2005年1月，中山在广东省率先启动实施农村基本养老保险，至2009年底，基本实现了农村基本养老保险全覆盖。2011年11月，中山出台《中山市城乡居民社会养老保险实施办法》，将农民和城镇居民养老保险合并实施，实现养老保险制度全覆盖和城乡一体化。

三、硬件齐全，生活便利

公路建设是农村发展的基础，也是国家重视的民生工程。自20世纪80年代起，中山启动一轮又一轮的公路建设工程，200多个革命老区村相继实现"村村通"，交通状况有了很大的改善。其中，位于横栏镇北部的穗丰村于1978年就已实现全村村道水泥硬底化，永丰村于1990年实现全村村道水泥硬底化，成为中山较早实现村道水泥硬底化的革命老区村。广东省省道S268线岐江公路经过两村，乡道新丰西路经过穗丰村，新丰东路经过永丰村。[2]

在村道水泥硬底化建设全覆盖后，中山农村客运事业也迎来

---

① 参见郎慧：《中山市推广"1＋2＋N"社区居家养老服务模式》，《南方日报》2018年8月29日 AC04 版。

② 更多相关情况参见本书第一章《区域和革命老区村概况》。

新的发展。1997年起，中山市委、市政府制定市域汽车客运交通规划，同时加大路桥改造，完善农村道路交通设施。同年，中山开通28条公交线路，率先在广东省21个地级市以上城市实现镇镇通行公交汽车。[①]2004年，中山在全市所有村庄通行公共汽车，实现全市"村村通公交"，包括新丰村[②]在内的一批革命老区村都通班车，成千上万的村民告别了"搭车难"问题。2004年10月，中山新增农村公路80多千米，改造危桥（涵）169座，已有市内班车线路112条，车辆1013辆，初步建立了一个覆盖全市、方便、快捷的农村客运班线网络。[③]

2008年，在中山全面贯彻落实"优先发展公共交通"战略的号角下，包括革命老区村在内的农村交通路网建设加速发展，一批"羊肠小道"变成"阳光大道"；公共交通也越来越便利，中山220个行政村实现"镇镇有站、村村有亭"。2008年，中山更新和投放公交车辆325辆，完成营运里程8691万千米，新增公路里程55.6千米，全市公路通车里程1712.5千米，比2007年增长3.07%，等级公路1621.9千米，其中等外公路90.7千米，公路密度95.4千米/百平方千米。[④]

为推动新型城镇化建设和城乡交通一体化建设，中山于2016年提出要实现"村村通"向"通畅安"转变，全面提升地方公路服务能力，破解农村"最后一千米"出行难题，形成多层次、多

---

① 参见胡见前、王继辉：《论城市交通与经济社会发展的关系：以中山市为个案》，《长春理工大学学报》2012年第3期。

② 新丰村，是由原穗丰村、永丰村两个革命老区村组成的行政村。2001年，新丰村正式挂牌成立。

③ 参见梁斌、张海燕、吴显旅：《中山市村民告别"搭车难"》，《南方日报》2004年9月28日要闻版。

④ 中山年鉴编纂委员会编：《中山年鉴2009》，岭南美术出版社2009年版，第291页。

元化公共交通服务体系。2017年，具有众多革命老区村的镇区西区、古镇、横栏开通"村村通"环保免费穿梭巴士，对城市公交覆盖不到的区域涉及线路进行补充，将乘客送到有城市公交线路经过的地方进行接驳。

其中，覆盖革命老区村新丰村的横栏镇"免T031线"、曹三村的古镇"村村通"免费巴士2号线在这一年开通，让近万名革命老区村民免费坐车出行。[①]2017年，全市"村村通"环保免费穿梭巴士增至16条线路，将近120辆巴士投入运营。[②]穿梭巴士均为纯电动车新能源车，车内敞亮干净且具有高密度发车、多站点停靠、循环发车等特点，深受当地群众的欢迎。

"从家门口坐免费公交巴士，不用钱就能到镇上赶个集、溜达一圈，这对于在老区村生活了大半辈子的我来讲，之前是想都不敢想的。"在横栏壹加壹"免T031线"公交站点前，65岁的新丰村村民罗新霞在等车，她刚刚逛完超市，准备乘坐免费公交巴士回新丰村。罗新霞说，继"村村通班车""村村通公路"后，如今又来个"村村通"环保免费穿梭巴士，这让老区村的老百姓出行不再是难事，生活幸福指数变得更高。

从"村村通公路"到"村村通班车"，再到"村村通"环保免费穿梭巴士，作为土生土长的新丰村人，罗新霞见证了新丰村硬件设施的升级变化，感受到了便捷出行的喜悦。数千名新丰村民在自家门口就可坐上便捷的公交车。

如今，城里下乡，农村进城，村民赶集，看病上学都有了便利的交通条件。小小的公交车，正在改变中山老区村群众的生

---

① 参见李丹丹：《"村村通"免费巴士横栏线路昨起运营》，《中山日报》2017年3月30日A4版。

② 参见王卫、刘珮妍：《免费巴士还能免费多久？》，《南方都市报》2017年6月8日 QB08版。

活。截至2017年底，中山市有常规公交线路208条，其中跨市公交线路18条，大站快线17条；公交车2808辆。[1]随着"车来了"等APP（智能手机的第三方应用程序）的出现，市民掐点乘公交成为现实，而免费Wi-Fi（无线保真联网）则为其公交出行提供更多的乐趣。越来越多的市民选择公交出行，2017年市公交集团日均运客量达58万人次，全年行驶里程约13589万千米，相当于每天绕地球9.25圈。[2]

四、精准扶贫到实处，攻坚克难成效显

位于中山阜沙镇中西部的阜东村，是以纯农业为主的革命老区村，也是中山市内精准扶贫的25个相对贫困村之一。2005年起，在中山市水务局、市气象局、市林业局、中山供电局、火炬职业技术学院等单位多年的联合扶持下，该村步入脱贫发展的快车道，正在往新农村示范村的方向迈进。

底子薄弱、村集体土地资源缺乏的阜东村，是阜沙镇7个村中集体收入最低的贫困村。2005年，中山市水务局派出干部驻阜东村开展扶贫工作，把帮助驻点村发展集体经济、增加农民收入作为第一要务，充分发挥单位和自身的资源优势，努力改善该村的生产生活条件，切实增强农村发展经济的活力。[3]

2005年至2008年，经过3年的驻村扶贫，中山市水务局共投入扶助资金391万元，建设5000平方米的公有物业楼，2007年增加集体收入55万元，解决突出问题28宗，为群众办好事实事30

---

① 中山年鉴编纂委员会编：《中山年鉴2018》，广东经济出版社2018年版，第253页。

② 参见萧倩苑、肖伟、刘贤沛、吴进：《水净、路畅、城靓 中山旧貌换新颜》，《南方都市报》2018年8月31日QB08版。

③ 参见谭华健、何衍良：《扶贫村燃起新希望》，《中山日报》2005年5月25日B4版。

件，和谐阜东村建设初见成效。其间，中山市水务局还对3座危桥进行改造，新修建3座混凝土水泥桥，兴修了长400米的农路，整治了村中3条主要河涌，大大改善该村的基础设施水平，提升了附近农田地值，增加村民收入。①

阜东村78岁的村民吴十五，过去一家七口挤在仅60平方米的简陋低矮茅房里。得益于市水利局驻村扶贫工作组的特困户住房政策，吴十五一家搬进近80平方米的新房。每当谈起他的新三居室时，他脸上总挂满笑容。吴十五说："我做梦都没想到，我这个老头子这辈子还能住上新房，感谢政府给我们老百姓办的实事。"像吴十五一样，在2008年，阜东村就有4名革命老区特困户喜迁了新居。

党的十八以来，习近平总书记站在全面建成小康社会、实现中华民族伟大复兴中国梦的战略高度，把脱贫攻坚摆到治国理政的突出位置，提出了一系列新思想新观点，作出一系列新决策新部署，推动中国减贫事业取得巨大成就。在习近平总书记关于扶贫工作重要论述精神指引下，中山通过一系列有力措施奏响了"精准扶贫"最强音，助力全省脱贫攻坚工作取得决定性进展。

2014年，中山市农业局根据《关于进一步促进农村均衡发展，更高水平破解城乡城市二元结构的实施意见》，确定2012年末家庭年人均纯收入低于7800元的人口为相对困难人口；相对困难户比较集中、村集体经济比较薄弱的行政村，确定为相对困难村。②同年，中山市财政设立"市内相对贫困村扶贫开发补助"专项资金，一定三年每年安排2500万元，扶持贫困村加强基础设

---

① 参见《市水利局齐心协力真心扶贫 托起阜沙镇阜东村致富之帆》，中山市政府网站，中山市水利局2008年1月29日录入。

② 中山年鉴编纂委员会编：《中山年鉴2015》，广东人民出版社2015年版，第134页。

施建设，增强其自我发展能力，提升相对贫困村的社会发展水平，包括阜沙村、牛角村、卫民村等在内的多个相对薄弱的革命老区村可享受该项扶持政策。①2017年，在多单位精准扶贫的指挥下，阜沙镇革命老区村阜东村基本甩掉了"贫困帽子"。阜东村在2004年底集体收入只有20多万元，到了2016年，其集体收入已超过93万元，②创造了"阜东奇迹"。2014年，阜东村建档贫困户37户，其中包括31户扶贫户及6户低保户。直至2016年，建档贫困户为33户并全部稳定脱贫。

"阜东奇迹"的创造，只是中山在革命老区村打赢扶贫攻坚战的一场战役。以农业为主的革命老区村牛角村，2007年村民人均纯收入7942元，到2016年村民人均收入约18662元，村集体收入146万元，有劳动力相对困难户纯收入12848元；③以抗日革命烈士谭卫民的名字命名的卫民村，2007年村民人平均年收入8000元，村集体收入是40万元，到2015年其集体收入约100万元，村民小组平均收入约47.58万元，人均年分配2278元，农民人均收入17214元。④

"为让老区村摆脱贫困的影子，打破村相对单一的产业结构，我们想了很多办法。"时任牛角村党支部书记兼村委会主任周文兴表示，牛角村辖区有一幢面积2810平方米的公有物业厂房，原来由村委会将土地让私人老板建成厂房出租，后来该村再用228万元将其收购变成集体物业。该项目由扶贫款列支228万元。该厂房现出租收入为每年34万元，通过这种收购方式能够立

---

① 参见《市财政局五大措施落实扶持欠发达镇区农村基础设施建设》，中山市建议提案在线网站，中山市财政局 2014 年 9 月 19 日录入。

② 参见阜沙镇阜东村委会 2014—2016 年农村均衡发展帮扶工作总结。

③ 参见阜沙镇牛角村委会 2014—2016 年农村均衡发展帮扶工作总结。

④ 参见阜沙镇卫民村委会 2014—2016 年农村均衡发展帮扶工作总结。

刻提高集体收入，为村内各项事业的开展提供资金保障。

2014年至2016年，中山市扶贫办通过开展促进农村均衡发展工作，对大涌、神湾、港口、阜沙、横栏、三角、板芙、民众8个镇、25个相对困难村、1131户3878人进行重点帮扶；累计筹集资金1.8568亿元，其中中山市财政投入8500万元，帮扶单位自筹资金1368万元，其他社会资金投入8700万元，共实施项目473个，直接实现增产增收达5267万元。①

在市内相对贫困村的两年扶贫开发中，中山通过大力促进农村均衡发展，实现了被帮扶的行政村基础设施更加完善，当中有一部分是革命老区村。经帮扶农村困难群众自我发展能力明显增强，公共服务水平显著提高。来自中山市扶贫办2016年统计的数据显示，被帮扶的有劳动能力农村困难群众人均纯收入达14428.4元，超过2016年全市农民人均纯收入45%的水平；重点帮扶的行政村人均纯收入达到19596.9元，超过2016年全市农民人均纯收入60%的水平。②

---

① ② 参见赖有生：《市内帮扶工作全部通过验收》，《中山日报》2017年4月24日A1版。

老区盛开文明花

一、老区村教育发展

20世纪90年代前，由于受历史、地理、经济等多方面条件的限制，革命老区的经济基础比较薄弱，地方财政比较困难，农村教育相对落后，不仅办学条件简陋，而且部分革命老区孩子上学难问题比较突出。简陋的办学条件严重制约着革命老区教育事业和经济的发展。

曾经的革命老区由于"山、老、边、远"等因素的影响，教育事业发展相对滞后。1997年后，市、镇两级财政不断加大对革命老区村基础教育的投入力度，保障贫困地区办学经费，健全家庭困难学生资助体系，优化教育资源配置，逐步缩小区域、城乡、校际差距。

革命老区五桂山南桥村，在原革命老区村白石坳村新建南桥小学，并于2002年由村委会出资34万元新建南桥小学教师宿舍，改善村办学校的教学条件；①同年，南头镇从财政拨出1099万元支持镇教育事业的发展，加大对革命老区村将军村教育的投入力

---

① 中山年鉴编辑部编：《中山年鉴2003》，广东人民出版社2003年版，第271页。

度，合并原华光小学与原将军小学，扩大将军小学[1]的规模；[2]南朗镇于2008年投入近1亿元兴建云衢中学艺体中心和饭堂，扩建榄边、安定小学，筹建新翠亨小学，扩大农村的教育版图，大批老区村受益。[3]

从1997年至2012年，中山掀起了三轮大规模学校改造、新建高潮，总投入接近100亿元。中山176所公办小学中134所为新建学校，新建比例高达76.1%。2004年，中山市政府专门出台《振兴初中行动计划》，经过10年努力，全中山共投入建设资金100多亿元，51所公办初中全部新建或扩建，其中新建初中22所，并全部达到或超过建设标准。[4]与此同时，从2010年起，中山实施"春风行动计划"教育信息化系列示范工程，帮扶经济欠发达镇区学校进行建设与应用工作。

在三轮大规模学校改造、新建后，中山革命老区村的教育事业蓬勃发展，古镇镇古一村是最具代表性的村庄之一。这个仅2.5平方千米的革命老区村，在2003年、2005年先后创建了两个省一级村办学校——古一小学[5]、古一幼儿园，其所属镇区古镇镇又于2007年在全国率先推行了15年免费教育，由村、镇按7∶3比例负担学前三年、高中三年的教育经费。[6]

"自从2000年开始，村集体的收入只有40%分红，还要留

---

① 将军小学，创办于1945年9月，于2002年9月与华光小学合并，于2005年搬迁到新校区。

② 中山年鉴编辑部编：《中山年鉴2003》，广东人民出版社2003年版，第242页。

③ 中山年鉴编纂委员会编：《中山年鉴2009》，岭南美术出版社2009年版，第466页。

④ 参见禹娟：《中山推进义务教育均衡发展亮点纷呈》，《中山日报》2015年11月4日A5版。

⑤ 古一小学始建于1958年春，始名古镇中心小一分校，1965年分别被命名为红旗小学、古一小学。

⑥ 参见何姗、陈显玲、李红云：《广东中山古镇率先实现十五年免费教育》，《新快报》2008年10月30日。

40%投入发展，另外20%就用于公共事业。"时任古一村村委会主任苏池结说，2003年，在村办小学古一小学参评广东省一级小学时，古一村里就投资800多万元建成了占地1000平方米的室内体育馆，支持村教育事业的发展。

由于村集体经济实力强，再加上历任村委政府重视教育，古一村村办的小学同样不比城里的逊色。在优先发展教育的理念下，古一小学先后培育出以"亚洲飞人"苏炳添为代表的一大批优秀毕业生，并带动了周边革命老区村（曹一、曹二、曹三、古四）教育事业的发展。古一村所属的古镇镇也成为中山第一批获"广东省教育强镇"殊荣的镇。[1]

2013年，中山又启动了新一轮标准化学校建设工作，对全市义务教育阶段办学条件相对薄弱的学校进行全面改善，要求镇区义务教育段公民办学校90%达到标准化学校，其中公办学校100%达标。在标准化学校建设的风口上，包括古一小学、将军小学、翠亨小学等革命老区村所在的教育平台再腾飞。到2013年，中山有全日制普通中小学324所（含技校），学龄儿童入学率、巩固率均达100%；中山初中毛入学率达111.7%，高中阶段教育毛入学率从2005年的78.15%提高至105.4%，"三残"儿童入学率也从2005年的96.11%提高至99%。[2]

到2014年，中山市财政共投入资金3000多万元，拉动镇区投入1.5亿元，加快中山公民办学校信息化建设的发展。同年，中山公民办学校专网接入率达100%，并实现校校通光纤；标准化校园网建成率达100%，100%中小学教室配置了多媒体教学平台和建立了网络视频互动虚拟课室，人机比达6∶1，数字化课堂应用逐

---

① 参见陆梅、黄凌云、李良：《有 12 省级强镇 中山可望建教育强市》，《中山日报》2005 年 1 月 28 日 A1 版。

② 参见中山市教育局 2013 年工作总结。

步普及，全面实现"班班通"。

2015年1月，中山市政府发文明确提出要落实责任，深入推进义务教育均衡发展，全面缩小市域内学校之间的差距。这一年，中山227所义务教育公办中小学100%达标，民办小学达标率也达93%。[①]可以说，经过近20年的学校标准化建设，相当一部分革命老区村学校办学条件已优于城区学校。如南头镇将军小学的生均建筑面积达6.77平方米，拥有19个多媒体教室、28个功能室，配有音乐室、舞蹈室、美术室、古筝培训室、体育器材室、跆拳道训练室，学校图书室藏书19134册；[②]古镇镇古一小学则设有自然室、劳作室、电脑室、音乐室、图书室、美术室、多媒体教室等18个教学辅助室，并新建了一座1000平方米的体育馆，还配备了一支高素质的教师队伍。[③]如今，革命老区村的义务教育已基本实现从"有学上"发展到"上好学"。

二、农村书屋村村有

20世纪90年代，中山提出"塑文化人形象，再创文化事业辉煌"的口号，开展主题鲜明、系列性强、形式多样、影响力大的群众文化活动，搭建基层文化舞台，推动群众文化事业的繁荣兴旺。在这个时期，一些文化底蕴深厚的革命老区开始建设农村文化室，建立图书室强化文化阵地的建设，以书香农村建设增强群众学习的积极性。

在书香农村建设进程中，三乡镇桥头村是最具代表性的革命

---

① 参见高薇：《中山基本实现教育"优质均衡"》，《南方日报》2015年11月6日AC02版。
② 参见中山市南头镇将军小学网站首页"学校概况"一栏，于2016年6月3日录入。
③ 参见中山市古一小学网站首页"学校概况"一栏，于2016年6月3日录入。

老区村之一。20世纪90年代，桥头村在桥头治保会后面自建一间文化室，配套一间图书室和多功能活动室，场室约40平方米。室内藏书量虽不多，且大多还是爱心人士捐赠的，每天前来读书的村民却不少。至1997年，中山14个文化站达标，[①]但那时除三乡镇桥头村、南头镇滘心村等文化底蕴浓的革命老区村配有图书室外，大多数革命老区村都没有。

2004年，中山市文化部门调整思路，把文化建设从侧重城区向城乡联动转变，从注重硬件建设向"软硬兼施"转变，从追求城市文化形象向追求城市文化内涵、提高文化品位和文化质量转变，促进文化资源进一步向农村倾斜。[②]2007年，中山选定不同经济基础、不同文化底蕴、不同地缘关系的10个行政村（社区）作为先行点，正式启动"农家书屋"工程。在10个新农村文化室建设先行点名单中，有4个是革命老区，分别是三乡镇桥头村、五桂山石莹桥村（现属南桥村）、西区长洲村（现属长洲社区）、古镇镇海洲村（行政村，其自然村沙源、教昌、民乐、市边、红庙、华光、北海、显龙、麒麟为革命老区村）。[③]

乘着10个农村文化室建设先行点的东风，桥头村按照"六有"[④]标准完善文化室，组织了一支健全的管理队伍，制定了完善的工作制度。2008年，桥头村"农家书屋"场室扩大至约150平方米，图书室藏书3000多册，一年使用达7000多人次；电脑室

---

①　中山年鉴编纂委员会编：《中山年鉴 1991—1997》，广东人民出版社 1998 年版，第 256 页。

②　参见《中山：村村建起农家书屋和农村文化室》，广东省文化 e 站，http://e.zslib.com.cn/，2010 年 1 月 19 日。

③　参见赵伟、夏升权：《先行点发挥其应有功能》，《中山日报》2007 年 5 月 26 日A2 版。

④　"六有"，即有一间 60 平方米以上的图书阅览室，有一间 80 平方米以上的文化活动室，有 3 支以上的业余文体队伍，有 10 平方米以上的主题橱窗，有室外演出场地，有健全的管理队伍和制度。

每周六日开放，一年使用人数达4000多人次，村内青少年得以学习基本的电脑操作技能和享受绿色上网的快乐；文化室内组织的曲艺社、篮球队、棋艺社、太极队、技能培训组等业余文体队伍，均定期组织活动。①

"走，到农家书屋看书去！"行走在三乡镇桥头村，不时会听到下地干活回来的农民们这样说。坐落在桥头村村头的温馨农家小院，成为当地村民农闲之际最爱去的地方之一。在这里，看书、喝水都免费，无论你是下夜班的本地人还是孤独的异乡客，随时可以走进舒适温暖的书屋，拿起一本书来细细品读。

"以往农闲时，大家喜欢喝喝小酒，打打麻将，自从有了农家书屋，阅读致富书籍，参与文化活动成了农民的新追求。"桥头村首批"农家书屋"的管理员、中山唯一一名获"全国优秀农家书屋管理员"②称号的管理员郑宇鸿说道。从无到有，从有到好，他见证了这个革命老区村"农家书屋"的整个发展历程。

2008年，包括三乡镇桥头村、五桂山石莹桥村、西区长洲村等在内的革命老区村，相继被打造成为中山农村文化室示范点，各个文化室也组织成立了村级业余文艺团队，制定相关管理制度等，这为在中山铺开农家书屋和农村文化室建设探明了路子。2009年，中山实现了行政村（社区）农家书屋全覆盖，成为广东省首个实现全覆盖的地级市。2010年，中山建成近300间农家书屋，平均每间书屋面积超过90平方米，是广东省建设标准的3倍；藏书量超过3000册，是广东省建设标准的两倍；周平均开放

---

① 参见2008年5月24日，时任桥头村村委会主任郑炳照《社会主义新农村文化室建设工作汇报》。

② 2017年12月，国家新闻出版广电总局下发《关于农家书屋全面建设十周年先进集体和先进个人表扬的通报》（新广出函〔2017〕405号），对521名全国优秀农家书屋管理员予以通报表扬。

时间达35个小时以上，超过广东省规定要求的每周25个小时开放时间；每周进入农家书屋进行阅览的人次达26700；每周图书借阅量达15356册。[①]

在实现农家书屋全覆盖的同时，中山市文化部门每年还安排邀请广东省内外图书馆资深专家对全中山各农家书屋管理员进行业务知识培训，提升管理人员的业务技能，提高服务水平；并通过引导镇区开展购买服务等方法，充实服务人员队伍，保障了书屋具有专业稳固的服务队伍。

在这一过程中，中山各行政村（社区）的文化阵地也得到了较大开拓。2013年3月，中山农村（社区）文化室室内总面积为194586平方米，同比2011年114857平方米增加79729平方米；藏书1065837册，同比2011年697500册增加368337册；公共电子阅览电脑2098台，文化协管员399人，文体队伍1128支，免费开放时间11007小时。[②]

2014年，作为文化部选定的全国10个国家基层综合性文化服务中心试点城市之一，中山选择了30个不同类型的行政村（社区）开展试点工作，全力将农村基层公共文化资源投入从零散模式转变为集约模式，实现全方位的文化资源整合，形成了"小平台"承载"大服务"和"小中心"整合"大文化"的基层文化工作格局。2016年，中山全面铺开基层综合性文化活动中心建设，计划在2019年之前，全中山277个行政村和社区全部建成基层综合性文化活动中心。

2018年，中山每家农家书屋配备可连接互联网的电脑达6台，是广东省标准的1.5倍；并提供免费无线Wi-Fi服务，高效完

---

① 参见杨晓霞：《中山农家书屋全覆盖》，《新快报》2010年9月3日。
② 参见李华炎、钟文宣：《中山市力推农村（社区）文化室高标准全覆盖》，《南方日报》2013年5月17日AC02版。

善了书屋基础硬件设施。[①]如今，小小的农家书屋，不仅为革命老区村农民提供了"精神食粮"，更成为农民群众致富奔小康的"知识宝典"。在中山大地，走进农家书屋汲取养分、开阔视野，已经成为277个村居群众的一种新风尚。

2019年，三乡桥头村的玻璃书屋还成为知名度颇高的网络热点。

三、文化生活丰富多彩

20世纪90年代末，一批基调鲜明、题材广泛、形式多样、思想艺术性较强的优秀作品和文艺专集在中山强势崛起。不过，限于社会大环境和受到迅速发展的经济大潮的冲击，中山的群众文化工作受到了一定的影响，尤其是革命老区村的舞台艺术创作与演出，亟待振兴。

2001年，中山文化部门逐渐从"办文化"向"管文化"转变，以举办主题突出的大型艺术活动带动开展全市群众文化活动，大力发展群众文化，这大大推动了革命老区村的舞台艺术创作与演出。同年，中山在全市举办了1500场次的群众文化活动。[②]2002年，包括古一村、长洲村等在内的革命老区村的业余文艺团开始兴起。村内文艺骨干组建各类文艺团，组织文艺爱好者从其所在村起步，逐步向周边村延伸进行义演。长洲村办企业富洲酒店的富洲歌舞团名噪一时。

2004年12月，中山市原文化、广播电视、新闻出版（版权）三局合并为中山市文化广电新闻出版（版权）局后，[③]加快文化

---

① 参见冷启迪：《搭建"文化舞台"乐享"书香中山"》，《中山日报》2018年3月28日B7版。

② 中山年鉴编辑部编：《中山年鉴2002》，广东人民出版社2002年版，第156页。

③ 中山年鉴编纂委员会编：《中山年鉴2005》，中华书局2005年版，第174页。

体制机制改革创新的探索步伐，有意识地引导全市社区文化活动向品牌化、制度化、大型化发展，丰富群众文化生活，开阔群众文化视野。

在文化活动品牌化、制度化、大型化发展的号角下，一些革命老区村所在镇区如五桂山、东区、西区、三乡、古镇、沙溪等镇区的群众性文化活动蓬勃开展，呈现出自发性、群众性、常态性、多样性的特点。其中，来自"广东曲艺之乡"的古一村曲艺社，在50多年的历史沉淀下，也在这个时期快速成长起来，逐渐发展成为当地群众喜爱的曲艺社。为满足革命老区村民的看戏需求，古一村曲艺社不断丰富演出内容，并从2002年起开始到周边农村进行义演。

2008年，随着物质生活的丰富，对文化生活的需求越来越旺盛，革命老区村民已经不满足简单过把"眼瘾"，而是手动、脚动、全身动积极参与到文娱体育活动中。家庭健身、手机K歌、唱吧K歌，到广场跳舞、游泳馆游泳、球场打球、健身馆健身等活动，已经日渐融入到人民群众的日常生活中，其文化生活更加丰富多彩，人民群众的获得感、幸福感日益增强。2010年，中山顺应群众的文化需求，建成了文化广场377个，组建了业余文艺团队699个，举行各类文化演出活动超过5000场。①

真正意义上的全民动员，让各种社会力量参与到公共文化服务中来的，是2010年中山市文广新局推行的"业余文艺团体资助计划"。当年，中山制定业余文艺团队评级制度，实施完善资助业余文化团体开展公益文化活动试验性计划，引导和鼓励业余文艺团队面向农村、社区和特殊群体开展"共建和谐、共享文化"

---

① 中山年鉴编纂委员会编：《中山年鉴 2011》，广东人民出版社 2011 年版，《教科文卫体》部分。

公益文艺演出、高雅艺术进社区等活动。在政府的支持推动下，中山革命老区村所在镇区的各文体协会十分活跃，文化活动遍地开花。革命老区的一大批文体骨干带头人也有了施展才艺的机会。如古镇镇舞蹈协会，在骨干会员带动下，队伍从原来的几个人迅速发展到1000多人，在全镇9个村的健身广场上晚上跳健身舞的新老古镇人近1万。①

2011年，中山全年资助业余文艺团队26支，开展公益文化活动210场，"2131"（即在21世纪初，在广大农村实现一村一月放映一场电影的目标）电影工程和社会资助共放映近2600场电影。②2014年，中山投入80万元以定向资助的形式，扶持、资助37支民间文艺团队，直接向群众提供文化服务演出237场，让包括革命老区在内的广大农村群众真正成为文化活动的参与者和"掌舵者"。③如古镇镇古一村曲艺社这群自发组团的粤曲"发烧友"，经过多年的磨炼，演员们已从当初表演时"脚软要人扶"，到现在的"想唱就唱"，俨然成为当地有名的"草根明星"。每年，古一村曲艺社义演达30多场，15年来送戏下乡近400场。

"从上世纪物质匮乏时期单调的文化生活，到今天在村头家门口就有好戏看，古一村用文艺之笔书写革命老区村新时代文化生活篇章的同时，也记录了中山文化惠民工程历史进程的重要一笔。"时任古一村村委会主任苏池结表示，在村文体骨干的带动下，听粤曲、看大戏已成为革命老区村民生活的一部分，全村已

① 参见徐钧钻、尹莫娇、黄冰晶：《古镇鼓励兴趣爱好引领全民修身 文体协会成为市民自觉修身平台》，《中山商报》2014年6月27日A10版。
② 中山年鉴编纂委员会编：《中山年鉴2012》，广东人民出版社2012年版，《文化》部分。
③ 中山年鉴编纂委员会编：《中山年鉴2015》，广东人民出版社2015年版，《文化》部分。

形成"南国红豆无淡季，万家灯火万家弦"的文化氛围。

2016年，中山市首个公共文化配送服务平台——"你点我送"中山文化惠民通正式上线运行，让群众在自家门口就可享受到专业配送的"文化大餐"。截至2016年12月底，该服务平台已向各镇区配送文艺演出20场、公益讲座10场、公益展览24场，有效促进公共文化服务双向互动、供需对接。[①]

随着文化惠民工程的深入实施，送戏下乡、送书下乡、送展下乡、送舞下乡等文化下乡活动全面开展，"你点我送""群众点菜、政府配菜"等系列活动有效促进文化服务的供需对接，自2017年起中山每年举办大小各类文艺活动超过6000场，打造出"中山粤剧文化周""中山社区文化节""中山读书月"等20多个文艺活动品牌，[②]全年惠及群众超过300万人次。依托丰富的本土文化资源和扎实的群众文化活动基础，中山也成功打造了全国首个群众合唱基地。全国"群星奖"合唱决赛、中国合唱节、中国童声合唱节等国家级合唱赛事在中山这个"合唱之城"轮番精彩上演。如今，每当夜幕降临，在全市城乡370多个文化广场上，歌声嘹亮、舞姿翩跹，市民在一场场精彩纷呈的表演中大饱眼福。

---

① 参见中山市文化广电新闻出版局 2016 年地方志资料年报。

② 参见刘贤沛：《中山每年投入数百万采购公共文化服务》，《南方都市报》2018年 9 月 21 日 QB06 版。

第九节 抓基层党建，促老区村发展

随着改革开放的不断深入与扩大，抓好党的组织建设，尤其是基层组织建设，充分发挥基层党组织的凝聚力和战斗力，是加强党的建设面临的一项紧迫而紧要的任务。在中山，基层党建工作长抓不懈；在革命老区村，党的农村基层组织带领广大干部群众认真落实党的各项方针政策，真抓实干，努力推动集体经济的发展，老区村旧貌换新颜。党的十八大以来，习近平总书记立足新时代党的建设实践，形成了关于党的建设和组织工作重要思想，提出了新时代党的建设总要求和新时代党的组织路线，为坚持党的领导、加强党的建设、做好组织工作提供了科学指引。中山市牢牢把握习近平总书记关于党的建设和组织工作重要思想的时代意义，把握新时代党的组织路线的科学内涵和实践要求，以党的建设和组织工作新成效为中山新一轮大发展提供坚强组织保障。

一、开展争先创优系列活动，为发展提供有力保障

1982年1月，中共中山县委批转县委组织部发布的《关于我县基层党支部开展创先进支部，做合格党员，争当优秀党员活动情况的报告》的通知，各公社、镇党委，县直各单位"创争"活动扎扎实实地开展起来；3月，在具有众多革命老区村的古镇公

社召开大会部署全县"创争"活动；6月，中共中山县委以革命老区村横栏公社新茂大队党支部为试点开展党的基层组织整顿工作。8月，中共中山县委根据中共中央、广东省、佛山地区整顿党的基层组织工作座谈会精神，结合新茂大队党支部整顿试点的经验，提出搞好党的基层组织整顿和建设的意见，全县开展农村第一批党的基层组织整顿工作。至1982年底，共有58个基层党支部得到整顿。支部"创争"活动的开展，为中山党的建设和精神文明建设注入了活力，当然也为革命老区村的发展提供了有力的组织保障。

"创先争优"一系列活动一直延续着。1989年3月，中山市委根据中共中央、广东省委指示精神制定《关于建立民主评议党员制度的通知》，提出在整顿农村后进基层党支部和机关、企事业单位试点的基础上，开展一次普遍的民主评议党员活动，每年进行一次，并形成制度。1989年上半年先进行整顿农村后进支部，下半年分批和铺开；建立和完善"两公开，一监督"制度；继续推广"创争"活动、党员联系户、"三会一课"等制度。在此活动中，各革命老区村完善了民主评议党员制度，党建工作得到有效巩固。

2005年1月，中山开展以实践"三个代表"重要思想为主要内容的保持共产党员先进性教育活动，把保持党员先进性教育紧紧围绕构建"两个适宜"（适宜创业、适宜居住）和谐中山来进行，并在广东省率先开展农村保持共产党员先进性教育活动。全市1600多名新任村（社区）"两委"成员及24个镇区的党（工）委书记、党群副书记和组织委员全部参加集中培训。活动中，许多镇区邀请参加过抗战的革命老同志为农村党员上党课，有些镇区和村党支部利用革命遗址组织党员进行实地参观学习，革命老区的红色资源得到充分利用。[①]

2015年，中山市开展"三严三实"专题教育活动，围绕提升党员干部党性修养、作风建设和推进创新驱动发展，高标准严要求地落实各项任务，推动专题教育常态化，推动广大党员干部守纪律讲规矩。2017年开始，中山市开展学党章党规、学系列讲话，做合格党员的"两学一做"学习教育活动，坚持问题导向，以"组织建设科学化、党员管理规范化、组织生活制度化、作用发挥常态化"为内容，开展基层党建标准化体系建设。活动强化了党组织服务功能，推动作用发挥常态化，推进了党群一体化建设，构建以党代表为核心纽带，党代表所在党组织、村（社区）党组织、两新组织党组织和各类群众组织联动的"一核四联"服务格局。中山采取设立党员示范岗、党员责任区等方式推行党员公开承诺践诺、结对帮困、志愿服务等活动，打造"红色先锋"全市党员志愿服务平台，建立架构清晰、职责清楚、人员充足的"党建＋"志愿服务和公益体系。[②]

多年来，一系列"创先争优"活动营造了良好的政治生态，为推动全市改革发展提供了思想和作风保证，一大批革命老区村在优秀党员先锋模范的带领下迎来了翻天覆地的变化。

二、发挥党员干部带头作用，以党建促帮扶长抓不懈

建设基层党组织，促进革命老区发展，发挥党员干部模范带头作用至关重要。中山市委认真调查研究、制定政策，组织党员

[①] 以上3段根据中共中山市委党史研究室：《与改革开放同行——30年中山市党建历程（1978—2008）》，中共党史出版社2009年版。

[②] 中山年鉴编纂委员会编：《中山年鉴2018》，广东人民出版社2018年版，第49页。

干部帮扶困难户，带领村集体致富。

从改革开放前到改革开放后，以党建促帮扶一直在延续开展，其中，浪网等镇党委在1986年开始发动党员建立联系帮助困难户脱贫致富的制度效果尤为显著，被《羊城晚报》等媒体报道。1989年10月9日，中山市委发出《关于组织农村先富党员开展扶贫活动的意见》，决定把先富党员扶持生活困难户脱贫致富作为联系群众户活动的重点，实行"四帮"——帮思想、帮门路、帮资金、帮技术，加快困难户脱贫致富的步伐。这项制度一直坚持下来，虽然形式上根据形势的变化而有所变化，但以党建促帮扶的内核不变，中山形成了扶持经济后进镇、村、户的三级扶贫体系，一批发展相对滞后的老区村得到了有力的支持。

1990年10月，中山市委制定《中山市镇（区）党委书记工作守则》，提出"在位一任，为富一方"。1990年2月，中山市委、市政府作出《关于组织党政机关干部下基层的决定》，以派出工作组等形式，实行挂钩扶贫，蹲点抓样板调查研究，结合"社教"工作进一步抓好农村基层党组织建设。各种形式的挂钩扶贫工作开展至今，大批老区村由此得到了扶持发展。

2014年，中山开展党的群众路线教育实践活动，广大党员干部特别是各级领导干部问计于民，问政于民，形成上下同心、和谐共治的社会治理结构与体系，"2＋8＋N"社区模式和村（居）委会特别委员制度进一步深化。当年，市委组织部加强各领域基层组织党建工作，完成村级组织换届。全市276个村（社区）选出村（社区）党组织委员会和村（居）民委员会"两委"班子成员1686人，其中书记、主任"一肩挑"246人，占90.4%。2017年，中山市完成277个村（社区）"两委"换届选举工作，两委班子成员中大专以上文化程度1151人，占43.8%；全市村（社区）书记、主任"一肩挑"比例89.9%，交叉任职率93.7%。换届选举实现"过程平稳有序，纪律风清气正，结果圆满顺利"，获广东省委换届风气专项巡视组和中山市委肯定。[①]

结合贯彻《广东省加强村级基层组织建设五年行动计划》，中山在2014年试行在镇区机关中选派优秀干部担任部分村（社区）"第一书记"，优化村级组织班子结构，增强农村基层党组织的凝聚力、战斗力和创造力，夯实党在农村基层执政的基础。中山一批革命老区村如南朗左步村等在"第一书记"的帮扶带领下，各项事业得到长足发展。此外，中山还选派优秀公安民警挂任村（社区）党组织书记或副书记（简称"平安书记"），强化农村党组织领导核心作用；实施村级后备干部"青苗工程"，选拔村级后备干部；从优秀异地务工人员中选聘人员担任村（社区）"两委"特别委员。中山全面整顿软弱涣散基层党组织，调整不胜任的党支部书记，安排挂点联系领导，下派干部，开展专项整治，解决各类问题。通过建立镇区领导干部驻点普遍直接联系群众制度，全市镇村两级数千名干部每周二固定开展驻点联系工作。[②]2017年，中山市对19个软弱涣散村（社区）党组织投入项目整改资金1.32亿元，坚持市镇村三级联动，推动整顿责任具体化；明确挂点市领导、镇区党委（党工委）书记、村（社区）第一书记、村（社区）党组织书记"四类主体"的整顿工作责任。[③]

2018年，中山扎实推进"三年行动计划"，全面提升基层组织

---

① 中山年鉴编纂委员会编：《中山年鉴2015》，广东人民出版社2015年版，第45、46页；《中山年鉴2018》，广东人民出版社2018年版，第50页。

② 中山年鉴编纂委员会编：《中山年鉴2015》，广东人民出版社2015年版，第45、46页；《中山年鉴2018》，广东人民出版社2018年版，第64页。

③ 中山年鉴编纂委员会编：《中山年鉴2018》，广东人民出版社2018年版，第63页。

政治功能和组织力；统筹抓好"育、识、选、管、用、储"，进一步激励干部新时代新担当新作为；着力提升各领域基层党组织组织力，牢固树立大抓基层的鲜明导向。党建工作与中心工作更好地结合在一起，中心工作推进到哪里，党建工作就跟进到哪里。

发挥党员干部带头作用，以党建促帮扶长抓不懈，使包括革命老区村在内的中山农村实现了质的飞跃。

第十节 勾勒乡村振兴新图景，革命老区村生机勃发

"实施乡村振兴战略，是党的十九大作出的重大决策部署，是决胜全面建成小康社会、全面建设社会主义现代化国家的重大历史任务，是新时代做好'三农'工作的总抓手""农业强不强、农村美不美、农民富不富，决定着全面小康社会的成色和社会主义现代化的质量"……在2018年全国两会上，习近平总书记情系"三农"，念兹在兹，语重心长。

乡村振兴正当时。贯彻落实习近平总书记重要讲话精神，中山大地迸发新的活力，"三农"发展铺开斑斓画卷。2018年来，中山市牢固树立新发展理念，按照"产业兴旺、生态宜居、乡风文明、治理有效、生活富裕"的总要求，立足城乡发展一体化，全面深化农业供给侧结构性改革，勾勒中山乡村振兴新图景，让革命老区村的田野生机勃发。

一、绘就中山"三农"事业新蓝图

2017年10月18日，习近平总书记在党的十九大报告中向全党全国人民发出实施乡村振兴战略的号召。习近平总书记指出，农业农村农民问题是关系国计民生的根本性问题，必须始终把解决好"三农"问题作为全党工作重中之重。

"要深刻认识实施乡村振兴战略的重要性和必要性，扎扎实实把乡村振兴战略实施好。""实施乡村振兴战略是一篇大

文章，要统筹谋划，科学推进。"在2018年全国两会上，习近平总书记的重要讲话进一步凝聚了共识，让乡村振兴化作有力行动。

顶层设计，规划先行。中央一号文件明确乡村振兴的路线图、时间表。国家发改委牵头，紧锣密鼓制定国家乡村振兴战略规划，调研组深入各地专题调研；农业农村部派出120名干部分赴30个省份、60个村开展调查，收集田间地头的民情民意。

为推动中山农业全面升级、农村全面进步、农民全面发展，中山于2018年5月11日和11月5日，分两次召开由市四套领导班子、127个市直部门、24个镇区党委书记、镇长等300余人参加的全市性高规格乡村振兴工作会议。专门成立以市委书记、市长挂帅的市委实施乡村振兴战略领导小组，推进乡村振兴各项工作。各镇区党政主要领导带头深入农村一线调查研究，指导实施，分管领导统筹协调，全力推进，乡村振兴战略急行军的号角全面吹响。

与此同时，为持续推进乡村振兴战略，中山市委、市政府于2018年先后印发实施《中山市关于推进乡村振兴战略的实施方案》《中山市关于全域推进农村人居环境整治建设生态宜居美丽乡村实施方案》等一系列主体文件，并从政府、组织、农业、环保、规划、宣传等多个方面入手出台一系列辅助政策，逐步构建实施乡村振兴战略"1＋1＋N"的政策体系。

在乡村振兴战略重大决策的春风下，一幅秀美的乡村新图景正在中山徐徐展开。与此同时，中山也紧紧抓住粤港澳大湾区重要战略机遇，脚踏实地协同推进两大战略，努力形成叠加效应，产生互促效果，在提高发展平衡性和协调性上迈出更加坚实的步伐。

二、精准发力让老区村落华丽变身

"一件事情接着一件事情办，一年接着一年干，建设好生态宜居的美丽乡村，让广大农民在乡村振兴中有更多获得感、幸福感。"习近平总书记的重要指示，让中山的干部群众更加坚定了在"千万工程"（千村示范，万村整治）推进中，坚持"群众视角"，把一件件民生小事作为一个个着力点，逐步解决群众关心的件件事情的信念。

2018年，中山把城乡环境综合整治工作列为"一把手"工程和最大的民生工程，高度重视、高位引领、高效聚能、高位推进，盯紧盯牢城乡环境综合整治的重点、难点、薄弱点，精准发力、靶向施策，通过开展"三清理、三拆除、三整治"专项行动、整治农村垃圾和生活污水、实施"四好农村路"建设、推进水资源保障体系建设和美丽宜居村居创建工作，打造一批拿得出手、看得上眼的示范点，使许多昔日破败的村落华丽变身。

其间，中山一方面对现有财政农业专项资金进行全面梳理，集中财力、整合资金，鼓足了乡村振兴战略实施的"钱袋子"；另一方面采取效能监督的手段来"驱赶慢牛"，实行一系列考评问责办法，一级一级传导压力、一层一层夯实责任，让中山乡村振兴工作取得良好开局。数据显示，2018年末纳入整治范围的222个村（居）基本完成"三清三拆"；全市农村生活垃圾有效处理率超过96.5%，分类减量率超过50%，村庄保洁覆盖面达100%；全市农村无害化卫生厕所覆盖率100%。

截至2018年底，第一批6个特色精品村共谋划50个项目，已开工40个。其中，与珠海市斗门区隔珠江西江相望的革命老区村——神湾镇外沙村，于2018年8月成功入选中山市特色精品村试点单位，将通过10多亿元的污水治理、交通建设项目，让革命老区村"大变脸"，绘就一幅更生动、秀美的水乡画卷。

中山高位推进乡村振兴战略，引领一批新农村建设驶入"快车道"。如在南朗镇左步村，站在宽阔的环村路上放眼望去，展现在眼前的是一幅美轮美奂的乡村生活画：远处是大片碧绿的稻田，近处绿树成行，清澈的渠水"哗哗哗"地流淌，每家门前都有一条崭新的沥青路通过。村文化长廊内，亭台楼阁，小桥流水，村民们三五成群，或闲坐，或聊天，或在文化广场上跳舞健身。这样宛如江南田园风情画的村庄，在中山已是星罗棋布，成为一道道亮丽的风景线。

三、把乡村振兴播种在希望田野上

乡村要振兴，产业是支撑。党的十九大提出产业兴旺、生态宜居、乡风文明、治理有效、生活富裕的总要求，在2018年全国两会期间，习近平总书记进一步强调，产业、人才、文化、生态、组织"五个振兴"系统推进，这让乡村振兴路径更清晰，重点更突出，方向更明确。

为实现农业增效、农民增收，中山以项目建设为重点，大力发展花木、淡水养殖、蔬菜和小水果等特色优势产业，谋划推进横栏花卉苗木和东升脆肉鲩鱼两大现代农业产业园建设，推进建设千亩水果良种示范基地，不断延长产业链条，扶持发展12个农产品加工企业及市场流通商务发展项目。

2018年，中山在广东省率先出台《休闲农业发展的指导意见》，大力推动第一、二、三产业融合发展，发挥叠加效应。到2019年初，全中山休闲农业占地面积近3万亩，亩产较传统农业提高30%以上；培育省级休闲农业与乡村旅游示范镇3个、示范点16个以及省级AA级农业公园2个，国家AAA级休闲农业景区1个，国家级美丽乡村1个，年接待游客超400万人次，经营收入逾

2亿元。

与此同时，中山还深入推进农业供给侧结构性改革，推进农产品品牌建设和农业科技创新。引入各类农作物新品种278个，示范推广新品种47个，示范推广应用新技术21项，获得广东省农业技术推广奖一等奖2项、二等奖1项。发展培育新型农业经营主体，发展市级以上农业龙头企业49家，农民专业合作社152家，市级示范性家庭农场94家。

其中，古镇灯饰特色小镇、大涌中国红木文化旅游特色小镇分别入选第一、第二批全国特色小镇名单，东升国际棒球小镇入选国家体育总局公布的运动休闲特色小镇试点名单。小榄菊城智谷小镇、古镇灯饰小镇、大涌红木文化旅游小镇则被列入为广东省第一批省级特色小镇。火炬开发区的智慧健康小镇已正式列入广东省第二批省级特色小镇创建对象。

一个个生态秀美、生活富裕的新农村渐次绽放，一批特色小镇正在蓬勃兴起，一股新动能正驱动着革命老区村庄的华丽蜕变。行走在中山200多个革命老区村，听到最多的话题是"发展"，看到最多的是"实干"的场景，乡村振兴的美好愿景正在这片希望的田野上生根发芽，将会结出更丰美的果实。

附　录

附录一 党史人物简介

苏兆征（1885—1929），又名苏吉，香山淇澳东溪乡（今属珠海市）人。1903年赴香港当海员。1908年加入同盟会，1922年1月与林伟民等领导了香港海员大罢工，吹响了中国第一次工人运动高潮的号角。1924年冬，孙中山北上号召召开国民会议。在中国共产党和国民党左派的发动下，于翌年春在北京召开了国民会议促成会。苏兆征代表香港工人团体出席了这次会议，其间，加入中国共产党，随即加入国民会议促成会的共产党团。1925年5月1日当选为中华全国总工会执行委员会委员。"五卅惨案"发生后，中共广东区委和中华总工会决定发动香港工人和广东沙面工人举行罢工以声援上海人民的反帝斗争。苏兆征当选为罢工委员会委员长。1926年1月当选为全国海员工会执行委员会委员长，在第三、第四次全国劳动大会上当选为全国总工会执行委员会委员长。受中共委派担任国民政府劳工部部长。1927年4月，出席在武汉召开的中国共产党第五次全国代表大会，当选为中央委员和中央政治局候补委员（任职到1927年8月）。"八七会议"上当选为中共中央临时政治局委员、常委。"八七会议"后到上海参加中共中央领导工作。同年12月任广州苏维埃政府主席（未到职）。1928年2月中旬，主持中华全国总工会第一次扩大会议和泛太平洋劳动第二次会议，并到莫斯科参加赤色职工国际第四次代表大会和共产国际第六次代表大会。同年7月在中共六届一中全会上当选为中央政治局委员、常委，任中共中央职工运动委员会书记。1929年2月25日在上海病逝。

林伟民（1887—1927），原名林兴，香山三灶岛西洋田村（今属珠海市）人。19岁时在家乡当酿酒杂工，后到香港谋生，在轮船上当杂役。在孙中山革命思想的影响下，参加了同盟会，成为香港海员"联义社"的骨干。1921年3月当选为中华海员工业联合总会第一届干事会干事。1922年1月12日，与苏兆征等发起领导香港海员工人大罢工。1922年5月1日，作为香港海员工会的代表出席了第一次全国劳动大会，会后前往上海组建中华海员工业联合总会上海支部，当选为支部主任。1924年春代表香港海员工会赴苏联参加国际运输工人代表大会，并应邀前往莫斯科东方劳动大学作关于香港海员大罢工经过的报告。其间，加入中国共产党，成为首个加入中国共产党的广东海员。归国后，出任中华海员工业联合总会广州总办事处主任，并先后任中共广东区委委员、区监察委员会书记。曾领导广州和北江民船工人进行反无偿征调勒索斗争和轮船烧火工人进行反虐待斗争等，均取得胜利。1925年5月当选为中华全国总工会执行委员会委员长。上海"五卅惨案"发生后，为支援上海人民的反帝爱国斗争，中共广东区委决定发动香港和广州工人联合的政治大罢工——省港大罢工。身患重疾的他仍夜以继日地投入工作，在廖仲恺等的支持下，征用广州市内的一批烟馆、赌馆及其他空房作为安置罢工工人的宿舍，筹集经费购置粮食及其他生活用品以保证罢工的顺利进行，主持罢工工人代表大会，发动罢工工人参加开筑黄埔公路的工作。于8月12日代表省港罢工委员会主持黄埔筑路委员会开幕典礼后，因腿部骨结核病情恶化被送进了医院。治疗期间还撰写了《实际的经验和教训》一文，总结香港海员罢工斗争的经验和教训。1926年5月当选为中华全国总工会第二届执行委员会执行委员。大会决定"大会代表每人捐助林（伟民）同志医药费半毫"，并派代表前往医院慰问林伟民。1927年广州"四一五"反革命政变后，环境险恶，党组织已无法从经济上接济他，许多盐船工人自动捐款维持他的药费和生活费用。同年9月1日，林伟民病逝。广州盐船工人不顾白色恐怖，集资殓葬其遗体，充分体现了广大工人对自己的领袖的关怀和爱戴。

杨殷（1892—1929），字典乐，又名孟揆。中山翠亨村人，1911年加入同盟会，担任联络工作。1914年在上海掷炸弹把杀害宋教仁的凶手、袁世凯的爪牙淞沪警备司令郑汝成炸伤。孙中山出任中华民国军政府大元帅时，他任大元帅府参军处副官。1919年任职广州西关盐务稽查处。1922年初加入中国共产党后，把自己的房屋田产和已故妻子留下的首饰变卖，积蓄及变卖所得全部交给组织，以解决党的活动经费问题。同年底，受组织委派赴苏联参观学习，1923年回国后在广州从事工人运动。1924年先后任中共广东区委监委委员、区委委员，国民党中央工人部特派员等职。1925年1月出席中共第四次全国代表大会，"五卅惨案"发生后参加组织领导省港大罢工。1927年8月任中共中央临时南方局成员，负责军事和肃反两个委员会的领导工作；兼任中共广东省委委员，负责工委工作。同年12月参与领导广州起义，负责起义总指挥部的参谋团工作；又任广州苏维埃政府人民肃反委员、代理主席。广州起义失败后，到海陆丰与彭湃等领导起义部队、农军坚持武装斗争。1928年4月，再次被推选为中共广东省委委员。同年6月赴莫斯科出席中共第六次全国代表大会，当选为中央委员、政治局候补委员、政治局候补常委，中央军事部部长，并递补为政治局委员、政治局常委。曾到山东、安徽、江苏等地区指导武装斗争和白区工作，与周恩来创建了中央特科（中国共产党中央特别行动科）等。1929年8月24日，由于叛徒告密，与彭湃、颜昌颐、邢士贞等被捕。8月30日，蒋介石亲自下令秘密杀害彭、杨、颜、邢。次日，中国共产党中央委员会发表《中国共产党反对国民党屠杀工农领袖宣言》。9月14日，周恩来撰文《纪念着血泪中我们的领袖》，揭露蒋介石国民党杀害革命志士的滔天罪行，颂扬革命烈士的英雄行为，表达了对烈士的深切悼念，号召人民与国民党反动派作坚决的斗争。

林锵云（1894—1970），又名锟池、昌文，新会沙岗乡人。1922年开始参加工人运动。1925年参加省港大罢工。1926年加入中国共产党，1927年参加广州起义。1928年后任中共南海临时县委书记、香港工代会党团书记、中华全国总工会南方特派员兼"海总"香港特派员等职。1933年在上海因叛徒出卖而被捕入狱。1937年在苏州监狱转移途中逃脱，后转到武汉八路军办事处。1938年回广东工作，任中共南顺工委书记等职。广州沦陷后，组建顺德抗日游击队。1940年夏开始，先后任中共南番中顺中心县委委员、广东军政委员会委员、南番中顺游击区指挥部指挥、中区纵队司令员、珠江纵队司令员、中共广东区委委员等职，领导建立了五桂山抗日根据地和顺德西海等游击基地，领导珠江人民进行抗日斗争，成功率领中区纵队主力挺进粤中，并在中山率先建立抗日民主政权。抗日战争胜利后，于1946年6月率队北撤山东烟台。历任两广纵队副政治委员、全国总工会执行委员会常委兼组织部部长。中华人民共和国成立后，历任中共中央华南分局委员、华南分局职工委员会第二书记、广东省人民政府劳动局局长、广东省总工会主席、广东省副省长、中共广东省委常委、第三届全国人大常委会委员等职。

欧阳强（1894—1948），中山南朗麻子村人。1922年10月参加中共唐山地委发起的唐山车辆制造厂工人大罢工。1923年1月加入中国共产党。此后，一直从事工人运动。"二七惨案"后被组织派往锦州、沟帮子等地进行革命活动。1925年组织成立中共京奉铁路关外段支部，任书记。1927年任中共沟帮子特别支部书记。1930年初，年关将至，铁路当局又停发工人"花红"，工人群情激愤。时任中共满洲省委书记刘少奇曾到沟帮子指导斗争，欧阳强等遂照刘少奇的指示，于2月初组织发动年关"花红"斗争，迫使北宁路当局让步，同意发给工人年终"花红"。由于在斗争中表现出色，被中共满洲省委委任为营口特支书记。1931年2月至11月任中共满洲省委委员，负责北宁路的工运工作。九一八事变后，被日机射伤右胳膊，于唐山铁路医院疗伤，伤愈后由组织安排在唐山机务段当钳工以掩护工作。1932年被当局逮捕入狱，次年释放出狱后，先后由组织安排到丰台、乐昌、武昌等地工作。1938年初任中共武昌武东机修厂支部书记。8月，随武东机修厂南迁湖南郴县，任中共铁路郴县地区支部书记。抗日战争胜利后曾在乐昌创办"铁型俱乐部"，1946年初因为工人争取权益被铁路当局开除。此后，以卖中成药作掩护从事活动。1947年受组织委派，继续负责乐昌工运工作。同年10月9日被捕，1948年4月26日被杀害。

杨匏安（1896—1931），原名麟焘，又名锦焘，笔名匏庵、王纯一，香山南屏北山村（今属珠海市）人。1914年毕业于广雅书院，1915年东渡日本横滨求学，其间接触到西方各种流派新学说，学习了马克思主义的日文译著。次年从日本回到家乡，曾在澳门当家庭教师。1918年在广州时敏中学任教务主任。1919年在《广东中华新报》撰文介绍西方的新文学、哲学和社会学，连续登载《马克斯主义（一称科学的社会主义）》等文章。这是华南地区最早系统介绍马克思主义的文章。1921年加入中国共产党。1922年任社会主义青年团广东区委代理书记。1923年5月广东区团委改选，被选为候补执行委员。1924年1月中国国民党一大后，任国民党中央组织部秘书、代理部长，同年秋季任中共广东区委监察委员。1925年参加组织发动省港大罢工，11月当选为国民党广东省党部常委兼组织部部长。1926年1月，在国民党第二次全国代表大会中，当选为中央执行委员和常务委员。1927年5月，在中共第五次全国代表大会上，当选为中央监察委员。大革命失败后，曾出席中共中央"八七会议"。1928年前往新加坡、吉隆坡等地开展革命活动。1929年回到上海，在中共中央宣传部工作，参加编辑党刊。1930年任中共中央农民部副部长。1931年7月被捕，关押在淞沪警备司令部。蒋介石曾9次派人劝降，都遭到严词拒绝。8月在上海英勇就义。

黄平（1901—1981），又名有恒、国佐，中山石岐人，出生于湖北汉口，辛亥革命后移居上海。1918年到北平，先后在英文日报、英文导报社做校对，还在远东通讯社做过翻译。1923年到苏联莫斯科东方大学学习。在共产国际第五次代表大会期间，担任李大钊的英文翻译。1924年春加入中国共产党。同年11月奉派回国。后到香港为赤色职工国际运输工人委员会创设国际海员俱乐部，任中共香港特别支部书记。1925年6月参加省港大罢工，任罢工委员会顾问。1926年任中共广东区执行委员会工人部部长、职工运动委员会书记，并在第三次全国劳动代表大会上当选为全国总工会执行委员。1927年4月，参加中共第五次全国代表大会，后任中共中央南方局委员、中共南方局军事委员。中共中央"八七会议"后，参与领导广州起义，任革命军事委员会委员、广州苏维埃政府人民内务委员和外交委员。1928年作为共产国际的特约代表出席中共在莫斯科举行的第六次大会，曾两次进入列宁学院学习。同年12月受中国驻共产国际代表团委派出席德国柏林国际同盟会议。1930年作为中华全国总工会代表参加赤色职工国际的工作。同年9月在中共六届三中全会上被补选为候补中央委员，并任中共驻共产国际代表。1931年8月回国，在上海中共中央负责交通工作，建立秘密电台，沟通与共产国际的联系，设立中央与各苏维埃区域之间的交通线。11月被选为中华苏维埃共和国中央执行委员。1932年夏任中华全国总工会党团书记。同年12月到河北省检查工作时在天津被捕，后押解到南京，在狱中自首叛变。次年春被释放出狱，以教英语、翻译为业。中华人民共和国成立后曾在上海复旦大学外语系任教授。

李华炤（1902—1928），中山南朗岐山村人。1916年前往香港做工，1924年8月参加第二届广州农民运动讲习所学习，其间加入中国共产党，结业后以国民党中央农民部农民运动特派员身份被派回中山开展农民运动和改组国民党工作，于1925年组织成立中山县农民协会，任执行委员会委员和县农民自卫军负责人；组织成立中共中山县支部，任支部书记。1926年组织成立中共中山县委，任书记兼中山县农工学商协会负责人。1927年4月23日，发动和领导中山卖蔗埔农民起义。同年8月27日在澳门主持中共中山县委会议，制定中山县秋收暴动计划和措施。1928年1月4日，与中共中山县委委员黎炎孟前往澳门向上级驻港澳机关请示汇报工作时，由于叛徒出卖，在澳门一茶楼被国民党密探劫持回中山。国民党当局用尽严刑和威逼利诱，县长梁鸿洸亲自出马审讯，但他毫不妥协，甚至把审讯的案台踢翻压在梁鸿洸身上。同年1月12日遭杀害。在押赴刑场途中，他高唱国际歌，高呼革命口号，凛然就义。中山解放后，中山县人民政府曾把麻子、林溪、岐山三村合并，命名华炤乡，以作纪念。

李凡夫（1906—1990），原名郑锡祥，中山濠头村人。在广州中山大学附中读书时，接受进步思想。1929年在日本留学时研读马列主义书籍。九一八事变后弃学回国，后转到上海暨南大学继续学习。1934年加入中国共产党，曾任"上海社联"党委委员、党团委书记。七七事变后赴延安，先后担任《解放周刊》编辑，红军大学、抗日军政大学、陕北公学等校教员，被公认为名教授之一。1943年至1949年，先后任华北联合大学副教育长、教育学院副院长、中共中央军委办公室主任、中共中央军委干部队第二大队长、中共辽宁省委和吉林省委宣传部副部长、吉林省委党校副校长、江西省委宣传部部长等职。中华人民共和国成立后，先后任中共华南分局和中南局宣传部副部长、中共中央第五中级党校校长兼党委第一书记、中共安徽省委委员兼调研室主任。1959年因如实向上级反映当时浮夸风对农村所造成的危害，被撤销领导职务。1962年得到平反后，任中共安徽省委常委兼宣传部长。1964年任安徽省人民政府副省长，曾被选为第三届全国人大代表。"文化大革命"期间遭到迫害，粉碎"四人帮"后得到平反。1978年被选为安徽省第四届政协副主席。1979年当选为安徽省人大常委会副主任。代表作有《中国与日本》《抗战八年来的八路军和新四军》《革命的世界观与道德观》等。

孙康（1906—1996），曾用名孙一艺、孙映雪、孙艺文，中山沙边村人。1924年在中山县立中学读书时参加新学生社中山分社，1926年加入共青团，次年春转为中共党员，曾任中共中山四区宣传委员。大革命失败后转移到南洋，任新加坡槟榔屿支部宣传委员，1933年因从事革命活动被当局驱逐出境而失掉组织关系。返回家乡后积极寻找党组织，终于在1936年与党接上了关系，恢复了党籍并积极发展组织，使中山成为广东恢复重建中共组织后首个建立县委的县，为中共组织在中山的重建作出了重要贡献。先后任中国青年同盟中山县特支书记、中共中山支部书记、中山县工委书记、中山县委书记，中共广东省委候补委员。抗日战争时期，坚决执行中共中央的抗日民族统一战线的方针，争取国民党县当局头面人物的支持，建立抗日武装，举办游击训练班、救护班等，训练民兵，为中山、珠江地区培养了大批游击骨干。并派党员分布于五桂山区和周边的乡村，以教书掩护工作，为建立五桂山抗日根据地创造了有利条件。1939年9月后调离中山，先后任中共越南华侨支部书记，越南侨南报总编辑，中共滇桂黔边工委秘书、党委副书记，滇桂黔边区公学教育长、党委书记，中共滇东南地委常委兼宣传部部长，中共滇桂黔边区党委秘书长。中华人民共和国成立后，历任中共云南省委副秘书长，宣传部副部长，工矿部副部长，云南省民政厅党组书记、副厅长，云南省高级人民法院院长，云南省人委副秘书长。

周楠（1907—1980），又名洪飚，中山三乡平岚村人。少时家贫，13岁到朝鲜姐夫处生活，在汉城华侨小学读书，后当学徒，1927年回到香港当工人。1929年加入中国共产党。后因发动香港工人罢工被捕入狱，获释后回乡务农，与党失去联系。1935年再到香港组织香港救国会，翌年以香港学生代表名义赴上海出席全国学生代表会议，被选为委员。其后又出席上海全国各界抗日救国会议，被选为候补委员，负责与全国各地救国会联系。同年冬通过饶彰风介绍与中共广州市委罗范群联系，恢复了党籍，在广州市委负责开展职工运动。1938年2月任中共广州市委常委、市职工运动委员会书记。广州沦陷后转移到开平县赤坎镇，任粤中特委会副书记兼组织部长。1939年5月至1945年10月，在南路（高州、雷州、廉江、钦州等县）工作，先后任中共高雷工作委员会、中共南路特委、中共粤桂边区工作委员会书记和高雷人民抗日解放军司令员兼政治委员等职。抗日战争胜利后调到中共广东区委负责农村工作。1946年9月调任中共广东区委驻越南劳动党中央联络员。1947年5月任中共粤桂滇边区工作委员会书记。1948年夏，率部向云南挺进，开辟滇东南部革命根据地。中华人民共和国成立后，历任中国人民解放军滇桂黔边区纵队政治委员，中共中央华南分局组织部副部长、广东省人民检察署检察长、省高级人民法院院长、省人民政府政法委员会副主任、省委政法部副部长、韶关专员公署副专员、省交通厅副厅长等职。

"文化大革命"期间遭受迫害。1972年获平反后被安排在广东省交通部门工作。1979年任广东省政协副主席。

刘田夫（1907—2002），又名刘铁山、刘逸夫，四川广安人。1934年4月参加革命，在上海参加共青团领导下的川康问题研究会并投身于抗日救亡工作，同年10月加入共青团，历任上海惠平中学团小组长、支书，上海江苏团省委法南区委组织干事、宣传部部长、书记，1935年12月曾被捕入狱。1937年由团转党，同年9月被派遣到国民党张发奎第八集团军战地服务队工作，任战地服务队中共特别支部书记。1939年8月后历任中共广东西江特委书记、中区特委书记，南番中顺游击区指挥部政治部主任，中区纵队政治部主任，中共广东区党委委员，为珠江、粤中地区中共组织的巩固和发展、为两地区的抗日武装和中山五桂山抗日根据地的建立和发展，尤其是中山的抗日民主政权建设作出了重要的贡献。1945年先后任广东人民抗日解放军政治部主任、中共广东区委委员、中共广东中区临时特委副书记兼部队政治部主任。1946年6月随东江纵队北撤山东烟台，任广东北撤干部大队政治委员。1947年5月任中国人民解放军两广纵队政治部副主任，1948年先后参加华东战场的豫东、济南、淮海等重要战役。1949年7月随军渡江南下，参加广东战役。中华人民共和国成立后，历任珠江三角洲作战指挥部政治部副主任，中共广东高雷地委书记，广东军区第八（南路）军分区政委以及湛江警备司令部政委，中共粤西区党委委员、副书记、书记，中共华南分局党委委员、组织部第一副部长，广东省委常委、工业部部长、副省长兼秘书长，广东省委书记处候补书记、书记，广东省交通战线革命委员会副主任、主任，广东省革命委员会副主任，中共广东省委常委、省委书记，广东省副省长。1981年任广东省省长，第十二届、十三届中共中央顾问委员会委员，中共十二大、十三大代表，第五届全国人大代表。

郑君里（1911—1969），原名郑重，又名郑千里，中山三乡平岚村人，中共党员。出生于上海，幼年在上海广东会馆免费义学念初中，后转入南国艺术学院戏剧科学习，开始了艺术生涯。后参加中国左翼戏剧家联盟，是"左联"行动纲领起草人之一，著名的戏剧电影艺术家，曾任中国电影工作者协会理事、影协上海分会常务理事、中国文学艺术界联合会委员、中国戏剧家协会理事、上海电影制片厂导演、上海市人大代表、全国政协委员。

郑君里在电影和戏剧上的成就甚丰。1932年至1937年先后参加《火山情血》《大路》《新女性》《迷途的羔羊》等近20部影片的拍摄，并参加了《娜拉》《大雷雨》等话剧演出，是当时著名的"小生"之一。抗日战争全面爆发后，以戏剧为武器，宣传抗日救国，并担任上海救亡演剧队队长。1943年参加中国艺术社，从演员转当导演，导演过《戏剧春秋》《祖国》《求婚》等话剧。抗日战争胜利后，又导演了《一江春水向东流》《乌鸦与麻雀》等著名影片。新中国成立后，连续导演了《宋景诗》《林则徐》《聂耳》《枯木逢春》等多部优秀电影。著有《论抗战戏剧运动》《画外音》《角色的诞生》等书。

梁嘉（1912—2009），广东开平月山博健人。中学时代始投身抗日救亡活动。1935年冬在中山大学参加中国青年同盟和抗日社团中国反帝反法西斯大同盟，同年在参加广州声援"一二·九"示威游行和宣传组织工作时两次被捕入狱。1936年秋加入中国共产党，历任中共中山大学学生支部书记、广州市委青年部部长，为广东党组织的恢复和重建作出贡献。全国抗日战

争全面爆发后任广东省委青年委员会副书记兼广东省青年抗日先
锋队总队部副总队长。广州沦陷后转入秘密抗日斗争，先后任中
共西江特委组织部部长、南路特委副书记、中区特委副书记、珠
江三角洲特委书记。在艰苦的环境中坚持地下斗争，保存和发展
了党的力量。1944年11月增补为广东省军政委员会成员。1945年
1月任广东人民抗日游击队珠江纵队政委，同年夏率领珠江纵队
一部分主力向西江上游挺进，到粤西北、桂东一带开展武装斗
争，创建西江地区新的游击根据地，并兼任中共西江地委书记。
1945年7月任中共广东区党委委员。解放战争时期曾任西江特派
员，负责联系西江、粤中地区留下坚持斗争的武装人员和地下党
工作。1947年5月任粤桂湘边区工委书记、中国人民解放军粤桂
湘边纵队司令员兼政委。中华人民共和国成立后历任广东军区西
江军分区政委、中共粤中区党委副书记兼西江地委书记，广东省
委文教部常务副部长，广东省委宣传部副部长，广州市委书记处
书记，中共中央中南局组织部副部长，广州中医学院革委会主
任、党委书记，广东省教育局局长，广东省科委副主任、党组副
书记，中国科学院广州分院、广东省科学院院长兼党组书记等
职。曾当选为第一、第五届广东省人大代表，第二、第四届中共
广东省委委员，第四届广东省政协常委和第六届全国政协委员。

　　谢斌（1914—2010），原名谢海龙，化名刘斌，江西吉安太
平桥谢家村人。1930年参加中国工农红军，1931年参加共青团，
1932年转为中共党员，历任战士、班长、排长、连长、营长、团
长。1934年7月被派往瑞金彭杨步兵学校学习，同年参加长征。
1937年被调往延安抗日军政大学学习，学习结束后留校任队长兼
军事教员、支队长、延安三分校二大队大队长等职。1940年5月
受中共中央委派，从延安到达广东，在珠江三角洲敌后开展抗日
斗争，和林锵云、谢立全等一起改造广游二支队，组建独立第一

中队，以八路军、新四军的建军原则进行部队的军事、政治培训工作。指挥过番禺，顺德的沙湾、西海以及中山五桂山区的粉碎敌人"六路""十路""四路"围攻等多次战斗，创建了五桂山抗日根据地及顺德西海、中山九区等游击基地，先后任中共南番中顺中心县委委员、广游二支队司令部参谋、南番中顺游击区指挥部副指挥兼参谋长、中区纵队参谋长、珠江纵队副司令员。在建立共产党所领导的珠江地区抗日武装和抗日根据地方面作出了卓越的贡献。1946年任临时北撤委员会委员，率领部队北撤山东，先后任华东军区军政大学五大队大队长，华北野战军第三纵队八师副师长、九师师长。在济南战役中荣立一等功。中华人民共和国成立后，历任华东军区防空司令部参谋长，华东空军司令部副参谋长，空五军军长，福州军区空军副司令员兼参谋长、司令员。"文化大革命"期间受到迫害。1974年1月任南京军区空军副司令员，至1983年离休。1955年被授予少将军衔，获二级八一勋章、二级独立自由勋章、一级解放勋章。1985年获中国人民解放军一级红星荣誉勋章。

杨康华（1915—1991），原名虞焕章，广东番禺人。九一八事变爆发后投身广州群众反日斗争。1932年春夏间参加"中大文艺研究会"和参与左翼进步刊物《新启蒙》的编辑工作。同年7月，组织爱国团体"新中国"。1935年与进步同学组织秘密左翼团体"马列主义行动团"。"一二·九"运动爆发后积极发动同学参加广州"一二·一二"大游行。1936年3月被吸收为中共正式党员，在广州从事工人学生运动和统战工作。抗日战争全面爆发后，历任广东文化界救亡工作协进会常委、中共广州市委常委兼宣传部部长、东南特委宣传部部长、中共香港市委书记（兼管在澳门活动的中共组织）。1942年1月，奉命撤退到东江游击区，曾参与抢救被困在港的文化人的"秘密大营救"行动。

同年2月后被任命为广东军政委员会委员、广东人民抗日游击队东江总队副政委兼政治部主任。1943年12月任广东人民抗日游击队东江纵队政治部主任，1945年7月任中共广东区党委委员，兼任广东区党委粤北党政军委员会书记。解放战争时期曾参加组织东纵北撤，作为军调部第八小组粤北支组中共代表（上校衔）在南雄与国民党代表谈判。1946年7月率队北撤山东烟台。此后，历任华东军大第五大队政委、校党务委员会委员，两广纵队政治部主任等职。新中国成立后，历任中共珠江地委副书记兼组织部部长、珠江军分区副政委，广东省教育厅副厅长，中共中央华南分局宣传部副部长，广东省委文教部部长、省委候补委员，广东省人民政府副省长、省政协第一副主席、统战部部长，第三届全国人大代表，暨南大学校长、党委第一书记，广东省委委员，广东省科教办公室党委书记、主任，广东省革命委员会副主任，广东省顾委会副主任，兼任广东省党史研究委员会副主任，广东省、广州市青运史研究委员会名誉主任、顾问，广东省抗日战争史稿编纂领导小组组长，广东省解放战争史稿编纂领导小组顾问等职。

周伯明（1918—1998），原名周益郎，曾用名周南强，广东大埔三河坝人。1936年在北平（现北京）加入中国共产党，受组织派遣到西安张学良东北军工作，西安事变后升任连指导员。1937年2月到延安抗日军政大学学习，次年被派回广东在中共南方工作委员会（简称"南委"）工作，先后任香港市委宣传部部长、组织部部长。1938年与曾生、谢鹤筹组成三人领导小组，率60多人转入惠阳坪山开展东江敌后抗日武装斗争，创建了惠（阳）宝（安）人民抗日游击总队，任政委。1939年5月任第四战区第三游击纵队新编游击大队政训员兼副大队长，香港沦陷后亲率短枪队组织开展新界游击战，建立交通线，为抢救文化人和建立港九大队起到积极作用。1943年12月任东江纵队参谋处长，1945年1月任珠江纵队参谋长，带领部队开展麻雀战、攻坚战等，屡屡得胜。1945年9月任东江纵队江北指挥部指挥员。东江纵队北撤后调到第三野战军，先后任十六师、五十八师参谋处长，八十九师、五十八师参谋长，二十军炮兵副军长，南京军区炮兵司令部副参谋长。解放战争时期曾参加孟良崮战役、豫东战役、济南战役和淮海战役。1950年参加抗美援朝的长津湖战役。1966年转业后先后任广州中医学院党委书记，中国科学院广州分院、广东省科学院党组书记、副院长。

谭桂明（1916—1981），原名福鑫，又名贵盟，中山崖口人。1934年于中山县立乡村师范学校毕业后，曾留校任附属小学教师。1937年10月加入中国共产党。抗日战争全面爆发后历任中共中山县四区崖口乡支部书记，四区委委员、书记，中山抗日游击大队、中山人民抗日义勇大队政治委员，南番中顺游击区指挥部逸仙大队政治委员，中区纵队挺进粤中主力大队政治委员，广东人民抗日解放军第一、第三团政治委员、政治部秘书长，中共新（会）鹤（山）县委书记。在创建中山五桂山抗日根据地和九区抗日游击基地方面作出重要贡献。1946年6月后任东江纵队北撤山东烟台干部连指导员、华东军政大学教导员、两广纵队第三团政治委员、华北军政大学干部南下工作队队长、中共珠江地委委员兼武装部长。中华人民共和国成立后，历任中共珠江地委委员，中山县委书记、县长，中共粤中区委委员。1956年任中共佛山地委副书记兼秘书长、佛山专员公署专员，同年被推选出席中共第八届全国代表大会。1961年任中共惠阳地委副书记、惠阳专员公署专员。1965年调任广东省文教办副主任，"文化大革命"开始后，调回中共惠阳地委任原职。1968年下放惠阳"五七干校"劳动。1971年调任中共广东省统一战线办公室主任。1972年任中共广东省委统战部副部长。1978年任广东省人大常委会委员兼秘书长。

梁奇达（1916—2002），曾用名梁浪舟，广东开平人。九一八事变后，在广州边念书边参加抗日救亡运动。1935年夏参加中国青年同盟，任广东省立第一师范学校中青组织的负责人。1936年10月转为中共党员，先后任中共肇庆支部书记，中共中山县五区区工委书记，中共中山县委组织部部长、县委副书记兼组织部部长、县委书记，中共番禺县工委副书记兼宣传部部长、南番中顺游击区指挥部党总支副书记、中区纵队第一支队政委、党委书记，广东人民抗日游击队珠江纵队第一支队政委、党委书记，中共江北地委委员兼东江纵队江北指挥部政治部副主任等职。解放战争期间，任广东北撤部队新编干部大队政委。后被派往华东党校、华北军政大学学习。1949年南下广东，奉命筹组中共珠江地委，任中共珠江地委宣传部副部长、部长，并创办珠江公学，任校长。中华人民共和国成立后，历任中共粤中区委常委、宣传部部长兼党校校长，广州高教党委副书记、书记，暨南大学党委书记，广东省教育局副主任，广东省体委副主任，广州体育学院革委会主任等职。1978年暨南大学复办，任党委副书记。1983年任中共广东省顾问委员会委员。

谢立全（1917—1973），又名陈明光，江西省兴国人。1929年参加中国工农红军，1930年加入共产主义青年团，1931年转为中共党员。土地革命战争时期历任战士、分队长、连政治指导员、干事、科长等职。1934年参加长征。抗日战争时期任抗日军政大学三分校五大队总支部书记、二大队政治委员。1940年5月受中共中央委派从延安到广东，9月任中共南番中顺中心县委委员，负责军事工作。为改造广游二支队（广州市区抗日游击第二支队），任该队军事教官，和林锵云等一起组建了广游二支队独立第一中队，以八路军、新四军的建军原则进行部队的军事、政治培训工作，指挥过南海、番禺、中山、顺德的沙湾、林头、西海、翠微、阜圩、石莹桥、横门等地的多次战斗，屡获战功，开辟了五桂山抗日根据地。1941年8月起，先后代表中共南番中顺中心县委和南番中顺游击区指挥部直接领导中山人民以五桂山为依托的中山敌后游击战争。对建立共产党所领导的珠江地区抗日武装和抗日根据地、抗日游击基地，开展珠江地区敌后游击战作出了卓越的贡献。1944年秋率领中区纵队机关和粤中主力大队近500人到高明、鹤山县抗日游击区开展新的战斗。后任广东人民抗日解放军参谋长、代司令员。1946年任临时北撤委员会委员，率领部队北撤山东，先后任华东野战军第六纵队第十六师政治委员、人民解放军第二十四军第七十师政治委员、第三野战军第三十军政治委员。中华人民共和国成立后，任华东军区海军第五舰队司令员兼政治委员，中国人民解放军军事学院海军系主任、海军军事学院第一副院长、海军学院院长等职。1955年被授予海军少将军衔。著有《珠江怒潮》《挺进粤中》。

罗范群（1917—1994），广东梅县人。1935年夏在中山大学参加"时事研究小组""反帝反法西斯大同盟"。1936年9月加入中国共产党。先后任中共中山大学学生支部书记，中共广州市工作委员会宣传部部长、组织部部长、代书记，中共广州市委组织部部长、书记，中共广东省委候补委员、委员，中共广东西中区（后改称中区）特委书记，中共南番中顺中心县委书记，东江军政委员会委员兼南番中顺游击区指挥部政治委员。1944年8月任中区纵队政治委员、广东（中区）人民抗日解放军政治委员、粤中区特委书记。解放战争时期历任中共东江纵队临委常委、党务委员会书记，中共中央华东局党校党委委员兼二队支部书记，中共河北省建屏县洪子店区委委员兼土改工作组组长，华北军政大学政治部教育部副部长。1949年9月任中国人民政治协商会议委员。中华人民共和国成立后，历任中共汕头市委书记兼军管会主任，中共汕头地委副书记、书记，汕头市市长，中共粤东区党委副书记兼粤东行署主任，广东省委统战部副部长、部长，中共广东省委候补委员、委员，广东省委常委、省人民政府副省长、省政协副主席，第二届全国人民代表大会代表，广东省人民政府秘书长。"文化大革命"曾受冲击。1972年起先后任中共惠阳地委副书记兼革委会副主任，中共广州市委常委、副书记兼革委会副主任，中国出口商品交易会副主任，中共广东省顾问委员会常委。

欧初（1921—2017），乳名帝尧，学名舜初，字德正，号五桂山人，曾用名展、梁初仁，中山左步头村人。抗日战争全面爆发后参加广东青年抗日先锋队广雅支队。广州沦陷后，回左步头村学校任教，1939年加入中国共产党。1940年5月奉命组建中山抗日游击队，先后建立了中山人民抗日游击小队、中队，中山抗日游击大队，中山人民抗日义勇大队，中区纵队第一支队，珠江纵队第一支队，历任小队党代表、中队政训员、大队政训室主任、政治委员、大队长、支队长，率领中山抗日游击队在中山敌后战场坚持独立自主的游击战，在创建五桂山抗日根据地、九区游击基地等方面作出了重要贡献。解放战争期间，先后任中共江北地区副特派员、中共中央香港分局农村工作委员会武装小组负责人，粤桂边人民解放军司令部政治部主任、参谋长，中共粤桂边委员会常务委员兼宣传部部长、粤桂边区人民武装东征支队司令员兼政委，中共粤中临时区党委常委，中共粤中军分委第二副主席、中国人民解放军粤中纵队副司令兼参谋长。新中国成立后，历任江（门、新）会区军管会主任，中共粤中地委常委、粤中专署副专员，中共粤西区党委委员兼统战部部长，中共华南分局办公厅副主任，广东省委副秘书长兼办公厅主任，广东省政府秘书长，中共广州市委书记、常务副市长，广州市人大常委会主任，中共广东省顾问委员会常务委员等职。先后当选为中共广东省第一次至第六次代表大会代表，广东省第一届至第七届人民代表大会代表，中共广东省委第二届委员会候补委员、第四届委员会委员，中共十二大代表，第三届、第七届全国人民代表大会代表。

附录二　革命人物录

　　严庆瑶（1892—1926），中山濠涌人。第三届广州农民运动讲习所学员，于学习期间加入中国共产党，结业后返回本乡从事农民运动，被选为濠涌乡农民协会会长兼乡农民自卫队队长。1926年8月中旬，在与匪徒作斗争中牺牲。

　　杨章甫（1894—1977），原名仕端，别字林祥，香山北山乡（今属珠海市）人。1920年任陈独秀的粤语翻译，1922年春加入中国共产党。1923年6月列席中国共产党第三次全国代表大会并参加大会工作。1924年4月后负责广州铁路局的中共组织工作。大革命失败后转移至澳门设立中共粤特委联络站，兼负责印刷《红旗周刊》。1929年至1930年间在三乡桥头学校及桂山学校以教书掩护工作。1930年8月，因组织负责人潘兆銮被捕遇害，失掉组织联系。

　　罗若愚（1898—1945），又名罗顺球，中山黄圃石军沙人。1925年1月参加第三届广州农民运动讲习所学习，其间加入中国共产党。结业后被派到罗定县开展农民运动。大革命失败后转移回乡继续从事革命活动。先后任中共中山县委委员、中共石军支部书记，以石军乡乡长等公开身份掩护工作。1945年5月26日牺牲。

　　韦健（1900—1927），香山翠微（今属珠海市）人。1922年就读于上海南洋高级商业学校，继转入上海大学就读，在校期间加入中国共产党。1925年参加广州农民运动讲习所学习。1926年以国民党农民运动特派员的身份回到中山县从事农民运动。1927年4月牺牲。

刘广生（1901—1928），中山龙眼树涌村人。在县立中学就读期间积极从事学生运动，曾任新学生社中山支社主任委员、中山县学生联合会主任委员。1926年3月加入共青团，6月转为中共党员。曾任中共中山县委委员、首任共青团中山县委书记。1927年参与领导卖蔗埔起义。同年底被捕，后遭国民党县当局杀害。

吴兆元（1902—1926），中山张家边人。第二届广州农民运动讲习所学员、中共党员，张家边乡农民协会会长，1926年被土豪劣绅所杀害。《中国农民报》曾发表文章对土豪劣绅杀害吴兆元的暴行进行抨击。

萧一平（1902—1990），中山大涌南文人。1924年至1927年先后在国民党中央党部组织部、商民部、农民部工作。曾任广东省农民协会秘书长，协助起草了第一个全国农民协会的章程。1925年春加入中国共产党。大革命失败后与组织失去联络，一度转往越南，抗日战争时期回国。

冯光（？—1925），籍贯广东顺德，广州衣车工人。工人运动积极分子，由杨殷、梁复燃介绍加入中国共产党。1925年初受组织委派到中山建立赤色工会，开展工人运动，为中山县总工会首任委员长。大革命失败后转移到广州活动，不幸被捕牺牲。

李慕濂（1903—1928），中山沙溪岚霞村人。1925年加入新学生社中山分社，同年加入共青团，随后转为中共党员，为中山第一位女共产党员，中山县妇女解放协会主席。在乘坐"同兴渡"赴广州接受任务途中遇害。

黎炎孟（1903—1928），番禺新造乡人。1926年以国民党中央农民部农民运动特派员的身份被派到中山县从事农民运动。同年底任中共中山县委委员，曾领导卖蔗埔起义，起义失败后转移到澳门，任中共广东特委交通联络员。1928年1月4日被国民党密探劫持回中山，于同月12日被杀害。

李国霖（1903—2002），中山沙边村人。1926年参加共青团。大革命失败后与组织失去联络。1936年由孙康介绍参加中国青年同盟，同年转为中共党员。历任中共中山县支部、县工委委员，沙边小学支部书记，中山县委副书记兼组织部部长。1939年9月调中共东南特委工作。

李炳祥（1905—1959），中山李屋边人，生于菲律宾。1924年入读上海大学夏令讲习所，同年冬加入中国共产党。曾在苏联驻华使馆及冯玉祥部工作和任苏联顾问鲍罗廷英文翻译。1927年秋返抵菲律宾马尼拉市，致力于华、菲工人运动。七七事变后发动华侨和国际友人支援国内抗战。1941年日军侵占菲后，与华侨和当地人民共同抗日，至日本投降。后因致力反对内战，遭菲当局传讯，被迫于1946年离开菲律宾，在中国香港继续从事海外华侨工作。1949年受命北上协助筹备亚澳工联会议。中华人民共和国成立后在中共中央机关做外事工作。

黄健（1906—1982），又名黄如诚、黄晓生，中山长洲后山村人。1926年3月参加共青团，同年6月转为中共党员，历任共青团中山县支部书记、中共中山县委委员、中共江苏省委宣传干事，中共南海、番禺、中山、顺德、东莞五县特别支部书记，中共博罗县特派员等。1938年调八路军驻香港情报组澳门联络站工作。1939年后在澳门担任濠江中学校长至中华人民共和国成立。

刘向东（1906—1984），广西揭西人。1927年参加共青团，1937年加入中国共产党。历任南番中顺游击区指挥部政治部和中区纵队副主任，珠江纵队政治部主任、中共西江特委委员、中共潮汕地委副书记、潮汕人民抗征队司令员、闽粤赣边纵队副司令员。

关山（1910—1981），广西柳州人，苗族。1927年加入中国共产党。大革命失败后转赴南洋。1933年回国后失掉组织关系。1936年由孙康介绍重新入党。1936年底到广东开平重建中共开平组织。全面抗战爆发后，先后任中共开平县工委委员、中山本部县委书记、新会县委书记等职。

邝任生（1911—1942），香山斗门小濠涌田岩村（今属珠海市）人。1930年加入中国共产党。先后任中共中山八区委书记、中共中山县委委员兼青年部部长、中共澳门工委书记、中共顺德县区工委书记、中共南番中顺中心县委宣传部部长。1942年3月在顺德县林头乡遭日军杀害。

肖伟华（1911—1946），乳名张兆，字永年，别号君略，中山崖口化美村人。1938年冬加入中国共产党。历任中共崖口乡支部宣传委员，中共大布乡学校支部组织委员、支部书记，中共中山五区委组织委员，中共中山本部县委二分区委（四、五、六区）负责人。1946年8月10日在崖口乡全胜围被国民党军警杀害。

杨维学（1911—1944），中山翠亨村人。1938年加入中国共产党。曾任中共中山县四区委委员、中山抗日义勇大队黄蜂中队、白马中队指导员。1944年12月被日军杀害。

梁伯雄（1911—1945），中山南头孖沙人。1937年底加入中国共产党。1938年12月，按中共中山县委的决定，向九区国民党地方团队领取番号，长期掩蔽在"挺三"（第七战区挺进第三纵队）部队里，掩护党组织发展抗日武装。1945年5月25日被国民党顽固派杀害。

黄锦棠（1912—1944），曾用名黄颉、黄贯夫，中山长洲乡北村人。1937年加入中国共产党。历任中共长洲乡支部书记、广东青年抗日先锋队中山县队队委及一区副队长、中共中山县一区委书记、中山八区抗日游击大队秘书、广游二支队群众工作队指导员兼支部书记。1944年7月26日在番禺植地庄与日军作战中牺牲。

卫国尧（1913—1944），番禺沥滘乡人。1938年5月加入中国共产党。1940年任中山抗日游击队负责人。1942年任中山县抗日游击大队大队长。1944年4月任广游二支队番禺人民抗日大队大队长，同年7月在与敌战斗中牺牲。曾将日文版《历史唯物论》译成中文出版。

陈中坚（1913—1972），乳名添华，字刚象，香山斗门六乡镇（今属珠海市）人。1939年8月加入中国共产党。同年9月组建中山八区抗日武装，历任八区抗日游击大队大队长、广阳指挥部第一大队大队长、台山第三区抗日联防大队长、广东人民抗日解放军第四团团长。1946年6月奉命随军北撤，参加解放战争。

邝叔明（1913—1945），香山斗门小濠涌村（今属珠海市）人。1936年加入中国共产党。1938年1月赴延安抗日军政大学学习，7月返乡。先后任八区委书记、中山县抗日民众自卫团第二十八大队副大队长、中区纵队第二支队副政治委员、珠江纵队第二支队政治委员等职。1945年5月牺牲。

陈翔南（1914—1987），顺德人。1933年在广东省立襄勤大学肄业。1935年加入中国青年同盟。1936年转为中国共产党党员后，到新会重建中共新会支部，任书记。1938年先后任中共新会区工委书记，中共广东西南、中区特委委员。1939年1月任中共新会县委书记。1940年，先后任中共中山县委书记，南番中顺中心县委委员、组织部部长，南番中顺临工委副书记，珠江特委委员。解放战争时期任中共广州特派员、市工委委员。

彭福胜，生卒年不详，湖南人，行伍出身，曾参加北伐战争中的汀泗桥战役。抗战时期参加广游二支队刘登大队（该部队后来被改造成为共产党所掌握的队伍），1941年加入中国共产党，先后任中山人民抗日游击大队中队长、南番中顺游击区指挥部逸仙大队副大队长。1946年随部队北撤山东。

方群英（1914—1998），又名方秀英，中山南朗人。七七事变后，与程志坚等组织妇女抗日救亡工作团，参加四区民众剧社。1937年加入中国共产党，曾任中共中山四区组织委员、三区委委员、五桂山中心支部书记、九区特派员、中（山）顺（德）边县工作委员会书记兼组织部部长、中国人民解放军粤赣湘边纵队顺德独立团政委等职。

阮章竞（1914—2000），中山沙溪人。曾任太行山八路军剧团政治指导员、艺术指导员，兼任民族革命战争艺术学校和前方鲁迅艺术学校教员，于1939年1月1日加入中国共产党。同年被选为中华全国文艺界抗敌协会晋东南分会常务理事。代表作有《漳河水》等。

黄佳（1914—1959），原名黄树楷，又名黄树佳、黄德、黄培，原籍东莞莞城。1936年2月参加中国青年同盟，1937年4月加入中国共产党。解放战争时期历任中共澳门中山特派员、中共东江江北地委副书记、珠江三角洲地工委书记、珠江地委书记。

徐云（1914—1983），原名徐纽昭，广西邕宁县那陈圩人。1937年1月加入中国共产党，同年到中山九区从事抗日救亡工作。曾任中共中山县委委员兼宣传部部长，珠江纵队政治部干事，番禺县、顺德县行政督导处主任，南海抗日武装南三大队独立大队教导员，中共香港市委职工部干事。

邝明（1914—1983），小名法维，又名邝鲁直、邝达芳，香山斗门（今属珠海市）人。1937年任《新华日报》广州分馆发行课主任，同年7月加入中国共产党。1942年秋抵重庆任《新华日报》发行课副主任。

曾谷（1914—2008），曾用名梁伯瑞，惠阳县人。1936年初参加中国青年同盟，同年转为中共党员。先后任中共中山县四区宣传委员、八区负责人兼宣传委员、中山县行政督导处负责人、中山特派室特派员兼政治特派员、中山特派员、中共珠江地委委员。

肖强（1915—1943），原名肖泗才，东莞麻冲四乡人。1939年夏在顺德参加抗日游击队，稍后加入中国共产党，并提拔为中队级干部。1942年初，奉命率队挺进五桂山开辟抗日根据地。同年5月任中山抗日游击大队副大队长。1943年10月在崖口伏击伪军战斗中牺牲。

郑文（1915—1945），香港人。1938年在香港加入中国共产党。香港沦陷后转到中山继续从事抗日救亡工作，历任九区大队第九中队政治指导员、大队副政委。1945年5月26日在黄圃尖峰山被顽固派杀害。

黄石生（1916—1944），中山沙溪人。1937年9月加入中国共产党。历任一区国民兵团常备中队（又称黄石生中队）中队长，中山抗日游击大队二区中队中队长。1944年4月12日被顽固派杀害。

谭本基（1916—1946），又名谭婉明，罗定附城谭屋岗人。1936年7月加入中国共产党，历任广州市委妇女部长、中共广东西南特委妇女部长、中共南番中顺中心县委委员，1943年5月至1944年初，在五桂山游击根据地组织举办4期妇女培训班，为珠江地区培养了大批妇女骨干力量。1944年10月随中区纵队挺进粤中。1946年2月在新兴县焦山牺牲。

李进阶（1916—1993），遂溪县杨菁人。1938年5月加入中国共产党，先后任中共恩平县委候补委员兼一区委书记，中山抗日游击大队政训室副主任、中山八区陈中坚大队副政委兼政治处主任、政委、中区人民解放军第四团政委、党委书记、山东解放区营团干部队政治指导员、河北省平山土改工作队队长、华北军政大学政治教导员、叶剑英秘书、北京市委政策研究室主任等职。

叶向荣（1916—2009），又名叶尉文，香山吉大人（今属珠海市）。1936年参加中国青年同盟，同年转为中共党员。历任中共中山鸦岗学校支部书记、中山五区组织委员，石岐镇工委书记，中山县委委员兼青年部长，南（海）顺（德）工委组织委员，中山县民主建政筹备处书记，中山县行政督导处主任，珠江纵队独立第三大队政委，西挺主力大队政委，西江人民义勇队政委，中共绥江地委书记、广东人民解放军绥贺支队政委。

梁绮卿（1917—1944），中山石岐人。1937年初加入中国共产党，曾任中山县一区委、四区委、县委委员兼县妇委书记等职务。1940年4月因斗争需要打入敌人心脏进行隐蔽的战斗，把刚出生的儿子托付给别人抚养，孑然一身长期战斗在敌人心脏，直至牺牲，再也没有见过儿子一面。1942年6月调至南番中顺游击区指挥部负责妇女工作。1944年7月26日在植地庄与日军作战中牺牲。

程志坚（1917—1946），原名程凤娟，中山南朗田边村人。1937年加入中国共产党。先后任中山县战时妇女协会执委、宣传部部长，中共新会杜阮支部宣传和妇女委员，中山滨海区政务委员会委员。1945年冬在粤中地区云雾山边区执行任务时不幸被捕，1946年初被杀害。

郑少康（1918—2015），曾用名赵洪，中山大布乡人。1936年参加中国青年同盟，同年转为中共党员。历任中共中山五区组织委员、区委书记，八区委书记、组织委员，八区抗日游击大队党代表兼副大队长，广游二支队新编第二大队大队长，中区纵队、珠江纵队第二支队支队长。解放战争时期随队北撤山东，曾任两广纵队后勤处副主任。

杨日韶（1918—1942），中山翠亨村人。1938年加入中国共产党。1939年春参加中山县抗先第二工作队，到九区宣传抗日。随后调任梁伯雄大队副官、副大队长，负责统战工作和开展军事训练。1940年7月任中山抗日游击队中队长，1941年任九区第一主力中队中队长。1942年5月下旬在阜圩战斗中牺牲。

杨子江（1918—1998），曾用名杨焕棠、杨里华，中山申明亭村人。1938年春加入中国共产党。曾任中共中山二区支部书记，一区、二区工委书记，二区杨子江中队中队长，二区中队指导员，中山人民抗日义勇大队政训室主任，中区纵队第一支队、珠江纵队第一支队政治处主任，中共新兴县委书记，新（兴）恩（平）开（平）中心县委书记，广阳地委委员，粤中纵队七团政委，新恩开总队政委，第二支队（广阳）副司令员等职。

吴子仁（1918—2010），曾用名吴沛槐、吴杰仁，中山张家边村人。1938年夏加入中国共产党，先后任中山县四区宣传委员、组织委员，广游二支队独立第一小队政治服务员，中山九区大队第三中队指导员，中山县行政督导处委员兼滨海区政务委员会主席，江北指挥部解放大队政委、香港中山华侨工作支部组织委员，粤中纵队第二支队第六团副政委、政委，中共阳春县委书记等职。

缪羽天（1918—1944），乳名缪林抗，又名缪岳、振明、雨天，中山沙溪永厚环人。1937年秋加入中国共产党。先后任中山县武装别动队副队长，游击干部训练班班长，在1939年7月至9月间的2次横门保卫战中，率队开赴前线与守军并肩作战。1940年5月调入中山抗日游击队，历任二区杨子江中队小队长、白马中队副中队长。1944年底在东坑怀庵被日军杀害。

唐仕明（1918—1944），原名唐文廉，曾用名唐明，香山唐家（今属珠海市）人。1938年夏加入中国共产党。先后任中共南番中顺中心县委交通站负责人、南番中顺游击区指挥部军政干部训练班指导员。1944年4月26日在长江石塘被日军杀害。

黄敏元，生于1918年，中山长洲乡人。1939年参加广东青年抗日先锋队中山县队（简称"中山抗先队"），同年8月加入中国共产党。中山沦陷后在长洲乡校当教师掩护工作。解放战争时期先后任中共长洲乡支部书记，中山一、二区委书记等职。

肖志刚，生于1919年，中山崖口村人。1938年5月加入中国共产党。1939年11月起，先后任中共中山县四区委委员，南海、番禺的广州外围地方组织负责人，中山八区特派员，新会县工委组织部长。解放战争时期历任中共中山县八区特派员、珠江地工委组织干事等职。

林锋（1919—2013），澳门出生。1938年5月加入中国共产党，同年11月起任中共澳门特别支部书记、中共澳门工委书记。1939年7月参加抗日游击队，历任广游二支队政训员，澳门中共南番顺工委政治交通，中山人民抗日大队中队长，中区纵队交通情报侦察参谋，珠江纵队独立第三大队大队长，广（宁）、德（庆）、怀（集）人民抗暴自卫总队副总队长，粤桂湘边区纵队参谋处主任等职。

杨日暲（1919—1944），又名杨章、杨日璋，中山翠亨村人。1941年参加中山抗日游击队。同年7月加入中国共产党。先后任第一主力中队小队长、副队长、中队长，义勇大队仲恺中队队长。曾多次参加抗击日军战斗，表现出色，被评为义勇大队的战斗模范。1944年4月15日，在袭击张溪伪护沙队第15中队战斗中牺牲。

梁冠（1919—1984），中山龙穴头村人。1940年参加中山人民抗日游击队，1942年加入中国共产党，历任珠江纵队第一支队九区大队中队长、中山特派室军事特派员、中国人民解放军粤赣湘边纵队中山独立团团长。曾率领中山独立团，配合南下大军解放中山。

黎民惠（1920—1941），中山大环村人。1938年加入中国共产党，同年任广东青年抗日先锋队总队委员。1939年任国民党第四战区第六游击区（中山）政训室政治队中共特别支部书记、守备队中尉政训员。1940年冬任广游二支队第一中队副政训员。1941年10月在保卫西海战斗中牺牲。

黎源仔（1920—1944），原名黎锦源，中山大环村人。1938年11月参加中共中山县委举办的第一期游击干部训练班，1939年加入中国共产党，任县委秘密交通员。1940年5月参加中山抗日游击队，曾任中山抗日游击大队手枪队队长。先后参加夜袭下栅、阜圩战斗、崖口伏击战等多次战斗，因表现出色被评为义勇大队战斗英雄。1943年12月31日在南朗战斗中牺牲。

杨添（1920—1946），原名杨召添，中山沙溪申明亭人。香港沦陷后返回家乡参加杨子江、黄石生组织的抗日武装，先后任中山游击大队二区中队副指导员、教导员，江北指挥部解放大队教导员等职。1946年10月上旬在龙门麻榨遇害。

罗章有（1921—2010），曾用名张民友，香山上栅（今属珠海市）人。1940年4月加入中国共产党，同年5月参加中山抗日游击队，先后任战士、班长、小队长、中队长，中山抗日义勇大队副大队长、大队长，中区纵队第一支队副支队长，珠江纵队第一支队副支队长，东江纵队江北指挥部参谋主任。在建立五桂山抗日根据地方面作出重要贡献。1946年北撤山东，任中国人民解放军两广纵队二团副团长。

周增源（1921—1945），又名振元、周振，中山沙溪龙聚环村人。1939年加入中国共产党。1941年秋受组织委派赴香港动员父亲周守愚回乡抗日。历任中山二区国民兵团中队长，中山人民抗日义勇大队雪花队副中队长，谷镇区政务委员会委员兼武装股股长等职。1945年5月在中山深湾担水坑与日军作战中英勇牺牲。

肖杰华（1921—1945），又名梁德、肖迪，中山崖口化美村人。中共党员。1938年底参加中共中山县委举办的抗日游击干部训练班，1940年夏参加中山抗日游击队，历任广游二支队独立第一中队小队长、中山抗日游击大队二区中队副中队长。1945年8月牺牲。

郑新（1921—1945），原名柳兆怀，香山造贝村（今属珠海市）人。1941年加入中国共产党，历任逸仙大队民族中队指导员，珠江纵队第一支队铁流中队指导员。1945年5月27日，率领铁流队到敌占区雍陌乡宣传抗日，当晚在里塘敢村借宿，被叛徒郑兴发现，带100多人连夜包围里塘敢，郑新在突围时牺牲。

黄旭（1921—1996），又名黄华旭，中山雍陌村人。1938年10月加入中国共产党。先后任中山人民抗日义勇大队、珠江纵队第一支队情报站站长、中山特派室政治特派员、中共中山县委书记、中国人民解放军粤赣湘边纵队中山独立团政委。

黄鞅（1922—1944），原名黄真钧，曾用名李光、郑惠光，中山后山乡人。15岁参加长洲乡战时服务团，16岁加入中国共产党。先后任中共中山一区委委员，中山一区抗先队负责人，广游二支队独立第三小队小队长，顺德曾岳自卫队大队中队长，南番中顺游击区指挥部逸仙大队大队长。1944年1月31日在抗击日伪军"十路围攻"战斗中牺牲。

黄衍枢（1922—1946），曾用名黄志、黄智，中山长洲乡北村人。1938年8月加入中国共产党。1940年7月调入中山抗日游击队，1942年1月与罗章有一起奉命带领先遣队进入五桂山开辟抗日根据地。之后，历任八区游击大队中队指导员、大队政治处副主任，逸仙大队民生中队指导员，广东人民抗日解放军一团二中队指导员。解放战争时期，在恩平、新兴、云浮、阳春、阳江五县边境活动。1946年1月牺牲。

郑秀（1922—1946），原名郑吉星，中山三乡人。1938年加入中国共产党。为中山县立中学抗日别动队（简称"中中别动队"）、中山县抗先队和县战时妇女协会的骨干。1944年受组织委派，前往澳门设立义勇大队的办事处，动员了50多名澳门青年及一批医护人员加入中山人民抗日义勇大队。1945年8月不幸被捕杀害。

王鎏（1923—1942），又名王锦鎏，生于广州。1939年9月加入中国共产党。先后任广游二支队独立第一中队小队长、副中队长，中山抗日游击队九区第二主力中队副中队长。1942年5月在阜圩战斗中牺牲。

唐仕锋（1923—1944），原名唐文彭，曾用名唐树锋、唐子英，香山唐家（今属珠海市）人。1940年春任中共南番中顺中心县委交通员，同年冬加入中国共产党。历任广游二支队独立第一中队班长，八区抗日游击大队主力中队第一中队队长，中山人民抗日义勇大队仲恺中队中队长。1944年7月在阻击日军发起的四路围攻五桂山战斗中牺牲。

梁杏林（1923—1945），香山下栅乡（今属珠海市）人。1943年春参加中山抗日游击大队，先后任班长、小队长、中队长，参加过袭击古鹤、石岐、深湾、白石等战斗，因表现出色，多次受到上级的表扬和奖励。1945年12月25日在博罗县杨村区屯村被国民党军153师的一个中队包围，在突围中牺牲。

　　郑康明，生于1923年，又名郑帝渐，中山三乡人。全国抗日战争全面爆发后，参加三乡光后学社、谷镇青年抗日同志会、谷镇文化界战士服务团等抗日团体，宣传抗日。1939年春加入中国共产党。先后任大布乡党小组组长，大布、崖口交通站负责人，五区上游党组织负责人。解放战争时期曾任中共香港达德学校学生支部委员等职。

　　吴当鸿（1925— ），中山翠微村（今属珠海市）人。1944年参加中山人民抗日义勇大队，同年加入中国共产党，历任珠江纵队第一支队白马中队小队长、中山特派室凤凰山武工队队长、中山独立团政治处主任、中共中山县委执委委员。

大事记（1924—1949）

1924 年

8月　中共中央委员谭平山与国民党左派、广东省省长廖仲恺到中山视察农情，宣传革命，组织农民自卫武装。廖仲恺在中山九区大黄圃向当地农民发表演说，号召农民团结起来，组织农民协会，向反动势力作斗争。

9月　四区麻子乡农民协会成立大会在梁季安祠堂召开。麻子乡农民协会不仅是香山县第一个农民协会，也是珠江三角洲地区首个成立的农民协会。选举产生执行委员7人，会长陈帝灿、副会长陈崇维。后成立农民自卫武装，有30多人、30多支枪。

1925 年

初　一区的树涌、深湾、长洲、长命水，四区的岐山、濠涌、张家边，五区的茅湾、南屏，六区的翠亨和上栅、下栅、唐家（今属珠海市）等乡先后成立农民协会，以合法的组织同土豪、劣绅作斗争。

秋　全县已建立12支农军自卫中队，共3300多人，并配备一定数量的武器，成为在中山最早建立的农民武装。

年底　中共中山县支部委员会成立，支部书记李华炤，党员有10多人，隶属中共广东区委。

1926 年

8月15日 中山县农民协会派出数十名农民自卫军支援南朗工人纠察队,击败土匪苏十九等。农民自卫军成员陈度、陆水在战斗中牺牲。17日,工人纠察队、农民自卫军击退土匪的再次进攻,匪帮被迫败退至崖口。

年底 中共中山县委员会成立,县委书记李华焜,委员黎炎孟、刘广生、黄健。

1927 年

4月23日 党领导下的农民起义——卖蔗埔起义爆发。3000名农军按计划分水陆两路从各区汇集在离县城外约3千米的卖蔗埔(县起义军指挥部)举行起义宣誓。宣誓后汇同国民党驻军三十九团的起义官兵占领县城,但三十九团代理团长在临战前不但不接受行动委员会指挥,反而倒戈对着农军,结果在起义军未全部到达目的地前,卖蔗埔已被国民党县当局大批军、警民团包围、镇压,起义失败。农军中队长廖桂生等10人不幸牺牲,黄健、韦健、王器民、熊晓初等被捕入狱,韦健、王器民遭杀害。

1928 年

2—3月 中共广东省委派特派员周松腾、李冠南先后到中山九区帮助健全县委的组织机构,县委书记梁坤,委员有梁健荣、罗若愚、梁伟民、何坤等。中共中山县委地下活动联络地点设在九区低沙。县委健全后,根据中共广东省委指示精神,不断扩大活动范围,密切城乡关系,利用农民的原始组织,开展抗捐税的斗争和加强农民自卫队的训练,结合中山革命斗争的实际,抓紧发展党员等。

6月　九区地下党组织以地方习俗为掩护，成立"护耕会""红业堂"等灰色群众团体，以此作为党的活动据点。

6月　九区阜圩、大有两乡农民自卫军100多人在大有涌闸头武装抗击国民党黄圃警卫队到阜圩勒收"警卫费"，破坏了敌人的行动计划，缴获步枪8支。

8月6日　中共广东省委根据当时中山的形势和活动范围，决定将中共中山县委改为中共中山特别区委员会，书记梁坤，委员梁健荣、罗若愚、梁伟民、何坤、聂××①。

1929 年

夏　随着中共中山特别区委活动范围和力量的不断扩大，中共广东省委指示中山恢复县委，书记李冠南，委员梁坤、梁健荣、罗若愚、郭祥带。中共中山县委隶属中共广东省委。

夏　中共中山县委恢复活动后，即领导在九区活动的党员利用关帝会、关义会等地方风俗的组织，先后在大有、大南、牛角、孖沙、低沙、扁涌、石军、新地、乌沙等地组织农民，坚持抗租、抗捐、抗税的斗争。

10月　九区反动匪首组织200多名武装人员向九区石军乡进攻，妄图一举将石军乡的农军武装消灭。中共中山县委得知敌情，即派县委委员罗若愚率领石军乡农军及九区各乡农军，在乌珠上滘冲口迎击这群土匪武装。战斗从早上8时起一直激战到下午3时多，当地农民也自愿前来支援，冒着枪林弹雨担茶送饭、送弹药。农军越战越勇，最终击退土匪武装，收缴一批战利物资。

---

① 聂××名字不详。参见中共中山市委组织部、市委党史资料征集小组办公室、中山市档案馆合编：《中国共产党广东省中山市组织史资料》，1989年印行。

1930 年

秋 中共中山县委发动九区农民中的关帝会、关义会会员进行抗议斗争，要求立即释放因起来反对缴纳"护沙费"而被国民党"护沙队"逮捕的100多名大坝头农民，废除不合理的"护沙费"，最终取得100多名被捕农民获释，"护沙队"答应减收或免收护沙费的胜利。

1931 年

1月 中共中山县委书记李冠南去香港参加中共广东省委举办的党员训练班时，因省委机关遭受破坏，李冠南同时被国民党特务劫持，押回广州审讯，于8月21日在红花岗被杀害。此时，中共中山县委失去与广东省委的联系，大部分党员转移到香港、澳门、南洋一带，只有少数党员仍留在边远的沙田区，以教师、农民等职业隐蔽下来。

下半年 中共中山县委书记李冠南被杀害后，中共中山组织与上级党委再度失去联系，无法开展活动，但九区中共党员梁仕坤、罗若愚、梁健荣、罗启元、梁伟文等还经常秘密活动，继续组织农民进行抗苛捐杂税斗争，同时根据李冠南遗愿认真组建武装力量，伺机行动。

1932 年

九区中共党员利用国民党当局实行乡政建设之机，经过深入调查研究，决定趁机发动广大群众选举中共党员为乡长。结果，中共党员陈军凯、梁富茂、罗若愚、吴天文分别被选为抱沙乡、大有乡、石军乡、对甫乡乡长，兼任该乡警卫后备队中队长，罗若愚兼任九区副区长。

10月 中共党员罗若愚把九区的几位党员组织起来，成立九区革命领导小组，罗任组长，还派梁仕坤等到香港寻找党组织，希望得到上级党组织的直接领导，但由于各地党组织均转入隐蔽活动，无法与上级党组织接上关系。

1933 年

九区隐蔽下来的共产党员梁仕坤、罗若愚、梁健荣、梁伯雄、陈军凯、冯连枝、郭祥带等在孖沙组织宏兴会，乌沙、低沙成立分会，大有乡成立"炮会"。各乡党支部或党员一边利用当地的风俗习惯，成立传统的灰色组织作掩护，公开组织和领导群众进行斗争；一边整顿党组织，坚持过组织生活和组织学习，坚定革命信念。

夏　下九区（现民众、三角）势力最强大的土匪梁梳气焰嚣张。他们为扩大地盘，纠集140多名武装匪徒，从三角白鲤口，分两路向阜圩进犯。九区的中共党员发动群众进行抗击。陈军凯率领抱沙乡警卫后备中队在阜圩，负责打击从白鲤口渡河的众匪；冯连枝、梁富茂、郭炳有率大有乡警卫后备中队，负责切断匪众渡河后的退路（即占领白鲤口）；罗若愚、吴甲申、黄本安率石军乡警卫后备中队，在马安、四沙、大坝头一带埋伏，截击土匪武装，战斗持续一个多小时。梁梳见势不妙，溃退回下九区，从此不敢再到九区作恶。

1936 年

3月　孙康通过在三乡大布任教，后回到广州读书的曾谷介绍，与广州中国青年同盟领导成员林振华接上关系，并在广州加入"中青"组织。在广州"中青"的指导下，孙康先后在中山纪念中学、五区大布小学发展了一批盟员。

9月　孙康经上级党委批准，恢复党组织关系。随后，麦蒲费、林振华、温焯华先后到中山帮助开展党建工作，在四区、五区、石岐先后吸收一批中青积极分子入党。

10月 中共中山县支部在四区沙边乡成立，书记孙康，组织委员孙晖如（李国霖），宣传委员陈嘶马，文教委员孙一之。此时共有党员16人。

同年 在中共组织的领导下，由翠亨村的中山总理故乡纪念中学学生联同县内各学校学生，开展抗日宣传。

1937 年

初 中共中山县工作委员会在石岐成立，书记孙康，组织委员孙晖如（李国霖），宣传委员孙一之。全县党员人数已发展到近30人。

7月 中共中山县四区工作委员会成立，工委书记梁茶（淑尧）。先后在濠头、总理故乡纪念中学（简称"纪中"）建立党支部，在南朗、牛起湾、陵岗、左步、崖口建立党小组和党员的联系活动点。

8月 中共中山县委员会在石岐成立（原县工委撤销），这是全面抗战爆发后广东地区中共组织中最早重建的县委，书记孙康，副书记孙晖如（李国霖）。县委机关设在石岐民生北路"太原第"。县委重建后，对全县的抗日工作作出部署：一是加强党的建设，建立和健全各级组织机构，积极发展党员，壮大党的组织力量；二是进一步组织发动群众宣传抗日，为建立抗日武装奠定基础。

夏 中共党员梁奇达因暴露身份，被安排到五区大布乡校掩护工作，其后组建中共中山县五区工作委员会，梁奇达任工委书记，组织委员叶向荣，宣传委员孙一之。

1938 年

初　中共中山县四区委员会成立（原中共中山县四区工作委员会撤销），区委书记梁茶（后谭桂明），组织委员谭桂明（后方群英、吴子仁、肖志刚），宣传委员杨德裕（后吴子仁、曾谷）。

春　五区地下党员以教师职业为掩护，组织谷镇区文化界救亡工作团，编演抗日救亡戏剧，到山区及沿海地区宣传抗日；组织引导三乡热心抗日的群众成立大刀队、晨呼队等开展军事训练、战地救护训练。

4月　中共广东省委成立，中共中山县委书记孙康当选中共广东省委候补委员。中共中山县委移交中共广东省委领导。

5月　中共广东省委同意广州外县工委对成立中共中山县委员会的意见，同时决定将中山八区支部、中山九区支部划归中共中山县委领导。

6月　根据上级指示，中共中山县委副书记孙晖如（李国霖）先后前往八区和九区办理接收手续。中共中山县九区委员会成立，区委书记梁坤（后梁伯雄、吴夭和、黄君若），副书记郑炳坤（后吴夭和），组织委员梁伯雄（后梁坤、吴夭和、蔡雄），宣传委员徐云（后郑炳坤兼，蔡雄、陈特）。

8月　中共中山县五区委员会成立，区委书记郑仲光（后廖铎、黄君若、张诚美、郑少康），组织委员叶向荣（后黄君若、郑少康、郑超然），宣传委员孙一之（后廖铎、张诚美、郑永晖）。原中共中山县五区工作委员会同时撤销，工委书记梁奇达调中共中山县委任组织部部长。

9月　中共中山县石岐镇工作委员会成立，工委书记叶向荣，组织委员梁绮卿（后孙继普），宣传委员黄峰。12月，石岐镇工委撤销。

9月 中共中山县委派杨子江回二区建立支部，发展党员。中共二区支部直属中共中山县委管辖，书记杨子江。

10月 中共中山县八区委员会成立，区委书记邝任生（兼），组织委员邝叔明（后邝振大），宣传委员邝振大（后陈特）。

秋 中共二区组织发动青年，以七八剧社为基础，成立二区青年抗日救亡工作队，队长杨希吾，副队长杨子江。队员后来发展到100多人，其在二区开展抗日宣传，对其他反动势力展开针锋相对的斗争。

10月 广州沦陷，中共广东省委机关迁往粤北，中共东南特别委员会同时成立，中共中山县委划为东南特委领导。

10月 广州沦陷后，日机频频轰炸石岐，国民党中山县当局接受指令准备迁离。中共中山县委为抗日救亡运动的发展，由县委书记孙康以县立第七小学校长、群众代表的身份，主动与国民党中山县县长张惠长接触，要求他下决心抗日，开放群众运动，让更多群众参加抗日。随后，张惠长迫于形势需要接受这一意见，组织抗日行动。

11月中旬 中共中山县委在石岐太原第召开抗战时期第一次武装工作会议，全体县委委员和部分区委负责人参加。会议分析了中山的形势，提出今后武装斗争的任务，研究批准九区委提出派人进入当地团队建立武装的计划。

12月9日 广东青年抗日先锋队中山县队（以下简称"中山抗先队"）在四区西柜县立第七小学举行成立大会，有2000多名青年参加。由于团结抗日需要，抗先总队队长由张惠长担任，副总队长孙康、阮洪川，秘书郑振，组织部部长阮洪川（兼），宣传部部长郭宁。中山抗先队由中共中山县委副书记、组织部部长梁奇达作具体领导，县委委员叶向荣担任党团支部书记，公开身份是特派员。中山抗先队总队部初期设在石岐县立第一中学内，后迁至孙文东路七星初地东岳庙。总队成立后，县属各区也纷纷成立抗先区队部，公推国民党区长或上层人物担任区队长，由中共组织派出骨干担任副队长。有群众基础的乡村也成立了基层抗先队，全县队员发展到3000多人，是全县规模最大的群众性抗日团体，也是广东省抗先队人数最多的县队。

12月　中共中山县九区委按中共中山县委确定的方针，根据本地区有农民运动的基础，有人有枪的条件，向九区地方团队领了一个黄礼大队属下的"别动小队"番号，由当地以教师职业为掩护的梁伯雄任小队长，小队副郭定华（郭苏永）、吴二根（三人均是中共党员），队员由各乡党支部选送，由九区委直接领导。

年底　中共中山县委在四区西椰县立第七小学（后转到石岐莲塘街郑氏三公祠县立第一小学）举办第一期党员训练班，接着又在崖口、合水口举办第二、第三期党员训练班，每期有二三十人参加，学员来自区委和各基层党支部。学习班由孙康主持，县委主要领导人孙晖如（李国霖）、梁奇达、徐云、黄峰等任教员。学习内容有党的基本知识、党的纪律、形势和任务、马列主义理论、毛泽东的著作、抗日民族统一战线政策、游击战争中的战略战术等。

<h2 style="text-align:center">1939 年</h2>

初　中共中山县一区委成立，区委书记黄峰（后杨兆华、黄煜棠），委员黄锦棠、黄鞅。

初　一区委在长洲举办抗日游击干部训练班，有六七十人参加，主要学习政治和军事，班主任叶向荣。

1月 中山县战时妇女协会（以下简称"县妇协"）在石岐成立，张惠长的妻子薛锦迥任会长，副会长由共产党员刘紫云、梁秀芳担任。执委刘紫云、程志坚、梁秀芳、方群英、郑迪伟、高苣屏、黎冠珍、邝健玲、谢丽群均是中共党员。县妇协工作由中共中山县委妇女委员梁绮卿直接领导。县妇协是抗战时期中山妇女组织中规模最大的抗日群众团体，后来在一、四、五、八、九区都成立了妇协区分会，会员1000多人。

3月 九区梁伯雄"别动小队"在扩充为中队的基础上，又扩编为挺进第三纵队第一支队第三大队，大队长梁伯雄，副大队长陈军凯、徐云，副官杨日韶。大队部设在九区牛角。

春 崖口、沙边、长洲、员峰等乡先后建立受当地党组织领导的乡警队或别动队，开展抗日活动。

4月9日至12日 中共中山县委在四区江尾头召开全县第二次武装工作会议。中山县委班子成员、部分区委负责人，中共南顺工委书记林锵云和中共澳门工委书记林锋等列席会议。会上听取东南特委宣传部部长杨康华传达中共中央和中共广东省委对独立自主开展游击战争的指示；总结自第一次武装工作会议以来的成绩和经验教训；分析了全县的抗日形势；确定建立由中山县委直接领导的骨干武装、派共产党员进入国民党和地方团队掌握的抗日武装，以及由党控制掌握的乡村自卫队武装3种武装；还确定建立以中山县委直接领导的武装为骨干，开展独立自主的抗日游击战争。

7月9日 日军进犯中山内陆的二区全禄、叠石两乡，大肆抢掠群众钱财，放火烧毁民房210余间，复向特沙、锣鼓山、三沙等处偷袭，焚毁茅屋50余间。

7月24日　日军出动铁拖、舰艇在飞机、大炮的掩护下，在横门沿岸登陆。国民党县当局组织守备总队的官兵在横门前线奋力抗击日军。中共中山县委和四区委领导的武装集结队、别动队在指导员谭桂明、副队长杨木的带领下上前线协同守备队作战。中共中山县委以中山抗先队的名义，以县、区两级党组织的领导成员为骨干，成立横门前线抗日支前指挥部，孙康任总指挥，组织部部长叶向荣，宣传部部长阮洪川，总务部部长欧初，在各区紧急动员1000多名中山抗先队队员、妇协会员，组成宣传队、救护队、慰问队、担架队、运输队等开展紧张的支前工作。中山军民持续战斗8天，取得最终胜利。

9月7日　日军发动海陆空三军再次进犯横门，中山抗日军民奋勇抗敌，苦战14日，再次击败日军。

10月　日军入侵石岐，中山第一次沦陷。2日晚，日军用飞机在大尖山顶上投放一面用铅块系着的日本国旗，国民党中山县当局主要领导闻风丧胆，不战而退。国民党中山县党部书记长林卓夫、县长张惠长、驻军副司令吴康楠逃亡八区。6日，日军出动5000余人，在飞机、炮舰的掩护下，分别向叠石、金钟、大王头登陆，7日下午攻陷石岐。日军奸淫掳掠，百姓流离失所。10日，日军带着大批抢来的文件、资料和物资退去。当夜，国民党中山县当局返回石岐。

11月　中共广东省委决定将中共中山县委从东南特委移交给中共广东中区特委领导。

1940 年

3月上旬　日军从海面向唐家、关闸、香洲、大冲、叠石、金钟等地登陆，三乡、崖口、金钟失守。其中从唐家登陆的一路日军，途经岐关东路崖口地段时，遭共产党所掌握的崖口乡乡警队袭扰而不敢贸然前进，暂且退回翠亨村附近。后日军调动更多兵力强行通过崖口乡，因敌众我寡，崖口乡乡警队与群众一起撤离崖口。

3月7日 由于中山县国民党当局与驻军已全部撤到鹤山县，日军轻而易举地占领石岐，中山县沦陷。

5月下旬 中共中山县委根据中共广东中区特委和县委第二次武装工作会议精神，确定由中共党员欧初负责在九区大南沙组建由中山县委直接领导的独立自主的中山抗日游击小队，从一、四、五、六区抽调郑刚拔、罗章有、谭帝照（谭三九）、冯洪昌（冯昌）、李新知、缪雨天、邓准、陈超、郑毅、陈庆池等13人，部队对外挂国民党地方武装第七战区挺进第三纵队（简称"挺三"）第一支队梁伯雄大队新建小队番号，小队长郑刚拔、党代表欧初。

6月 "挺三"名义下的中共中山县委新建小队从大南沙转移到牛角沙，与崖口、长洲两乡乡警队会合，人数增加至四五十人，扩编为中队，并成立党支部。中队长杨日韶，党代表谭桂明，政训员欧初。这支队伍在九区深入调查，帮助农民耕种，保护农民利益，开展抗日和锄奸活动，与农民建立鱼水关系。

6月 中共广东省委为加强对珠江三角洲抗日武装的领导，成立中共南番中顺中心县委（以下简称"中心县委"）。中共中山县委同时撤销，先后成立中共中山本部县委、中共中山三九区委，分别隶属中心县委。中共中山本部县委书记兼组织部部长梁奇达（后关山），宣传部部长黄峰，妇女委员郑迪伟。本部县委初期设在翠亨村，后转移到五区大布乡；中共中山三九区委书记黄君若（后张诚美），副书记吴夭和，委员张诚美、陈特、罗明林。

6月 中共中山本部县委在贝头里召开敌后工作会议，研究贯彻中共中央和中共广东中区特委的指示。会议提出中山敌后斗争的四项任务：一是县、区级党组织既要迅速恢复联系，又要认真做好隐蔽和巩固工作；二是加强对党员干部的政治教育，继续开展对群众的抗日宣传，坚定党员、群众对抗战的信心和决心；三是探讨党组织在敌后条件下的斗争方法；四是建立党的主力武装，为开展敌后游击斗争创造条件。

7月　一区游击小组突袭长洲维持会，打死汉奸维持会长，并缴获小批武器。

11月　中山抗日游击队派出罗章有等4人战斗小组，到合水口外镇压欺压群众的崖口乡伪乡长谭日潮。

1941 年

7月　中心县委为谋求在珠江三角洲建立理想的抗日根据地，派谢立全、梁奇达到五桂山区进行实地调查。

9月　中心县委听取谢立全对中山五桂山区实地调查的汇报后，认为五桂山区确实具备建立抗日根据地的条件：有农民运动和党在此建立组织的基础；周围建有在党领导和控制下的抗日武装；有纵横三四十千米、山脉蜿蜒、坑谷深邃的山野地带，可作游击战争的回旋余地；聚居在山区周围的群众，热心支持和拥护抗日部队。因此，会上确定开辟中山五桂山区抗日根据地，发展壮大部队，坚持独立自主的抗日游击战争。

10月下旬　九区抗日主力袭击崖口伪护沙中队，全歼崖口伪护沙中队，活捉并枪决伪护沙中队中队长谭玉良，缴获武器一批，为后来九区部队顺利进入五桂山开辟了道路。

11月　中心县委为加强中山抗日武装力量，调广游二支队第一中队到中山九区。该中队副中队长王鋆、政训员欧初带领60多人挺进石军沙，对外挂"挺三"梁伯雄大队第七中队番号，对内称第二主力中队。原驻九区的抗日游击队改称为第一主力中队。

秋 由中共地方组织在合水口建立的刘震球民兵集结中队，公开挂中山县国民兵团第四特务大队第三中队番号，有脱产、半脱产青年60多人参加。在地方党组织领导下，其与五桂山部队建立密切联系，并为抗日武装输送一批兵源。

年底 谢立全在中山九区牛角召开武装干部会议，传达中心县委关于在中山五桂山区开辟抗日根据地，把原来在河涌水网地带活动的中山武装力量，逐步转移到五桂山区的指示，就开展独立自主的游击战争和开辟五桂山抗日根据地问题，统一全体干部认识。

1942 年

初 地方党组织先后派一批共产党员到五桂山区合水口、灯笼坑、白企一带乡村，以教师为职业，发展党员，建立党组织，开展群众性的援军活动。

1月 罗章有、黄智（黄衍枢）奉命带领一支18人的先遣队进入五桂山区合水口、石门一带，摸清民情、社情、敌情、地形，为开辟抗日根据地打前站。

2月 欧初带领第二主力中队六七十人进驻五桂山，与罗章有的先遣队会合。

3月 卫国尧带领第一主力中队部分队员转移至五桂山，与第二主力中队、先遣队会合。

5月 中山县抗日游击大队在五桂山区成立（以下简称"游击大队"），大队长卫国尧（后欧初）、政委谭桂明、副大队长肖强（后罗章有），政训室主任欧初（后李进阶、杨子江），大队下辖3个中队，共120人。谢立全代表中心县委驻五桂山区，直接领导游击大队。

5月下旬　谢立全率中山抗日游击大队主力70多人，二区部队30多人到达阜圩，与九区的杨日韶武装会合，分三路突袭伪军李辅群派驻阜圩的何国光部，歼灭伪军一个连和一个伪警察中队，缴获长短枪50多支，收复了阜圩。游击大队中队长杨日韶、王銮不幸牺牲。

10月　游击大队联合友军国民党钟汉明部，袭击坦洲黑骨祥（黄祥）部，缴获长短枪20余支。

1943 年

2月　根据中共广东省临时委员会和东江军政委员会在香港新界沙头角区乌蛟腾会议精神，成立南番中顺游击区指挥部（以下简称"指挥部"），指挥林锵云，政治委员罗范群，副指挥谢立全，副指挥兼参谋长谢斌。中山抗日游击大队隶属指挥部。

3月　中共南番中顺中心县委撤销，中共南番中顺临时工作委员会（以下简称"临工委"）成立。

3月下旬　游击大队在五桂山合水口举办第一期中小队的军事指挥干部和政治干部训练班，有计划、有步骤地开展军事技术训练，训练班代号为"海燕队"。以后五桂山部队又连续办了第二、第三、第四期，每期有三四十人参加，直至1944年止。

夏　中山抗日游击大队在五桂山建立交通总站，代号"白鸽队"，总站站长容海云，全队有60多人，大多是中共地方组织培养出来的妇女骨干。

5月下旬　谢立全、欧初率游击大队夜袭三乡伪联防大队，活捉大队长郑东镇，毙、伤、俘敌100多人，缴获机枪1挺、长短枪100多支，粮食、物资一大批。

6月　日军、伪军第四十三师彭济华部出动4个团兵力，从石门、合水口、长江、灯笼坑、马溪、石莹桥对五桂山抗日根据地发动"六路围攻"。中山抗日游击大队运用游击战术粉碎敌人的进攻。敌人原本10天的围攻计划仅3天就被粉碎。

秋 南番中顺游击区指挥部和临工委的领导机关从禺南转移到中山五桂山，加强了对中山抗日斗争的领导。

10月 游击大队部分主力在崖口伏击护送千多名青年学生从石岐到翠亨参加军官训练团的伪军第四十三师彭济华部一个营的武装，毙伤伪军20人，缴获步枪10支、歪把机枪1挺、掷弹筒1具、弹药一批。游击大队副大队长肖强在战斗中英勇牺牲。

11月 伪军第三十师、第四十三师一部卷土重来，从石门、南朗、长江、长命水、石鼓挞、三乡、塘敢再次向五桂山区发动"七路围攻"。游击大队采用分散隐蔽骚扰敌人的战术，使敌人疲于奔命，仅两天后撤走。敌人围攻五桂山区的计划再次遭到彻底失败。

12月 临工委撤销，中共珠江特别委员会（以下简称"珠江特委"）在中山石岐成立，隶属广东省临委，特委书记梁嘉。珠江特委领导中共中山本部县委，中山县三九区、八区委，番禺县、顺德县特派员和南海县联系人，新会县委员会。

12月 指挥部从中山抗日游击大队中抽调110人，在五桂山成立指挥部的直属部队——逸仙大队，大队长黄鞅，政委谭桂明，副大队长彭福胜，辖民族、民权、民生3个中队。

1944 年

1月1日 凌晨，逸仙大队和中山抗日游击大队的部分主力，以及刘震球民兵集结队共120多人出击驻南朗伪军彭济华第四十三师一二八团三营黄光亚部。毙伤伪营长以下官兵20多人，俘敌15人、缴获机枪3挺、掷弹筒4具、步枪60余支、短枪2支、子弹5000余发、掷弹筒弹90多发。

1月1日　中山人民抗日义勇大队公开宣布成立，并发表成立宣言。中山人民抗日义勇大队是在中山抗日游击大队的基础上改编的，隶属南番中顺游击区指挥部，下辖12个中队，350多人，大队长欧初（后罗章有），政委谭桂明（后欧初），副大队长罗章有（郑兴继任，后叛变），政训室主任杨子江。

1月3日　中山人民抗日义勇大队在长江乡松埔举行庆祝成立大会。来自中山各地的2000多名各界代表参加，大会开展了献金和文艺表演活动。

1月23日　南番中顺游击区指挥部在石莹桥召开紧急军事会议，针对日军准备向五桂山发动大规模军事进攻，制订"全面牵制，击敌要害，攻其一路，动摇敌阵"的应战策略。

1月31日　日军千余人（其中骑兵100多名），伪军第四十三师、第三十师以及5个护沙总队，合共8000多人，分十路（合水口、白企、灯笼坑、鳌溪、长命水、石鼓挞、永丰、崖口、白石、马溪）向五桂山区发动大规模军事进攻。逸仙大队、中山人民抗日义勇大队按指挥部的部署反击敌人。敌伪军原定一个月的围攻计划仅5天就被人民抗日武装粉碎。逸仙大队大队长黄鞅不幸牺牲。

4月12日　中山人民抗日义勇大队二区中队中队长黄石生在沙溪圩桃园茶楼被国民党特务彭河杀害。

4月18日至21日　五桂山区军民各界建政代表大会在石莹桥召开，会议通过了《五桂山区军民各界代表大会宣言》《五桂山区战时联乡办事处施政要则草案》，选举产生五桂山区战时联乡办事处。按"三三制"原则，选举产生联乡办事处主任刘震球

（刘智明）、副主任甘伟光（甘宝芳）。

7月1日　南番中顺游击区指挥部根据中共中山地方组织提供的情报，由谢斌指挥逸仙大队民族队30多人，在五桂山外围的芋头山伏击日军第九旅团通信班的军车。除1名日军逃走外，其余10名日军被击毙；击毁军用汽车1辆，缴获轻机枪1挺、步枪9支和一批文件。

7月3日　南番中顺游击区指挥部领导罗范群、林锵云、谢斌、刘田夫、刘向东以及中山人民抗日义勇大队的领导，在五桂山区石门田心村召开军事会议，从派进敌伪人员掌握到的情报中，研究分析日伪军向五桂山区发动第二次进攻的计划，作出"集中主力，歼其一路，其余以中队为单位分成战斗突击小组，分散在各地开展麻雀战，到处扰敌，以拖住各路敌人前进，避免正面接触"的应战计划。

7月4日　日军1000多人向翠亨至石门九堡、长江至大寮、马溪至旗岭、石莹桥和槟榔山，发起报复性的"四路围攻"。逸仙大队和中山人民抗日义勇大队按指挥部制订的应战计划粉碎了敌人的进攻。义勇大队仲恺队队长唐仕锋在战斗中不幸牺牲。

7月20日　驻唐家日军联同该处密侦队突然包围石门九堡，以当地群众支持共产党活动为借口，实行"三光"政策，抓捕90余名村民，并将41名青壮年村民赶到外沙（今属珠海市）骆仔沙岗活埋。

8月　中共中（山）顺（德）新（会）边县工作委员会成立，辖中山的三区（小榄、古镇、海洲）、九区和顺德九区的江尾、白藤，新会的荷塘、外海、潮莲。

8月　五桂山区政务委员会成立大会在该区合水口小学召开，近300名代表参加。大会选举刘震球为区政务委员会主席、凌子云为副主席。

9月13日　日伪军在南朗圩一带，以当地群众"通匪"为借口，挨家逐户拘捕当地居民数十人，除部分保释外，余下30多人被押至西桠附近山头折磨致死。

9月下旬　南番中顺游击区指挥部在五桂山区槟榔山村召开会议。指挥部领导林锵云、罗范群、谢立全、谢斌、刘田夫、刘向东、严尚民，珠江、西江、粤中地方党组织负责人梁嘉、谢创、冯燊、李国霖等出席会议。会上传达了中共中央有关指示和土洋会议精神，宣布成立中区纵队和纵队领导成员名单，还确定了挺进粤中部队和留下部队的编组及具体行动方案。

10月1日　中区纵队成立大会在五桂山区槟榔山村古氏宗祠召开。大会宣布中区纵队成立，司令员林锵云、政治委员罗范群、副司令员谢立全、参谋长谢斌、政治部主任刘田夫、副主任刘向东。下辖第一支队、第二支队、挺进粤中大队、中山八区抗日游击大队、新鹤大队、南三大队和雄狮中队等，共2700多人。

10月21日晚　中区纵队领导成员林锵云、罗范群、谢立全、谢斌、刘田夫等率领机关和挺进粤中主力大队近500人，从五桂山出发，在地方党组织的努力和中山人民的掩护下，绕过石岐，经濠头、二顷围、小榄、海洲等地，顺利渡过敌人的封锁线，向粤中挺进。

10月　县级民主政权中山县行政督导处成立。各区、乡按民主建政"三三制"原则，选出100多名区、乡代表参加在五桂山区石莹桥村召开的中山县行政督导处成立大会。督导处组成人员由中区纵队党委提名，并经代表大会通过。县行政督导处主任叶向荣（次年2月调出，阮洪川接任），副主任阮洪川，委员陈明、刘震球、凌子云、吴子仁、郑永晖、甘伟光、曾谷。中山县行政督导处成立后，认真贯彻执行中共中央十项政策的指示，积极支援地方部队抗敌，做好后方群众工作；开展地方政治、文化教育、群众生活福利等方面的建设。

12月上旬 中共广东省临委决定撤销珠江特委，重新成立中共中区特别委员会，中山、顺德、番禺地方党组织由部队党组织统一领导。

12月 中共五桂山中心支部在合水口举办妇女骨干训练班，有十二三人参加。

1945 年

1月15日 广东人民抗日游击队珠江纵队（以下简称"珠江纵队"）在中山五桂山区正式公开成立，司令员林锵云、政治委员梁嘉、副司令员谢斌、参谋长周伯明、政治部主任刘向东。司令部设在五桂山区槟榔山村，下辖第一、第二支队和独立第三大队。第一支队在原中山人民抗日义勇大队的基础上改编，在中山活动，支队长欧初，政委梁奇达，副支队长罗章有，政治处主任杨子江。

2月28日 周伯明率珠江纵队第一支队（以下简称"珠纵第一支队"）一部击退日伪军400多人向白石据点的进攻，取得胜利。

3月 谷镇区政务委员会成立，郑吉当选为主席。

3月18日 珠纵第一支队的民族、雪花、马成3个中队联合出击前山伪联防中队和古鹤伪五区中队。谷镇区民主政权动员大布、三乡的乡民出动30多辆自行车助战，专门运送游击队战士前往前山出击地点。游击队在两地同时发起进攻，仅7分钟就结束战斗，俘伪军40多人，缴获机枪2挺、长短枪46支。

5月9日 日军1000多人，伪军第四十三师2000多人和"曲线救国军"萧天祥、梁雄部等近1000人，兵分六路（灯笼坑、长江、榄边、崖口、翠亨、石鼓挞）向五桂山区抗日根据地发动进攻。珠江纵队司令部制订了"隐蔽主力，不与敌正面接触硬碰"的策略，保存实力，保卫抗日根据地，最终粉碎敌人的围攻。

5月下旬　周伯明、欧初、梁奇达率珠江纵队司令部部分机关工作人员，珠江纵队第一支队民族队、爆破排、通信班等共200多人，由金花山村起程，翻过丫髻山、五桂山到达崖口附近滩头，分乘海鹰队的7艘机帆船横渡伶仃洋，22日转移到宝安县黄田休整。23日欧初等7人乘船秘密返回中山，与罗章有、杨子江等继续组织部队反"扫荡"和转移东江。

5月23日（农历四月十二日）国民党"挺三"出动3000多人，兵分四路向九区梁伯雄大队发动进攻。梁伯雄大队全体指战员进行英勇顽强的还击，但由于敌众我寡，战斗中又没有回旋余地，造成重大损失，大队长梁伯雄壮烈阵亡，副政委郑文不幸被捕遭到杀害。

5月28日　珠纵第一支队属下的铁流队12名战士，在三乡敌占区的雍陌乡进行抗日宣传后，宿营于塘敢，被敌人发现。叛徒郑兴及"挺三"肖瑞豪、巢添林部和国民党中山县特务大队高宋保部，五区伪联防队共100多人乘夜包围塘敢乡，向铁流队宿营地发动进攻。铁流队战士英勇还击，在弹药将尽、无法突围的情况下，围在一起拉响手榴弹，与阵地共存亡。8名战士壮烈牺牲，4人身受重伤，这12名战士后被称为"铁流十二勇士"。

8月中旬　驻石门鹅眉村的一名东北籍日语翻译，携轻机枪1挺、掷弹筒1具反正；驻石岐较杯石日军营中一名青年日军向珠纵第一支队投降。

8月　日本宣布投降后，中共广东区党委作出决定，原转移至东江休整的珠纵第一支队无须回师中山，尚留在五桂山区的武装部队仍继续分批转移东江。

9月至10月间　上级党组织在澳门、中山地区设立特派员，中共澳门中山特派员黄佳，副特派员罗明林，武装特派员曾谷。特派员隶属中共广东区党委，领导中山、澳门以及顺德的地下党组织及武装工作。1947年2月，中共澳门中山特派员取消，设中山特派员。

10月下旬　国民党中山县县长张惠长派六区区长卓君乙到五桂山区合水口乡瓦屋下村，与抗日民主政权中山县督导处负责人曾谷接触，其采用各种欺骗手段，企图诱惑武工队接受改编。曾谷义正词严予以驳斥，坚决反对，并揭露其阴谋。

10月　珠纵第一支队主力转移东江后，留守在五桂山的武装队伍组成5个武工组（队），对外仍沿用珠江纵队名义，称为"珠江纵队中山特派室"。中山特派室特派员兼政治特派员曾谷（1946年8月后黄旭），军事特派员甘生（1947年9月后梁冠），主要领导五桂山区的武装斗争。中山特派室隶属中共澳门中山特派员，在五桂山革命根据地人民的支持下继续坚持斗争。

11月下旬　国民党当局驻军及地方警察1400多人，对五桂山区的人民武装进行大规模的、持续一个月的"清乡围剿"，并派重兵进驻五桂山区，驻军于山区腹部的石门贺屋村、长江乡中心村、那洲村，实行定点固守，采取"坐剿"，进行围村搜捕，穿梭不停地轮回"清乡"。中山特派室在敌我力量悬殊的情况下，坚决贯彻执行上级党委提出的"分散掩蔽，积蓄力量，等待时机"的方针，把武装人员分散隐蔽在群众中，以保存自己的力量。

12月　中共五桂山中心支部撤销，中山特派室特派员曾谷派总支书记方群英任九区特派员，负责中山九区和三区部分地方及顺德县十区坝头市的15个党组织工作点工作。

1946 年

1月　中共九区地方组织发动农民成立灰色组织，包括城隍会、兄弟会、姐妹会等，下设分会，通过这些灰色组织团结了近千名群众开展反"三征"斗争。

3月　武工队袭击崖口乡反动政权，取得胜利，毙、俘敌9人。

春　四、五、六区在地方党组织的领导下，先后在长江、白企、合水口等近10个乡村建立党员活动点，逐步恢复党的组织活动。当时该地区有9个党支部201名党员。

6月　中山特派室与六区乡政人员在合水口举行谈判，双方达成4项协议：六区团队执行上锋命令到山区"扫荡"时，只能应付，不对武工队发动进攻，停止逮捕五桂山区的工作人员；撤退九堡、永丰的驻军，免去该两乡的军粮；对坏分子的镇压，可先由各乡民众向区署起诉，要求处分，义勇大队（即武工队）不擅自逮捕，倘若区署无实力管理，义勇大队可以应民众之请先给予警告，仍冥顽不改者，则为民请命，予以消灭；用乡长名义保释六区范围的"政治犯"。

8月7日　国民党中山县当局出动2000多名军警，向五桂山区发起"扫荡"，武工队采用化整为零的策略，避过了敌人的"扫荡"。

秋　九区地方党组织发动低沙一带农民1000多人包围九区区署，开展反对国民党原"挺三"四支队中队长"大刀林"强征田赋税的请愿斗争，取得胜利，被"大刀林"的爪牙抓去的3个农民当即获释，当年每亩征收77斤谷的田赋税免收。

年底 中山特派室开通长沙埔至九区将军沙的海上交通线，打通了九区地下党与五桂山的联系。

1947 年

夏 九区地方党组织乘国民党当局并乡选举乡长之机，发动当地农民选举进步人士谭裕胜为新凤仪乡乡长，建立"白皮红心"的活动据点，掩护党的活动。

12 月 中山特派室在六区永丰村召开六区各乡长会议，警告他们不要为国民党中山当局收田赋、抽壮丁。

12 月 中山特派室武工队连续出击下栅、唐家等地的警察所，九区牛角武工队烧毁吉昌与宝生围交界的征收田赋总棚，并赶走在牛角北闸征收田赋的4只大厅艇。

1948 年

2月10日（农历正月初一） 四区群众为抗议国民党中山县当局强行征兵、征税，公开张贴对联"猛抽壮丁人人有炮灰之险，苛征田赋家家多绝粒之忧"，上款写"蒋该杀先生雅属"，下款写"中山人民题赠"。

夏 中山特派室为反对国民党中山县当局向农民强征田赋税（每亩70—80斤谷）而印发文告，发出"禁收田赋，违者必杀"的警告。全县有49个乡村参加反田赋斗争。

夏 中山特派室对一区石鼓挞乡长、国民党县联防中队长刘桂昌开展统战工作，取得成功。

夏 三九区地方党组织在三角、小榄开展建团工作，并在工人、教师中建立团支部。

7月上旬 国民党中山县当局出动军警800多人，对五桂山区进行大规模军事进攻。中山特派室制订"敌进我退，敌驻我扰，敌大规模'清剿扫荡'我则突进敌人后方活动，变外线为内线，扩大活动区域"的策略，使敌人处处扑空，围攻失败。

1949 年

春 原在一、二、四、六区中学活动的共产党员加强党的组织建设，先后吸收一批进步青年入党，壮大党的力量，在中山纪念中学、唐家中学成立党支部。

3月 中共珠江三角洲地方委员会（以下简称"珠江地委"）成立，中山地方党组织的中山县委，中山八区、三区、九区特派员均属珠江地委领导。珠江地委委员兼武装部长谭桂明到中山加强对地方党组织和武装工作的领导。

3月 中共中山县委员会在五桂山区长江乡石塘村成立，隶属珠江地委，县委书记黄旭，常委兼宣传委员黄乐天、常委兼武装委员梁冠，执委兼组织委员谢月香，吴当鸿、梁泰献为执行委员。县委成立后，遵照中共中央华南分局、珠江地委关于"全面发展、重点巩固"的指示，积极恢复各级党组织，加强和健全党的组织领导，举办党员和武装骨干、青年干部、妇女积极分子等训练班，发展党员、团员，培养骨干，进行组织纪律性教育，大力扩大武装力量，勇歼残敌，摧毁国民党反动派的基层组织，配合南下大军解放中山。

3月 根据上级指示精神，中山特派室着手大力发展人民武装，从各武工队中选调干部战士50多人组建主力部队南京队，抽调吴当鸿负责。

3月 九区地方党组织选派20名进步青年参加中顺边县工委在顺德九区沙头乡鹅洋沙对岸的新沙举办的武工干训班，结业后返回原地发展武装。

4月 武工队袭击驻翠亨谢文泉、钟汉明部，毙敌8人、伤敌2人。

4月 中共中山县五桂山区工作委员会成立，区委书记谢月香（后潘灵），委员梁坚、甘正辉、刘汉洲、黄国友、区廉、黄云、潘灵、余华娇。

4月 中共中山县委在长江乡举办青年、妇女训练班，有100多人参加，为中山的解放做好准备。

5月 五桂山区农民协会成立，主席黄国友。

5月 三区地方党组织先后在高沙、海洲举办两期学习班，选送一批青年参加学习，结业后组成三区武工队，队长张枫。

夏 中山县委在五桂山区一连举办两期妇女干部训练班，每期有40～50人参加，学习时间为20～30天，主要对妇女干部进行形势教育和提出妇女在解放战争中的任务。

6月2日 国民党中山县保警一、二营450多人，分三路"清剿"五桂山区石门地区，中山特派室南京队、北平队、广州队抢占金竹山、马溪山高地抗击敌军，毙伤敌军34人。

6月15日 针对国民党将1949年度田赋税提前在7月征收一事，中共珠江地委发出通知，指出"国民党反动派提前征粮是垂死的盘剥，如果我们不给他们一粒谷，就会加速他的死亡"，号召人民起来抗征，粉碎敌人的阴谋。中共中山县委动员各级党组织发动群众，组织自卫协会、抗征总队进行武装抗征斗争。

7月17日 三区复兴乡群众在地方党组织的领导下，召开反

"三征"座谈会和举行示威等活动。在武工队支持下，于20日赶跑国民党警察和催粮队，取得反田赋斗争的胜利。后中共珠江地委转发该乡经验，并予以表扬。

7月28日　中山特派室以南京队为主攻部队，并从北平队、上海队中选出一批有作战经验的战士编成6个战斗梯队，全歼驻崖口国民党中山县保警第二大队（营）第九连谢湛强部，毙敌50余人、伤20余人、俘敌11人，缴获武器、药物和军需用品一批。

7月底　九区地方党组织发动农民成立反"三征"（征兵、征粮、征税）协会，建立60多人的武工队和300多人的不脱产民兵，实行武装抗"三征"。

8月　三区武工队先后袭击裕安围警察分所和米步滘、绩麻东两个自卫队，毙敌3人，缴获轻机枪1挺、长短枪14支。

8月　九区成立人民武装委员会，主任邓永年。

8月　国民党军队节节溃败，中山县境解放在即，中山特派室党委决定：全面发展，扩大队伍，改变敌我力量对比，从劣势转为优势，发展我5敌3的比例。随着队伍的扩编，中共中山县委在五桂山区举办武装干部训练班，培训新发展的武装人员。学习班结束后，建立北平、上海、武汉、广州、沈阳等中队和情报站、油印出版等单位，武工队发展至300多人。后又发展成立长春、哈尔滨、长沙、徐州4个不脱产的民兵中队。

8月下旬　中共中山县委在长江乡举办党员、干部学习班，有100多人参加，学习党的知识和接管城市的经验。

8月　中共中山县三区委员会成立。中共中山县九区委员会成立。

9月16日　中山特派室撤销，中国人民解放军粤赣湘边纵队中山独立团成立，团长梁冠，政委黄旭，政治处主任吴当鸿。下辖4个营（13个连、队）、1个自卫大队。

秋 中共中山县委在长江乡连续举办3期青年训练班，每期挑选30名团员接受培训。

10月3日 中共中山县委在五桂山区长江乡召开五桂山区人民代表大会，有地方士绅、华侨、农会、青年团、妇女会、教育联合会及县、区政府代表200多人参加。大会宣布成立五桂山区人民迎解放军南下工作委员会，主席黄乐天，副主席黄国友、凌子云；决定动员民夫1500人，自行车300辆负责运输，发行胜利公债5万元（港币），储备稻谷12700石；全区每户准备芒草100斤，干柴20斤；要求于半个月内组织支迎队伍4000多人，完成公路、桥梁的修理和粮食、柴草等准备工作；号召农民协会、妇女协会、青年团等组织积极参加和配合好支援前线与迎解放军工作。

10月 九区地方党组织为支援前线，筹备粮食5000千克，柴草1.5万多千克，农艇50艘，组织支前人员300多人。

10月中旬 中共中山县委在五桂山区长江乡召开有各阶层、各级政府代表和总理故乡纪念中学、山区小学参加的大会，宣布成立中山县人民政府，县长谭桂明，副县长黄乐天。

10月中旬 中共中山县委在长江乡宣布成立中国人民解放军石岐市军事管制委员会，军管会主任黄旭，副主任黄乐天。

10月中旬 为震慑从广州向中山溃退的国民党军队，中共纪中支部奉命在"总理故乡纪念中学"升起中山地区首面五星红旗。

10月20日 中山县保警第三营第七连连长许傮起义，将该连70余人带入五桂山大鳌溪村接受中山独立团改编。

10月25日　三区人民政府在古镇成立，区政府主席袁世根，副主席司徒如、叶洪。

10月27日　五桂山区人民政府在长江乡宣布成立，区长余华娇，副区长刘汉洲、黄国友。

10月30日　中山宣告解放。中山独立团和五桂山革命根据地人民1000多人，从大鳌溪出发挺进石岐，与两广纵队先头部队胜利会师，石岐宣布解放。成千上万的人民群众高举红旗，敲锣打鼓，张灯结彩，在仁山广场举行欢迎中国人民解放军进城集会仪式，共庆中山解放。

附录四 文献资料 ①

中山人民抗日义勇大队成立宣言

全县军政长官抗日友军暨父老兄弟姊妹们：

民国三十三年元旦降临人间的时候，也就是我们和大家相见的第一天，我们觉得无限喜悦和兴奋。同时也觉得自己责任的重大。在我们初生的时候，也有无限的话，想掬诚为我全县友军、父老、同胞［敬］告：

我们为什么在今天来成立这个中山人民抗日义勇大队呢？这是因为时势要我们这样做，中山人民要求我们这样做。

国际时局最近已到了大变化的前夜，特别是中、苏、英、美四国安全协定和蒋、罗、邱、斯会议后，更加速了法西斯的死亡与新世界的到来。我中华民族解放的胜利，因此也日益临近。但日寇不但绝不因此放手，反而出尽阴谋毒计，作最后挣扎，对国民政府则着重诱降，对敌后则加强扫荡。国内投降分子与法西斯分子竟然暗谋结合，撤退前线军队，企图发动内战，投降日本。当此胜利在望之时，设内战投降之局面形成，则反攻无期，四强

---

① 所收录的文献资料以保留原貌为原则，除繁体字、异体字按照相关规范统一处理外，对原文中明显的错字、别字、漏字处理后置于［ ］符号内，残缺的字以□符号代替。

地位则变成泡影，敌后人民的痛苦不知何时才能解除了。我全国每一个同胞，在这少数人企图出卖祖国利益的时候，都有起来为保卫国家民族而奔走呼号的责任，我们每一个人民都有自动地组织起来，武装起来，驱逐日寇，收复乡邦的责任。

其次，十一月中旬以来，敌寇在我广东东江、韩江两地，已开始空前大规模的扫荡。汪奸的广东清乡事务局，亦于最近成立，说明敌人对我全广东敌后更大规模与有系统的清乡扫荡，已迫在眉睫。为迎接敌后新的斗争，粉碎敌伪新的进攻，我中山敌后人民也有紧急动员起来，武装起来，捍卫我们人民生命财产安全的责任。

我邑乃孙中山先生故乡，有光辉灿烂的革命传统。中山先生四十年如一日的奔走革命，无非为了"实行民族主义对外打不平，实行民权主义对内打不平，实行民生主义对资本主义打不平"。中华民国建国三十二年，不但丝毫未能达到中山先生的期望，反而偷天换日，背道而驰，近日不但不反攻，反同敌伪勾勾搭搭，准备投降，发动内战，对内不实行民主，反而取消抗战初期最低限度的民主权利，压迫人民奴役青年，实行独裁专制；"民生主义"者，则是官僚资本垄断一切，酒池肉林，荒淫无度，广大人民挨饥抵饿，死亡遍地，以至民怨沸腾，民气消沉，把大好的革命三民主义，变成一文不值的封建的买办的法西斯独裁主义。我全中山的革命儿女，有责任起来反对这背叛中山主义的行为，与继承中山先生的革命传统，实现真正的民族独立、民权自主、民生幸福的三民主义。

我们是中华民族的一分子，我们是中山的人民。在这时局紧急关头，不能不起来担负坚持抗战、保卫乡邦，解除同胞痛苦的责任。这是我队成立的第一个理由。

回顾我队创立三年以来，赖各贤明的地方军政长官、抗战友军与邑内爱国的父老同胞的爱护与协助，及本队官兵全体的艰苦奋斗，乃得日渐壮大，并对乡邦、对人民稍尽棉［绵］力，于民国二十九年秋及三十年秋，先后领导九区民众反伪票的斗争，结果两次得到胜利。三十年秋，曾出击四区大环桥，歼灭守桥伪军，使来往行商得免抽剥，而久在敌蹄下的人民，亦得以扬眉吐气。是年冬出击歼灭崖口伪护沙队一中队，使四区人民得以重睹曙光。民国三十一年夏，敌人二月扫荡三、九区后，我队为挽救九区危机，推开全县的新局面，毅然发动浮圩战斗，歼灭伪三十师一排，继而我队又配合友军二次反攻石岐，抗战空气空前高涨。从此，我们续在四、五、六区杀敌锄奸，不敢稍懈，使山地乡村人民，得以安居乐业。三十一年秋，伪三十师驻翠亨之李南排长，率领全排士兵翻然来归，继而发动民众破坏岐关东西公路和四大桥梁（北台桥、大环桥、上栅桥、东岸桥）阻延伪独三旅对本部清乡扫荡计划数月。当敌伪积极修桥稍峻［竣］后，伪独二旅即以伪保安警察一中队为马前卒，开到四区西椏作扫荡的前哨阵地，我们予一股而灭之。三十二年夏，我们胜利的［地］粉碎了敌伪联合发动的六路围攻五桂山，歼灭敌伪一个连以上，使五桂山的人民，至今得以安心秋收。最近在翠亨附近伏击歼灭伪四十三师一二八团第一营一个连，缴获掷弹筒一具、日本轻机一挺、步枪及军用品甚多。每次捷报传来，县民兴奋，真可谓我队与全县人民及抗战友军之间是血肉不能分离的，如无全县人民的同情援助及抗战友军之团结合作，则我队无以生长壮大，三年来的抗日斗争亦无法坚持。我队全体官兵，多是本县人民的子弟骨肉，全县人民的痛苦，就是我队的痛苦，全县人民的存亡，就是我队的存亡，敢不与我抗战友军精诚合作，鞠躬尽瘁为我同胞解除痛苦，争取生存幸福而艰苦奋斗乎！是以三年以来，惟有任怨任劳，兢兢业业，更求有报于国家，有报于乡邦。不意竟因此使反动分子、投降分子耿耿于怀，视为眼中钉，必欲置之于死地而后快。远在民国三十年春，特务分子却大肆活动于各友军长者间，尽其挑拨离间之能事，所幸诸先进长者凛以大义，不为所动，使其无以售其奸。及后改换方针，潜入特务，复借整编时机，制造莫须有之谣言，取消我队名义，时加攻击，虽累请求整编，终无音讯，而汉奸坏人，罪恶彰彰可考者，反给予名义活动（如八区汉奸吴全），实令邑内正义之士痛心大息［叹］。我们知道邑内还有很多正义人士和友军，对我们寄以［予］无限的同情与爱护，时加指示与训勉，并愿给我们以实际的援助，惟碍于反动分子和投降分子的高压颜色，终心有余而力不足，实属遗憾。此等叛变民族之分子，近复变本加厉，消极抗战，积极内战，勾结敌伪，迫使地方当局召开分裂、内战会议，今天要通辑［缉］某抗战积极分子，明天要打某积极抗战的队伍，并诸多限制，阻止抗战队伍的发展，使我队全体官兵激愤于怀，全县人民也大大不安。我们从三年来斗争的痛苦经验中，已熟悉了反动分子、投降分子违反人民利益的真面目，我们中山人民要救自己、要救国家，就只有靠各地抗战团队的团结与自己的努力，只有依靠从人民中生长起来，为人民生、为人民死的军队，这就是我队成立的第二个理由。但我队的诞生，亦必将使敌伪震惊与痛恨，然而我们中山人民已准备给［他］迎头痛击了，我们也不怕少数投降分子与内战分子的诬蔑、摧残。因为我们扪心自问，对抗战无愧，对民族无愧，决贯彻始终，为抗战、为乡土、为人民奋斗到底！

本队誓本如下宗旨，作为今后努力的方向，愿与全县抗日友军与父老同胞共图之。

坚决打击敌伪，积极准备反攻，争取抗战胜利，实现中山先生的遗教，建立独立自由幸福的新中国、新中山！

反对反动分子的投降内战阴谋，加强中山敌后各抗战团队的团结！

打倒国际法西斯，反对国内法西斯专政！

减轻人民负担，帮助人民增加生产，实行减租减息，改善人民生活！

在力量所及的范围内，尽可能帮助人民争取实现民主政治，获得民主自由！

最后，希望我们各友军暨贤明的地方军政长官，时加指示，密切联络，并赐予精神与物质的援助；希望政府能以公正态度，承认我们的名义，给予我们粮弹的接济，以加强我中山敌后人民抗日的力量；我们亦愿随时执行政府的抗战命令，配合友军出击敌伪，并执行政府一切有利于人民的政策。

全县抗战父老同胞们！友军们！我们队伍诞生的第一天，正当敌伪新的清乡扫荡紧接到来的时候，亦是国际国内法西斯反动分子的丧钟响遍世界的时候，大家快快动员起来、团结起来吧！克服一切障碍与困难，向前迈进吧！最后胜利一定是我们的！

中山人民抗日义勇大队长欧初率全体官兵谨启

中华民国三十三年元旦

（原载1944年1月11日《正义报》第15期）

五桂山区军民各界代表大会宣言
（一九四四年四月）

　　编者按语[①]：中山县属五桂山区军民各界于去月［四月］中旬召开联乡代表大会，成立联乡办事处，盛况空前。详情经志上期本报（请参看十九期炎泉先生之《民权主义在国父故乡萌芽生长了》一文）。此种民主运动，不但是中山县开县以来所未有，即广东全省亦属空前创举。然外界人士间或未有彻底明瞭其中真相之处，而敌伪反动分子则更加兴风作浪，造谣诋毁，诸多破坏，谓五桂山区实行"分田共产"。为此，本报特派员多方设法搜集材料，将此次大会真实情形及其内容详细介绍，俾各界人士得明真相，免受其愚，致中敌伪奸计也。此次转载之《大会宣言》及《施政要则》两文，乃该大会中最重要文件之一，希读者多注意焉！

五桂山区暨全中山亲爱的同胞们：

　　我们受敌伪种种压迫抽剥的痛苦，已经过四五年了！几年已［以］来所得到的惨痛经验［教训］，深知要解除敌伪的压迫，只有精诚团结，打倒日寇，摧毁伪政权才能做到，而且要完成这个艰巨的任务，又非真正实行国父孙中山先生的三民主义不为功。五桂山区同胞认识这求生之路，便坚决的［地］召集了全山区的军民各界代表大会，并成立了联乡办事处，以无限的救国救乡忠诚，实行国父的民族独立、民权自由及民生幸福的三民

---

　　①　本文按语是《正义报》原编者之按语。

主义！

今天我们感到非常庆幸，在中山人民抗日义勇大队及各抗战部队鼓励与扶助下，获得了管理政事的机会，实行民权，摆脱敌伪的奴役痛苦，自己成为抗战建国的主人。为此，我们首先代表全体军民谨向本县、本区的抗战长官及全体英勇的战士致热烈的敬意！并谨向为自由解放而牺牲的军民致最深［切］哀悼！

我们百几个军民代表欢叙一堂，经过四日的会议，关于本区应如何坚持抗战，保卫地方，如何实行民权，改善民生，以及联乡办事处的组织法，都有了缜密的议论和决定。今后我们山坑民众有了一条生路好行了。今后的问题是如何认真实行起来，得到结果，收到实益。但我们也不可忘记山坑还在敌伪包围之中，往后的工作途程上还存在着很大的困难，还需要我们全区民众不懈的努力与全县同胞鼎力支援，以达成大家的愿望。为此，特将此次大会所陈，举其荦荦大者，愿与我区及全县父老共图之：

第一、坚持抗战，保卫乡土。自中山沦陷数年以来，虽有各抗战部队入驻本区，肃奸清匪，令我山坑民众较沦陷初期，稍得安居。但敌伪还未驱走，清乡扫荡的毒谋仍未停止，在抗战未获得最后胜利之前，如不打击敌伪，坚持抗战，则地方安宁，民生幸福，将会无从谈起。过去我山坑有军无政，军民无密切合作，前后方无密切配合，单靠部队竭力抗战，不易发动对敌伪广泛有效之打击，是以大会认为当前急务，就是本区人民，有力出力，有钱出钱，编练民众后备队、集结队，配合欧大队长、钟大队长、张中队长、郑中队长，及一切抗战部队打击敌伪，保卫乡土。

第二、实行民主，发扬民主。揆诸中外历史与七年来抗战经验，欲取得抗战胜利，革命成功，非唤起民众依靠民众不为功，但民众如处于奴隶牛马之地位，毫无权利可言，则民气无以昂扬，民力不能发展，况我中国数千年来无民主，民众至今仍是一盘散沙。因此，实行民主主义，给民众以应有之权利，实为昂扬民气加强民力唯一途径，是以大会一致决定，应立即召集各界民众大会，改革乡政，扶助各种民众组织，把抗日力量团结起来。

第三、改善民生，增加生产。本区山多田少，土地瘦瘠，□□□□，加之敌伪多次抢掠烧杀，□□□□□□生产亦难发展，陷于痛苦□□□□，同仇敌忾，共赴国难，不无困难与□□建国之目的亦不外改善人民之生活，保证人民之幸福，是以大会认为减免税收，减租减息，组织农民合作社、互助会，解决人力、肥料的困难，开荒增产，改善人民生活，亦为当前之急务。

坐而言，起而行，是我们做事应有的态度。过去的政府机关最大的毛病，就是决而不行，现在我们要医治好这种毛病，全区全县的人民都要一致来医治这种毛病。在这全国抗战胜利在望，敌人极度困难，又有我抗日义勇大队及其他抗战部队来帮助和指导，我们大会所决定的工作，一定做得成功的。愿我全区与全县同胞，把自己的任务，坚决的［地］担负起来！

让我们高呼：

全山坑、全中山的人民团结起来！

驱逐敌人，收复中山！

中山人民自由万岁！

中华民族解放万岁！

（原载1944年6月1日《正义报》第20期）

451

五桂山区战时联乡办事处施政要则草案

本区为发动民力，坚持抗战，并准备力量收复中山，谋国家民族之完整独立起见，特根据三民主义之精神与政府颁布之建国纲领，订定本办事处施政要则如下：

一、团结五桂山各乡及邻区各乡、各族、各社会阶层、各抗日团队，打击敌伪，肃清贼匪，保乡救国，发展人民福利。

二、保障一切抗日人民之民权、财权、地权及在不违反抗战团结原则下，言论、出版、集会、结社、居住、信仰、传教与组织自卫武力之一切自由权利。同时无情镇压敌探汉奸之一切破坏活动，但必须重证据，不得牵连无辜，并实行法治，公平调处民众纠纷，取缔一切扰民害民违法现象。

三、摧毁境内任何敌伪政权的活动，培养人民民主生活与参政能力，完成自治。在六个月内民选联乡政府及参议会，并不分贫富、性别、信仰、大族小姓、强房弱房，均得享受同等之参政权利。

四、扶助民众组织，建立民众武装后备队、集结队，并动员新兵配合与参加部队作战。

五、废除苛捐杂税，严禁敌伪收票勒索。根据有钱出钱原则，实行合理的负担。并肃清贪污浪费，历〔厉〕行简政节约，减轻民众负担，对抗日军人工作者及华侨家属、灾民难民及贫苦民众酌量减税或免税。但对汉奸敌探财产，则实行没收作抗日经费。

六、实行减租减息，禁止霸耕揪耕，改善农民生活，同时保证地主之土地权、债权，实行交租交息，加强地主农民之间的团结。

七、厉行垦荒、造林、兴修水利、扶助手工业与合作事业之发展。欢迎华侨回本区垦植，以增加农村生产，充实抗战经济。并救济由省港回邑之失业工人、店员、小贩与失地农民。

八、从政治、经济、文化上提高妇女之社会地位，禁止压迫与虐待妇女，普及妇女教育，鼓励妇女积极从事社会活动，确定妇女有参政之选举与被选举权。

九、推行国民教育，救济失学儿童，改善小学教师生活，开设成年男女识字班，消灭文盲，尊重知识分子。保护、优待与教养省港澳回邑之学生及失业青年。

十、优待抗日军人（包括在大后方正规军、本区抗日军队中服役之官兵，及本区民众后备队、集结队）及抗日工作者（公务员、小学教员及工作队员）之家属，帮助其解决生活上、生产上、教育上之困难，并优待华侨家属，救济灾民难民。

十一、对情节轻微之附敌分子及自愿改过自新之敌伪军官兵、贼匪、反动分子均一律采宽大政策，予以自新报国之机会。

十二、禁烟、禁赌，提倡节约，争取与教育无业游民。

十三、本要则自本区军民各界代表会通过之日起施行。

（原载1944年6月1日《正义报》第20期）

为征收早造抗战军粮告各界同胞书

亲爱的同胞们：

中山自沦陷以来，已经过四五个年头了。在这漫长的年月之中，我广大的民众，既惨受敌伪无餍的抢掠与榨取，而土匪恶霸又复乘势勒索劫夺。在此重重压榨之下，使我原来富裕的中山，日沦于经济凋蔽〔敝〕，人民生活益趋贫困，而失业、失耕以至流离失所者，随处皆见，惨痛之状，□念令人心痛！

现在，田野飘黄，早禾将熟。敌伪又将强迫收军谷和伪票，加深我农民同胞之负担。所以在此早禾行将收获之前，本队掂〔惦〕念我农民同胞之劳苦，痛恨剥削者之横征暴敛，亟愿与我同胞共起，反对敌伪种种勒索抽剥，以改善我同胞生活。爰本万分至诚，谨为我同胞忠告。

我们要深刻认识，敌伪对我们的抽剥劫夺，为其侵略重要政策之一。现在敌人日陷于失败危机，经济日形贫困，"以战养战"阴谋，将更加毒辣，所以本造强收军谷、伪票决〔绝〕不会稍有减轻。我们只有坚决反对，绝不能对其存有任何幻想，更不能傍〔彷〕徨畏缩，任其宰割。只有自力更生，团结奋斗，一致组织起来，武装起来，坚决斗争，才有生路。最近如禺南、顺德各地农民，一致团结，反对李塱鸡之霸耕拍围，收回耕地；我县九区前年反伪票的斗争，他们都取得胜利。他们的坚决行动，实可为我们的范例。为了免除我们的痛苦，我们应该提起信心，坚决为反对敌伪抽剥而斗争！

本队为中山人民的子弟兵，始终坚决站在抗战爱民的立场，帮助民众解除痛苦，从不愿损害人民的经济利益，今后要本此宗旨，以与我同胞共同奋斗。过去以至目前本队□□政府没有弹药及响［饷］项的供给，而抗战任务，又不容我们放弃，不得已，向我同胞要求捐助部分抗战军粮，所以忍痛出此，无非为供应部队伙食，增加抗战力量。取之于民，用之于民，从未有妄费民财于万一，事实存在，早已为我中山同胞所洞悉，而深得各地同胞热诚帮助，本队全体官兵，至深感戴。

但本队过去对收税措施，尚有未尽善之处，使部分同胞发生误会，致使黑白不分。今日如承商之营私舞弊，收税员之无理行为等等，在今年我们都决心给予改正，以期达到合理负担，减轻人民痛苦。尚望同胞共同注意，如有应商榷之处，希望随时向本队提出，本队当竭诚接受的。

一、反对敌伪抽收军谷、伪票，以及一切无理抽剥；

二、反对承商舞弊勒票，禁止收税员无理行动，如有非法行为，欢迎批评告发；

三、按收获多寡，规定等级征收，合理负担；

四、对抗属及贫苦受难同胞，给予优待，减轻其负担，使能改善其生活（在山坑范围因受敌伪掠夺焚烧惨害，本造抗战军粮全部免收）；

五、对收税员和承商人如有非法强迫勒索行为，一经查出，严格惩办；其廉洁奉公，爱护民众利益及热心帮助抗战者，给以奖赏。

以上各点，是否有当，还望各界同胞指正。希望各界同胞本有钱出钱、有力出力之旨，勉力共赴。目前第二战线［场］已正式展开，全世界反法西斯胜利已在目前，日寇死亡命运为期不远。因此，我中山同胞，更宜急起团结，坚决反对敌伪抽剥，自觉缴纳抗战军粮，共同增强抗战力量，配合全面反攻，早日光复中山，把敌人赶出乡土，争取我们的真正自由解放！

中山人民抗日义勇大队启

一九四四年六月十五日

五桂山区减租减息条例①

一、本条例系根据五桂山区政务委员会《施政要则》第六项之规定，及本地之实际情形与各乡民众对减租减息之共同意见而拟定之。

二、本条例关于减租办法，特规定如下细则：

（一）由本年起，所有本区内之田，原来系谷租者，均照本年度原定租额八折交租，以前定者亦在内。

（二）如照原来八折交租，其租额超过六石以上者，仍一律减至六石为标准，最高不能再超过此额。

（三）如过去立约系银租者，由本年起一律依照收成数量之四成为标准转为谷租；如每亩每年可收割十石者，租额改交四石租，其余均照比例推算。取消旧约，交租者不得凭约争论。

（四）除租额外，如有额外多取者（如田鸡、田鸭、糯米、禾秆等），由本年度起一律取消。

（五）在减租期间，业主不得藉故收回自耕。如确有因此而影响生活困难者，想自行［耕］部分或全数自耕者，须将实际情形向乡公所请示，经查明确实的，酌量批准，否则作骗耕罪论罚。

（六）如有骗耕易主之行为，一经查出，该田仍由原佃人收割，但必须仍照本条例减租办法交租。其租全数由［乡］公所没收充公，当作行政经费，同时骗耕者仍须补回交涉中［的］一切

---

① 本文原载 1945 年 3 月新中山报社出版的《减租减息的理论与实践》一书第 27—29 页。原文未署时间，且没有标点符号，文中的标点符号为编者所加。

费用。

（七）本条例规定减租办法、交租标准，如因特殊情形，得由乡公所酌量伸缩之。主佃方面不同意乡公所之规定时，得向区委员会申请。

（八）业佃纠纷在未经乡公所或区委会解决以前，该田仍由原佃人开耕，以免荒弃。

（九）在减租期间，绝对禁止揪耕霸耕，如有藉故违背者，一经查出，当予严重处罚。

（十）在减租期间，各佃人必须参照减租办法交租。早造最迟不得超过盂兰节，晚稻最迟不超过冬至，一律交清，不得藉故拖欠，否则当予严重处罚，甚至取消佃权，佃权由业主收回或另批。在减租期间，所有应缴抗战捐税，均照主佃各半之合理负担原则分担之。而地税等则由业主交纳，更谷由佃人缴交。

三、本条例关于减息办法，特规定如下细则：

（一）由本年起，本区内如有借贷，息额不论月息、期息、年息，一律减至三分，债主不得凭据争论。

（二）本条例公布实施日起，所有从新借贷，息额最高不得超过三分，否则给予处罚。

（三）在减息期间，债主不得藉故强迫负债人即时还款，如有特殊情形，必须经乡公所批准才能有效。

（四）在减息期间，负债［者］必须按期缴息，如非特殊情形，不得藉故拖欠，一经查出当予处罚。

（五）在减息期间，债主如有投机取巧，不依照此规定办法执行者，一经查明，当予处罚。

四、本条例如有未尽善处，得由本会随时修改之。

五、本条例自公布日施行之。

抗战胜利敬告中山全县同胞书

亲爱的乡亲们：

日本已正式投降，中国抗战胜利了，世界反法西斯战争胜利了，世界和平实现了！

让我们欢呼，让我们狂欢，大家尽情地庆祝这人民的历史的伟大胜利吧！

八年来我们抗战军民流了数不清的鲜血，受了数不清的灾难，目的是打倒侵略者，建设新中国。今天穷凶极恶的侵略者——日本军阀最后被打倒了，一个民主的新中国，正要在和平的世界中建设起来。捷音南传，举国人民谁不雀跃腾欢，精神百倍，兴奋地来享受抗战的成果与继续努力建设自由、民主、统一与富强的国家呢？

中山人民，也毫无愧色于国家民族了。［从］五六年来敌人汉奸的抢掠奸淫，屠杀焚烧，反复的扫荡与无限的抽剥下爬了起来，拿起抵抗的刀枪，艰苦地坚持了中山的游击战争，追求着新中山的到来。

今天象［像］全国人民一样，狂欢之余，中山人民正需要着和平的生活，正需要着粮食与衣裳，正需要着生产和建设，正需要着文化与卫生，正需要着言论、出版、集会、结社、居住、思想、信仰、参政的自由，一句话，正需要着民主政治的实现。

亲爱的乡亲！苦斗八年而后胜利的人民是毫无愧色地应该享有这么起码的抗战成果了，不是吗？抗战的胜利首先是人民的功劳，论功行赏，胜利的果实应该归诸中国人民的。当然，全世界反法西斯力量的团结合作，特别是这一次波茨坦三大领袖会议伟大的成功，与苏联红军参战所加诸日寇的不可估量的压力，使今天的局势急转直下，超想象的［地］缩短战争的途程，然而如果不是中国人民八年来艰苦奋斗，自力更生，前［仆］后继，百折不挠，实在也不会有今日的成就。

应该记忆起抗战的历史：

初期，国民党抗战得较为积极的，但自武汉失守以后，国民党反动集团，便开始了执行压迫中国人民，实行消极抗战的路线。一方面保存实力，把作战的重担放在解放区战场上，让敌人大量进攻解放区，自己则坐山观虎斗；一方面千方百计诛锄异己，实行法西斯独裁统治，先后举行了三次反共高潮，袭击皖南新四军，用七八十万精锐的嫡系部队封锁与进攻陕甘宁边区及敌后各抗日根据地，分裂国内团结，造成严重的内战危机。

中国人民则八年如一日，在中国共产党协同［领导］之下，从敌人手中创造了十九个解放区，解放了上万万自己的人民，建立了上百万的自己正规军队与几百万民众武装，抗击了侵华的敌军及伪军的最大多数。而国民党反而在"曲线救国"的谬论下，让大批将领投敌附伪，帮助了敌人。

所以，如果没有解放区战场在最困难最艰苦的条件之下长期拖住敌人的后脚，坚持下去，那么敌人早就会向西南、西北长驱直进。试问国民党那［哪］里还招架得住，又那［哪］有今天的胜利呢？

如果没有解放区战场的力量以及大后方人民的努力，阻止了国民党政府多次投降妥协的企图，和挡住了多次反共反人民逆流的高涨，那么敌人早已胜利了，又那［哪］里会有今日？

在中山两条不相同的抗战路线也是表现得极其明显：远在中

山沦陷以前，国民党反动派在反共反人民的政策下，解散抗日救亡团体，摧残了朝气勃勃的中山青年抗日先锋队，大大削弱了中山抗战保卫力量，便宜了日寇一举而陷中山，反动派放弃中山，抛弃了百万邑胞的反动政策，痛苦的回忆，尤时萦诸脑海！

可是，中山优秀的抗日青年儿女、爱国志士在奴隶的深渊中爬起来，拿起拙劣的武器，艰苦地坚持了中山五年多的抗日游击战争。在不断打击敌伪，粉碎了敌寇历次残酷的大规模扫荡中壮大与发展了自己的队伍，用人民的民主普选创立了五桂山区、滨海区和谷镇区三个民主区政府，行使了民主法令，缩小了中山的沦陷区，大大削弱敌伪政权，解放了中山一、四、五、六区大部分的同胞，使中山半壁河山得以保存！这样一支坚强的抗日救国救乡的人民力量，应该受到中山当局的奖励与支援，但相反的他〔它〕却因而成为国民党反动派的眼中钉，无日不企图将之消灭而后快。

不久以前，还企图在最后挣扎的时候，国民党反动派如萧天祥、雷雄、钟汉明、郑兴、梁雄之流以及第×支队、第×支队等，还配合敌人来进攻我解放区抗日部队与人民，事实确凿瞒不过人民的。因此坚持中山抗战的功劳，不正是属于我们部队和部分抗战友军以及中山人民吗？中山国民党反动派只不过是抗战的障碍而已！

今天虽然已经抗战胜利了，但还有许多工作许多问题正要求全国一致团结合作才能顺利的〔地〕解决，才能有民族的幸福，才能有国家的富强。谁还愿清算抗战以来的旧账呢？但是如上的记忆却是必要的，只是更好的〔地〕总结抗战的经验，才能更正确的〔地〕处理战后建国的问题。

胜利了，当前要解决的战后问题是什么呢？（一）是解除日伪武装问题与处理战后日本的问题，这是彻底打倒日本法西斯，使其不能再行复活的主要保证。（二）是处理战争罪犯问题与彻底肃清法西斯余孽问题（包括中国的在内）。（三）是迅速成立联合政府实行民主政治以便建设新中国的问题。在中山是成立地方自治的民主政权，以便实施战后的救济与社会的建设问题。

对于这些关系到中国与中山人民今后世代幸福的重要问题，依然是可以有两种不同的做法与见解的。或者是从广大的人民的利益出发，立即成立联合政府与民主地方政权，俾使将抗战的成果交给广大的人民共同享受，坚决消灭一切叛国的或暗藏的法西斯余孽，着手建设独立、自由、民主、统一富强的新中国、新中山；或者是从少数集团的利益出发，拒绝成立联合政府，或盗用人民名义，企图独霸抗战成果，继续欺压民众，继续进行内战，纵容甚至重用战争罪犯，以培植法西斯毒菌，将中国与中山引向不独立、不自由、不民主的深渊去。

现在正有某些人是企图而且正在这样做了。象［像］在中山的大汉奸卢宝永，可以逍遥法外；万民仇恨的彭逆济华、梁逆雄反被委任要职；特务分子专横充塞，铲共反共之声叫嚣不绝，解放区内外大军压境，到处逮捕我队人员，这不能令人意味着今后的中山仍然有陷在不自由、不民主、豺狼当道、内战连绵的危险，人民依然没有救力，抗战的成果给少数人霸占去了，致使中山人民在庆祝胜利中尤不能不心焦如焚，为中山人民的利益与和平而隐忧。因此全中山人民一定要警惕，不要以为抗战胜利就万事大吉百无禁忌。崖口、珊洲等乡民便是在八月二十一日，日本投降之后被符号鲜明的国民党抢劫，［被］欺压得惨不忍言。内战的惨剧是严重地威胁着抗战胜利后的中山。

因此，民主自由的新中山的实现，还有待中山人民团结起来，用自己的力量来争取，为实现真正的民主政治而坚持奋斗，这是中国人民、中山人民当前伟大而艰巨的任务！

亲爱的乡亲们！在中山我们主张，全中山人民也主张：不要再打内战了，一切抗战团队都应该团结起来，共同合作来处理战后那许多重要问题；应该成立地方自治的民主政权，承认与奖励抗战有功的人民武装队伍及抗战中坚持对敌斗争的解放区政权，如五桂山区、滨海区、谷镇区；吸收各党各派各阶层的有能力分子到政权中去，以便更能代表民众意见，创造人民幸福；应该立即收缴敌伪武器，建立与壮大人民军队，解放区人民及一切抗战武装应该有参与缴械及接受日军投降及处理战后一切工作的权利；应该立刻惩办汉奸与逮捕战争罪犯，如卢宝永、彭济华、黄祥、吴全以及萧天祥、雷雄、钟汉明、郑兴、梁雄、陈秋凡、黄少东及一切特务分子等，交给人民公审与判决，并继续消灭一切法西斯余孽；应该办理战争后的救济工作，解决民众的粮食与衣裳；应该减租减息，奖励人民生产与工商业的建设，沟通侨汇；应该给予人民言论、出版、集会、结社、思想信仰的自由；应该优待殉国军人遗属，优待抗属，优待残废退伍军人等等。

我们的部队——珠江纵队第一支队是中国共产党领导下的部队，是人民的部队。我们解放区的民主政权是包含各抗日党派与无党无派的爱国爱乡的开明人士，通过民主普选联合执政的政权，是人民的政权。几年来，我们的一言一行，一切施政方针，均为我全邑同胞所共见周知，今后要求团结与实现民主之后，决不更易，信守不渝，并决为实现上述主张而继续努力不懈。早些时，我们出于自卫，曾与民利公司等处于战争状态，现在我们再次首先表示愿意在民主的基础上恢复谈判，团结合作，建设新中山。不管什么人，那［哪］怕昨天还是反对我们的，只要他今天不反对了，就应该和他们团结起来，为共同的目标而奋斗。这是我们对国民党，对一切过去对我有过误解的人们所采取的一贯态度，过去如此，现在如此，将来也一定是如此。

于此，我们提议，为了消除中山内战危机，为着实现上述的主张，应该立即召集全县各党派各阶层各界人士的县事会议，以便讨论县政大计，解决一切具体问题。

亲爱的乡亲们，今天，世界和平实现了，民主主义已成为全世界不可抗拒的主流，世界是属于人民的了，谁还想做独裁专政的梦，谁就将永远在人民的力量面前灭亡的。

亲爱的乡亲们，新的中国新的中山应该出现了。我们愿永远和人民一起，和民主的友军一起，共同努力，建设新中国，建设新中山，胜利一定属于我们人民的！

广东人民抗日游击队珠江纵队第一支队支队长　欧初

支队副　罗章友

政治委员　梁奇达

政治处主任　杨子江

广东人民抗日游击队珠江纵队中山县行政督导处主任　阮洪川

［一九四五年］八月二十五日

我不能把枪放下

（游击队歌曲）

1=F 2/4 坚定地

| 1·3 | 5 1 | 7 6·1 | 5 03 | 6 5·4 |

为了　国　　为了　　家　我　拿着

| 3 12 | 3 — | 1 1·3 | 5 53 | 1 7 |

枪骑着　马，　生 活在　战 斗的　黑 夜

| 6·3 | 6 5·6 | 5 4·3 | 2 32 | 1 — |

里，也　驰 骋在　火 热的　阳 光　　下。

| 3 3·1 | 5·6 5 | 03 53 | 3/4 56 5 — | 2/4 3 32 |

战 斗　四 年了　我 没有　回过家，　　眼 前是

1 2 3̂ 2 | 3 5̲3̲ | 6 5̲3̲ | 2·3 | 5 0 |
黄金一　　片又是　收割的　时候　啦,

6̲·5̲ 3̲0̲ | 0̲5̲ 1̲·2̲ | 3̲5̲ 6̂5̲ | 3 0̲5̲ | 1̲·2̲ 3̲5̲ |
回去吗?　不!我 不能　把枪放　下 我　不能 把枪

6̂5 | i̇ — | i̇-0 ‖
放　　　下。

五桂山之歌

（领唱，合唱）

1=D 4/4 2/4 　　　　　　　　　　　　　　杨子江　孙烈 词曲
满怀豪情地　　　　　　　　　　　　雷雨声　编合唱

稍慢

3·56 16 12 | 3 — · — | 3·2 17 61 |
巍 巍 五 桂　山　　　　　　面向大 平

5 — · — | 35 53 2 — | 35 65 6 — |
洋，　　　　甘 蔗 甜，　稻 米 香，

5 6 5 1 7 1 | 2 2 3 2 — | 2ᵛ3 2 1 7 1 |
珠 江是富饶的　鱼米之乡，　　自从 来了

2 1 7 6 5 0 555 | 6 1 0 | 3·1 1 | 2 1 0 | 领 1 0 |
日本 侵略者 我们就 摆开　杀 敌的　战场。　　　看

S 00 |
A 00 |

T 00 |
B 00 |

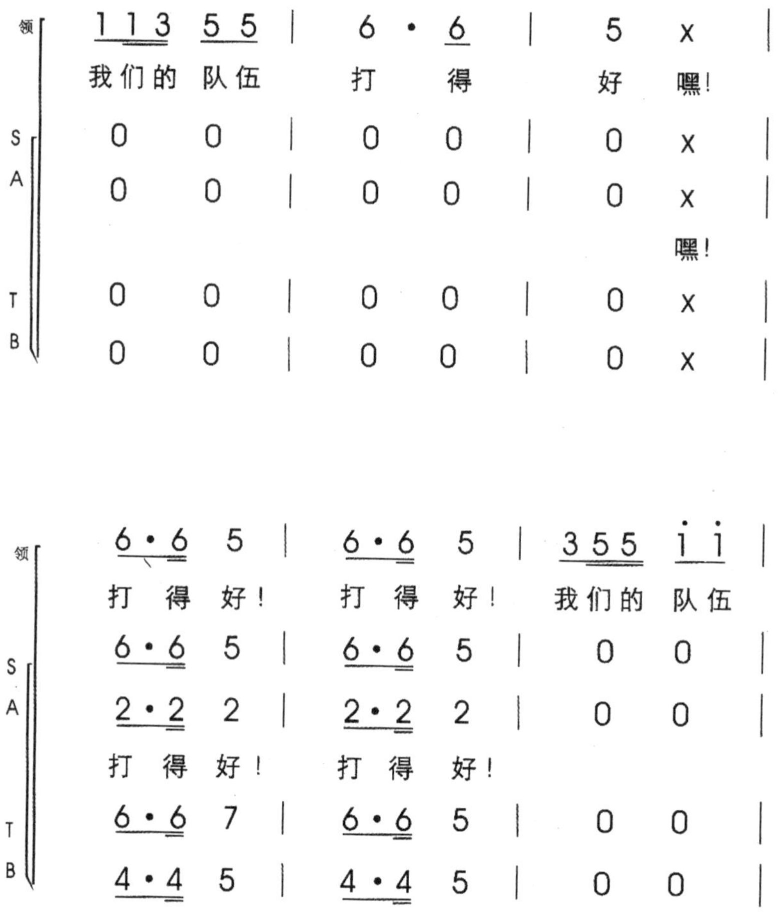
领
S
A
T
B
我们的 队伍 打 得 好 嘿！
嘿！
打 得 好！ 打 得 好！ 我们的 队伍
打 得 好！ 打 得 好！

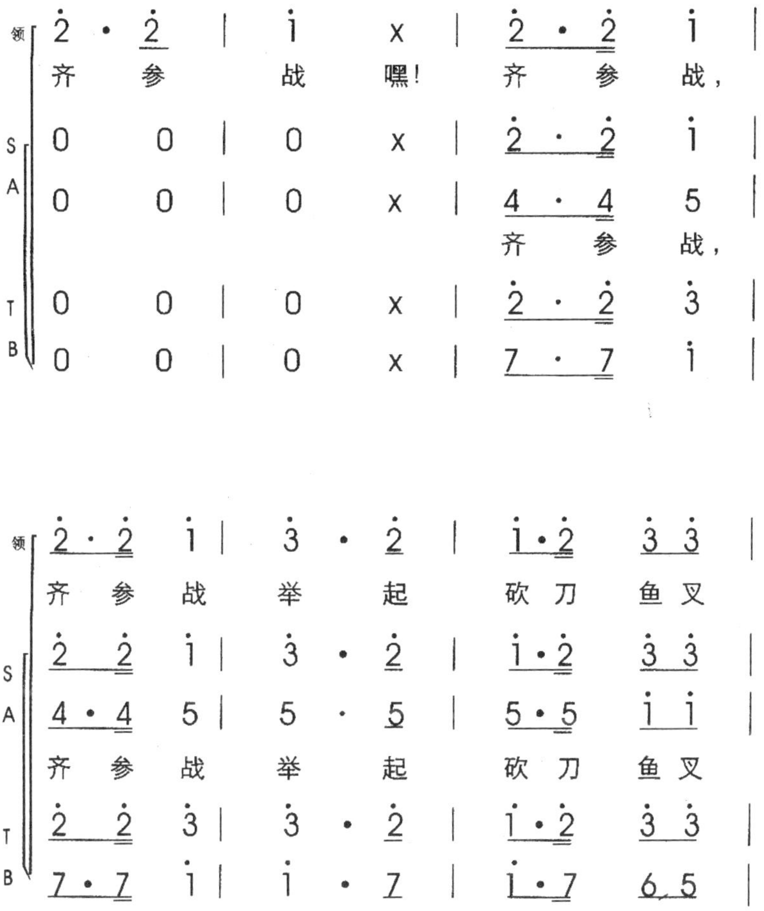
领
S
A
T
B
齐 参 战 嘿! 齐 参 战,
齐 参 战,
齐 参 战 举 起 砍 刀 鱼 叉
齐 参 战 举 起 砍 刀 鱼 叉

打倒反动派

$\frac{4}{4}$

| 1 1 1 3 | 2 1 2 3 1 5 | 3 3 3 5 | 2 1 2 4 3 1 |

1.民 众 起来 打倒 反动 派呀　民 众 起来　打倒 反动 派呀
2.民 众 起来 参加 解放 军呀　民 众 起来　参加 解放 军呀
3.民 众 起来 建立 新政 权呀　民 众 起来　建立 新政 权呀
4.同志们 奋起 杀尽 反动 派呀　同志们 奋起　杀尽 反动 派呀

| 3 0 3 0 | 3 0 0 0 | 3 0 3 0 | 3 0 0 0 |

打　打　打　　打　打　打
来　来　来　　来　来　来
干　干　干　　干　干　干
冲　冲　冲　　冲　冲　冲

五桂山区之歌

C 3/4

```
0 5 | i 3·3 | 3 2·1 | 5 5 0 5 | 2 7·6 |
```
（独）五　桂山是　　我们的　家庭　他　烧红了

```
5 6 7 | i - 0 5 | 3 i·7 | 2 i·3 | 2 6 6 0 7 |
```
战士们的心　　为　争取　　自由和　解　放　我

```
i 5·3 | 4 3 2 | 1 - 0 5 | 3 i·7 | 2 i·3 |
```
奔跑在　五桂山　上(合)为　争取　　自由和

```
2 6 6 0 7 | i 5·3 | 4 3 2 | 1 - - ‖
```
解　放　我　奔跑在　五桂山　区

　　在中国共产党成立100周年之际，中山市农业农村局与中共中山市委党史研究室牵头，编撰了《中山市革命老区发展史》一书，这既是对中山革命老区多年来的发展轨迹作总结梳理，也是献给建党100周年的一份礼物。

　　本书力求客观准确地反映中山及各革命老区村从大革命时期至今90余年的历史进程，展示中山革命老区村在战争年代的光辉事迹，新中国成立后的艰苦奋斗历程，尤其是改革开放以来各革命老区村在物质文明、政治文明、精神文明、社会文明、生态文明建设等方面取得的辉煌成就。读者可以从中山各革命老区村在各个阶段不平凡的历史中，铭记革命老区历史，弘扬革命老区精神，助推革命老区全面发展。

　　本书所用资料，以历史档案材料、党的有关文献和党刊、党报为主要依据；所涉及国民经济和社会发展主要指标，严格采用中山市统计局及相关媒体公布的权威数据，力求言必有据，持之有故。书中所记述的地名、组织、机构名称，会议名称，职务称谓，均沿用历史提法。第一次出现用全称，重复出现时视情况用简称。部分重大事件发生日期无法确定的，则采用比较接近的时间，如年初、年底、月初、月底、上旬、中旬、下旬、春、夏、秋、冬等。

　　中山革命老区村评划后，一些革命老区村庄发生了变化，有的已无人居住而成为空村，有的整村或部分村民已搬迁，组建成独立的新村；有的改了村名，有的则在城市化进程中，从原来的村变成了社区等。这些变化我们都在标注中作了说明，注明了来龙去脉。

　　本书的编写得到许多现任领导及退休老领导、老同志的关心和指导，并得到各镇区、市有关部门的大力支持。在此，我们向所有关心、支持本书编写的领导、老同志及镇区、兄弟单位同人表示衷心的感谢。

　　本书是中山市农业农村局、中共中山市委党史研究室牵头中山日报报业集团、各镇区等多个单位共同努力的结果，是集体智慧的结晶。由于书中历史时间跨度长，涉及的人和事很多，内容丰富，而编者的能力、水平及收集的资料有限，错漏之处在所难免，敬请各位读者，各位领导同志、老同志和其他知情者批评指正。

中山市革命老区发展史编委会

2020年3月